Heiko Girnth / Sascha Michel (Hrsg.)

Polit-Talkshow

Interdisziplinäre Perspektiven auf ein multimodales Format

PERSPEKTIVEN GERMANISTISCHER LINGUISTIK (PGL)

Herausgegeben von Heiko Girnth und Sascha Michel

ISSN 1863-1428

12   Heiko Girnth / Sascha Michel (Hrsg.)
Polit-Talkshow
Interdisziplinäre Perspektiven auf ein multimodales Format
ISBN 978-3-89821-923-5

Heiko Girnth / Sascha Michel (Hrsg.)

POLIT-TALKSHOW

Interdisziplinäre Perspektiven auf ein multimodales Format

ibidem-Verlag
Stuttgart

Bibliografische Information der Deutschen Nationalbibliothek
Die Deutsche Nationalbibliothek verzeichnet diese Publikation in der
Deutschen Nationalbibliografie; detaillierte bibliografische Daten sind im
Internet über http://dnb.d-nb.de abrufbar.

Bibliographic information published by the Deutsche Nationalbibliothek
Die Deutsche Nationalbibliothek lists this publication in the Deutsche Nationalbibliografie;
detailed bibliographic data are available in the Internet at http://dnb.d-nb.de.

∞

Gedruckt auf alterungsbeständigem, säurefreien Papier
Printed on acid-free paper

ISSN: 1863-1428

ISBN-13: 978-3-89821-923-5

© *ibidem*-Verlag
Stuttgart 2015

Alle Rechte vorbehalten

Das Werk einschließlich aller seiner Teile ist urheberrechtlich geschützt. Jede Verwertung außerhalb der engen Grenzen des Urheberrechtsgesetzes ist ohne Zustimmung des Verlages unzulässig und strafbar. Dies gilt insbesondere für Vervielfältigungen, Übersetzungen, Mikroverfilmungen und elektronische Speicherformen sowie die Einspeicherung und Verarbeitung in elektronischen Systemen.

All rights reserved. No part of this publication may be reproduced, stored in or introduced into a retrieval system, or transmitted, in any form, or by any means (electronic, mechanical, photocopying, recording or otherwise) without the prior written permission of the publisher. Any person who does any unauthorized act in relation to this publication may be liable to criminal prosecution and civil claims for damages.

Printed in Germany

Vorwort

Einige der Beiträge stellen überarbeitete Vorträge dar, die auf der Tagung „Multimodale Kommunikation in Polit-Talkshows" vor wenigen Jahren in Mainz präsentiert wurden.

Wir möchten uns in erster Linie bei den Autoren für Ihre unermüdliche Geduld bedanken sowie bei den Teilnehmern für die rege Diskussion, die zu einer gelungenen und fruchtbaren Tagung beigetragen hat. Wir hoffen, dass der Band einige Impulse für die weitergehende Erforschung des immer noch interessanten und sich ständig verändernden Formats „Polit-Talkshow" gibt.

Marburg und Koblenz im Oktober 2014   Die Herausgeber

Inhaltsverzeichnis

Vorwort V

HEIKO GIRNTH / SASCHA MICHEL
Kommunikation in und über Polit-Talkshows.
Zur Einführung in diesen Band 1

I. TYPOLOGISCHE EIGENSCHAFTEN UND BESONDERHEITEN

CHRISTOPH BERTLING / JÖRG-UWE NIELAND
Die Sonntagsfrage – politische und sportliche Wettkämpfe im TV-Talk 25

FRIEDRICH KROTZ
Politische Talkshows und die Zivilgesellschaft:
Eine figurationssoziologische Analyse in neun Thesen 49

ERNEST W.B. HESS-LÜTTICH
Talkshows simulieren politische Debatten.
Über einige Strategien politischer Inszenierung im TV-Gespräch
am Beispiel von Sendeformaten wie *Club* und *Arena*
im Schweizer Fernsehen 71

MICHAEL KLEMM
Wenn Politik auf Einspielfilme trifft.
Zur multimodalen Argumentation in der politischen Fernsehdiskussion
Hart aber fair 97

II. AUDIOVISUELLE TRANSKRIPTIVITÄT

WERNER HOLLY
Bildinszenierung in Talkshows.
Medienlinguistische Anmerkungen zu einer Form von „Bild-Sprach-
Transkription" 123

ELLEN FRICKE

Die (ab)geschnittene Hand in der Talkshow: Zur Fortschreibung
antiker rhetorischer Traditionen in Bildwahl und Schnitt 145

ANGELA KEPPLER

Das Gesagte und das Nichtgesagte.
Was die Dramaturgie politischer Talkshows zeigt 169

GERDA EVA LAUERBACH

Multimodale Konstruktion von Lesarten in einem politischen
Talkshow-Interview von CNN: Sprecherwechsel, audiovisueller
Rhythmus und audiovisuelle Sequenzen 189

III. MULTIMODALES (RE-)FRAMING

EMO GOTSBACHNER

Framing und Reframing von Positionen
in politischen Fernsehdiskussionen 219

JOSEF KLEIN

AUSWEICHEN und AUSWEICHEN KASCHIEREN.
Multimodale Performanz, Framing-Kniffe und
Publikumsresonanz 239

IV. REZEPTIONS- UND ANEIGNUNGSASPEKTE

SASCHA MICHEL

„herr niebel hat hochwasserhosen...".
Aneignungsprozesse multimodaler Aspekte von Polit-Talkshows
im Social TV am Beispiel von Twitter 285

MARCUS MAURER / CARSTEN REINEMANN

Verbale und nonverbale Kommunikation in TV-Duellen 317

Sachregister 337
Autorenverzeichnis 347

HEIKO GIRNTH / SASCHA MICHEL

Kommunikation in und über Polit-Talkshows.
Zur Einführung in diesen Band

1. Einleitung

Beobachtungen und Analysen zum gegenwärtigen Angebot an Polit-Talkshows scheinen mantraartig zu kritisieren, dass hier Show gegenüber Diskussion dominiert, immer die gleichen Gäste zu Wort kommen, es kaum Variation bei der Themenwahl gibt, zu viele Gäste eingeladen werden und im Grunde keine wirkliche Entwicklung des Themas und der Diskussion stattfindet.[1]

Nun sind solche Klagen über Polit-Talkshows beinahe so alt wie diese Sendungen selbst. Von Politikern wie Friedrich Merz selbst gelegentlich als „Ersatzparlament" bezeichnet, betrachtet die Politikwissenschaft sie als Orte, wo es lediglich darum gehe, politische Inhalte und Politik allgemein möglichst publikumswirksam und -verträglich, also fernsehtauglich als „Politainment" (Dörner 2001), zu vermarkten, was wiederum ein wesentlicher Schritt zur „Mediokratie"[2] (Meyer 2001) darstelle.

---

[1] Diese spezifisch aktuellen Kritikpunkte, bereits in unterschiedlichen Beiträgen in Michel/Girnth (2009) angeführt und ausführlich beschrieben, werden immer wieder gebetsmühlenartig als Novum aufgelistet. Daraus erwachsen regelmäßig „Idealformate" solcher Gesprächssendungen, die sich in der Praxis kaum umsetzen lassen und somit zu Luftschlössern verdammt sind. Dieses Dilemma wird sich nicht vermeiden lassen, solange wissenschaftlich „sinnvolle" Formate nicht mit vermeintlich guten Quoten zu vereinbaren sind.
Die Medien nehmen diese kritischen Beobachtungen dankbar auf, spiegeln sie doch das medial wünschenswerte Schwarz-Weiß-Denken in idealer Form wider.
Der Schluss liegt jedoch nahe, dass Medienwissenschaft und Medienkritik hier nicht zwingend unmittelbar in praktischen Empfehlungen für Produzenten münden müssen. Es ist vielmehr an der Zeit, einen Perspektivenwechsel im Sinne der Mediendidaktik einzuläuten: Wenn die Produzenten ihre Angebote aus unterschiedlichen Gründen nicht ändern können oder wollen, so müssen sich die Rezipienten deren Inszenierungsmethoden zunehmend bewusster werden und kritisch-reflektierend damit umgehen.

[2] Das Konzept, das hinter dem Begriff „Mediokratie" steckt, „weist eine deutliche kritische und pessimistische Perspektive auf die Entwicklungstendenzen der Demokratie auf" (Korte 2009: 19). Eine (neutralere) Erweiterung – insbesondere im Hinblick auf die „neuen Medien" – erfährt dieses Konzept durch die Theorie der **Mediatisierung** (vgl. Krotz 2007), insbesondere der Politik (vgl. Dang-Anh/Einspänner/Thimm 2013, Klemm/Michel 2013).

Medien- und gesprächslinguistische Untersuchungen widmen sich verstärkt den gesprächsstrukturellen Eigenschaften solcher „Diskussionen" (Holly/Kühn/Püschel 1986, 1989) vor dem Hintergrund genereller Inszeniertheit „sekundärer Mündlichkeit" (Holly 1996) im Medium Fernsehen.

Zweifelsfrei hat das Format „Polit-Talkshow"[3] in den letzten Jahren – unter dem Einfluss neuer Medien und Kommunikationsformen – einen tiefgreifenden multimedialen Wandel durchlaufen. Die Konkurrenz der einzelnen Sender – mittlerweile drängen auch die Privaten mit politischen Talk-Formaten auf den Markt – sowie innerhalb der Sender führt auf der einen Seite zu der erwähnten, oft beklagten Wiederholung und Einseitigkeit an Themen, Gästen und somit politischen Meinungen. Auf der anderen Seite haben sich neue Kommunikationsformen, -arten und -konstellationen ergeben sowie neue Partizipationsmöglichkeiten von Zuschauern und Gruppen, die vor dem Aufkommen der „neuen Medien" kaum die Möglichkeit hatten, solche Sendungen aktiv mitzugestalten.[4] Damit weitet sich ein Trend, der durch das Aufkommen der sozialen Medien im Web 2.0 forciert und als „Produsing" bekannt wurde, ins Medium Fernsehen aus: Die Nutzer („User") und Rezipienten sehen sich zunehmend in der Rolle der Produzenten („Producer") journalistischer Inhalte, wobei die traditionelle Grenze zwischen Produzent und Rezipient verschwimmt und sich mit „Produser" eine Bezeichnung für die Vereinigung beider Rollen herausgebildet hat.[5]

---

[3] Das Format wird in der Forschung keineswegs einheitlich definiert. Es finden sich etwa die z. T. konkurrierenden Termini „Polit-Talkshow", „Polit-Talk", „politische Talkshow", „politische Debattensendungen", „Debattenshows", „politische Diskussionssendungen", „politische Streitgespräche", oder die pejorativen Bezeichnungen „politische Quassel- oder Krawallbuden", „Proporzwahranstalten" etc. Im Folgenden soll der Begriff „Polit-Talkshow" verwendet werden, da er die Charakteristika medialer Darstellungspolitik (vgl. Korte 2009) für dieses Format am prägnantesten fasst und das Dilemma umgeht, mit „Diskussion" oder „Debatte" einen „Etikettenschwindel" zu verursachen (vgl. Abschnitt 2).

[4] Man denke etwa an die eingespielten Zuschauerfragen über YouTube bei *Maybrit Illner* oder die Zuschauerkommentare per Mail, Gästebuch/Forum und aus den sozialen Netzwerken Facebook und Twitter bei *Hart aber fair*.

[5] Sicherlich lassen sich dennoch gravierende Unterschiede von Produsern im Web und im Fernsehen ausmachen: Im Web, genauer gesagt in den sozialen Medien wie YouTube, Blog, Facebook oder Twitter, gibt es kaum journalistische Qualitätskontrollen und Selektionen. Im Fernsehen dagegen wählen Redakteure sehr genau aus, welche Zuschauermeinung oder -frage es in die Sendung schafft. Die so vielfach gepriesene Erhöhung der Zuschauerbeteiligung hat damit lediglich – wenn überhaupt – symptomatischen und symbolischen Charakter.

Zuschauer tragen demnach immer aktiver zu der Konstruktion und Inszenierung dieser Sendungen bei, indem sie „user generated content" zur Verfügung stellen, und somit den Produzenten weitere Möglichkeiten der „Immunisierung" von Kritik" (Klemm 1996), Meinungen und Standpunkten ermöglichen.

Dass dies freilich auch Konsequenzen für den allgemeinen Produktionsrahmen von Polit-Talkshows hat, liegt auf der Hand: Die zunehmende Komplexität der Sendungen erfordert sehr genaue strukturelle Planungen, Selektion von Inhalten, generell also dramaturgische Verfahrensweisen, um die jeweilige Sendung als planbare Größe zu kontrollieren und in den Rahmen des Corporate Image des Formats einzupassen.

Die gegenwärtige dynamische und komplexe Entwicklung politischer Diskussionssendungen lässt sich somit kaum hinreichend durch die Analyse gesprächslinguistischer Strukturen der jeweiligen Sendung allein, des rein verbalen Kommunikats, erfassen. Die multimedial und multimodal realisierten Sendungen bieten nämlich außerdem Möglichkeiten und Herausforderungen für Produzenten und Rezipienten, die weit über den Austausch politischer Inhalte, also die Themen und Sprachhandlungen der Protagonisten, hinausgehen. Zur medialen Inszenierung von politischer Kommunikation gehören ebenso Bilder, Töne oder weitere semiotische Ressourcen wie Farben sowie Studioarrangements, die erst im Zusammenspiel aus dem Produkt ein semiotisch und symbolisch vielschichtiges multimodales Kommunikat machen.

Veränderungen von Medienformaten und -inhalten erfordern auch veränderte Analysemethoden und -kategorien. Gerade politische Diskussionssendungen stellen ein Paradebeispiel für Medienformate dar, die kaum aus einer Disziplin, und somit aus einem begrenzten theoretisch-methodischen Blickwinkel heraus, untersucht werden können. Notwendig scheint dagegen ein interdisziplinärer Ansatz, der medienkulturelle Fragestellungen integrativ, d. h. aus der Perspektive unterschiedlicher Disziplinen, bearbeitet.

Eine sich gerade herausbildende Medienkulturlinguistik, für die eine disziplinübergreifende Herangehensweise an medienkulturelle und -linguistische Themen konstitutiv ist, kann einen geeigneten Rahmen für die Erforschung solcher Probleme und Fragestellungen bereitstellen (vgl. Klemm/Michel 2014a).

Im Folgenden soll skizziert werden, wie die multimodale Analyse politischer Diskussionssendungen im Rahmen eines medienkulturlinguistischen Ansatzes zu einem thereotisch-methodisch fundierten Verständnis medial inszenierter Kommunikation beitragen kann, auf welche gesprächslinguistische Untersuchungen er zurückgreift und welche Forschungsdesiderata bzw. -perspektiven sich daraus ableiten lassen.

2. Gesprächslinguistische Ansätze

Seit der pragmatischen Wende und dem Aufkommen unterschiedlicher konversations- und gesprächslinguistischer Ansätze (vgl. Holly 1992) wird der Blick von Alltagsgesprächen auch zunehmend auf medial vermittelte Gespräche gelenkt. Dabei steht vor allem die Struktur und Funktion audiovisueller Kommunikation in unterschiedlichen Gesprächsformaten im Vordergrund, wobei vor dem Hintergrund authentischer Alltagskommunikation die verschiedenen Techniken der Inszenierung von Kommunikation herausgearbeitet werden. Linke (1985) beispielsweise untersucht formal-strukturalistische Gemeinsamkeiten und Unterschiede verschiedener Gesprächssendungen auf der Makroebene (Gesprächsphasen), Mesoebene (Sprecherwechsel, Frageverhalten) und Mikroebene (Textverknüpfung). Sie kann dadurch Gemeinsamkeiten und Unterschiede zwischen TV-Diskussionen einerseits und Talkshows andererseits aufzeigen und kommt zu folgendem Schluss: „Fernsehgespräche sind also doch nicht einfach ‚Gespräche im Fernsehen'" (Linke 1985: 272).

Neben allgemeinen Gesprächssendungen rücken vermehrt thematisch zentrierte politische Diskussionssendungen in den Fokus gesprächslinguistischen Interesses. Geleitet von der Frage, inwiefern es sich bei diesen Gesprächssendungen um authentische Diskussionen handelt, nehmen Holly/Kühn/Püschel (1985, 1986) exemplarische Textanalysen vor, indem sie Muster der formalen Gesprächsorganisation, textkonstitutive Muster, Muster der Themenbehandlung und Visuelles untersuchen. Die Ergebnisse legen offen, dass in diesen Sendungen nicht im eigentlichen Sinne diskutiert wird, sondern eher eine „Inszenierung von Propaganda als Diskussion" stattfindet (Holly/Kühn/Püschel 1986: 200).

Einen Höhepunkt erlebte diese Inszenierung schließlich in konfrontativen Ansätzen, die – als Confrontainment bezeichnet – nachhaltig die audiovisuell übermittelte politische Diskussionskultur beeinflusst haben. Solche Sendungen zeichnen sich etwa durch spezifische Rollenübernahmen und -erwartungen seitens der Gäste, des Moderators und des Publikums sowie den dazu gehörenden Sprachhandlungen PERSONALISIEREN, POLARISIEREN und EMOTIONALISIEREN aus (vgl. Klemm 1993, 1996).

Dass solche Tendenzen, die sich als gesprächskonstitutive Muster dieser Formate zunehmend manifestiert haben, ein interkulturelles Phänomen darstellen, zeigt Luginbühl (1999), der Spuren verbaler Gewalt in schweizerischen Diskussionssendungen mit Politikern aufdeckt: „Die in der ‚Arena' von Politikerinnen und Politiker ausgeübten Akte verbaler Gewalt stehen im Dienste einer Kombination von Dominanz-, Diffamierungs- und Profilierungsstrategien" (245).

3. Medienkulturlinguistischer Ansatz: Multimodalität

3.1 Grundlagen

Wie eingangs erläutert, stellen gegenwärtige politische Diskussionssendungen multimodale Komplexe dar, so dass es längst nicht mehr genügt, Inszenierungsstrategien und -muster allein auf sprachlicher Ebene zu beschreiben. Durch die selektive Integration unterschiedlicher Kommunikationsformen wie z. B. Einspieler, soziale Netzwerke wie Facebook, YouTube und Twitter, Chats und Zuschauermails, ergibt sich ein Mix an unterschiedlichen, strukturell wie inhaltlich und argumentativ verdichteten „Komprimaten" (vgl. Klemm/Michel 2014a), was ebenso zu einer verstärkten Dynamisierung solcher Sendungen[6] beiträgt wie die Veränderung von statischen in dynamische Visualisierungseffekte. Bestand die Hintergrunddeko bzw. -kulisse z. B. bei *Hart aber fair* oder *Maybrit Illner* zunächst aus statischen Motiven, so befinden sich dort nun Wände mit Bildern, die je nach thematischem Fokus und entsprechender Schlagwortnennung seitens der Gäste alternieren.

---

[6] Durch die politische Nutzung neuer Kommunikationsformen im Internet ergeben sich mitunter Abgrenzungsprobleme zu Formaten in den „klassischen" Medien wie etwa zwischen Polit-Chats und Polit-Talkshows (vgl. Diekmannshenke 2001).

Das heißt, die Inszenierung von politischen „Diskussionen" im Medium Fernsehen beruht auf dem Zusammenspiel unterschiedlicher Zeichensysteme, insbesondere von Sprache und Bild.[7] Es ist keineswegs so, dass dieses Potential nonverbaler Aspekte in früheren Untersuchungen nicht aufgegriffen wird. Holly/Kühn/Püschel (1985, 1986) zeigen, dass Visuelles wie räumliches Arrangement, Einstellungen, visuelle Inszenierungen und Körpersprache durchaus bewusst im Sinne einer allgemeinen Dramaturgie und Inszenierung eingesetzt wird:

> Beherrschung, Kontrolle, gezielte Mimik, Gestik und Körperhaltung sind dabei wichtige Mittel, Diskussionsrahmen zu fingieren. Zusammen mit dem räumlichen Arrangement werden sie durch die Kameraselektion und -gestaltung zu wirksamen, unmittelbar anschaulichen Inszenierungstricks, durch die eine ideologisch hochwertige Textsorte zu Legitimations- und Werbungszwecken mediengerecht umgemünzt wird. (Holly/Kühn/ Püschel 1985: 263).

Während die Tatsache, **dass** nonverbale Aspekte zur Inszenierung beitragen, offenbar unbestritten ist, ist bislang indes wenig darüber bekannt, **wie** nonverbale und verbale Aspekte hier im Einzelnen eine Symbiose bilden, d. h. nicht nur additiv den Inszenierungscharakter von Polit-Talkshows erhöhen, sondern gerade durch die wechselseitige Potenzierung der je spezifischen Inszenierungsoptionen eine Einheit bilden und dadurch einen neuen Sinn, eine neue Funktion entstehen lassen (vgl. im Ansatz Klemm 1993).

Hier liefert die Theorie der „Multimodalität", als theoretisch-methodischer Ansatz, der davon ausgeht, dass „Kommunikation nie in nur einem Zeichensystem verläuft"[8] (Klemm/Stöckl 2011: 10), sondern eine enge Verknüpfung von Codes, als materieller Grundlage auf Produkt- und Produktionsseite, und Modes, als Wahrnehmungsprozess auf Rezeptionsseite, impliziert – wichtige Voraussetzungen und Optionen für eine integrative Analyse der unterschiedlichen Zeichenebenen.[9]

---

[7] Natürlich spielen auch Töne eine Rolle, etwa bei der Titelmusik, bei Einspielern oder bestimmten Hintergrundgeräuschen wie z. B. Publikumsapplaus. Nach Luginbühl diene dieser als „Geräuschkulisse und hat so eine emotionalisierende Funktion" (1999: 260).
[8] Vgl. auch Kress/van Leeuwen (1996: 186): „all texts are multimodal". Zudem Stöckl (2004).
[9] Vgl. Schneider/Stöckl (2011: 24–28) zu einer Diskussion der Termini Code und Mode.

Dieser Ansatz greift demnach zwar Aspekte des gesprächslinguistischen Ansatzes auf, geht jedoch konzeptionell darüber hinaus, indem er das Primat der Sprache für die Kommunikation überwindet.

Die spezifischen Zugänge zur Multimodalität lassen sich je nach Forschungsinteresse, -ziel und -hintergrund sowohl in unterschiedliche theoretische als auch methodische Modelle und Vorgehensweisen differenzieren (vgl. Schneider/ Stöckl 2011: 14–21). Gerade interdisziplinäre Studien zeichnen sich durch einen wünschenswerten Pluralismus verschiedener theoretischer Zugänge aus. Ohne ein bestimmtes theoretisches Modell oder eine Methode für die Analyse multimodaler Aspekte von Polit-Talkshows an dieser Stelle hervorheben oder favorisieren zu wollen, scheint es im Rahmen eines allgemeinen medienkulturlinguistischen Ansatzes doch notwendig, drei Ebenen zu berücksichtigen, die bei kulturwissenschaftlich orientierten medienlinguistischen Analysen untrennbar miteinander verbunden sind und zuvor bereits als wegweisend für eine umfassende Analyse von Polit-Talkshows beschrieben wurden: Sowohl Produktions-, Produkt- als auch Rezeptionsanalysen zielen darauf ab, bestimmte medienlinguistische Muster zu identifizieren und als kognitiv-semiotische, kulturell herausgebildete und historisch gewachsene Praktiken und Handlungen zu klassifizieren (vgl. Klemm 2008, Klemm/Michel 2013).

Multimodalitätsanalysen auf allen drei Ebenen machen dabei methodisch primär Gebrauch von qualitativen, hermeneutischen Verfahren, die weniger darauf abzielen, große Korpora erschöpfend zu analysieren, sondern selektive medienkulturelle Problem- und Fragestellungen an wenigen Einzelfällen zu untersuchen, die dennoch einzelfallübergreifende Muster zu erkennen geben. Nichtsdestotrotz können quantitative, statistische Untersuchungen wertvolle Ergänzungen oder Modifikationen liefern, weshalb auch methodisch eine interdisziplinäre Herangehensweise für eine umfassende Analyse der Multimodalität von Polit-Talkshows notwendig scheint (vgl. Klemm/Michel 2014 c).

Im nächsten Abschnitt soll skizziert werden, welche Forschungsdesiderata und -perspektiven sich aus den beschriebenen theoretischen und methodischen Grundannahmen für Polit-Talkshows ergeben.

3.2 Forschungsdesiderata und -perspektiven

3.2.1 Produktions-/Kommunikatoranalysen

Produktionsanalysen als Erforschung des Kommunikatorhandelns wurden – im Vergleich zu Kommunikat- und Rezeptionsforschungen – bislang allgemein vernachlässigt. In jüngerer Zeit jedoch betont eine kulturorientierte Journalismusforschung die Notwendigkeit, den Kommunikator stärker in den Blick zu nehmen und sein Wissen, seine routinierten Handlungsabläufe, die Interaktionen, also Kooperation und Arbeitsteilung mit Kollegen, als kulturelle Muster auf der Mikro- (individual-stilistische Muster), Meso- (redaktionskulturelle Muster) sowie Makroebene (senderkulturelle Muster) zu beschreiben (vgl. Brüggemann 2011, Klemm/Michel 2014a).

Innerhalb der Medienlinguistik zeigen erste produktionsorientierte Untersuchungen zu Text-Bild-Ton-Verknüpfungen sehr eindrucksvoll, welchen komplexen und arbeitsteiligen Handlungen bestimmten Formaten wie Nachrichtenfilmen (vgl. Gnach/Perrin 2011 oder TV-Trailern vgl. Klemm/Michel 2014a, Klemm/Perrin/Michel im Druck) zugrunde liegen und wie sich redaktions- und sendungskulturelle Einflüsse bemerkbar machen.

Auf theoretischer Basis lässt sich das Handeln der Produzenten etwa als realitätskonstruktivistisch (vgl. Berger/Luckmann 2010), eingebettet in die Goffmansche Rahmentheorie (1993), verstehen: Als Mitglied einer bestimmten Redaktion innerhalb eines bestimmten Senders übernimmt der Kommunikator eine spezifische Aufgabe, hat eine gewisse Rolle inne (z. B. als Journalist, Bildregisseur, Cutter, Moderator etc.). Indem er audiovisuelle Texte produziert, erzeugt er gleichsam mediale Realität für die Zuschauer, trägt also zu deren Wirklichkeitskonstruktion bei.

Aus methodischer Sicht hat sich eine Triangulation von Erhebungsmethoden als zweckmäßig erwiesen. Diese umfasst im Idealfall: 1. Qualitative, leitfadengestützte Experteninterviews und 2. Ethnographische Feldforschung. Experteninterviews stellten lange Zeit das Standarderhebungsverfahren innerhalb des Journalismus dar. Lassen sich mit diesem Verfahren eine Fülle interessanter selbstreflexiver Daten erheben, die im Falle des standardisierten Interviews auch leicht miteinander korreliert werden können, wird das Interview heute als alleiniges Erhebungsverfahren als unzureichend empfunden. Zu einseitig, subjektiv und emotional gefärbt sei die Sicht, die hinter den Antworten stecke und zu wenige Einblicke bekomme man in die alltäglichen, objektiv zu beschreibenden Arbeitsweisen. Die ethnographische Feldforschung tritt somit vermehrt als ergänzende Methode hinzu. Der Forscher begibt sich über einen gewissen Zeitraum selbst ins Feld, als teilnehmender Beobachter, und dokumentiert den Arbeitsalltag in Redaktionen und Sendern auf unterschiedliche Weisen (Protokolle, verbale Rekonstruktionen der Textproduktion, Videoaufnahmen[10] etc.).

Für Polit-Talkshows beschränken sich die empirischen Kommunikatorforschungen auf Interviews mit Moderatoren, Redaktionsleitern und Produzenten einiger Sendungen (vgl. Gäbler 2011). Was die spezifische Frage nach den kulturellen Handlungsmustern anbelangt, die der multimodalen Zeichenproduktion zugrunde liegen, so muss hier ein absolutes Forschungsdesiderat konstatiert werden. In ersten Ansätzen jedoch kann Werner Holly[11] verdeutlichen, wie stark die audiovisuelle multimodale Inszenierung[12] von verschiedenen, sich verzahnenden Handlungsschritten vor und hinter der Kamera abhängt, was die Notwendigkeit einer solchen empirischen Kommunikatorforschung unterstreicht.

Daraus ergeben sich z. B. folgende Forschungsfragen:

- Welche (kommunikativen) Handlungen und (Gesprächs-)Interaktionen liegen der multimodalen Sinnkonstruktion zugrunde?
- Welche produktionskulturellen Muster lassen sich erkennen? Gibt es so etwas wie „gute Praktiken" und „kritische Situationen" (vgl. Gnach/Perrin 2011) hinsichtlich der Verknüpfung unterschiedlicher Codes?

---

[10] Videoaufnahmen können im Rahmen ethnographischer Feldforschungen in Redaktionen sicherlich als das Optimum der Materialgrundlage gelten, gleichzeitig erhöhen sie aber die Skepsis vieler – gerade leitender – Redakteure und Journalisten und stoßen oft auf Widerstand. Dahinter verbirgt sich meist eine teilweise in die Paranoia reichende Angst vor Ausspähungen, Konkurrenz und evtl. auch (negativen) Beurteilungen seitens des Forschers. Dennoch öffnen sich Redaktionen zunehmend der Erkenntnis folgend, dass derartige Analysen schließlich der Reflexion und Optimierung ihres Handelns dienen können.

[11] Vortrag über „Intermediale Frames in einer Polit-Talkshow", gehalten am 28.02.2013 im Rahmen des Workshops „Comparing Frame-Theories" in Düsseldorf.

[12] Grewenig (2005: 248) unterscheidet hier – in Anlehnung an Meyer (2001) – zwei Arten der Inszenierung: „[...] da bei diesem geplanten gestalteten Handeln einerseits ‚die Regeln der Prä-Inszenierung', die die Auswahl der Ereignisse/Personen und deren Präsentation durch die Medienschaffenden ausmachen, zu bedenken sind wie auch die ‚medial-politische Ko-Inszenierung'."

- Lassen sich Produktionsabfolgen dahingehend analysieren, dass sie Hierarchisierungen und Gewichtungen der verschiedenen Codes offenlegen?
- Welches Rollenverständnis haben die einzelnen Akteure?
- Welchen Einfluss üben Redaktions- und Senderkultur auf die jeweiligen Handlungen aus?
- Spielen externe Einflüsse (etwa aus der Politik) eine Rolle?

3.2.2 Produkt-/Kommunikatanalysen

Produkt- bzw. Kommunikatanalysen bilden den Schwerpunkt bisheriger medienlinguistischer Untersuchungen. Wie bereits gezeigt wurde, sind diese theoretisch jedoch nicht explizit der Analyse von multimodaler Kommunikation zuzuordnen, weshalb insbesondere die Frage nach dem spezifischen Zusammenwirken der verschiedenen Codes und Subcodes[13] „zu fein ausdifferenzierten Zeichenkomplexen" (Klemm/Stöckl 2011: 10) im Sinne der audiovisuellen Inszenierung ungeklärt ist.

Zur Beschreibung und Analyse dieser intra- und intercodaler Verkettungen und Wechselwirkungen hat sich mit dem Konzept der „Transkriptivität" ein fruchtbarer theoretisch-methodischer Ansatz herausgebildet. Dieser geht davon aus, dass sich verschiedene Codes durch unterschiedliche Arten der Über-, Um- und Fortschreibung entweder lesbar machen, also sich gegenseitig explizieren, oder anders lesbar machen und somit abweichende bzw. neue Bedeutungen und Lesarten eröffnen (vgl. Holly/Jäger 2011).

Gliedert man Polit-Talkshows mit Löffler (1989) in drei Ebenen – Mikro-, Meso- und Makroebene –, so fällt auf, dass transkriptive Prozesse auf allen Ebenen stattfinden (vgl. Holly 2010, 2012). Insofern soll anders als bei Löffler (1989: 110) die „mediale Ebene", also Kamera-Einstellung und Bildregie, nicht separat als Element der Mesoebene, sondern als zentraler bildbezogener Subcode im Zusammenspiel mit den Zeichensystemen Sprache und Ton betrachtet werden:

---

[13] Vgl. Stöckl (2011) zu einer Typologie von Codes.

1. **Mikroebene**: Sie bezieht sich auf das Zusammenspiel des Zeichensystems Sprache mit Bildern und Tönen.
2. **Mesoebene**: Die Mesoebene umfasst Interaktionen zwischen den Protagonisten bzw. die strukturelle Frage, wie sich deren Inszenierungen durch transkriptive Prozesse auf sprachlicher (z. B. Gesprächsschritte (Turns), Sprecherwechsel, Themenentfaltung, Rollenkonstitution und -verhalten), bildlicher und tonaler Ebene als sendungskonzeptionell geplant vollziehen.
3. **Makroebene**: Die jeweiligen Sendungen sind in ein fortlaufendes Programm eingebunden. Hierzu gehören Überleitungen, Ankündigungen, aber auch Eröffnungs- und Beendigungsphasen, die oft aus komplexen sprachlichen, bildlichen und vor allem tonalen Verflechtungen bestehen.

Für die Analyse[14] von Polit-Talkshows ergeben sich daraus z. B. folgende Forschungsfragen:

- Welche Wechselwirkungen zwischen einzelnen Sprechakten (für die gesprochene Sprache spielen neben Themen, Sprachhandlung und grammatischen Eigenschaften von Sprechakten etwa die Subcodes Lautstärke, Intonation, Stimmqualität etc. eine Rolle) mit Bildschnitten, -größen, Kameraschwenks, -einstellungen, Farbeffekten, Lichtqualität sowie Musik und Publikumsapplaus lassen sich erkennen?

- Wie werden sprachliche Interaktionen und Rollenidentitäten bzw. -hierarchien durch Bilder und Töne transkribiert? Dominieren dabei konvergierende Prozesse des „Lesbar-Machens" oder divergierende Prozesse des „Ander-Lesbar-Machens"?

- Wie werden die einzelnen Sendungen multimodal gerahmt, d. h. durch das Zusammenspiel von Sprache, Bild und Ton eröffnet und beendet? Lassen sich dabei Besonderheiten erkennen, die auf Eigenschaften von Corporate (in Bezug auf den Sender) und Product (in Bezug auf die Sendung) Identity schließen?

---

[14] Als Materialgrundlage für die Analysen können multimodale Transkripte dienen, die die „Sprachlastigkeit" gesprächsanalytischer Transkriptionssystem dadurch überwinden, dass sie Schritt für Schritt sprach-, bild- und tonbezogene Inhalte wiedergeben (vgl. hierzu die Beispiele in Klemm/Michel 2014a).

- Aus quantitativer Sicht: Was tragen Frequenzwerte bestimmter Variablen auf allen drei Zeichenebenen zur Gewichtung und Hierarchisierung der Codes bei? Welche(Sub-)Codes und Modes dominieren bei der Sinnkonstitution und somit bei der audiovisuellen Inszenierung politischer Gespräche?

3.2.3 Rezeptions- und Aneignungsanalysen

Rezeptions- und Aneignungsanalysen lassen sich traditionell in quantitative und qualitative Ausrichtungen unterteilen. Quantitative Studien zielen dabei auf Frequenzwerte ab, indem sie etwa die Häufigkeit bestimmter physiologischer Reaktionen messen und ausgehend von diesen Reizpotentialen Rückschlüsse auf die (kognitive) Rezeption ziehen (vgl. Merten 1994) oder Einschaltquoten und Marktanteile erheben.

Qualitativ ausgerichtete Analysen dagegen ermitteln Muster der Aneignung von Fernsehinhalten und gehen von einer grundsätzlichen Offenheit von Fernsehtexten aus, die den Zuschauer zur aktiven Sinnkonstitution und Füllung von Leerstellen einlädt. Solche Aneignungsspuren lassen sich etwa im fernsehbegleitenden Sprechen (primäre Thematisierung) oder in der Anschlusskommunikation (sekundäre Thematisierung) analysieren und umfassen je nach Genre und Gruppe diverse Themen sowie Sprachhandlungsmuster (vgl. Klemm 2000).

Was die Rezeption von Politik und politischer Kommunikation anbelangt, so dominieren kommunikationswissenschaftliche Studien, die z. B. die Wirkung von politischen TV-Duellen auf die Zuschauer ermitteln (vgl. Maurer/Reinemann 2003, Maurer et al. 2007). Eher ein breites Spektrum an politischen Diskussionssendungen (TV-Duelle, Polit-Talkshows etc.) deckt ein Ansatz ab, der quantitative und qualitative Methoden kombiniert (vgl. Diekmannshenke 2002a, 2002b, 2002c). Qualitative Untersuchungen zur Politikaneignung via politischer Fernsehsendungen schließlich liegen bislang nur vereinzelt vor (vgl. Klemm 2000, 2007). Obgleich dieser Ansatz die recht artifizielle Laborsituation der anderen Ansätze kompensieren kann, liegt in der Zugänglichkeit des Feldes wohl auch der Grund für die noch überschaubaren Untersuchungen, die diese methodische Herangehensweise wählen.

Unlängst bieten jedoch die sozialen Medien und Netzwerke die Möglichkeit, Spuren der Fernsehaneignung in Blogs oder Foren (vgl. Klemm 2012), über

Twitter oder Facebook qualitativ (sowie quantitativ) zu erheben. Auch hinsichtlich der Aneignung von Politik und Politikern in Polit-Talkshows eröffnen sich hier bislang nur schwer oder nicht zu realisierende Untersuchungsmöglichkeiten (vgl. Klemm/ Michel 2013, 2014b, 2014c).

Bezüglich der Frage nach der Rezeption und Aneignung von Multimodalität ähneln sich alle Untersuchungen in dem Punkt, dass sie primär die Rezeption und Aneignung politischer Inhalte (d. h. Themen, Sprachhandlungen) und einzelner Politiker (z. B. Sympathie- und Antipathiebekundungen) zum Gegenstand haben. Diese Dominanz sprachlicher Aspekte führt dazu, dass bild- und tonbezogene Rezeptions- und Aneignungsspuren sowohl lediglich am Rande erwähnt als auch nur isoliert voneinander betrachtet werden und oftmals gar nicht spezifisch auf Polit-Talkshows im engeren Sinne bezogen sind.

Daraus lassen sich folgende Fragestellungen und Perspektiven ableiten:

- Welche Aspekte der verschiedenen Codes und Subcodes werden rezipiert und (sprachlich-kommunikativ) angeeignet?

- Wie lässt sich die Rezeption und Aneignung der verschiedenen multimodalen Aspekte sowohl chronologisch (in der zeitlichen Abfolge) als auch hierarchisch (hinsichtlich der Bedeutung) ermitteln und bestimmen?

- Gibt es Prozesse der Transkriptivität auch bei der Rezeption und Aneignung und wie lässt sich dies feststellen?

- Wie können quantitative und qualitative Methoden so kombiniert werden, dass sie – gerade in den sozialen Netzwerken – Aussagen über die Aneignung von Multimodalität in Polit-Talkshows ermöglichen?

- Gibt es Unterschiede und Gemeinsamkeiten bezüglich der individuellen und gruppenbezogenen Rezeption und Aneignung von Polit-Talkshows? Welchen Einfluss haben dabei kontextuelle Faktoren wie z. B. Umgebung, Alter, Geschlecht etc.

- Wie lassen sich Rezeptions- und Aneignungsstudien mit Kommunikator- und Kommunikatstudien kombinieren? Kommt es zu Korrespondenzen oder auch zu Divergenzen, etwa wenn Zuschauer zu anderen als den intendierten und offerierten Lesarten gelangen?

Zu den Beiträgen in diesem Band

Die Beiträge greifen einige der dargelegten Forschungsfragen und -perspektiven aus unterschiedlichen theoretischen und methodischen Blickwinkeln auf. Autoren aus verschiedenen Disziplinen wie Linguistik, Medienwissenschaft, Kommunikationswissenschaft, Politikwissenschaft und Soziologie tragen somit zur Konturierung einer kulturwissenschaftlich orientierten Erforschung multimodaler Aspekte von Polit-Talkshows bei. Sie alle zeigen, dass die audiovisuelle Inszenierung politischer Kommunikation und Diskussion im Wesentlichen auf musterhaften Sprach-, Bild- und Tonverschränkungen beruht, die sich sowohl auf Kommunikator-, Kommunikat- als auch Rezeptions- und Aneignungsebene nachweisen lassen.

Auf Gemeinsamkeiten zwischen Politik- und Sportberichterstattung gehen CHRISTOPH BERTLING und JÖRG-UWE NIELAND in ihrem Beitrag „**Die Sonntagsfrage – politische und sportliche Wettkämpfe im TV-Talk**" ein. Für Rechtfertigung, Fortbestand und Weiterentwicklung der „Wettbewerbsspiele" Fußball und Politik ist die stetige und umfassende Medienberichterstattung eine Grundvoraussetzung. Zu den zahlreichen Parallelen, die Bertling/Nieland herausarbeiten, zählt unter anderem auch, dass diverse Talksendungen im Fernsehen die Präsenzmöglichkeiten von Politikern und Sportlern gleichermaßen vergrößert haben. Dies, so die Autoren, berge die Gefahr der „Talkshowisierung", der dauerhaften Vermischung von Information und Unterhaltung, Öffentlichem und Privatem

FRIEDRICH KROTZ geht in seinem Beitrag „**Politische Talkshows und die Zivilgesellschaft: Eine figurationssoziologische Analyse in neun Thesen**" der Frage nach, inwiefern politische Diskussionssendungen im Fernsehen eine Ressource für die Zivilgesellschaft darstellen. Auf Basis einer Analyse der Sendungen *Hart aber fair* und *Anne Will*, die nicht lediglich den Inhalt, sondern auch den Rahmen und die Rezeptionswirklichkeit der Zuschauer berücksichtigt, stellt Krotz neun Thesen auf. Er stellt unter anderem fest, dass im Rahmen von Polit-Talkshows keinerlei Verständigung stattfinde, da Politik hier als eine Folge nicht aufhebbarer Interessensgegensätze inszeniert werde. Somit werden Zuschauererwartungen sowohl argumentativer als auch inhaltlicher Art nicht erfüllt, was die betreffenden Sendungen zu reinen Unterhaltungsangeboten mache.

In seinem Beitrag „Talkshows simulieren politische Debatten. Über einige Strategien politischer Inszenierung im TV-Gespräch am Beispiel von Sendeformaten wie ‚Club' und ‚Arena' im Schweizer Fernsehen" verweist ERNEST W.B. HESS-LÜTTICH darauf, dass das Format der Polit-Talkshow durchaus das Potenzial besitze, der wachsenden „Politikverdrossenheit" des Publikums entgegenzuwirken. Ein argumentatives Niveau, das diesen Anspruch zu erfüllen vermag, werde jedoch selten erreicht – und wenn, so sei dies zumeist das Verdienst der speziell zum betreffenden Thema geladenen Experten. Hess-Lüttich zeigt dies anhand von dialoglinguistischen Analysen ausgewählter Folgen der Schweizer Talkshows *Club* und *Arena*. Schwerpunkte bilden hierbei, neben dem sprachlichen Verhalten der Teilnehmer im Allgemeinen, die Kontrastierung der beiden Sendungen und das Verhalten der Experten gegenüber den anwesenden Politikern sowie das Verhältnis zwischen Proponenten und Opponenten.

Mit vorproduzierten Filmen von wenigen Minuten Länge, sogenannten „Einspielern", beschäftigt sich MICHAEL KLEMM in seinem Beitrag „**Wenn Politik auf Einspielfilme trifft. Zur multimodalen Argumentation in der politischen Fernsehdiskussion *Hart aber fair*"**. In der politischen Fernsehdiskussion *Hart aber fair* dienen sie dem Moderator Frank Plasberg, der sie flexibel in den Verlauf der Sendung integrieren kann, dazu, Hintergründe zu erklären und die Sendung aufzulockern, geben ihm aber auch die Möglichkeit, geladene Politiker über Zitate und Zahlen argumentativ in die Enge und zur Rechtfertigung zu treiben. Anhand von exemplarischen Analysen zeigt Klemm, dass dieses Stilmittel, obwohl es hilfreiche Impulse liefern könnte, häufig eine wirkliche Debatte blockiert, da Effekthascherei im Zweifelsfalle eine höhere Priorität hat, als die Diskussion von Fakten.

Mit der Kameraführung als zentraler Form der Bildinszenierung in Polit-Talkshows beschäftigt sich WERNER HOLLY in dem Beitrag „**Bildinszenierung in Talkshows Medienlinguistische Anmerkungen zu einer Form von ‚Bild-**

Sprach-Transkription". Der Kontrolle der Akteure entzogen trage die Kameraführung zur „Transposition" der sprachlichen Äußerungen bei, die durch die Selektion von Einstellungen und Umschnitten überformt und implizit kommentiert würden. Am Beispiel der Sendung *Maybrit Illner* demonstriert Holly verschieden Funktionen der Kamerainszenierung.

In ihrem Beitrag „**Die (ab)geschnittene Hand in der Talkshow: Zur Fortschreibung antiker rhetorischer Traditionen in Bildwahl und Schnitt**" geht ELLEN FRICKE auf die enge Verschränkung von Lautsprache und Gestik ein, wobei sie darauf verweist, dass letztere in der Polit-Talkshow marginalisiert werde. Sie vergleicht eine geschnittene und eine ungeschnittene Sequenz ein und derselben Talkshow und kann unter anderem nachweisen, dass die an die Zuschauer adressierte geschnittene Fassung durch die Wahl bestimmter bildrhetorischer Mittel zu einer Dramatisierung und Emotionalisierung des Talkshowgeschehens führe.

Politische Talkshows sind Wettkämpfe um politische Überzeugungskraft, die im Kern stets einen Kampf um das „Bild" sind, das die Bevölkerung von den politischen Akteuren gewinnt. ANGELA KEPPLER zeigt in ihrem Beitrag „**Das Gesagte und das Nichtgesagte. Was die Dramaturgie politischer Talkshows zeigt**", dass dieses Bild, welches die Politiker im Verlauf solcher Sendungen abgeben, keineswegs von diesen alleine erzeugt wird. Es resultiere vielmehr aus einer audiovisuellen Choreographie, der alle Beteiligten vom Beginn der Sendung bis zu ihrem Ende „unterliegen". Dass die Dramaturgie einer Talkshow durch die Art, „wie" etwas gezeigt wird, alles kommentiert und bewertet, zeigt Keppler anhand von Analysen ausgewählter Sequenzen der Sendungen *Sabine Christiansen*, *Hart aber fair* und *Anne Will*.

Anhand eines aus der Talkshow *Larry King Live* (CNN USA) stammenden Telefon-Interviews mit Dick Cheney untersucht GERDA EVA LAUERBACH in ihrem Beitrag „**Multimodale Konstruktion von Lesarten in einem politischen Talkshow-Interview von CNN: Sprecherwechsel, audiovisueller Rhythmus und audiovisuelle Sequenzen**" das Zusammenwirken verbaler und visueller Informationen. Sie zeigt, welche Rolle die Auswahl der Bilder, mit denen das Gespräch zur Ausstrahlung unterlegt wurde, spielt, und wie dem Fernsehpublikum – beispielsweise durch das Zusammenspiel von Bild- und Sprecherwechseln – präferierte Lesarten des audiovisuellen Textes nahegelegt werden.

In seinem Beitrag „**Framing und Reframing von Positionen in politischen Fernsehdiskussionen**" zeigt EMO GOTSBACHNER, dass für die Analyse politischer Kommunikation das Konzept der Deutungsrahmen ein Schlüsselkonzept ist, um zu erklären, wie über die Massenmedien verbreitete Botschaften das öffentliche Verständnis von politischer Realität beeinflussen. An exemplarischen Untersuchungen einzelner Sequenzen der Talkshow *Zeit im Bild* (ZiB) demonstriert Gotsbachner, wie stark im Rahmen solcher Diskussionsrunden Deutungsrahmen etabliert oder dekonstruiert werden. Gleichzeitig wird ein komplexes gesprächsanalytisches Instrumentarium vorgestellt, anhand dessen im Zusammenhang mit der Selbst- und Fremddarstellung politischer Akteure in Fernsehdiskussionen die Wirkungsweise der interaktiven Durchsetzung von politischen Wirklichkeitsdefinitionen methodisch fassbar gemacht werden kann.

Den kommunikativen Handlungen AUSWEICHEN und KASCHIEREN von AUSWEICHEN widmet sich JOSEF KLEIN in seinem Beitrag „**AUSWEICHEN und AUSWEICHEN KASCHIEREN. Multimodale Performanz, Framing-Kniffe und Publikumsresonanz**". Anhand exemplarischer Analysen von drei Sequenzen aus politischen TV-Sendungen zeigt er, wie sprachliche und nichtsprachliche Indikatoren insbesondere beim KASCHIEREN von AUSWEICHEN zusammenwirken und welche Faktoren über den Erfolg oder Misserfolg des KASCHIERENS bei den Rezipienten entscheiden.

Der Beitrag „**‚herr niebel hat hochwasserhosen...'. Aneignungsprozesse multimodaler Aspekte von Polit-Talkshows im Social TV am Beispiel von Twitter**" von SASCHA MICHEL geht der These nach, dass die Erforschung fernsehbegleitender Kommunikation in sozialen Netzwerken wie Twitter – was sich als Social TV oder Second Screen etabliert hat – theoretisch-methodische Probleme traditioneller quantitativer, qualitativer und kombinatorischer Ansätze zur Fernsehrezeption und -aneignung kompensieren kann. Am Beispiel zweier differenter Korpora demonstriert der Beitrag, dass die Aneignung von Multimodalität in authentischen Rezeptionssituationen sowohl individuell als auch gruppenbezogen unterschiedliche Komplexitätsebenen (Mikro-, Meso- und Makroebene der audiovisuellen Multimodalität) umfasst, wobei die Salienz bestimmter codaler Aspekte die Aneignung in verschiedene – oft nicht kontrollierbare – Richtungen steuern kann.

Am Beispiel des Fernsehduells zwischen Angela Merkel und Gerhard Schröder im Bundestagswahlkampf 2005 untersuchen MARCUS MAURER und CARSTEN REINEMANN in ihrem Beitrag „**Verbale und nonverbale Kommunikation in TV-Duellen**" welche verbalen und nonverbalen Kommunikationsmittel in solchen TV-Duellen eingesetz und wie stark sie von den Rezipienten gewichtet werden. Da die Kandidaten zum Setzen persuasiver Akzente ihre verbale Präsenz wesentlich besser nutzen als ihre visuelle Präsenz – was von den Zuschauern entsprechend rezipiert wird – stellen Maurer/Reinemann fest, dass die unter Kommunikationstrainern weithin akzeptierte Regel, nach der die Urteilsbildung über Personen grundsätzlich fast ausschließlich von nonverbalen Stimuli abhängt, nicht zutrifft.

Literatur

Berger, Peter L./Luckmann, Thomas (2010): *Die gesellschaftliche Konstruktion der Wirklichkeit. Eine Theorie der Wissenssoziologie*. 23. Auflage. Frankfurt am Main: Fischer.
Brüggemann, Michael (2011): „Journalistik als Kulturanalyse: Redaktionskulturen als Schlüssel zur Erforschung journalistischer Praxis", in: Jandura, Olaf/Quandt, Thorsten/Vogelgesang, Jens (eds.): *Methoden der Journalismusforschung*. Wiesbaden: VS, 47–65.
Dang-Anh, Mark/Einspänner, Jessica/Thimm, Caja (2013): „Mediatisierung und Medialität in Social Media: Das Diskurssystem ‚Twitter'", in: Marx, Konstanze/Schwarz-Friesel, Monika (eds.): *Sprache und Kommunikation im technischen Zeitalter. Wieviel Internet (v)erträgt unsere Gesellschaft?* Berlin/Boston: de Gruyter, 68–91.
Diekmannshenke, Hajo (2001): „‚Das ist aktive Politik, Danke und Tschüß Franz'. Politiker im Chatroom", in: Beißwenger, Michael (ed.): *Chat-Kommunikation. Sprache, Interaktion, Sozialität & Identität in synchroner computervermittelter Kommunikation. Perspektiven auf ein interdisziplinäres Forschungsfeld*. Stuttgart: ibidem, 227–254.
Diekmannshenke, Hajo (2002a): „Sprechen über Politik in den Medien. Linguistische Aspekte der Rezeption von politischer Kommunikation", in: Pohl, Inge (ed.): *Semantische Aspekte öffentlicher Kommunikation*. Frankfurt am Main u. a.: Lang, 305–328.

Diekmannshenke, Hajo (2002b): „Unterhaltung contra Information? Zur Nutzung politischer Fernsehdiskussionen", in: Tenscher, Jens/Schicha, Christian (eds.): *Talk auf allen Kanälen. Angebote, Akteure und Nutzer von Fernsehgesprächssendungen.* Wiesbaden: Westdeutscher Verlag, 387–402.

Diekmannshenke, Hajo (2002c): „EDV-gestützte Verstehens- und Akzeptanzanalysen zum politischen Sprachgebrauch", in: Panagl, Oswald/Stürmer, Horst (eds.): *Politische Konzepte und verbale Strategien. Brisante Wörter – Begriffsfelder – Sprachbilder.* Frankfurt am Main u. a.: Lang, 129–148 (= Sprache im Kontext 12).

Diekmannshenke, Hajo/Klemm, Michael/Stöckl, Hartmut (2011) (eds.): *Bildlinguistik. Theorien – Methoden – Fallbeispiele.* Berlin: Erich Schmidt Verlag (= Philologische Studien und Quellen 228).

Dörner, Andreas (2001): *Politainment. Politik in der medialen Erlebnisgesellschaft.* Frankfurt am Main: Suhrkamp (= edition suhrkamp 2203).

Gäbler, Bernd (2011): *„… und unseren täglichen Talk gib uns heute!" Inszenierungsstrategien, redaktionelle Dramaturgien und Rolle der TV-Polit-Talkshows.* Frankfurt am Main: Otto Brenner Stiftung (= OBS-Arbeitsheft 68).

Girnth, Heiko/Michel, Sascha (2007): „Von diskursiven Sprechhandlungen bis Studiodekorationen. Polit-Talkshows als multimodale Kommunikationsräume", in: *Der Sprachdienst* 3/2007, 85–99.

Gnach, Aleksandra/Perrin, Daniel (2011): „Kritische Situationen und Gute Praktiken. Text-Bild-Strategien kooperativer Nachrichtenproduktion", in: Diekmannshenke, Hajo/ Klemm, Michael/Stöckl, Hartmut (eds.): *Bildlinguistik. Theorien – Methoden – Fallbeispiele.* Berlin: Erich-Schmidt-Verlag, 213–229.

Goffman, Erving (1993): *Rahmen-Analyse: ein Versuch über die Organisation von Alltagserfahrungen.* 3. Auflage. Frankfurt am Main: Suhrkamp (= Suhrkamp-Taschenbuch Wissenschaft 329).

Grewenig, Adi (2005): „Politische Talkshows – Ersatzparlament oder Medienlogik eines inszenierten Weltbildes? Zwischen Skandalisierung und Konsensherstellung", in: Kilian, Jörg (ed.): *Sprache und Politik. Deutsch im demokratischen Staat.* Mannheim u. a.: Dudenverlag, 241–257 (= Thema Deutsch, 6).

Holly, Werner (1992): „Holistische Dialoganalyse. Anmerkungen zur ‚Methode' pragmatischer Textanalyse", in: Stati, Sorin/Weigand, Edda (eds): *Methodologie der Dialoganalyse.* Tübingen: Niemeyer, 15–40 (= Beiträge zur Dialogforschung 3).

Holly, Werner (1996): „Mündlichkeit im Fernsehen", in: Biere, Bernd Ulrich/Hoberg, Rudolf (eds.): *Mündlichkeit und Schriftlichkeit im Fernsehen.* Tübingen: Narr, 29–40 (= Studien zur deutschen Sprache 5).

Holly, Werner (2010): „Besprochene Bilder – bebildertes Sprechen. Audiovisuelle Transkriptivität in Nachrichtenfilmen und Polit-Talkshows", in: Deppermann, Arnulf/Angelika Linke (eds.): *Sprache intermedial: Stimme und Schrift, Bild und Ton.* Berlin/ New York: de Gruyter, 359–382.

Holly, Werner (2012): „Transkriptiv kontrollgemindert: Automatismen und Sprach-Bild-Überschreibungen in Polit-Talkshows", in: Conradi, Tobias/Ecker, Gisela/Eke, Norbert Otto/Muhle, Florian (eds.): *Schemata und Praktiken.* München: Fink, 161–189.

Holly, Werner/Jäger, Ludwig (2011): „Transkriptionstheoretische Medienanalyse. Vom Anders-lesbar-Machen durch intermediale Bezugnahmepraktiken", in: Schneider, Jan Georg/ Stöckl, Hartmut (eds.): *Medientheorien und Multimodalität. Ein TV-Werbespot – Sieben methodische Beschreibungsansätze* Köln: Herbert von Halem, 151–168.

Holly, Werner/Kühn, Peter/Püschel, Ulrich (1985): „Nur ‚Bilder' von Diskussionen? Zur visuellen Inszenierung politischer Werbung als Fernsehdiskussion", in: Bentele, Günter/Hess-Lüttich, Ernest W. B. (eds.): *Zeichengebrauch in Massenmedien. Zum Verhältnis von sprachlicher und nichtsprachlicher Information in Hörfunk, Film und Fernsehen.* Tübingen: Niemeyer, 240–264 (= Medien in Forschung + Unterricht 17).

Holly, Werner/Kühn, Peter/Püschel, Ulrich (1986): *Politische Fernsehdiskussionen. Zur medienspezifischen Inszenierung von Propaganda als Diskussion.* Tübingen: Niemeyer (= Medien in Forschung + Unterricht 18).

Holly, Werner/Kühn, Peter/Püschel, Ulrich (1989) (eds.): *Redeshows. Fernsehdiskussionen in der Diskussion.* Tübingen: Niemeyer (= Medien in Forschung + Unterricht 26).

Klemm, Michael (1993): *Fernsehdiskussionen als* Confrontainment. *Eine linguistische Analyse der Fernsehdiskussionssendungen ‚Explosiv – Der heiße Stuhl' (RTL plus) und ‚Einspruch!' (SAT.1).* Unveröffentlichte Magisterarbeit, Universität Trier.

Klemm, Michael (1996): „Streiten wie ‚im wahren Leben'?", in: Biere, Bernd Ulrich/Hoberg, Rudolf (eds.): *Mündlichkeit und Schriftlichkeit im Fernsehen.* Tübingen: Narr, 135–162 (= Studien zur deutschen Sprache 5).

Klemm, Michael (2000): *Zuschauerkommunikation. Formen und Funktionen der alltäglichen kommunikativen Fernsehaneignung.* Frankfurt am Main u.a.: Lang.

Klemm, Michael (2007): „Die feinen Nadelstiche des Vergnügens. Fallstudien zur ‚widerständigen' Medienaneignung", in: Klemm, Michael/Jakobs, Eva Maria (eds.): *Das Vergnügen in und an den Medien. Interdisziplinäre Perspektiven.* Frankfurt am Main u.a.: Lang, 249–270.

Klemm, Michael (2008): „Medienkulturen. Versuch einer Begriffsklärung", in: Gerdsen, Peter/Yousefi, Hamid Reza/Kather, Regine/Fischer, Klaus (eds.): *Wege zur Kultur. Gemeinsamkeiten – Differenzen – Interdisziplinäre Dimensionen.* Nordhausen: Bautz, 127–149.

Klemm, Michael (2012): „*Doing being a fan* im Web 2.0 – Selbstdarstellung, soziale Stile und Aneignungspraktiken in Fanforen", in: *Zeitschrift für angewandte Linguistik*, 56/2012, 3–32.

Klemm, Michael/Michel, Sascha (2013): „Der Bürger hat das Wort. Politiker im Spiegel von Userkommentaren in Twitter und Facebook", in: Diekmannshenke, Hajo/Niehr, Thomas (eds.): *Öffentliche Wörter. Analysen zum öffentlich-medialen Sprachgebrauch.* Stuttgart: ibidem, 113–136 (= Perspektiven Germanistischer Linguistik 9).

Klemm, Michael/Michel, Sascha (2014a): „Medienkulturlinguistik. Plädoyer für eine holistische Analyse von (multimodaler) Medienkommunikation", in: Benitt, Nora et al. (eds.): *Korpus – Kommunikation – Kultur: Ansätze und Konzepte einer kulturwissenschaftlichen Linguistik.* Trier: Wissenschaftlicher Verlag (WVT), 183–215 (= Giessen Contributions to the Study of Culture).

Klemm, Michael/Michel, Sascha (2014b): „Social TV und Politikaneignung. Wie Zuschauer die Inhalte politischer Diskussionssendungen via Twitter kommentieren", in: *Zeitschrift für Angewandte Linguistik* (ZfAL) 60, 1/2014, 3–35.

Klemm, Michael/Michel, Sascha (2014c): „Big Data – Big Problems? Zur Kombination qualitativer und quantitativer Methoden bei der Erforschung politischer Social-Media-Kommunikation", in: Ortner, Heike/Pfurtscheller, Daniel/Rizzolli, Michaela/Wiesinger, Andreas (eds.): *Datenflut und Informationskanäle*. Innsbruck: innsbruck university press, 83–98.

Klemm, Michael/Perrin, Daniel/Michel, Sascha (im Druck): „Produktionsforschung", in: Klug, Nina-Maria/Stöckl, Hartmut (eds.): *Handbuch Sprachwissen – Band 7: Sprache im multimodalen Kontext*. Berlin/New York: de Gruyter.

Klemm, Michael/Stöckl, Hartmut (2011): „‚Bildlinguistik' – Standortbestimmung, Überblick, Forschungsdesiderate", in: Diekmannshenke, Hajo/Klemm, Michael/Stöckl, Hartmut (eds.): *Bildlinguistik. Theorien – Methoden – Fallbeispiele*. Berlin: Erich Schmidt Verlag, 7–18 (= Philologische Studien und Quellen 228).

Korte, Karl-Rudolf (2009): „Darstellungs- und Entscheidungspolitik", in: Michel, Sascha/Girnth, Heiko (2009) (eds.): *Polit-Talkshows – Bühnen der Macht. Ein Blick hinter die Kulissen*. Bonn: Bouvier, 16–21.

Kress, Gunther/van Leeuwen, Theo (1996): *Reading images. The grammar of visual design*. London: Routledge.

Krotz, Friedrich (2007): *Mediatisierung. Fallstudien zum Wandel von Kommunikation*. Wiesbaden: VS Verlag für Sozialwissenschaften.

Linke, Angelika (1985): *Gespräche im Fernsehen. Eine diskursanalytische Untersuchung*. Bern et al.: Lang (= Zürcher Germanistische Studien 1).

Löffler, Heinrich (1989): „Fernsehgespräche im Vergleich: Gibt es kultur- oder programmspezifische Gesprächsstile?", in: Holly, Werner/Kühn, Peter/Püschel, Ulrich (1989) (eds.): *Redeshows. Fernsehdiskussionen in der Diskussion*. Niemeyer: Tübingen, 92–215 (= Medien in Forschung + Unterricht 26).

Luginbühl, Martin (1999): *Gewalt im Gespräch. Verbale Gewalt in politischen Fernsehdiskussionen am Beispiel der „Arena"*. Bern et al.: Lang (= Zürcher Germanistische Studien 54).

Maurer, Marcus/Reinemann, Carsten (2003): *Schröder gegen Stoiber. Nutzung, Wahrnehmung und Wirkung der TV-Duelle*. Wiesbaden: Westdeutscher Verlag.

Maurer, Marcus/Reinemann, Carsten/Maier, Jürgen/Maier, Michaela (2007): *Schröder gegen Merkel. Wahrnehmung und Wirkung des TV-Duells 2005 im Ost-West-Vergleich*. Wiesbaden: Verlag für Sozialwissenschaften.

Merten, Klaus (1994): „Wirkungen von Kommunikation", in: Merten, Klaus/Schmidt Siegfried J./Weischenberg, Siegfried (eds.): *Die Wirklichkeit der Medien. Eine Einführung in die Kommunikationswissenschaft*. Opladen: Westdeutscher Verlag, 291–328.

Meyer, Thomas (2001): *Mediokratie. Die Kolonisierung der Politik durch die Medien*. Frankfurt am Main: Suhrkamp (= edition suhrkamp 2204).

Michel, Sascha/Girnth, Heiko (2009) (eds.): *Polit-Talkshows – Bühnen der Macht. Ein Blick hinter die Kulissen*. Bonn: Bouvier.

Schneider, Jan Georg/Stöckl, Hartmut (2011): „Medientheorien und Multimodalität: Zur Einführung", in: Schneider, Jan Georg/Stöckl, Hartmut (eds.): *Medientheorien und Multimodalität. Ein TV-Werbespot – Sieben methodische Beschreibungsansätze*. Köln: Herbert von Halem Verlag, 10–44.

Stöckl, Hartmut (2004): *Die Sprache im Bild – das Bild in der Sprache. Zur Verknüpfung von Sprache und Bild im massenmedialen Text: Konzepte, Theorien, Analysemethoden.* Berlin/New York: de Gruyter.

Stöckl, Hartmut (2011): „Sprache-Bild-Texte lesen. Bausteine zur Methodik einer Grundkompetenz.", in: Diekmannshenke, Hajo/Klemm, Michael/ Stöckl, Hartmut (eds.): *Bildlinguistik. Theorien – Methoden – Fallbeispiele.* Berlin: Erich-Schmidt-Verlag, 45–70.

I. Typologische Eigenschaften und Besonderheiten

CHRISTOPH BERTLING / JÖRG-UWE NIELAND

Die Sonntagsfrage – politische und sportliche Wettkämpfe im TV-Talk

1. Einleitung

Während des Superwahljahres 2009 wurde immer und immer wieder die Sonntagsfrage gestellt: Wer liegt vorn? Wer holt auf? Bei diesem journalistischen Stilelement handelt es sich um die Horseraceberichterstattung. Bereits die Bezeichnung „Horseraceberichterstattung" (vgl. Faßbinder 2009: 500f.) verweist auf die Parallelen zwischen Sportpublizistik und (politischem) Informationsjournalismus. Der Sport „produziert" – genau wie die Politik bzw. Wahlen – Gewinner und Verlierer.[1] Und die Öffentlichkeit ist nicht nur am Ausgang des sportlichen oder politischen Wettbewerbs interessiert, sie brennt regelrecht darauf, die Zwischenstände zu erfahren und möchte mit Prognosen über den weiteren Verlauf versorgt werden.

Vor diesem Hintergrund werden im Folgenden die Gemeinsamkeiten zwischen der politischen Berichterstattung und der Sportkommunikation herausgearbeitet. Die Gemeinsamkeiten zeigen sich – so die hier vertretene These – in der „Behandlung" von Sport und Politik in Talkshows. Der Beitrag gliedert sich in vier Teile: Zunächst soll erläutert werden, welche Bedeutung Talkshows für die Politikvermittlung haben und wie dies auf das Verhältnis von Medien und Politik zurückwirkt; im zweiten Schritt wird diskutiert, dass und warum Sport und Unterhaltung (im Fernsehen) eine enge Beziehung eingehen. Im dritten Schritt werden die Parallelen zwischen den sportlichen und politischen Wettbewerben dargestellt bevor im vierten Schritt anhand von ausgewählten Talkshows die Horseraceberichterstattung in der Sportkommunikation beleuchtet wird.

Zurückgegriffen wird auf eine Reihe von Vorarbeiten: Zum einen existiert (inzwischen) eine breite Forschungslage zu den deutschen Talkshows (vgl. bspw. Schicha/Tenscher 2002; Keller 2009) und speziell zu den Politischen

---

[1] Vgl. mit zahlreichen Beispielen sowohl aus Politik als auch dem Sport Behr/Hettfleisch/Roth (2005). Vgl. zur „Rhetorik des Gewinnen und Verlierens" in der (US-amerikanischen) Sportberichterstattung van de Berg/Trujillo (1989).

Talkshows (vgl. bspw. Tenscher 1999; Schultz 2006; Nieland 2009), zum anderen wurden in den letzten Jahren wiederholt die Rolle und Bedeutung der Sportpublizistik kritisch diskutiert (vgl. bspw. Martens 2005; Dehne 2007; Kolb 2009, Ihle/Nieland 2013). Der hier gewählte Zugang – nämlich die Gemeinsamkeiten der Politikberichterstattung und Sportberichterstattung – allerdings ist bislang kaum behandelt (Ausnahmen: vgl. Schauerte 2006; Leggewie 2006).

2. Politikvermittlung im TV-Talk

Während Wahlkämpfen erlebt die politische Kommunikation ihre Hochzeit – und gerade im Superwahljahr 2009 befanden wir uns im permanenten Wahlkampf. Tatsächlich ist die Modernisierung bzw. Professionalisierung der Kampagnen und der Medienauftritte in den letzten Jahren weiter vorangetrieben worden (vgl. grundlegend Tenscher 2003). Doch entgegen zahlreicher Befürchtungen ließ sich weder 2009 noch 2013 eine Sättigung oder gar ein Verdruss bei den Wählern wie auch den Medienvertretern beobachten.

Mittlerweile ist es zur Selbstverständlichkeit geworden, dass Politiker auf allen Kanälen über (fast) alles, mit (fast) allen und in (fast) allen Formaten diskutieren, reden, streiten, scherzen und talken – nicht nur zu Wahlkampfzeiten. Die Frage scheint insofern nicht mehr zu lauten, ob Politiker im Fernsehen mitreden, sondern wo und wie sie es tun. Im Ergebnis werden Informationen über politische Entscheidungen, Positionen und Personen im Zuge der „Talkshowisierung" teilweise boulevardisiert, privatisiert und entpolitisiert.

Dieser Prozess konnte insbesondere in den Talkshows beobachtet werden, denn die Wahlkampfkommunikation fand in den Politischen Talkshows statt. Die Verbindung zwischen Politik und Talkshows wurde von Tenscher und Sarcinelli (1998) in der These der „Talkshowisierung" verdichtet. Inzwischen steht eine Überprüfung der These an, denn es haben sich neue Formen von Talkshows etabliert.

Dabei ist zunächst ganz grundsätzlich nach der Rolle der Medien in unserer Gesellschaft und speziell gegenüber der Politik zu fragen. Die Forschung spricht bei der Beziehung von Medien und Politik von einem „Interpenetrationsverhältnis".[2] Interpenetration meint die wechselseitige Überlagerung und Durchdringung des Medien- und Politiksystems. Ihre jeweiligen Ziele können die beiden Systeme nur dann einlösen, wenn sie in einen Austauschprozess mit dem anderen System eintreten und dabei die Ziele des jeweils anderen Systems einkalkulieren. Als Brücke zwischen Medien und Politik dient dabei zunehmend das professionalisierte Feld der politischen Öffentlichkeitsarbeit (vgl. Neidhardt 2007: 41).

Weil die öffentliche Kommunikation von neuen Selektions-, Interpretations- und Inszenierungslogiken durchdrungen ist, sind die Parteien und Politiker angehalten, im politischen Wettbewerb die Medienlogik zu beachten.[3] Dies führt zu der politikwissenschaftlichen Frage, ob es einen Wandel von der politischen „Elite" zur medienfixierten (un)politischen „Prominenz" gibt. Zu vermuten ist, dass die traditionellen politischen Institutionen und Verfahren an Durchschlagskraft verlieren. Schließlich ist zu problematisieren, wie sich politische Prozesse im Kontext von Regierung, Parlament und Parteien verändern, wenn diese zunehmend medienfixiert agieren (vgl. Sarcinelli 2002).

Auslöser für diese Entwicklung sind die einschneidenden Veränderungen im Mediensystem. Die Veränderungen lassen sich in zwei Dimensionen kondensieren: zum einen der Ökonomisierung des Mediensektors und zum zweiten das neue Selbstverständnis der Journalisten (vgl. Hachmeister 2007).

Damit sind auch für die Talkshow(entwicklung) die Rahmenbedingungen benannt. Um den Stellenwert der (neuen) Talkshows zu bestimmen, dienen im Folgenden Befunde aus zwei Untersuchungen zur Politischen Kommunikation als Grundlage: Zum einen aus dem Jahr 2005, während des Bundestagswahlkampfes und der Bildung der großen Koalition (vgl. Korte/Nieland/Ballensiefen/Klingen 2006) und zum anderen aus dem Sommer 2006, während der Fußballweltmeisterschaft (vgl. Ballensiefen/Nieland 2007). In den beiden Untersuchungen wurden aktuelle Beobachtungen zur „Talkshowisierung" zusammengetragen und ein Entwicklungsschritt in Richtung „Talkshowisierung – Next Generation"

---

[2] Vgl. zur Interaktion als „dominanter Beziehungsmodus" zwischen Politik und Medien insbesondere Sarcinelli (2005); Jarren/Donges (2006); Kamps (2007).
[3] Vgl. mit einer kritischen Einschätzung Müller (1999); Hofmann (2007). An dieser Stelle kann nicht die Debatte über „Medialisierung" und „Mediatisierung" geführt werden; vgl. Dohle/Vowe (2006: 18f.); Ihle/Nieland (2013: 161ff).

herausgearbeitet. Ein Ergebnis ist, dass das Kommunikationsmanagement der Politiker und noch mehr der Parteien unter dem besonderen Talkshowisierungseinfluss steht (vgl. Nieland 2009). Dieser Einfluss droht „der Politik" Fesseln anzulegen.[4]

Gesprächsrunden im Fernsehen sind seit Jahrzehnten Gegenstand der öffentlichen und auch der wissenschaftlichen Debatte.[5] So wurden empirische (das heißt gesprächs- und inhaltsanalytische) Forschungen zu politischen Diskussionsrunden bis in die 1980er Jahre – insbesondere zu den so genannten Elefantenrunden, in denen sich die Spitzenkandidaten und Alpha-Journalisten versammelten und der Sendung „Journalisten fragen – Politiker antworten" – vorgelegt. Es folgten in den 1990er Jahren Forschungsarbeiten über die „Confrontational Talks" der privaten Anbieter, sowie eine intensive Beschäftigung mit den „Daily Talks". Nachdem die „Daily Talks" ihren Siegeszug durch die Programme der privaten und öffentlich-rechtlichen Anbieter Ende der 1990er Jahre beendet hatten – sie wurden meist durch Gerichtsshows ersetzt –, startete die wissenschaftliche Auseinandersetzung mit den Inhalten Politischer Talkshows sowie mit Politikerauftritten im Fernsehen. Während die sozial- und kommunikationswissenschaftlich ausgerichteten Arbeiten einen Trend zur „Talkshowisierung" diagnostizierten, häuften sich medien- und kulturkritische Studien in Form von essayistischen Betrachtungen (vgl. bspw. van Rossum 2004). Bemerkenswert erscheint, dass die Forschungsarbeiten sich bis heute hauptsächlich auf Sendungen des deutschen Fernsehens konzentrieren, während international vergleichende Studien kaum zu finden sind (vgl. Schicha 2002).

Der Boom der Talkshows hat unterschiedliche Formen der Politischen Talkshow nach sich gezogen. Mithin ist Talkshow nicht gleich Talkshow. Sinnvoll erscheint die Unterscheidung zwischen erstens (klassischen) Politischen Diskus-

---

[4] Der Medienrechtler und ehemalige Verfassungsrichter Wolfgang Hoffmann-Riem (2000) sprach vor dem Hintergrund seiner Erfahrungen als parteiloser Justizsenator Ende der 1990er Jahre in Hamburg davon, dass die Politik in die Fessel der Medien geraten sein – vgl. auch die Beiträge in Schatz/Rössler/Nieland (2002) sowie Konken (2005) und Hachmeister (2007).

[5] Vgl. mit einem Forschungsüberblick die Beiträge in Schicha/Tenscher (2002), insbesondere Schicha (2002); aktuell Keller (2009); die Beiträge in Netzwerk-Recherche (2009), insbesondere Michel (2009); außerdem mit einer Konzentration auf die Veränderungen, die die Politische Kommunikation betreffen Nieland/Tenscher (2002) sowie Schultz (2006).

sions- und Interviewsendungen (wie etwa *Was nun, ...?* oder Sommerinterviews), zweitens den Politischen Talkshows (zuerst *Sabine Christiansen* und *Talk im Turm*, heute etwa *Hart aber fair*) und unpolitischen Talkshows. Der Aufstieg der Politischen Talkshows ist eng verbunden mit der „Empfehlung" des damaligen CDU-Wahlkampfmanagers und langjährigen Bundesgeschäftsführers Peter Radunski, der den Talkshow-Auftritt von Politikern als erfolgversprechenden Weg ansah, die politik- und parteimüden Wähler (wieder) zu erreichen. Tatsächlich hat das Format der Politischen Talkshows das Spektrum der (politischen) Informationsvermittlung und die Präsenzmöglichkeiten für Politiker im Fernsehen deutlich vergrößert (vgl. Tenscher 1999; Nieland/Tenscher 2002; Buskamp 2002). Der „Run der Politik in die Talkshows" führte Ende der 1990er Jahre zu einer „Talkshowisierung des Politischen". Talkshowisierung meint die Veränderungen televisionärer Politikvermittlung aufgrund der dauerhaften Vermischung von politischem und alltäglichem Diskurs, von Politischem und Unpolitischem, von Information und Unterhaltung sowie von Öffentlichem und Privatem (vgl. Sarcinelli/Tenscher 1998). In verschiedenen Studien konnte herausgearbeitet werden, warum Politiker in Talkshows gehen. Oppositionspolitiker, Neu- und Quereinsteiger verfügen oftmals nicht über einen Zugang zu den klassischen Medienformaten. Talkshows bieten größere Freiheiten, die eigenen Standpunkte zu vermitteln, da sie im Gegensatz zu einem Interview weniger strukturiert sind. Es gibt also mehr Zeit für die Selbstdarstellung und seltener Unterbrechungen durch die Journalisten. Der Auftritt in Talkshows ist kostenlos und verspricht enorme Reichweite; dabei werden politische Inhalte „leicht" verpackt dem Zuschauer vermittelt. Schließlich sind auch Medienberichte über diese Auftritte zu erwarten. Neben diesen Vorteilen verbirgt sich eine Reihe von Risiken bei Talkshowauftritten. So kann aufgrund der Unstrukturiertheit der Sendungen, Unsicherheit bei den Politikern aufkommen. Erwartet wird darüber hinaus „sendungskonformes Auftreten" und Spontaneität – dies ist nicht allen Personen oder Themen zuträglich. Deshalb kann die Resonanz beim oftmals politikkritischen Publikum umschlagen (vgl. Nieland/Tenscher 2002, auch Schultz 2006).

Der Test der „Talkshowisierungsthese" im nordrhein-westfälischen Landtagswahlkampf 2000 (vgl. Nieland/Tenscher 2002) und auch zur Bundestagswahl

2005 (vgl. Korte/Nieland/Ballensiefen/Klingen 2006) führte vor Augen, dass die Politischen Talkshows eine Domäne der öffentlich-rechtlichen Sender sind. Es konnte festgestellt werden, dass trotz einer Vielzahl von Sendungen nur ein überschaubarer Kreis von Politikern in die Sendungen geht – sich also den Risiko solcher Auftritte aussetzt. Die meisten Politiker „bewältigen" ihre Auftritte sehr routiniert und zum Teil auch ritualisiert. Während die unpolitischen Talkshows vor allem dem „Image-Building" dienen, eignen sich die Politischen Talkshows in erster Linie zur Präsentation politischer Botschaften (vgl. Buskamp 2002). Insgesamt haben die Politischen Talkshows zu veränderten Kommunikationsstrategien der politischen Akteure geführt: Zu konstatieren ist die zunehmende Bedeutung der Unterhaltungskommunikation für politische Kommunikation. Pessimistische Stimmen verlängerten den Trend der „Talkshowisierung" und fragten, ob die „Talkshow den Ortsverein ersetzt"? (Müller 1999) Für diese Einschätzung ließen sich ansatzweise Belege finden (vgl. Nieland/Tenscher 2002; Korte/Nieland/Ballensiefen/Klingen 2006): Der Vorwurf, dass die Politischen Talkshows reine Werbeveranstaltungen seien, trifft nur in Ausnahmen zu. Gleichwohl finden in den meisten Sendungen keine Diskussionen im üblichen Sinn statt, es kommt vielmehr zu einer „medienspezifischen Inszenierung von Propaganda und Diskussion" (Schultz 2006) und Argumentationen geraten bzw. missraten häufig zu „Pseudo-Diskursen" (Schultz 2006: 299f.). Aber bei einer differenzierten Betrachtung fällt auf, dass der Anteil an „echten" Diskursen vom Sendungsformat, vom Thema und schließlich auch von den Teilnehmern abhängt. Denn neben der (Selbst-)Inszenierung ist zu berücksichtigen, dass in Wahlkampfzeiten die Talkrunden für eine Mobilisierung sorgen. Die Zuschauer kalkulieren Inszenierung und Selbstdarstellung mit ein, insofern ist die (negative) Wirkung der Politischen Talkshows zumeist überbewertet. Insbesondere die Studie von Tanjev Schultz (2006) konnte nachweisen, dass es in den Talkshows nicht um Meinungsbildung und das Aufklären komplexer politischer Sachverhalte geht, sondern mehr um „Politainment" und das Schaffen eines „feel-good"-Faktors (Dörner 2001). Selbst bei boulevardesker Orientierung der Sendungen, bleiben politische Themen im Mittelpunkt – dies vor allem deshalb, weil sich Information und Unterhaltung eben nicht gegenseitig ausschließen. Das Fazit von Schultz lautet daher: Die Politischen Talkshows können durchaus einen öffentlichen Diskurs schaffen.

Nachdem jahrelang Sendungen wie *Sabine Christiansen* oder *Berlin Mitte* für den Erfolg der Politischen Talkshows standen, haben inzwischen andere Sendungen bzw. Moderatoren für Aufsehen gesorgt. Vor allem die ehemalige WDR-Sendung *Hart aber fair* ist hier zu nennen. Bereits das Setting der Sendung unterscheidet *Hart aber fair* von den anderen Angeboten. Der Moderator Frank Plasberg nimmt nicht inmitten seiner Gäste Platz, sondern steht hinter seinem Pult außerhalb des halbrunden Tisches. Diese Position macht den Moderator agiler und mobiler. Er hat so die Gelegenheit, effektiver in die Diskussion einzugreifen und kann seine lenkende Position als Moderator besser umsetzen. Das Prinzip seiner Sendung beschreibt Plasberg mit: „Jeder wird so lange Auskunft geben müssen, bis die Frage wirklich beantwortet ist".[6]

Als Zwischenfazit zum Stellenwert und der Entwicklungspotenziale der Talkshows im deutschen Fernsehen lässt sich festhalten, dass mit *Hart aber fair* (oder auch die inzwischen wieder aus dem Programm genommenen Sendungen *links-rechts* auf N24 und *busch@n-tv* auf n-tv) neue Formen des politischen Diskurses gefunden wurden. Die Frage nach einer Fesselung der Politiker durch die Medien stellt sich dabei nicht (mehr), denn das professionelle und über weite Strecken ritualisierte Auftreten der Politiker gewährleistete Diskussionen „auf Augenhöhe".

3. Sport und Unterhaltung

Nicht nur die Karriere von Trappatonis „Was erlauben Strunz?" zeigt, dass Sportakteure und Sport ein besonders geeignetes Objekt sind, um in Unterhaltungsformaten thematisiert zu werden (vgl. Hattig 1994): Im DSF (heute Sport1) startete im Juli 2009 eine monatliche Talk-Show *Sport Talk* mit den Gästen Uli Hoeneß und Lothar Matthäus. In der Unterhaltungs-Talkshow *Beckmann* wurde Jan Ullrich ins Kreuzverhör genommen. In politische Talkrunden wie *Anne Will* werden Sportler eingeladen. Ex-Sportler moderieren selbst Talkshows. In seiner TV-Sendung Talkshow *Becker 1:1* hatte der ehemalige Tennisprofi regelmäßig Top-Sportler und Prominente begrüßt, was dem Deutschen Sportfernsehen

---

[6] Siehe http://www.wdr.de/tv/hartaberfair/frankplasberg/index.php5 [21. April 2008].

(DSF) Topquoten von 500.000 Zuschauern brachte. Auch *Waldis EM-Club* sorgte während der Fußball-Europameisterschaft 2008 in der ARD für prächtige Quoten: Die neun Sendungen hatten einen durchschnittlichen Zuschauerschnitt von 3,38 Millionen Zuschauern, was einen Marktanteil von 28,4 Prozent entsprach (vgl. Geese/Gerhard 2008: 443). Schließlich sorgt die Talkrunde *Sky 90* für Aufsehen, da hier am Sonntagabend pointiert über die aktuelle Situation in der Fußballbundesliga diskutiert wird. Für Anschlusskommunikation sorgten in der Hinrunde der Bundesligasaison 2009/10 die Äußerungen von Franz Beckenbauer oder auch Jens Lehmann, da diese und andere Wortmeldungen für eine Skandalisierung sorgten.

Doch warum bieten sich gerade Akteure aus dem Sportumfeld an, um in Unterhaltungsformaten wie Talkshows, Comedy-Sendungen und Reality-Shows thematisiert zu werden? Warum sind gerade Sportakteure für einen solchen medialen Diskurs, der stark an Benjamins Reproduktionsthese in extrem überspitzter Form erinnert, so wertvoll? Und welche Gefahren, jedoch auch Chancen sind hiermit für den Sport und seine Akteure verbunden?

Um herauszufinden, inwiefern Spitzensport und seine Akteure tatsächlich in die TV-Unterhaltungsangebote deutscher Fernsehsender integriert werden, wurde eine Programmstrukturanalyse durchgeführt (vgl. Bertling 2009). Diese Analyse stellte die nichtfiktiven Unterhaltungsformaten, die losgelöst von der aktuellen Berichterstattung sportliche Themen, Ereignisse und Akteure aufbereiten, in den Mittelpunkt. Untersucht wurden acht TV-Sender im Zeitraum von 1984 bis 2006. Mit ARD, ZDF, Arte, Phoenix, RTL, SAT.1, Eurosport und DSF wurden sowohl öffentlich-rechtliche und privat-rechtliche Anbieter als auch Voll- und Spartenprogramme in die Untersuchung aufgenommen.

Insgesamt konnten 1.616 Sendungen mit Sportbezug identifiziert werden. Es ließen sich hierbei zwei Phasen der Integration von nichtfiktiven Unterhaltungsformaten mit Sportbezug in die Programmstrukturen der acht Fernsehanbieter während des Untersuchungszeitraums erkennen: In den 1980er Jahren, als das deutsche Sportsystem sich zögerlich kommerzialisierte, spielten Formate mit Sportbezug noch so gut wie keine Rolle. Im Jahr 1989 wurden lediglich vier Formate ermittelt. Ein starker Anstieg setzte erst in den 1990er Jahren ein. Die Anzahl steigerte sich im Zeitraum von 1989 bis 1994 von vier Formaten auf 305

Formate und somit um das 76fache. Im Zeitraum von 1989 bis 1999 nahm die Anzahl von vier auf 447 Formate zu und somit sogar um das 112fache. Dieser starke Anstieg spiegelt sich auch im Sendevolumen wider. In den 1980er Jahren betrug das gesamte Sendevolumen der nichtfiktiven Unterhaltungsformate mit Sportbezug lediglich 810 Minuten. Im Jahr 1994 waren es bereits 14.588 Minuten und im Jahr 2005 sogar 21.970 Minuten. Mit der Anzahl an Formaten mit Sportakteuren nahm die Senderanzahl zu. In Tabelle 1 ist die Anzahl der Formate pro Sender und Jahr aufgelistet:

	1984	1989	1994	1999	2004	2005	2006
ARD	--	--	--	3	--	1	21
ZDF	5	1	3	2	2	2	5
RTL	12	--	3	2	5	16	8
SAT 1	--	--	1	3	2	5	1
ARTE	--	--	--	7	23	16	22
Phoenix	--	--	1	--	3	4	22
Eurosport	--	3	22	31	86	68	45
DSF	--	--	275	399	140	202	144
Gesamt:	17	4	305	447	261	314	268

Tabelle 1: Anzahl der erhobenen Formate in den einzelnen TV-Sendern im Zeitraum von 1984 bis 2006

Während in den 1980er Jahren bei lediglich drei Sendern (nämlich ZDF, RTL und Eurosport) Formate mit Sportbezug vorzufinden waren, setzen in den Jahren 2005 und 2006 alle Programme auf Unterhaltungsformate mit Sportbezug/-akteuren. In welchem Ausmaß die einzelnen Sender auf solche TV-Unterhaltungsformate mit Sportbezug setzen, zeigt Abbildung 1:

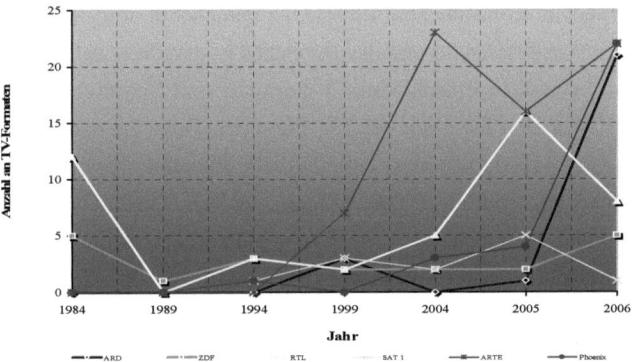

Abbildung 1: Anzahl an TV-Formaten bei den Sendern ARD, ZDF, ARTE, Phoenix, RTL, SAT.1

In fast allen Sendern stieg die Formatanzahl im Untersuchungszeitraum an. Der stärkste Zuwachs zeigt sich bei den öffentlich-rechtlichen Programmen ARD, Arte und Phoenix. Bei ARD steigt die Anzahl im gesamten Zeitraum um das 21fache. Bei Phoenix nimmt die Anzahl im Zeitraum von 1994 bis 2006 um das 22fache zu und bei Arte steigt im Zeitraum von 1999 bis 2006 die Anzahl um das Dreifache.

Des Weiteren zeigen die erhobenen Daten auf, dass in den 1980er Jahren wenige Sendekonzepte mit Sportbezug vorhanden waren. Mit Unterhaltungsshows und Doku-Inszenierung (Dokusoaps) wurden lediglich zwei Sendekonzepte genutzt (vgl. Tabelle 2).

	1984	1989	1994	1999	2004	2005	2006	Gesamt
Gameshow	--	--	86	--	--	--	--	86
Comedy	--	--	--	133	16	151	94	394
Reality-Show	--	--	--	23	1	--	7	31
Quizsendung	--	--	--	1	89	--	1	91
Talkshow	--	--	--	--	--	1	18	19
Unterhaltungsshow	14	3	151	165	2	--	2	337
Musikshow	--	--	--	--	1	--	1	2
Doku-Inszenierung (Doku-Soap)	3	1	68	125	152	163	126	658
Gesamt	17	4	305	447	261	314	268	1616

Tabelle 2: Entwicklung der Sendekonzepte im Bereich Konzept-Entertainment bei Formaten mit Sportbezug im Zeitraum von 1984 bis 2006

In den Folgejahren wurden weitere Sendeformen konzipiert. Im Jahr 1999 wurden bereits fünf verschiedene Formate auf den Markt gebracht und im Jahr 2006 sieben Sendeformen. Im gesamten Untersuchungszeitraum kommen insgesamt acht verschiedene Konzepte zum Einsatz. Es kann somit von einer programmgestalterischen Ausdifferenzierung des Bereiches gesprochen werden sowie einem zunehmend bewussten Einsatz von TV-Formaten mit Sportbezug. Im gesamten Zeitverlauf lässt sich lediglich bei den Formaten Doku-Inszenierungen (Doku-Soaps) und bei Talkshows eine kontinuierliche Zunahme beobachten, wobei im Bereich Doku-Inszenierungen (Doku-Soap) seit dem Jahr 2005 ein leichter Bedeutungsverlust zu konstatieren ist. Einen jüngst sehr starken Zuwachs weist hingegen die Sparte „Talkshow" auf.

Die hier referierten Befunde (vgl. ausführlich Bertling 2009) geben den deutlichen Hinweis, dass TV-Sender unterhaltungsorientierte Verbundproduktionen mit sportlichen Themen, Ereignissen und Akteuren praktizieren und hierbei Talkshows einen besonders starken Aufschwung erfahren haben. Gerade die privaten Rundfunkanbieter platzierten in den letzten Jahren „Formathybride" und „Genremixe" wie beispielsweise „Reality-TV-Sendungen", „Confrontainment"-Talkshows, „Infotainment"-Magazine, „Call-In"-Sendungen und „Real Life Soaps" (Hattig 1994). Zusammenfassend kann festgehalten werden, dass das Format der Politischen Talkshow das Spektrum der (politischen) Informationsvermittlung und die Präsenzmöglichkeiten für Politiker im Fernsehen deutlich vergrößert. Für Sportler gilt dies ebenso, vor allem angesichts der Ausweitung der Vor- und Nachberichterstattung von Wettkämpfen, da hier neue Interview-, Gesprächs- und Talksendungen eingeführt wurden (vor allem beim Deutschen Sportfernsehen (DSF)).

Es stellt sich somit die Frage, inwiefern diese Entwicklung für den Sport förderlich bzw. gefährdend sein kann. Im Folgenden werden anhand der These der „Talkshowisierung" des Fußballs Gefahren und Potenziale diskutiert.

4. Fußball unter „Talkshowisierungseinfluss"

Für die Wettbewerbsspiele Fußball und Politik ist eine kontinuierliche und umfassende Medienberichterstattung eine elementare Voraussetzung für deren Rechtfertigung, Fortbestand und Weiterentwicklung (vgl. Schwier/Leggewie 2006). Und aufgrund der exzessiven Vermarktung sowie Nutzung in den Medien, vor allem dem Fernsehen, degeneriert der Sport zur Show (Adelmann/Stauff 2001: 154). Vor diesem Hintergrund ist es kaum verwunderlich, dass die Medialisierung längst den Sport erreicht hat (vgl. Vowe/Dohle 2007). Angesichts der Zunahme des aktiven Sporttreibens und des passiven Sportkonsums vollzieht sich eine „Versportlichung der Gesellschaft" über die Medien – wir befinden uns auf dem Weg in die „Sportgesellschaft" (Digel/Burk 2001).

Mit Blick auf die im vorherigen Abschnitt präsentierten Befunde ist zunächst festzuhalten, dass in der Sparte „Sport" eine enorme Ausweitung der Programms in den letzten Jahren zu verzeichnen ist und der Sport Garant für hohe Einschaltquoten darstellt – ein Indiz ist die Ausweitung der so genannten Umfeldberichterstattung.

So weisen neben den engen Wechselbeziehungen zwischen Politik und Medien zahlreiche Studien auch eine Symbiose von Sport und Medien nach: ein zentrales Motiv der Berichterstattung ist, dass dem Publikum Sieger präsentiert werden (sollen).

Die hier zum Tragen kommende Horseraceberichterstattung begründet den wachsenden „Talkshowisierungseinfluss" auf den Fußball. Dabei sind nicht nur die Talkshows in der Sportberichterstattung, sondern auch die Politischen Talkshows und die „Personality"-Talks angesprochen: Ein Rückblick auf ausgewählte Politische Talkshow-Sendungen aus dem Sommer 2006 macht deutlich, dass die WM für dieses Format zu dem bestimmenden Thema wurde. Mit wenigen Ausnahmen beschäftigten sich die Sendungen mit den Problemen, Risiken sowie Chancen und Perspektiven, die das Großereignis mit sich brachte (vgl. Ballensiefen/Nieland 2007). Themengebiete, die unmittelbar vor der WM in den Politischen Talkshows diskutiert wurden, betrafen die Sicherheit in Deutschland und damit verbundene Fragen, wie: „Ist Deutschland in der Lage, Fans aus aller Welt vor Angriffen Rechtsradikaler und Hooligans zu schützen?" und „Inwieweit ist Deutschland vor internationalem Terrorismus sicher?" In diesem Kontext wurden auch die fremdenfeindlichen Übergriffe diskutiert (vgl. Ballensiefen/Nieland 2007).[7]

Die „Talkshowisierung" des Fußballs ist möglich geworden, da die Sportjournalisten sich nicht mehr in der Abstiegszone befinden – sie sind „von Außenseitern zu gut bezahlten Entertainern" aufgestiegen. Gleichwohl gibt es „keinen Grund, den ‚neuen Sportjournalismus' auf ein Podest zu stellen" (Weischenberg 1997: 181). Es bleiben die Vorwürfe: politische Ahnungslosigkeit und Naivität sowie das Fehlen der kritischen Distanz (vgl. bspw. Dehne 2007). In diesem Ressort haben die Journalisten ihre Unterhaltungsfunktion angenommen (vgl. insbesondere Kolb 2009), dieses Rollenverständnis darf aber nicht auf die Unterhaltung beschränkt sein. Außerdem verwechselt man „die wachsende Relevanz des Mediensports mit der Relevanz der Sportjournalisten", die in den

---

[7] Deutlich wurde während der WM, dass der Polit-Talk in einer Krise steckt. Es wurden nicht nur weniger politische Diskussionen in deutschen Talksendungen gezeigt, sondern eben auch immer weniger Politiker. Wenn man anstelle von Polit-Prominenz plötzlich Boris Becker, Franz Beckenbauer oder auch Harald Schmidt neben den Moderatorinnen und Moderatoren auf dem Sessel sitzen sieht, stellt sich automatisch die Frage nach der inhaltlichen Ausrichtung des Talkformats. Die Einschätzung haben nicht nur die Printjournalisten und Politikwissenschaftler, sondern auch die Zuschauer; vgl. Ballensiefen/Nieland (2007).

Mechanismus der Kommerzialisierung eingebunden sind (vgl. Weischenberg 1997: 190). In diesem Rahmen spielen Talkshowformate eine entscheidende Rolle. Rene Martens (2005: 46) fand für die Berichterstattung während der Olympischen Spiele 2004 folgende kritische Charakterisierung:

> Viel Action und Gefühle, kein Hintergrund – das war der Kern des Konzepts von ARD und ZDF in Athen. Zuschauer, die am späten Abend dennoch ein paar brauchbare Gedanken im Kopf hatten, bekamen sie von Reinhold Beckmann (ARD) und Johannes B. Kerner (ZDF) kaputt gequatscht. Die TV-Stars, Aushängeschilder sowohl der Talk-, als auch der Sportabteilungen ihrer Häuser, hatten ihre spätabendlichen Plauderstunden in die Olympia-Stadt verlegt.

Martens beschreibt einen Prozess in dem die Sportmoderatoren den Status von Anchormen/-women von Nachrichtensendungen erreicht haben und gleichzeitig Sportsendungen den Stellenwert von Informationssendungen erlangen (vgl. Adelmann/Stauff 2001: 159): In Anlehnung an Siegfried Weischensbergs (1997) Label von der „Schreinemakerisierung unser Medienwelt" muss heute von der „Beckmannisierung" und „Kernerisierung" gesprochen werden.

Zur Unterhaltungsorientierung der Sportpublizistik zählen auch die Zusammenkünfte von (Spitzen-)Politikern und Fußballern: Politiker im Fußballstadion oder sogar in der Kabine (gerne bei Finalspielen), bei Wohltätigkeitsveranstaltungen oder auch bei Wahlkämpfen und politischen Diskussionsrunden (vgl. die Beiträge in Holtz-Bacha 2006). Christoph Bieber (2006: 120) hat drei Berührungspunkte zwischen Fußball und Politik ausgemacht. Erstens die Tatsache, dass Fußballer- und Politikerkarrieren häufig weit „vor dem üblichen Rentenalter" enden, aber der Drang nach Sichtbarkeit bei den Akteuren bleibt. Zweitens das Fehlen von standardisierten Ausbildungsgängen bei gleichzeitiger Ausbildung von spezialisierten Aufgabenprofilen und Berufsbildern – dies führt zu einem enormen Professionalisierungsschub. Und drittens die Rolle der Massenmedien als Vehikel zur Herstellung von Öffentlichkeit. „Professionalisierung" und „Kommerzialisierung"[8] sind für Bieber Motoren der Entwicklung (Bieber 2006: 121). Professionalisierung bezieht er auf die Entstehung und Etablierung hauptberuflich ausgeübter Tätigkeiten (etwa Spieler, Trainer, Manager oder Berater). Kommerzialisierung meint dagegen die Weitung profitorientierter Aktivität außerhalb des eigentlichen Sportgeschehens, also Sponsoring, Rechtehandel,

---

[8] Vgl. grundlegend zur Kommerzialisierung des Sports Brandmaier/Schimany (1998).

Fanartikel oder Markenentwicklung und -positionierung in außersportlichen Bereichen. Vor diesem Hintergrund führt Bieber die Unterscheidung zwischen „Fußballherstellung" und „Fußballdarstellung" ein.[9] Angesichts der sprunghaft angestiegenen Sendezeiten und -formate, die nicht mehr nur das eigentliche Fußballspiel, sondern auch dessen Vor- und Nachbereitung immer ausführlicher zeigen, ist „ein Spiel (…) nicht mehr (nur) das, was der Zuschauer sieht, sondern vor allem das, was ihm die vielen Berichterstatter in verschiedenen Sendeformaten darüber berichten." (Bieber 2006: 124). Zusätzlich zu dem natürlichen Bedarf an Personen zur konkreten Fußballherstellung – v. a. Spieler, Trainer, Management, Physiotherapeuten, Schiedsrichter, Fans, Stadionsprecher und -regie – braucht es nun zusätzliches Personal für die Darstellung des komplexen Stadiongeschehens in unterschiedlichen Medienumgebungen – so etwa Live-Kommentatoren, Studio-Moderatoren, Field-Reporter, Fotografen, Videotext-/Online-Redakteure (vgl. Bieber 2006). Der Bedarf an diesem zusätzlichen Personal rekrutiert sich aus dem Fundus ehemaliger Berufsfußballer. Dies geschieht am häufigsten in TV-Direktübertragungen, selten auch in reinen Studioproduktionen. Formate wie *Das aktuelle Sportstudio* (ZDF), *Doppelpass* oder *Viererkette* (beide DSF) wählen ihre Studiogäste mit Bezug zu den (Sport-)Ereignissen des Tages aus. Fachkommentatoren verfügen teilweise über eine feste Senderzugehörigkeit – wobei zwischen Experten am Spielfeldrand unterschieden wird. Bei besonders umfangreichen Übertragungen werden die beiden Hauptorte der Live-Berichterstattung ergänzt: Neben dem Field Reporter, der aktive Spieler nach dem Schlusspfiff oder in der Halbzeitpause direkt auf dem Spielfeld oder in der Mixed Zone befragt, wird noch ein zusätzliches Studio eingerichtet, in dem besonders exponierte Vertreter der beteiligten Mannschaften (Trainer und Mannschaftskapitän) nach dem Spiel interviewt werden. Damit befeuern die Popularisierung und Ökonomisierung nicht nur den Kreislauf popkultureller Verbreitung des Sport, sondern schaffen eine besondere Form von „Fernsehprominenten": Sportler treten also „nicht nur im spezialdiskursiven Feld des Sports auf, sondern zirkulieren im interdiskursiven Fernsehuniversum z. B. als Gäste in Talk-

---

[9] Vgl. zum Verhältnis von Politikherstellung und Politikdarstellung die Beiträge in Sarcinelli/ Tenscher (2003; 2008).

shows, als Meldungen in Nachrichten oder als Akteure in Spielshows." (Adelmann/Stauff 2001: 155).

Die Gemeinsamkeiten zwischen den neuen „Bildschirmarbeitsplätzen" ehemaliger Akteure aus Fußball und Politik lassen sich auf folgende Aussage verdichten: „Zugute kommt den Experten die Möglichkeit, sich als Produzenten eines kulturell relevanten Wissens zu inszenieren – dies gilt im Medienfußball der Sportberichterstattung und für das Politainment der politischen Fernsehgesprächssendungen." (Bieber 2006: 136) Die Gemeinsamkeiten zwischen Fußball und Politik betreffen auch die Art der Berichterstattung; denn sowohl die Kommentierung der Ausgänge von Wahlen als auch von Sportereignissen kreisen rekapitulierend um die Frage nach dem Warum. Die „Nachberichterstattung heißt in erster Linie, dem vorliegenden Ergebnis mehr oder weniger plausible Ursachen zuzuordnen und mögliche Folgen zu erörtern." (Stiehler/Marr 2001: 115). Dabei bedient sich die Sportberichterstattung naiver Alltagserklärungen, bei denen beobachtbares Verhalten durch nichtbeobachtbare Ursachen erklärt werden. Hierbei kommt der Unterscheidung in internale (z. B. Fähigkeiten, Talent, Bemühen) und externale Attribuierung (z. B. Zufall, Bedingungen) eine entscheidende Bedeutung zu. Stiehler und Marr (2001: 115f.) bezeichnen die Sportberichterstattung deshalb als „quasiwissenschaftlich und quasirational".[10] Sowohl bei der Sportberichterstattung als auch der Nachwahlberichterstattung werden meist dieselben Experten, denen zuvor prognostische Fähigkeiten abverlangt wurden, gebeten, den Ausgang zu erklären und zu bewerten. Es wird statistisches Zahlenmaterial zur Untermauerung von Thesen herangezogen, möglicherweise bedeutsame Teilergebnisse als Ursache deklariert und historische Vergleiche vorgenommen, um Parallelen und Differenzen im Verlauf kausalanalytisch aufzuzeigen. Behandelt werden Wettkampf, Sieg und Niederlage sowie deren Deutung und Analyse – und dies mit Blick auf die Konsequenzen, also der Wechsel von Taktik, Spielsystem oder Personal bis hin zum Rücktritt der Füh-

---

[10] Vorberichterstattung mit der Formulierung von Prognosen über den Spielausgang ist vergleichbar der Hypothesenbildung; die Live-Kommentierung kann als die Feldphase eingeordnet werden, in der Spielverlauf protokolliert, Vorinformationen aktualisiert, Erwartungshaltungen modifiziert und Zwischenergebnisse bilanziert werden; die Nachbetrachtung schließlich dient der Ergebnisinterpretation; vgl. Stiehler/Marr (2001: 115f.).

rungsperson.[11] Herausgebildet hat sich sowohl in der Wahlberichterstattung als auch in der Sportpublizistik „eine eigene, von PR-Strategen und Spin-Doktoren ausgetüftelte Sprache, wobei Medienpolitik und Medienfußball zunehmend von ein und demselben Motiv beherrscht sind – wer trägt nun Konsequenzen." (Leggewie 2006: 219)

Eine weitere Gemeinsamkeit zeigt sich darin, dass sowohl in Wahlsendungen, als auch in Sportsendungen bei der medialen Interpretation von Leistungen „die Ausrichtung an Erwartungen, die dem Prinzip des unrealistischen Optimismus" (Stiehler/Marr 1998: 111) erfolgt.

Der „Talkshowisierungseinfluss" legt auch die Motivation zur Selbstdarstellung in den Massenmedien offen – gerade Sportler folgen dieser Motivation aus sportlichen, vornehmlich aber aus ökonomischen Gründen. Und in der Ökonomie spielt Vertrauen eine Schlüsselrolle. Vertrauen stellen sowohl Fußballer als auch Politiker durch möglichst häufiges Erscheinen in den Medien und durch Emotionalisierung her. Die Ergebnisse einer Inhaltsanalyse der Magazine *Bunte* und *Der Spiegel* verdeutlichen dies (vgl. Schierl/Bruns 2006). Sportler und Politiker bemühen sich, in den Medien präsent zu sein: den Sportlern gelingt dies, den Politikern nicht immer. Im Verlauf der letzten 30 Jahre werden Sportler immer weniger im Zusammenhang mit ihrer „genuinen Tätigkeit" – dem Sport – dargestellt; sie wandern in die Rubrik: „People/Society". Emotionalisierung heißt also, dass vermehrt soft skills transportiert werden (vgl. Schierl/Bruns 2006). Die Sportjournalisten bedienen diese Anforderung in jüngster Zeit vermehrt: Insbesondere vor und nach dem Spiel oder Rennen sind TV-Sportreporter darauf erpicht, das Geschehen zu emotionalisieren. Ihr beliebtestes Stilmittel: Athleten, Trainern oder Funktionären Fragen zu stellen, die die Stimmung der Gesprächspartner bereits antizipieren, streng genommen also keine Fragen sind: „Wie glücklich sind Sie?" Die Tendenz, wie sie sich bei *Doppelpass* seit Jahren erkennen lassen (vgl. Schaffrath 2002)[12], setzten sich nun auch in den Politi-

---

[11] Vgl. zum Umgang mit Rücktritten in Sport und Politik Hebecker (2006: 69); auch Leggewie (2006).

[12] Schaffrath (2002: 201) systematisierte die Ausdifferenzierungen der Gesprächsformen in der Sportpublizistik in sechs Formen: das Field- oder Flashinterview direkt nach Wettkampfende, das Studiogespräch mit einem oder mehreren am Wettkampf beteiligten Gästen, das moderierte Expertengespräch, die Call-in-Sendung; die monothematische Diskus-

schen Talkshows fort: hintergründiges wird ausgespart. Und selbst wenn die Themen wie Doping, Fernsehrechte, Wettskandal oder Rassismus kontroverse Diskussionen erwarten lassen, wird von der „Soße der Harmonie" alles zugeschüttet.

Ein Blick auf die Sendung *Doppelpass* liefert einen Beweis, denn entgegen der Wortmeldung von Michael Schaffrath (2002: 201), lassen sich nicht nur bei den Sportlern, sondern auch bei den Journalisten stereotype Phrasen, redundante Floskeln und Plattitüden feststellen. Die Gesprächssendung ist weit entfernt von dem Anspruch eines „journalistischen Interviews", nämlich „verständlich, kontrovers, anschaulich voll Nachfragen und damit informativ zu sein" (zit. nach Schaffrath 2002: 201; vgl. auch die Beiträge in Netzwerk Recherche 2009). *Doppelpass – Die Krombacher Runde* (gestartet als *Doppelpass – Der Warsteiner Fußball-Stammtisch*) gilt als wichtigste Sport-Talkshow im deutschen Fernsehen – nicht nur weil er zu den reichweitenstärksten Sendungen des Sportkanals zählt. In der Sendung diskutieren Journalisten mit Vereinsvertretern (Trainern, Managern, Sportdirektoren, etc.) und Funktionäre; die Zuschauer werden aufgerufen, per Mail oder Anruf ihre Meinung zur „Frage des Tages" abzugeben, während der Sendung werden Zuschauermeinungen eingespielt und ähnlich wie bei *Hart aber fair* werden dann die Fragen in der Expertenrunde beantwortet oder vertiefend diskutiert. Den thematischen Schwerpunkt der Gespräche bilden die (Bundesliga-)Partien vom Wochenende – und hier insbesondere die Leistungen der Mannschaften bzw. einzelner Spieler aber auch die zum Teil umstrittenen Schiedsrichterentscheidungen. Insgesamt ist *Doppelpass* von einer starken Ereignisorientierung geprägt. Aufgelockert und erweitert wird der Blick auf den aktuellen Spieltag durch die Thematisierung der vergangenen und künftigen Entwicklungen eines bestimmten Vereins (vgl. Schaffrath 2002: 206).

Das auf dem Tisch in der Diskussionsrunde stehende Phrasenschwein[13] hat inzwischen Eingang in den Alltagssprachgebrauch gefunden und repräsentiert geradezu, dass der journalistische Anspruch einer Talkshow zwischen Journalisten (früher *Internationale Frühschoppen* und heute *Presseclub* auf der ARD)

---

sionsrunde und schließlich den Sport-Talk.

[13] Hier müssen die Teilnehmer der Runde bei Verwendung allzu offensichtlicher Phrasen drei Euro (in den 1990er Jahren 5 DM) einzahlen. Außerdem spenden Zuschauer und Vereine Geld. Die Erlöse werden am Ende der Saison einem wohltätigen Zweck zugeführt.

nicht eingelöst wird. Denn die Gesprächspartner treten selten selbstkritisch und oft als Stimmungsmacher gegen Trainer und Spieler auf und nicht als distanzierte Journalisten. In der Hinrunde der Saison 2009/10 beispielsweise wurde über Monate über die Situation beim FC Bayern München sowie der anstehenden Trainerentlassung beim VfB Stuttgart gesprochen; die (vermeintlich) fehlgeschlagene Transferpolitik insbesondere bei diesen beiden Vereinen, das neue Gesicht und die Perspektiven von Bayer Leverkusen sowie insbesondere die (äußerst) erfolgreiche Arbeit des neuen Schalker Trainers Felix Magath. In den einzelnen Sendungen häuften sich Plattitüden und Wiederholungen; dies vor allem deshalb, weil Personaldebatten und hier insbesondere Rücktrittsdiskussionen im Mittelpunkt standen. Auffällig sind wiederum die Gemeinsamkeiten mit der Wahlberichterstattung. So betitelte der *Presseclub* am Wahltag seine Sendung: „Rot, grüne, gelbe, schwarze – ist doch egal!" Die Spekulationen über den Wahlausgang verdichteten sich in der Aussage „der Wähler weiß nicht was er bekommt".

Dabei wären Begründungen sowohl für die politische Berichterstattung als auch für die Sportpublizistik das entscheidende Element, um einem Diskurs Dichte, Komplexität und Angemessenheit zu verleihen.[14]

In den Polit-Talks hatte Tanjev Schultz (2006: 245ff.) erkennbare argumentative Anstrengungen bei fast 60 Prozent festgestellt. Seine Inhaltsanalyse konnte drei maßgebliche Typen des Argumentierens unterschieden: ein expressives oder narratives Kommunikationsmuster; zweitens einen eher nüchternen Typ von Beiträgen, die als informierend, analysierend, deutend, erklärend charakterisiert werden; und schließlich das hitzigere Muster des Propagierens und Attackierens (vgl. Schultz 2006: 252). Während in den klassischen Talkshows und auch in den neueren Politischen Talkshows (vgl. Nieland/Tenscher 2001) Journalisten und Wissenschaftler die eher nüchterne Form des Informierens, Erklärens, Analysierens und Deutens pflegen, treten die Sportjournalisten im *Doppelpass* als

---

[14] „Um in einen Diskurs einzutreten, müssen die Sprecher ihren Geltungsansprüchen Begründungen in einem Umfang und Gewicht unterlegen, dass diese ihren Beitrag deutlichen prägen und anzeigen, dass mit dem Beitrag nicht nur Behauptungen (Forderungen, Deutungen etc.) aufgestellt, sondern sie auch ausdrücklich gegen antizipierte oder tatsächliche vorgebrachte Einwände und Zweifel abgesichert werden, oder begründete Einwände die Behauptungen anderer Sprecher in Zweifel ziehen." (Schultz 2006: 241)

offensive Propagandisten oder Attackierer auf. Die Auswahl von Vertretern der Bundesligavereine verstärkt dieses Klima.

5. Ausblick

Ein Effekt der Horseraceberichtersattung[15] ist, dass nicht mehr nur die Boulevardpresse, Primetime-Sendungen und die Klatschspalten der digitalen Medien, sondern auch die informativen und diskursiven Formate die Position der neutralen Berichterstattung aufgeben und „selbst zu Akteuren und Regisseuren der zunehmend von ihnen beherrschten Inszenierung" (Leggewie 2006: 220) werden. Boulevardeske Elemente – wie der Hinweis auf dramatische Verfallszenarien, massive Polarisierungen, der Gebrauch von plakativen tendenziösen Etiketten, sowie extreme laxe, sensationsorientierte und emotionalisierte Formulierungen und Bilder (vgl. Schultz 2006: 262) – zeichnen dafür verantwortlich, dass die Qualität auf der Strecke bleibt.

Letztlich parodiert *Doppelpass* nicht das Gerede über Fußball an den richtigen Stammtischen – wie das erwähnte Phrasenschwein vermuten lässt – die DSF-Sendung bildet es ab. Mit den Worten Ulrich Gertz (2000: 210) „Doppelpass vermittelt Halt und Heimat: die im Fernsehen reden ja genau wie wir in der Kneipe. (…) Doppelpass ist die Sendung für Menschen, die ihr Wissen aus Einspaltern in den Boulevardblättern beziehen. Es gibt viele von diesen Menschen, deswegen ist Doppelpass so beliebt."

Es wäre unangebracht, die Ansprüche an die Diskursivität von Sendungen wie *Doppelpass* zu hoch zu hängen, aber ein gewisses Ausmaß argumentativer Anstrengung kann von den Teilnehmern erwartet werden – sowohl in einem normativen als auch in einem empirischen Sinne (vgl. auch Schultz 2006: 240). Zukünftige Inhaltsanalysen sollten vor diesem Hintergrund nach Mustern der Argumentation in der Sendung fahnden. Zu unterscheiden wären mit Schultz (2006: 255): anklagende, moralisierendes Muster („Gericht halten"), empirisch-analytische Muster („wissenschaftlich werden"), psychologisierende, propheti-

---

[15] Vgl. mit einer Analyse der Horseraceberichtersattung in der *Süddeutschen Zeitung* und der *Frankfurter Allgemeinen* in den Jahren 1976 und 2005 Faßbinder (2009). In der Studie konnte ermittelt werden, dass der Horserace-Anteil an der Wahlkampfberichterstattung in den Qualitätszeitungen von geringer Quantität aber hoher Qualität ist.

sche Muster („Augurentum"), Macht und Autorität signalisierende Muster („Rückendeckung") und schließlich anekdotisches Muster („Lebensweltliche Evidenz").

Literatur

Adelmann, Ralf/Stauff, Markus (2001): „Spielleiter im Fernsehsport", in: Parr, Rolf/Thiele, Matthias (eds.): *Gottschalk, Kerner & Co*. Frankfurt am Main: Suhrkamp, 154–185.
Ballensiefen, Moritz/Nieland, Jörg-Uwe (2007): „Talkshowisierung des Fußballs. Der Volkssport in den Fesseln der Medien", in: Mittag, Jürgen/Nieland, Jörg-Uwe (eds.): *Das Spiel mit dem Fußball*. Essen: Klartext Verlag, 325–348.
Behr, Stefan/Hettfleisch, Wolfgang/Roth, Jürgen (2005): *Wichtig ist, wer hinten hält. Fouls und Schwalben in Fußball und Politik*. Berlin: Aufbau TB.
Berg van de, Leah R./Trujillo, Nick (1989): „The Rhetoric of Winning and Losing: The American Dream and America's Team", in: Wenner, Lawrence A. (ed.): *Media, Sports & Society*. New York/London/New Delhi: Sage, 204–224.
Bertling, Christoph (2009): *Sportainment. Konzeption, Produktion und Verwertung von Sport als Unterhaltungsangebot in den Medien*. Köln: Herbert von Halem.
Bieber, Christoph (2006): „Seitenwechsel – Experten und Karrieren zwischen Fußball, Politik und Medien", in: Schwier, Jürgen/Leggewie, Claus (eds.): *Wettbewerbsspiele. Die Inszenierung von Sport und Politik in den Medien*. Frankfurt am Main: Campus, 120–146.
Brandmaier, Sonja/Schimany, Peter (1998): *Die Kommerzialisierung des Sports. Vermarktungsprozesse im Fußball-Profisport*. Hamburg: Lit Verlag.
Brettschneider, Frank (2005): „Bundestagswahlkampf und Medienberichterstattung", in: *Aus Politik und Zeitgeschichte* 51–52/2005, 19–26.
Bruns, Thomas/Schierl, Thomas (2006): „Prominenzierungsstrategien bei Politikern und Sportlern", in: Schwier, Jürgen/Leggewie, Claus (eds.): *Wettbewerbsspiele. Die Inszenierung von Sport und Politik in den Medien*. Frankfurt am Main: Campus, 147–169.
Buskamp, Heike (2002): *Politiker im Fernsehtalk. Strategien der medialen Darstellung des Privatlebens von Politikerprominenz*. Wiesbaden: Westdeutscher Verlag.
Dehne, Ulrich (2007): „Problemzone Sportjournalismus", in: *Fachjournalist* 2/2007, 11–14.
Digel, Helmut/Burk, Verena (2001): „Sport und Medien. Entwicklungstendenzen und Probleme einer lukrativen Beziehung", in: Roters, Gunnar/Klingler, Walter/Gerhards, Maria (eds.): *Sport und Sportrezeption*. Baden-Baden: Nomos, 15–31.
Dohle, Marco/Vowe, Gerhard (2006): „Der Sport auf der ‚Medialisierungstreppe'? Ein Modell zur Analyse medienbedingter Veränderungen des Sports", in: *merz wissenschaft (medien + erziehung)* 6/2006, 18–28.
Dörner, Andreas (2001). *Politainment. Politik in der medialen Erlebnisgesellschaft*. Frankfurt am Main: Suhrkamp.
Faßbinder, Kerstin (2009): „Endspurt. Horse-Racing im Wahlkampf", in: *Publizistik* 54. Jg., 499–512.
Geese, Stefan/Gerhard, Heinz (2008): „Die Fußball-Europameisterschaft 2008 im Fernsehen. Daten zur Rezeption und Bewertung", in: *Media Perspektiven* 9/2009, 454–464.
Gertz, Ulrich (2000): „Schwatzen, seiern, seichen", in: *Süddeutsche Zeitung*, 10.11.2000, 21.

Hachmeister, Lutz (2007): *Nervöse Zone. Politik und Journalismus in der Berliner Republik.* München: DVA.

Hattig, Fritz (1994): *Fernsehsport. Im Spannungsfeld von Information und Unterhaltung.* Butzbach-Griedel: AFRA-Verlag.

Hoffmann-Riem, Wolfgang (2000): „Politiker in den Fesseln der Mediengesellschaft", in: *Politische Vierteljahresschrift*, 41. Jg., Heft 1/2000, 107–127.

Hofmann, Gunter (2007): „Öffentlichkeit im Zeitalter von Marketing und Günther Jauch – ein Lagebericht", in: Horster, Detlef (ed.): *Verschwindet die politische Öffentlichkeit? Hannah-Arendt-Lectures und Hannah-Arendt-Tage 2006.* Weilerswist: Velbrück Wissenschaft, 69–85.

Holtz-Bacha, Christina (2006): „Fußball – Fernsehen – Politik, Einleitung", in: Holtz-Bacha, Christina (ed.): *Fußball – Fernsehen – Politik.* Wiesbaden: VS Verlag für Sozialwissenschaften, 5–21.

Ihle, Holger/Nieland, Jörg-Uwe (2013): „Dopingaufklärung in der Unterhaltungsfalle? Überlegungen zum Umgang mit Doping im medialisierten Sport", in: Meinberg, Eckhard/Körner, Swen (eds.): Doping kulturwissenschaftlich betrachtet. Sankt Augustin: Academia Verlag, 155–172.

Jarren, Otfried/Donges, Patrick (2006): *Politische Kommunikation in der Mediengesellschaft. Eine Einführung*, 2., überarbeitete Auflage. Wiesbaden: Verlag für Sozialwissenschaften.

Kamps, Klaus (2007): *Politisches Kommunikationsmanagement. Grundlagen und Professionalisierung moderner Politikvermittlung.* Wiesbaden: Verlag für Sozialwissenschaften.

Keller, Harld (2009): *Die Geschichte der Talkshow in Deutschland.* Frankfurt am Main: Fischer.

Kolb, Steffen (2009): „Sportjournalisten in Deutschland", in: Horky, Thomas/Schauerte, Thorsten/Schwier, Jürgen/Deutscher Fachjournalisten-Verband (eds.): *Sportjournalismus.* Konstanz: UVK, 45–62.

Konken, Michael (2005): „Medienmacht und Medienmissbrauch", in: *Aus Politik und Zeitgeschichte* 51–52/2005, 27–32.

Korte, Karl-Rudolf (2006): *Nie war Politik so unbeobachtet.* Interview mit Karl-Rudolf Korte im Deutschlandradio (Moderation Dirk Müller) am 22. 5. 2006 [abzurufen unter: www.dradio.de/dlf/sendungen/interview_dlf/503045; zuletzt eingesehen am 09.06.2006].

Korte, Karl-Rudolf/Nieland, Jörg-Uwe/Ballensiefen, Moritz/Klingen, Tobias (2006): *Ergebnisbericht der Medienanalyse zum Image und der Bewertung von Spitzenpolitikern und Parteien in der Politikberichterstattung 2005.* Unveröff. Ms., 71 Seiten, Duisburg.

Leggewie, Claus (2006): „Rücktritt muss sein. Zur Physiognomie eines spartenübergreifenden Medienereignisses", in: Müller, Eggo/Schwier, Jürgen (eds.): *Medienfußball im europäischen Vergleich.* Köln: Herbert von Halem, 219–232.

Leyendecker, Hans (2006): „Völlig egal? Noch nicht ganz. Der Auftritt Franz Beckenbauers bei Maybrit Illner macht deutlich, warum nach neuen Talkshowformaten gesucht wird", in: *Süddeutsche Zeitung* vom 4./5. September 2006, 23.

Martens, Rene (2005): „Entertainment statt Journalismus. Zum Zustand der Sportberichterstattung im Fernsehen", in: Adolf Grimme Institut (ed.): *Jahrbuch Fernsehen 2005.* Marl/ Frankfurt am Main/ Köln, 44–59.

Michel, Sascha (2009): „Wissenschaftliche Erkenntnisse über Kommunikation in politischen Talkshows", in: Netzwerk Recherche (ed.): *nr-Werkstatt: Interview-Kulturen. Professionelle Interviews als journalistische Qualitätstreiber.* Wiesbaden, 25–38.

Mittag, Jürgen/Nieland, Jörg-Uwe (2007): „Der Volkssport als Spielball. Die Vereinnahmung des Fußballs durch Politik, Medien, Kultur und Wirtschaft", in: Mittag, Jürgen/Nieland, Jörg-Uwe (eds.): *Das Spiel mit dem Fußball*. Essen: Klartext, 9–30.

Mittag, Jürgen/Nieland, Jörg-Uwe (eds.) (2007): *Das Spiel mit dem Fußball. Interessen, Projektionen und Vereinnahmungen*. Essen: Klartext.

Mohr, Reinhard (2008): „Das Schweigen der Anderen. Die Krise der Mediendemokratie", in: *Spiegelonline 04.07.2008*; www.spiegel.de/kultur/gesellschaft/0,1518,565291,00.html; [zuletzt abgerufen 15.11.2008.]

Mohr, Reinhard (2009): „Moderieren ist alles: Frauen im Politiktalk", in: *APuZ* 50/2009, 34–38.

Müller, Albrecht (1999): *Von der Parteiendemokratie zur Mediendemokratie. Beobachtungen zum Bundestagswahlkampf 1998,*. Opladen: Leske + Budrich (= Medienforschung der LfR NRW 30).

Neidhardt, Friedhelm (2007): „Massenmedien im intermediären System moderner Demokratien", in: Jarren, Otfried/Lachenmeier, Dominik/Steiner, Adrian (eds.): *Entgrenzte Demokratie? Herausforderungen für die politische Interessenvermittlung*. Baden-Baden: Nomos, 33–47.

Nieland, Jörg-Uwe (2009): „Politische Kommunikation in Zeiten der großen Koalition – Das Kommunikationsmanagement der Parteien unter Talkshowisierungseinfluss", in: Baus, Ralf Thomas (ed.): *Zur Zukunft der Volksparteien. Das Parteiensystem unter den Bedingungen zunehmender Fragmentierung*. Sankt Augustin/Berlin: Konrad-Adenauer-Stiftung, 189–206 (= Zukunftsforum Politik).

Nieland, Jörg-Uwe/Tenscher, Jens (2002): „Talkshowisierung des Wahlkampfes? Eine Analyse von Politikerauftritten im Fernsehen", in: Sarcinelli, Ulrich/Schatz, Heribert (eds.): *Mediendemokratie im Medienland?* Opladen: Leske + Budrich, 319–394.

Netzwerk Recherche (ed.) (2009): *nr-Werkstatt: Interview-Kulturen. Professionelle Interviews als journalistische Qualitätstreiber*. Wiesbaden.

Rossum, Walter van (2004): *Meine Sonntage mit Sabine Christiansen*. Köln: Kiepenheuer & Witsch.

Sarcinelli, Ulrich (2002): „Politik als ‚legitimes Theater'?", in: *Vorgänge*, Nr. 158, 2/2002, 10–22.

Sarcinelli, Ulrich (2005): *Politische Kommunikation in Deutschland. Zur Politikvermittlung im demokratischen System*. Wiesbaden: VS.

Sarcinelli, Ulrich/Schatz, Heribert (eds.) (2002): *Mediendemokratie im Medienland? Inszenierung und Themensetzungsstrategien im Spannungsfeld von Medien und Parteieliten am Beispiel der nordrhein-westfälischen Landtagswahl im Jahr 2000*. Opladen: Leske+Budrich.

Sarcinelli, Ulrich/Tenscher, Jens (1998): „Polit-Flimmern und sonst nichts? Das Fernsehen als Medium symbolischer Politik und politischer Talkshowisierung", in: Klinger, Walter/Roters, Gunnar/Zöllner, Oliver (eds.): *Fernsehforschung in Deutschland. Themen – Akteure – Methoden*. Teilband 1. Baden-Baden: Nomos, 303–318.

Sarcinelli, Ulrich/Tenscher, Jens (eds.) (2003): *Machtdarstellung und Darstellungsmacht. Beiträge zur Theorie und Praxis moderner Politikvermittlung*. Baden-Baden: Nomos.

Sarcinelli, Ulrich/Tenscher, Jens (eds.) (2008): *Politikherstellung und Politikdarstellung. Beiträge zur Politischen Kommunikation*. Köln: Herbert von Halem Verlag.

Schaffrath, Michael (2002): „‚5 Mark ins Phrasenschwein'. Interviews, Gespräche und Talkrunden in der Sportberichterstattung", in: Tenscher, Jens/Schicha, Christian (eds.): *Talk auf allen Kanälen*. Wiesbaden: Westdeutscher Verlag, 199–211.

Schatz, Heribert/Nieland, Jörg-Uwe (2004): „Zum Verhältnis von Fernsehen und Politik in Zeiten der Medialisierung politischer Kommunikation", in: Blum, Roger/Bonfadelli, Heinz/Imhof, Kurt/Jarren, Otfried (eds.): *Mediengesellschaft: Strukturen, Merkmale, Entwicklungsdynamiken*. Wiesbaden: VS Verlag für Sozialwissenschaften, 376–399.

Schatz, Heribert/Rössler, Patrick/Nieland, Jörg-Uwe (eds.) (2002): *Politische Akteure in der Mediendemokratie: Politiker in den Fesseln der Medien?* Wiesbaden: Westdeutscher Verlag.

Schauerte, Thorsten (2006): „Kanzler oder Kaiser – Hauptsache investigativ! Ein Strukturvergleich zwischen den Mustern der Medienberichterstattung über politische Ereignisse und Sportereignisse", in: Schwier, Jürgen/Leggewie, Claus (eds.): *Wettbewerbsspiele. Die Inszenierung von Sport und Politik in den Medien*. Frankfurt am Main: Campus, 42–63.

Schicha, Christian (2002): „Die Inszenierung politischer Diskurse. Beobachtung zu Politikerauftritten in Fernsehtalkshows", in: Tenscher, Jens/Schicha, Christian (eds.): *Talk auf allen Kanälen*. Wiesbaden: Westdeutscher Verlag, 213–232.

Schierl, Thomas/Bruns, Thomas (2006): „Prominenzstrategien bei Politikern und Sportlern", in: Schwier, Jürgen/Leggewie, Claus (eds.): *Wettbewerbsspiele. Die Inszenierung von Sport und Politik in den Medien*. Frankfurt am Main/New York: Campus, 147–168.

Schultz, Tanjev (2006): *Geschwätz oder Diskurs? Die Rationalität Politischer Talkshows im Fernsehen*. Köln: Herbert von Halem.

Schwier, Jürgen/Leggewie, Claus (eds.) (2006): *Wettbewerbsspiele. Die Inszenierung von Sport und Politik in den Medien*. Frankfurt a.M./ New York: Campus.

Stiehler, Hans-Jörg/Marr, Mirko (2001): „Das Ende der Ausreden. Mediale Diskurse zum Scheitern im Sport", in: Roters, Gunnar/Klinger, Walter/Gerhards, Maria (eds.): *Sport und Sportrezeption*. Baden-Baden: Nomos, 111–132.

Tenscher, Jens (1999): „,Sabine Christiansen' und ,Talk im Turm'. Eine Fallanalyse politischer Fernsehtalkshows", in: *Publizistik*, H. 3, 317–333.

Tenscher, Jens (2003): *Professionalisierung der Politikvermittlung? Politikvermittlungsexperten im Spannungsfeld zwischen Politik und Massenmedien*. Wiesbaden: Westdeutscher Verlag.

Tenscher, Jens/Schicha, Christian (eds.) (2002): *Talk auf allen Kanälen. Angebote, Akteure und Nutzer von Fernsehgesprächssendungen*. Wiesbaden: Westdeutscher Verlag.

Weischenberg, Siegfried (1997): *Neues vom Tage. Die Schreinemakerisierung unserer Medienwelt*. Hamburg: Rasch & Röhring.

FRIEDRICH KROTZ

Politische Talkshows und die Zivilgesellschaft: Eine figurationssoziologische Analyse in neun Thesen

1. Fragestellung: Politische Diskussionssendungen und die Zivilgesellschaft

Der vorliegende Aufsatz beschäftigt sich mit der Frage, ob bzw. inwiefern politische Diskussionssendungen im Fernsehen eine Ressource für die Zivilgesellschaft bilden. Dabei wird als Untersuchungsinstrumentarium die Figurationsanalyse Norbert Elias' verwendet. Das Vorhaben ist damit auch ein Versuch, von der Fixierung der Untersuchung von Fernsehsendungen auf eine formale Inhaltsanalyse abzukommen und neue Methoden zu entwickeln, die den Rahmen einer Sendung und die Rezeptionswirklichkeit der Zuschauer berücksichtigen.

Der Bezug zur Zivilgesellschaft begründet sich aus gesellschaftstheoretischen Überlegungen (vgl. hierzu Krotz 2010). Unter Zivilgesellschaft „wird in der Regel ein gesellschaftlicher Raum, nämlich die plurale Gesamtheit der öffentlichen Assoziationen, Vereinigungen und Zusammenkünfte verstanden, die auf dem freiwilligen Zusammenhandeln der Bürger und Bürgerinnen beruhen." (Adloff 2005: 8). Es geht dabei also um einen Bereich von Gesellschaft, der von spezifischen Handlungsweisen der Bürgerinnen und Bürgern ihren Vereinigungen und Einrichtungen geprägt ist. Diese Handlungsweisen und die damit verbundenen Lebensbereiche sind in dem Sinn frei und konstituieren eine eigene Sinnprovinz, als dass sie nicht durch ökonomische Interessen angeleitet und auch nicht durch die Orientierung am Staat bestimmt sind, sondern auf einem grundsätzlichen Selbstbestimmungsrecht aufsetzen, in dessen Rahmen die Menschen ihre eigenen Vorstellungen und Ideen zum Ausdruck bringen und umsetzen. In diesem Rahmen werden auch die (politischen) Diskurse geführt, in denen sich Menschen individuell oder kollektiv Meinungen bilden und Entscheidungen für sich selbst und über ihr Gemeinwesen treffen; dabei sind dementsprechend weder Geld noch Macht entscheidend, sondern, wenigstens prinzipiell, das beste Argument auf der Basis von auf Verständigung angelegter Kommunikation. Die für Demokratie zentrale und diese erst rechtfertigende Zivilgesellschaft wird somit in ihrem Verhältnis zu den anders strukturierten Bereichen der Wirtschaft und des Staates gesehen, auf die sie bezogen ist, von denen sie sich aber auch grundsätzlich abgrenzt.

Auch wenn interpersonale mediatisierte Kommunikation für Analyse und Verständnis politischer Kommunikation wichtiger wird, sind für die Diskurse und die Entscheidungsfindung der Zivilgesellschaft die Medien wie Fernsehen und Zeitung, die standardisierte, allgemein adressierte Inhalte anbieten, von zentraler Bedeutung. Ihre Rolle kann in Anlehnung an Newcomb/Hirsch (1986) auf drei Komponenten konzentriert werden, die insbesondere für politische Talkshows relevant sind: sie dienen als Vermittler, als Arenen und als eigenständige Akteure. Wie können nun politische Talkshows im Hinblick auf ihre Bedeutung für die Zivilgesellschaft untersucht werden?

2. Figurations- statt Inhaltsanalyse

Üblicher Weise werden Fernsehangebote mit mehr oder weniger ausgefeilten Inhaltsanalysen qualitativer oder quantitativer Art untersucht. Dagegen sprechen allerdings erstens die Erkenntnisse der Semiotik: Distribuiert werden beim Fernsehen wie bei allen Medien Zeichen, ein Inhalt existiert nur als interpretierter Inhalt, als Inhalt im Auge des Betrachters – *Texts are made by their users*, sagen die Cultural Studies dazu (vgl. Krotz 2007). Wenn Inhalte z. B. im Rahmen einer quantitativen Inhaltsanalyse also reliabel kodiert werden, so heißt das nur, dass die Fragestellungen und Analysemethoden derart standardisiert und analytisch begrenzt sind, dass die Codierertruppe in Bezug darauf eine homogene Interpretationsgruppe bildet; mit einem objektiv vorhandenen Inhalt hat das nichts zu tun.

Zweitens ist zu berücksichtigen, dass die Wahl einer Methode von der Fragestellung und von dem theoretischen Kontext abhängen muss (vgl. Krotz 2005) und nicht themenunabhängig erfolgen kann. Derartige Randbedingungen für Relevanz und Verständnis können bei einer Inhaltsanalyse aber nur berücksichtigt werden, indem diese als Variable gefasst werden – eine Gewichtung und Einordnung von Inhalten ist darüber aber nicht möglich. Ob eine Aussage zu hören ist,, wenn zwei Politiker im Wahlkampf etwas verkünden, ob sie in konsensueller Absicht jenseits öffentlichen Drucks miteinander sprechen, oder ob sie beide an einer Kochsendung teilnehmen, alles kann per Inhaltsanalyse untersucht werden, aber unterschieden werden kann da nichts. Das heißt aber gerade, dass die Gesprächskontexte eigentlich keine Rolle spielen, und das bedeutet eine Verengung empirischer Möglichkeiten und von daher auch theoretischer Einsichten. Es stimmt auch mit der Vielfalt der möglichen Rezeptionsmodi durch Zuschauer nicht überein – die sind kreativer und interpretieren vielfältiger als das Konzept ‚Inhalt' es zulässt.

Drittens widersprechen wir der in Inhaltsanalysen angelegten These, dass (wahrgenommene) Inhalte das einzig Wichtige an Fernsehsendungen sind. Solche wahrgenommenen Inhalte, wie sie von der Inhaltsanalyse berücksichtigt werden können, sind natürlich auf einer bestimmten Ebene wichtig und liefern obendrein Zuschauern ein Motiv für die Nutzung. Aber mindestens ebenso wichtig ist das Arrangement einer Nachricht oder Information im Rahmen einer Sendung und innerhalb der Programmstruktur, über das der Sender entscheidet. Wer, um das zuzuspitzen, den Wetterbericht als eine Menge von Einzelinformationen über das Wetter behandelt, versteht die Rolle des Wetterberichts nicht. Wichtig ist seine Positionierung im Feld der Nachrichten als eine an alle gerichtete Botschaft, die in Form eines Rituals inszeniert ist und so an spezifische Vertrautheiten appelliert. Ebenso, wie das Wetter in vielen sozialen Kontakten als Chiffre für die eigene Befindlichkeit steht, ist so auch der Wetterbericht vor allem darauf bezogen und wird vermutlich auch so rezipiert.

Darüber hinaus zeigt die Nutzungsforschung, dass Fernsehen ein durch seine Programmstrukturen und seine Regelmäßigkeiten wahrgenommenes, und dementsprechend auch habituell genutztes, Medium ist (vgl. Rubin 1984) – nur in seltenen Fällen wollen Zuschauer ganz spezifische Inhalte erfahren. Fernsehen ist gerade nicht das einmalig gelesene Buch, der einmal gesehene Film. Es lebt durch seine Routinen, seine durchstrukturierten Programmangebote und durch die Erfüllung von daran geknüpften Erwartungen. Fernsehen ist zudem ein serielles Medium, das, sieht man von wenigen Ausnahmen ab, zuhause meist alleine oder allenfalls im Kreise der Haushaltsmitglieder und oft nebenbei genutzt wird, aber im Bewusstsein, dass viele andere das gleiche tun (vgl. Krotz 1994). Auch dies ist eine Rahmenbedingung, die eigentlich berücksichtigt werden muss.

Politische Talkshows sind in diesem Sinn Inszenierungen politischen Geschehens, bei denen auf der Oberflächenebene bestimmte Themen im Mittelpunkt stehen, aber diese Themen dann in ein vorgegebenes Schema ein- und einem Format untergeordnet werden. Charakteristisch ist dafür, dass dann letztlich alle Themen strukturell gleich behandelt werden – oder anders ausgedrückt, nur solche Themen Thema einer Talkshow werden können, die sich einem solchen Verfahren unterziehen lassen. Von daher sind über Inhalte hinaus die Kooperations-, Argumentationsformen und Inszenierungsweisen zu berücksichtigen, und zudem die Kontexte, in denen eine Sendung steht – insbesondere von Produktion, Distribution und Rezeption.

Vor diesem Hintergrund wird hier eine figurative Analyse durchgeführt. Was damit gemeint ist, wird in den nächsten Abschnitten erläutert. Außer einer Analyse der Sendung *Mann-o-Mann* (vgl. Krotz 1997) gibt es m. W. dazu allerdings bisher keine weiteren Versuche, so etwas zu machen.

Wir fassen aber zunächst als These 1 zusammen: Fernsehen ist ein strukturell geprägtes und seriell genutztes Medium. Es präsentiert wechselnde Inhalte in immer gleichen Formen, die im Folgenden als vorgegebenen Figurationen analysiert werden. Der singuläre Inhalt, das spezifische Thema ist möglicher Weise als Motiv wichtig, eine Sendung anzusehen. Die Nutzungsforschung zeigt allerdings, dass dies eher selten der Fall ist; Fernsehnutzung ist habituell und an wiederholte, vertraute Formate auf vertrauten Sendern gebunden, Fernsehen ist alltagsbezogene Gewohnheit. Wichtig sind deshalb die Strukturen, in denen Fernsehen Wirklichkeit fasst, inszeniert und vorführt.

Bei Polittalkshows gehören zu diesen Strukturen insbesondere die figurative, aufeinander bezogene Anordnung der Teilnehmer im Studio, die immer gleiche Behandlung aller noch so unterschiedlichen Themen, die immer gleichen Typen von Gästen und Teilnehmern, der immer gleiche Auftritt der Moderatoren mit ihren spezifischen Kompetenzen und Selbstinszenierungen, die immer gleichen zugelassenen Argumentationsfiguren, die Probleme mit Regeleinhaltungen und gezielten oder geduldeten Regelverletzungen. Wichtig ist zudem, dass der Zuschauer meist allein vor dem Bildschirm sitzt, weil dadurch die Art der Rezeption somit recht unverbindlich wird, und nur das Bewusstsein, dass auch andere das gleiche sehen, vermittelt wird. Sternstunden, auf die ein Voyeur warten mag, die über das vertraute und strukturell erwartbare hinausgehen, sind weitgehend ausgeschlossen, weil auch die Teilnehmer einer Talkshow auf die Wiederkehr des Vertrauten hin ausgerichtet sind – die Teilnahme ist eine gelernte Teilnahme.

3. Figurationen und Polittalksendungen

In diesem Abschnitt werden die an Norbert Elias orientierten Grundbegriffe „Figuration" und „Interdependenz" (für beides generell: Elias 1972, 1993, 1994) eingeführt und das damit zusammenhängende Denken im Hinblick auf die Polittalkshows erläutert.[1]

Es ist eine uns vertraute Sichtweise, Menschen als Individuen zu sehen, die in Netzwerken, Gruppen oder sonstigen Aggregaten leben oder sonst Teil davon sind, wobei fraglich ist, wie relevant diese Strukturen wofür sind. Ebenso vertraut ist uns die umgekehrte Sichtweise, Gesellschaft als aus aggregierten Phänomenen bestehend zu verstehen, wobei Aussagen über diese Aggregationen von den einzelnen Individuen in der Regel abstrahieren. Der Begriff der Figuration soll, so Elias, diese Gegenüberstellung aufheben: Das Individuum ist nur als Teil von Figurationen analysierbar, und Figurationen bestehen nicht für sich, sondern werden immer aus aufeinander verwiesenen Menschen hergestellt. Insoweit kann man sich Figurationen als Menschen in strukturierten Handlungs- und Beziehungsmustern vorstellen, durch die Menschen miteinander verbunden sind, und umgekehrt sind diese Figurationen natürlich immer von den Menschen aktiv hergestellt.

Das heißt, dass hier der Mensch als vergesellschaftlichtes bzw. vergemeinschaftlichtes Wesen verstanden wird, er ist bezüglich einer Fragestellung Teil einer oder vieler Figurationen, und niemals nur als abstraktes Einzelwesen zu sehen, und umgekehrt sind Figurationen Prozessstrukturen aus Individuen und nie übergeordnete, davon unabhängige Gesamtheiten. Deshalb ist es auch kon-

---

[1] Der hier verwendete Figurationsbegriff orientiert sich an Elias und ist nicht mit dem Begriff der kommunikativen Figurationen zu verwechseln, der mittlerweile an der Universität Bremen entwickelt worden ist.

sequent, dass Elias den Begriff der Figuration nicht für beliebige Aggregationen verwendet. Er bindet den Figurationsbegriff vielmehr an der Figuration unterliegende Interdependenzen, an wechselseitige Abhängigkeiten, die für Menschen generell oder in spezifischen Situationen und Handlungsfeldern relevant sind. Elias konzentriert sich also auf das Zwingende der Verweisungen aufeinander und nennt Figurationen deshalb Verflechtungszusammenhänge, die wegen dieser unterliegenden Interdependenzen etwas anderes als Netzwerke, Gruppen, Gemeinschaften sind.

Die Menge der BMW-Fahrer ist also keine Figuration, wohl aber die Gesellschaft, in der wir aufeinander verwiesen sind, die wir freilich als Figuration nicht erleben. Erlebbare Figurationen sind dagegen die Familie oder die Universität, der Kindergarten oder eine Diskussionsrunde, in denen jeder Teilnehmer mit den anderen in einem Interdependenzverhältnis steht. Solche Interdependenzverhältnisse drücken sich meist in sozialen Interaktionen aus, sie können aber räumlich (etwa, wenn man im Zug sitzt), emotional (etwa im Falle parasozialer Beziehungen) oder ökonomisch (im Falle von kooperativen oder etwa produktbezogenen Abhängigkeiten) bestimmt sein (Baumgart/Eichner 1991: 110).

Figurationen können also auf Dauer oder eher kurzfristig existieren, sie sind auf jeden Fall kontextabhängig. Beispielsweise ist eine Gruppe von Menschen, die auf der Titanic über den Atlantik fährt, für eine bestimmte Zeit eine Figuration, die sich aber deutlich verändert, wenn plötzlich klar wird, dass das Schiff sinkt; die hoffentlich weiter entstehende Figuration derer, die in einem Rettungsboot voneinander abhängen, bezieht sich dann wieder auf eine weitere Interdependenz in neuen Kontexten. Auch die Teilnehmer eines Polittalks im Fernsehen bilden eine Figuration, die sich bekanntlich durchaus verändern kann, wenn die Kameras ein- bzw. wenn sie ausgeschaltet werden, weil sich damit die Kommunikations- und Handlungsbedingungen ändern.

Wichtig ist weiter, dass ein Mensch in ein und demselben Handlungszusammenhang verschiedenen Figurationen angehört, er also in jeder Situation über unterschiedliche Handlungsorientierung und damit verbunden Selbstdefinitionen verfügt, die sich an diesen unterschiedlichen Zugehörigkeiten orientieren. Ein Beispiel dafür wäre etwa eine Fußballmannschaft, die eine Figuration bildet.

Aber die Figuration Fußballspiel ist davon unterschiedlich – der einzelne ist immer noch Mitglied seiner Figuration Mannschaft, aber um ein Fußballspiel zu beschreiben, müssen natürlich beide beteiligten Mannschaften in ihrer Verwiesenheit aufeinander berücksichtigt werden.

Schließlich ist als weitere Besonderheit des Figurationsbegriffs hervorzuheben, dass Elias Figurationen nicht als Strukturen, sondern als Prozesse behandelt. Sie bestehen über eine Zeitdauer hinweg und wandeln sich, weil sich die Menschen und weil sich ihre Kontexte wandeln, und umgekehrt wirkt sich der Wandel von Figurationen auf ihre Kontexte und ihre Mitglieder aus. Dieser Wandel kann sowohl grundsätzlich und lange andauernd sein, etwa, wenn man an den Wandel der Familie in den letzten fünfzig Jahre denkt, er kann aber auch als Wandel spezifischer Situationen stattfinden – etwa, wenn ein Schiff untergeht.

Fragt man nach dem direkten Zusammenhang zwischen Medien und Figurationen, so lässt sich, wie wir sehen werden, der Zusammenhang von Produktion, Distribution und Nutzung von Medien als Figuration begreifen; dies nimmt insbesondere die Tatsache auf, dass es sich dabei um ein institutionalisiertes Verhältnis von Medieninstitution und Mediennutzer handelt (vgl. hierzu Berger/ Luckmann 1980). Medien können emotionale Figurationen zwischen Mensch und Medienfigur herstellen (parasoziale Beziehungen), oder Figurationen zwischen Menschen, etwa Gilden, die sich über *World of Warcraft* gebildet haben. Möglich sind virtuell zu nennende Figurationen, etwa, wenn ich auf Unterstützung von Robotern oder künstlichen Intelligenzen angewiesen bin oder ein emotionales Verhältnis zu Tamagotchi oder Entertainmentroboter entwickle (vgl. Krotz 2007). Das Mobiltelefon beispielsweise ist für einen Machtwandel zwischen Figurationen wichtig, weil damit die Mitgliedschaft in einer nicht präsenten Figuration plötzlich eine raum-zeitlich präsente Figuration überdecken kann, etwa, wenn der Arbeitgeber anruft. Darauf soll hier aber nicht weiter eingegangen werden.

Das Konzept der Figurationen impliziert offensichtlich, dass der Mensch im Rahmen einer Figurationsanalyse in seinen Besonderheiten als Mitglied der Figuration behandelt wird. In einer Figurationsperspektive können wir zwei relevante Figurationen für die Analyse von politischen Talkshows identifizieren:

Einmal die Figuration „Studio" (FS), die die Menschen in ihren Interaktionen und Interdependenzen fasst, wie sie im Studio agieren bzw. auf dem Bildschirm zu sehen sind, also die ModeratorInnen, Teilnehmer, das Studiopublikum etc. Zum anderen die Figuration „Fernsehen" (FF), die auf der einen Seite die Fernsehnutzer mit ihrem Handeln, auf der anderen Seite das Fernsehen als Institution, Produzent und Unternehmen umfasst – diese beiden Teile der FF sind dann über die Sendung/die Studiofiguration und ihre Distribution aufeinander verwiesen. Die Fernsehveranstalter werden darüber als ökonomische/organisatorische Akteure fassbar, die die Menschen als Zielgruppen in das ökonomische und gesellschaftliche System einbeziehen, indem sie etwa deren Handeln zu Einschaltquoten aggregieren und so für sich symbolisches Kapital und vor allem Einkommen generieren. (Dabei stehen sie natürlich in Relation zu weiteren Institutionen, also etwa Werbekunden, Regulationsinstanzen und in Konkurrenz zu anderen Fernsehveranstaltern.)

Vor diesem Hintergrund können wir nun die These 2 formulieren, die auf leicht zugänglichen Beobachtungen beruht: Politische Diskussionen sind für die Menschen Erfahrungen in bestimmten Figurationen, die ihnen als Mitglieder der Zivilgesellschaft in Face-to-face-Kommunikation in der Regel vertraut sind. Das Genre der politischen Fernsehdiskussionen ist dementsprechend wie viele Genres der Medien das Ergebnis einer Übernahme von Alltagshandeln und Alltagserfahrungen in die Figuration „Fernsehen": Dabei bleibt das Alltagsmuster oberflächlich gesehen erhalten, es gerät aber in völlig neue Kontexte. Das Genre „Politische Diskussion im Fernsehen" wird dementsprechend – siehe die Beispiele im nächsten Teilkapitel – so inszeniert, dass mit der Studiofiguration als Struktur und Prozess an die Erfahrungen der Zuschauer angeknüpft wird, indem – auch mit der Betonung des Themas – eine Entsprechung des Studiogeschehens mit den Erfahrungen der Nutzer nahegelegt wird, während gleichzeitig die Rahmenfiguration „Fernsehen" versteckt wird und keinesfalls thematisiert werden soll. Das Genre ist damit auch ein Ergebnis eines Mediatisierungsprozesses.

Gleichwohl haben Polittalkshows in der öffentlichen Meinung den Anspruch, zur politischen Bildung und Information beizutragen, und sie haben auch den Anspruch, in die Politik hinein zu wirken. Ein Urteil über diese Ansprüche ist allerdings von einer genauen Analyse abhängig. Immerhin kann an dieser Stelle nicht ausgeschlossen werden, dass derartige Talkshows mittelbar einen Beitrag zum Diskurs der Zivilgesellschaft leisten. Dies könnte theoretisch ein intendierter Erfolg der Talkshow sein, etwa, wenn dort Sachinformationen vermittelt oder Perspektiven aufgezeigt werden, die sonst nicht zugänglich sind. Oder, wenn im Diskussionsprozess Entscheidungsalternativen sinnvoll herausgearbeitet und einander gegenübergestellt werden. Dies kann aber auch unbeabsichtigt geschehen, etwa, wenn erkennbar Propaganda geliefert, hegemonial Partei bezogen oder vielleicht auch überraschend entlarvt wird und die Zuschauer so neue Erkenntnisse gewinnen können, über die sie sich freilich auch durch Kritik und Spott äußern können.

4. Die Studiofigurationen (FS) *Anne Will* und *Hart aber fair*

Wir wenden diese Überlegungen nun zunächst auf die Studiofigurationen zweier politischer Talkshows der ARD an. Abbildung 1 zeigt die räumliche Figurationen der Inszenierung *Anne Will*, Abbildung 2 die von *Hart aber fair*.[2] Für eine systematische Beschreibung der Figurationen ist hier kein Platz, stattdessen verweisen wir auf die Mediathek der ARD, wo diese Sendungen angesehen werden können. Wir formulieren im Anschluss an die Abbildungen eine Reihe von Einsichten und Überlegungen, die sich aus der Beobachtung dieser Figurationen ergeben, und fassen dies dann in Thesen zusammen.

---

[2] Die Analyse bezieht sich auf die ursprünglichen Inszenierungen der beiden Talkshows von 2008/2009, kurz nach ihrer Einführung in das Fernsehprogramm der ARD.

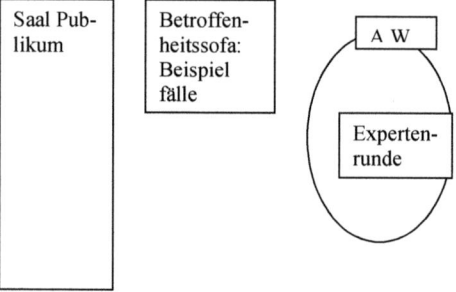

Abbildung 1: *Anne Will* – räumliche Figuration

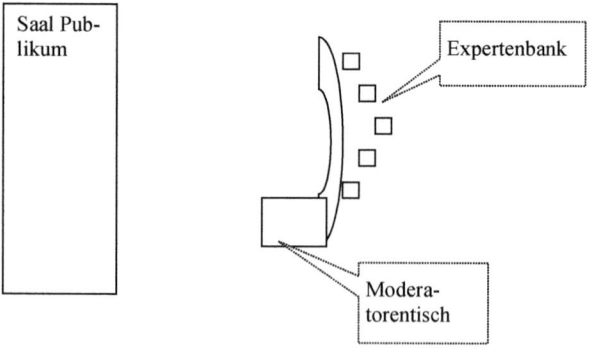

Abbildung 2: *Hart aber fair* – räumliche Figuration

Was das **räumliche und soziale Arrangement** der beiden Talkshows angeht, so bilden die Diskussionsteilnehmer bei *Anne Will* zusammen mit der Moderatorin ein offenes Oval, sind also eher aufeinander und weniger auf das Publikum bezogen. Das Betroffenheitssofa ist nicht Teil dieses Kreises. Bei *Hart aber fair* bilden die Experten keine auf sich bezogene Runde, sondern sind dem Publikum gegenüber aufgebaut; um Bezug aufeinander nehmen zu können, müssen sie sich ggf. einander explizit zuwenden. Der Moderator steht als einziger, meist mit dem Publikum im Rücken, er bewegt sich aber auch durch den Raum oder steht im Publikum. Insgesamt entspricht die Anordnung der Anordnung, wie sie in manchen „daily talks" (vgl. Paus-Haase et al. 1998) verwendet wird: Die Experten werden dem Publikum präsentiert, der Moderator bleibt in Bewegung.

In beiden Sendungen beziehen sich alle beobachtbaren Aktivitäten auf die **Moderatorenperson**. Sie definiert, wer sprechen darf, sie stellt Fragen und leitet das Gespräch, sie spricht bei *Anne Will* die Betroffenheitspersonen an und entscheidet, wann das Gespräch mit diesen zu Ende ist. Sie ist legitimiert, andere zu unterbrechen, was bei den sonstigen Teilnehmern ungehörig wirkt.

Anne Will steht darüber hinaus aber nicht nur im Hinblick auf die Interaktionen im Mittelpunkt, sie ist auch der emotional besetzte Mittelpunkt der Show. Sie ist die Sympathieträgerin, die die Dinge managt. Sie hat zu allen aktiven Kontakt. Sie fragt und hinterfragt, steuert und dirigiert den Diskurs. Inhaltlich trägt sie zum Gespräch dagegen wenig, insbesondere wenige neue Informationen bei, sieht man von dem einführenden Anfangsvideo ab. Sie wird so insgesamt als eine Art Grande Dame, als bekannte Persönlichkeit inszeniert, die Experten zu sich einlädt und dabei Publikum zulässt.

Frank Plasberg in *Hart aber fair* steht nicht so emotional im Mittelpunkt, hat aber das Geschehen sehr viel mehr in der Hand. Plasberg wird durch seine besondere räumliche Position, seine Beweglichkeit im Raum und durch seine Macht, in die Prozesse einzugreifen, hervorgehoben, ferner durch seinen konfrontativen Stil. Dass er nicht sitzt wie Anne Will, gibt ihm Möglichkeiten: er kann beispielsweise Nähe und Distanz regulieren, um Fragen oder Unterbrechungen mit Nachdruck zu versehen, er kann Angriffen räumlich-symbolisch ausweichen oder das Publikum dadurch einbeziehen, dass er von dort aus eingreift. Hinzu kommt, dass Plasberg mitten in der Diskussion vorproduzierte Beiträge einblenden lassen kann, die dem Saalpublikum bzw. dem Publikum zuhause vorgeführt werden. Dadurch ist das Publikum sehr viel mehr in die Kontroversen integriert als das von Anne Will, das auf das Verfolgen des scheinbar situativen Geschehens hin orientiert ist.

Was die **Auswahl von Teilnehmern** an der Diskussion angeht, so wird sie in keiner der beiden Sendungen begründet, es wird auch nicht erklärt, wie sie zustande kommt – was im Rahmen zivilgesellschaftlicher Diskussionen kaum erträglich wäre. Die Teilnehmer werden vorgestellt, was dann ausreichen soll, um ihre kompetente Beteiligung zu begründen. Bei *Anne Will* fällt auf, dass die Eingeladenen in der Regel deutlich älter als die Moderatorin sind. Zudem sind es meistens Männer, und es sind ausgesprochen häufig Funktionsträger aus den oberen Etagen der Politik. Dies knüpft an ihre Vorgängerin als Moderatorin auf dem gleichen Sendeplatz an, die sich als die politisch erfahrene und vernetzte Moderatorin inszeniert hat. Die Teilnehmer bei *Hart aber fair* sind dagegen häufiger von „kleinerem" Kaliber, also weniger „prominent", ihr persönlicher Bezug zum Thema wird dadurch leichter erkennbar. Auch hier überwiegen Männer, aber das fällt nicht so auf. Während die Konflikte in *Anne Will* zwischen den Diskussionsteilnehmern entstehen, geht Plasberg konfrontativ gegen seine Diskussionsrundengäste vor – dadurch wird das Thema emotionalisierter und personalisierter präsentiert.

In beiden Talkshows gehen die Teilnehmer an den Diskussionen ein gewisses **Risiko** ein, vorgeführt zu werden. Dieses ist bei *Anne Will* aufgrund der Anlage und der anderen Teilnehmer wesentlich geringer – man kennt die anderen mehr oder weniger und weiß auch, dass die Gastgeberin das Heft in der Hand behält. Bei *Hart aber fair* dagegen müssen die Teilnehmer – zumindest aus dem Informationsstand des Fernsehzuschauers heraus geurteilt – damit rechnen, in Filmeinblendungen mit unangenehmen Ansichten oder Wahrheiten konfrontiert zu werden. Ob diese Einspielungen mit den Beteiligten vorher schon abgesprochen sind, ist nicht bekannt; sie scheinen aber bemerkenswert wenig davon berührt oder überrascht zu sein (vgl. Klemm in diesem Band).

Im Rahmen der räumlichen Anordnung kann das **Studiopublikum** in beiden Studiofigurationen nur Beobachten und Zuhören. Es kann aber durch Beifall eingreifen, gegebenenfalls auch Missfallen ausdrücken, was aber eigentlich nicht vorkommt. Beifall oder missfallen können die Zuschauer zuhause nicht kundtun. Das Studiopublikum kann aber nicht, was die Zuschauer zuhause können, nämlich selbst diskutieren oder das Gerät abschalten. In beiden Fällen symbolisiert das Studiopublikum den Zuschauern zuhause die Unmöglichkeit, an der Diskussion zu partizipieren, ja sogar, dass ihre Beteiligung unangemessen und nicht erwünscht ist – und dies macht deutlich, dass Fernsehdiskussionen sich von zivilgesellschaftlich geführten Diskussionen prinzipiell unterscheiden, die ja gerade transparent und zugänglich sein müssen und niemanden von vorneherein ausschließen dürfen.

Was insgesamt völlig unklar bleibt, ist die Relevanz der Diskussion. Was immer in einer der Talkshows besprochen wird, bezieht sich irgendwie aufs Thema, hängt aber von den eingeladenen Teilnehmern ab. Ob die Diskussion insgesamt den öffentlichen oder den politischen Diskussionsstand angemessen wiedergibt oder ob hier neue Positionen thematisiert werden, ob die Hintergründe deutlich gemacht oder systematisch verschwiegen werden, ob die Teilnehmer relevant fürs Thema argumentieren oder nur Punkte in der Öffentlichkeit sammeln wollen, all das bleibt unbekannt und kann von den Zuschauern nur vermutet werden. Von daher ist der Sinn einer solchen Veranstaltung jedenfalls nicht, über den Stand der Diskussion in der Gesellschaft zu informieren, eher über Personen und ihren Stil.

Schließlich ist auf ein problematisches Paradox des Genres „Politische Talkshow" hinzuweisen, das gerade durch die Figurationsanalyse besonders deutlich wird: für die Figuration auf dem Bildschirm werden meist nicht so sehr Individuen ausgesucht, sondern Vertreter spezifischer relevanter Positionen. Anders ausgedrückt, die Teilnehmer der Figuration SF sind immer auch Mitglieder anderer Figurationen, so wurden sie ausgesucht. Insofern müssen sie in ihren Stellungnahmen natürlich diese Herkunftskonfiguration berücksichtigen – einmal, weil das von ihnen in der Studiosituation erwartet wird, dann aber auch, weil sie ja gerade auch unter besonderer Beobachtung ihrer Herkunftskonfiguration stehen, die auf ihre Loyalität angewiesen ist. Sind einzelne Teilnehmer sehr unabhängig, dann können sie sich vielleicht auch einmal von einer Sichtweise distanzieren, aber in der Regel können sie das nicht. Insbesondere können sie in der gegebenen Situation auch nicht auf eine konsensuelle Lösung eines Problems hinarbeiten. Sie sind Interessensvertreter und deshalb ist es eine zentrale Interdependenz der Teilnehmer, dass sie sich wechselseitig in ihren Unterschieden bestätigen müssen. Es geht also in solchen Talkshows nicht nur nicht um einen

Diskurs mit dem Ziel Verständigung, es geht ebenso auch nicht um die Suche nach dem besten Argument, sondern um eine ritualisierte Inszenierung positionsabhängiger Argumente. Genau dies ist aber für Zivilgesellschaft kontraproduktiv. Insofern sind politische Talkshows eher ein Instrument, die Menschen an Diskussionsstile zu gewöhnen, die ihnen eigentlich nicht hilfreich sind.

Fassen wir in Thesen zusammen:

These 3: Die beschriebenen Polittalkshows unterscheiden sich als Figurationen in einigen Punkten voneinander, darüber hinaus zudem deutlich von Diskussionsfigurationen der Zivilgesellschaft: Die Auswahl der Teilnehmer ist nicht transparent. Die Studiofigurationen sind prinzipiell nicht zugänglich für die Zuhörer und Zuschauer, sie setzen als Figurationen klare Rollen, die im Fernsehen nicht verlassen werden können und dürfen. Daraus lässt sich die Schlussfolgerung ziehen, dass die Inszenierungsmuster im Studio und auf dem Bildschirm nicht am Thema orientiert sind, sondern sich aus der rahmenden Fernsehfiguration, dem Fernsehen als Institution und Unternehmen ergeben.

These 4: Der Sinn der Diskussionen in der Talkshow wird zwar von dem Fernsehsender und den beteiligten Diskutanten unterstellt, jedoch wird kein Hinweis darauf gegeben, warum das so sein soll. Denn das Verhältnis der Diskussion im Studio wird nicht in Bezug gesetzt wird zu der politischen Diskussion in der Gesellschaft. Dies wäre angesichts der Inszenierung nur durch einen einordnenden Kommentar möglich, der aber nicht abgegeben wird.

These 5: Polittalkshows sind paradox, insofern die Interdependenz der Diskussionsteilnehmer darauf beruht, dass sie einander gerade nicht zuhören und verstehen sollen. Denn die Teilnehmer sind im Interesse der Fernsehfiguration zwar strategisch ausgesucht, um Zuschauer anzuziehen, jedoch ist das nur möglich, wenn sie ihre Positionen gegeneinander vertreten und dabei auch bleiben; das müssen die Teilnehmer auch, um nicht das Vertrauen der Einrichtungen zu verlieren, die sie mit symbolischem Kapital für die Diskussion versehen haben. Insofern ist „Verständigung", die ja die idealisierte Grundlage zivilgesellschaftlicher Kommunikation ausmacht, gerade nicht Basis der Talkshow im Fernsehen, sie orientiert sich an Geld und Machtinteressen des Senders und der Politiker.

5. Die Figuration „Fernsehen"

Wenden wir uns nun der Fernsehfiguration zu, die in beiden Fällen dieselbe ist. Zu berücksichtigen ist hier die Produktionsseite, der Sender als Institution in der Gesellschaft, das Publikum in seiner Sehsituation, soweit das möglich ist. Relevant ist, dass diese Gesamtstruktur ökonomisch/organisatorisch und habituell bedingt ist und massiven Einfluss auf die Studiofiguration ausübt.

Dieses Wissen haben wir in Teilkapitel 3 bereits dafür verwendet, um Elemente der Studiofiguration zu erklären, die aus einer thematisch definierten Studiodiskussion heraus nicht erklärt werden können. Das war der Fall bei

- der fehlenden Begründung für die Auswahl der Teilnehmer,
- der fehlenden Einsicht, wie relevant bzw. wofür die Studiodiskussion relevant ist,
- dem prinzipiellen Ausschluss des „normalen" Publikums von einer aktiven Teilnahme,
- dem Verbergen der Fernsehfiguration als Rahmen,
- der herausgearbeiteten Interdependenz der Unterschiede zwischen den Positionen, die unaufhebbar ist.

Die Studiofiguration ist dementsprechend eine inszenierte Figuration, die sich an den Interessen des Senders orientiert und damit auf das Verhalten des Zuschauers zielt. Prinzipiell kann man dementsprechend sagen, dass die Rahmenfiguration FF die Sendung prägt. Dies wird zugleich in keiner Weise thematisiert und insofern verschwiegen. Die erzeugte Kommunikation ist von daher im Sinne Habermas (1987) erfolgsorientiert, also strategisch angelegt und nicht im engeren Sinn kommunikativ. Sie zielt nicht auf Verständigung, interessiert sich nicht für das bessere, sondern eher das spektakulärere Argument. Von daher ist zu vermuten, dass Politik und Wirtschaft an derartigen Veranstaltungen mehr Interesse haben als die Zivilgesellschaft.

Betrachtet man das Fernsehen bzw. den Fernsehsender als Kommunikator in der Figuration „Fernsehen", so kann man nach Watzlawick et al. (1969) bekanntlich vier Ebenen einer Botschaft unterscheiden. Dann sagt die SF im Rahmen der FF über den Inhalt: Über Politik muss man streiten. Eine Einigung oder eine Entscheidung ist nicht so wichtig, Einigungsprozesse werden nicht inszeniert. Über den veranstaltenden Sender sagt die Sendung im Falle von *Anne Will*: Wir wissen, wir Politik geht. Wir sind renommiert, weil zu uns die wichtigen Leute kommen. Im Falle von *Hart aber fair* ist die zentrale Aussage dagegen: Wir wissen, wie Politik geht, wir decken auf und erklären Hintergründe. Über die Zuschauer sagt die Sendung: Das, was hier abläuft, sollt ihr alles sehen, weil wir es für wichtig halten. Und über die Beziehung zwischen Fernsehsender und Publikum sagt die Sendung: Wir zeigen euch das, damit ihr uns Geld und Renommee verschafft, bleibt also bei uns.

Daraus lässt sich dann allerdings schließen, dass es aus Sicht der Zivilgesellschaft für derartige Sendungen keinen Grund gibt. Weil die Zuschauer verlässlich keine verwertbaren Informationen erwarten können, die sie systematisch einordnen können, sondern nur Inszenierungen, kann sich ihr Interesse an solchen Sendungen auch nicht auf solche Informationen richten. Entweder beschränkt Zuschauerinteresse sich darauf, herauszufinden, wie über das jeweilige Thema überhaupt im Fernsehen gesprochen wird, oder das Interesse muss anders fundiert sein: man will Prominente sehen, hofft auf skandalöse Auseinandersetzungen oder etwas in dieser Art. Deutlich wird dies auch daran, wenn man überlegt, dass es für die Studiofiguration eine zentrale Rolle spielt, ob die Kameras laufen und übertragen wird, oder nicht. Die Kamera verwandelt ein Geschehen im Studio in eine Studiofiguration und wieder zurück. Bourdieu hat in diesem Zusammenhang in seiner Philippika gegen das Fernsehen von „echt falschen" und „falsch echten" Debatten gesprochen (1998: 41ff.), weil mit der Kamera die Inszenierung beginnt (vgl. Holly und Keppler in diesem Band).

Wir fassen diese Überlegungen in weiteren Thesen zusammen:

These 6: Die Figuration „Studio" ist in beiden Fällen zeitlich durch die Frage beeinflusst, ob die Kameras an sind oder nicht – Teilnehmer, die sich etwa aus politischen Kontexten kennen, müssen diese Bekanntschaft bei laufender Kamera verleugnen – die Talkshow ist deshalb vor allem eine Inszenierung, ihr Stellenwert ist nur scheinbar gegeben.

These 7: Es gibt insgesamt keinen Grund, warum eine Bürgerin oder ein Bürger im Hinblick auf ihre Partizipation in der Gesellschaft derartige Talkshows ansehen sollte. Inhaltlich und argumentativ ist nichts zu erwarten, sofern alles nach den vorgegebenen Schemata verläuft. Von daher liegen Nutzungsmotive eher auf einer anderen Ebene, auch wenn das auf der Ebene von Befragungen vielleicht nicht so angegeben wird: Hoffen kann der Zuschauer bei *Anne Will*, Prominente zu sehen und zu erleben, und bei *Hart aber fair* darauf, dass die Konfrontation zu Skandal und Blamage führt. Mithin sind derartige Sendungen Unterhaltungsangebote – als solche haben sie durchaus ihre Qualitäten.

These 8: Verständigung findet in derartigen Talkshows nicht statt und ist auch nicht zu erwarten. Politik wird als Folge nicht aufhebbarer Interessensgegensätze inszeniert. Auch eine Thematisierungsfunktion für zivilgesellschaftliche Diskussionen muss bezweifelt werden, weil die Nichtaufhebbarkeit der Gegensätze wohl nur dann zu Anschlussdiskussionen anregt, wenn sich jemand mit einer der vorgebrachten Positionen umfassend identifiziert. Ob sich daraus dann fruchtbare Diskussionen (oder nur ein Sprechen über die Sendung) ergeben können, ist aber ausgesprochen zweifelhaft. Insgesamt wäre zu untersuchen, wie sich Rezipienten im Allgemeinen danach fühlen und inwiefern dies zur Politikverdrossenheit beiträgt.

Schließlich soll darauf hingewiesen werden, dass es durchaus möglich wäre, die Relevanz einer Studiodiskussion etwa am Ende einer Polittalkshow zu thematisieren. Das sollte natürlich nicht durch einen Schiedsrichter geschehen, der Punkte verteilt, sondern durch einen oder mehrere erfahrene Kommentatoren, die freilich einen Kotau vor dem Sender vermeiden müssen. Im Anschluss daran stellen sich Fragen: Warum gibt es keine Beteiligten aus der Zivilgesellschaft? Warum wird nicht auf andere Argumentations- und Diskussionsformen Wert gelegt? Warum werden aus dem Publikum keine Kommentare eingeholt oder zugelassen? Warum gibt es nicht beispielsweise eine zuhörende Gruppe von Menschen, die dann einen Kommentar zu dem abgeben, was sie gehört haben?

6. Schlussfolgerungen

Eine politische Talkshowsendung ist zu aller erst eine Inszenierung des Senders. Dies wird durch die Ergebnisse der Analyse der Studiofiguration deutlich, die in den obigen Thesen zusammengefasst sind. Der Platz im Programm, die Auswahl von Thema und Teilnehmer, die nicht weiter begründet oder reflektiert wird, die Struktur der Veranstaltung, die Bedingungen für diese Figuration – all dieses legt der Sender nach seinem Zielsetzungen und Interessen und nach den dafür erwünschten Reaktionen der Publika und der Politik fest. Weder Transparenz noch Zugänglichkeit für die einzelne Bürgerin bzw. Bürger sind gegeben. Aufgrund der Tatsache, dass die in der Talkshow vertretenen Positionen für eine individuelle oder kollektive Entscheidung meist relativ uninteressant sind, weil sie eher zugespitzt formuliert werden, und der Zuschauer auch nicht planen kann, dass er nur dann zuhört und -sieht, wenn er etwas anders erwarten kann, sind brauchbare Erkenntnisse für den Zuschauer eher unwahrscheinlich und zufällig.

Skizzieren wir schließlich noch eine figurationstheoretische Position zur „Wirkung" von solchen Talkshows. Wirkung kann hier natürlich nicht individualpsychologisch als Wirkung von (ohnehin nicht objektiv vorhandenen) Inhalten verstanden werden. Stattdessen besteht Wirkung zunächst und vor allem in Einbezug und Teilhabe eines Zuschauers an der Fernsehfiguration „Politische Talkshow". Angesichts der fehlenden Beteiligungs- oder Artikulationsmöglichkeiten kann man daraus schließen, dass der Zuschauer als Teil der Figuration in einer für ihn angemessenen Weise von einer zu Beginn offenen Fragestellung zu einer Position zu dem jeweiligen Sachverhalt am Ende geführt wurde. Diese hat er in Auseinandersetzung mit der Talkshow gewonnen oder ggf. auch präzisiert und vertieft. Relevant dafür waren vielleicht die vorgetragenen Argumente, weniger mechanistisch gesehen aber vor allem die Tatsache, dass der Teilnehmer aus den auf dem Bildschirm präsentierten Positionen eine eigene abgeleitet hat, die er nun mit diesem oder jenem Argument aus der Talkshow rechtfertigen kann. Damit besteht Wirkung figurationslogisch gesehen darin, dass Zuschauer Positionen einnehmen, und dass sie dies in Relation zu in der Talkshow vorgetragenen Positionen tun. Damit wird die Sendung und die darin vorgebrachten Positionen zu einem eigenständigen Bezugspunkt in der politischen Diskussion, was die Interessen der Fernsehveranstalter und der repräsentierten Teilnehmer aus Politik und Wirtschaft erfüllt. Was den Zuschauer angeht, so werden dadurch sein Denken, Argumentieren und sein Wissen aber nicht zivilgesellschaftlich brauchbarer. Vielmehr geraten vorhandene Positionen in staatlich und wirtschaftlich orientierte Kontexte, das Denken des Zuschauers wird performativ. Hier könnte man dem Ansatz von Wiebe (1973) folgen: Er hat vergleichsweise plausibel theoretisch begründet, dass derartige Sendungen durch ihre figurative Struktur und ihre Regelmäßigkeit immer bei den Zuschauern an spezifische, vorhandene psychische Strukturen und Dispositionen appellieren. D. h. es ist zu erwarten, dass Anne Wills Gäste Autorität symbolisieren und so autoritäre Strukturen der menschlichen Psyche reproduzieren, während *Hart aber fair* mehr die Lust am Spektakulären adressiert. Beides wäre aber genauer zu untersuchen und kann hier nur knapp skizziert werden.

Auf der Website der ARD heißt es: „Moderator Frank Plasberg diskutiert mit seinen Gästen aus Politik, Wirtschaft und Gesellschaft. In der 75-minütigen Live-Sendung ist Thema, was die Menschen bewegt und aufregt. hartaberfair hat es sich zum Ziel gesetzt, ein aktuelles Thema für jeden verständlich aufzuarbeiten und darüber umfassend zu informieren" (abgefragt am 21. 8. 2008). Realisiert wird dies, in Anbetracht sonst üblicher journalistischer Maßstäbe, wie wir gesehen haben, aus vielen Gründen nicht, „Wirkung" muss also woanders liegen.

Sehen wir uns deshalb kurz einige Sendungsverläufe von *Anne Will* an: Beim Thema „Rauchen" wird hier ein Bogen von einer ironisierenden Anfangsdarstellung hin zu einer Abstimmung unter den Teilnehmern geschlagen, ob sie erwarten, dass man in Zukunft zum Rauchen überall auf die Straße gehen muss oder nicht, und einer entsprechenden Abstimmung auf der Website der Show. Dabei argumentieren die, die für eine Verbannung aus Gaststätten sind, meist mit der Gesundheit, die anderen mit Freiheitsrechten. Ein Konsens ist so nicht zu erreichen, und alle Diskussionen, die sich an der Talkshow orientieren, laufen angesichts dieser Inkommensurabilität der Begründungen zwangsläufig ins Leere. Die Inszenierung versucht auch nicht, eine Basis für eine gemeinsame Beurteilung von Argumenten herzustellen, sie lässt die Gegensätze im Unbewussten, verstärkt sie dadurch letztlich, und fixiert sie zu einer Art Sportveranstaltung, deren Ausgang man tippen kann.

Bei der Sendung mit dem Titel „Kein Geld für Drückeberger – ist jeder Job besser als keiner?" thematisiert die Moderatorin am Ende, man habe darüber gesprochen, wie man mehr Menschen in Arbeit bringt und die auf der Website dazu angebotene Abstimmung geht dahin, ob der Hartz-4-Regelsatz zu hoch ist oder nicht. Letztlich wird der Diskurs damit von einem vielschichtigen und existentiellen Problem zu einer reinen Meinungsäußerung, die an den für eine sinnvolle Diskussion relevanten Ebenen vorbeigeht.

Insgesamt muss man sagen, dass Wirkungsuntersuchungen an derartigen Prozessverläufen anzusetzen und davon auszugehen haben, wie das figurativ gerahmte Gesamtbild aussieht. Wichtig wäre es auch, die „Wirkung" von derartigen Figurationen im langfristigen Wandel zu untersuchen.

Wir formulieren eine abschließende These 9 über das, was ein Zuschauer aus einer derartigen Sendung mitnehmen kann, sofern er als Mitglied der Zivilgesellschaft nach Informationen und Wissen zum Thema sucht: Er erfährt allenfalls zufällig etwas Brauchbares – ohnehin wäre es schwierig, dann die Relevanz der Informationen einzuschätzen. Bei Ausrutschern einzelner Teilnehmer ist es dagegen möglich, neue Informationen zu erhalten, jedoch ist das Zustandekommen von Ausrutschern selten und nicht prognostizierbar. Überwiegend bleibt so nur eine Art Vermischtes vom Tage: Wie geben sich die eingeladenen Promis, macht jemand besondere Fehler, wird jemand blamiert?

Das Defizit von Transparenz und Zugänglichkeit, ferner die unglückliche Art des Sprechens über Themen sind für diese tristen Schlussfolgerungen ausschlaggebend. Ebenso ist der Verzicht auf gängige Instrumente des Journalismus wie Kommentar und Beispielbefragung der Zuschauer nicht zufriedenstellend.

Dennoch lassen sich solche Sendungen weiter verbessern, wie wir oben mit einigen Vorschlägen gezeigt haben. Darüber hinaus muss man die Fernsehveranstalter fragen: Wo ist die politische Talkshow, in der die Zivilgesellschaft sich verständigt? Die systematisch ihre Inszenierungsschritte begründet, sodass ihre Bedeutung verständlich wird? Die zum Beispiel ein Beobachtungsgremium installiert, das am Ende Stellung bezieht? Die das Verhältnis zwischen der inszenierten Geschichte und dem politischen Diskurs klärt? Wo ist die Talkshow, die Randfiguren sich beteiligen lässt, die vielleicht wirklich etwas Neues beizutragen haben?

Literatur

Adloff, Frank (2005): *Zivilgesellschaft. Theorie und politische Praxis.* Frankfurt am Main: Campus.

Baumgart, Ralf/Eichener, Volker (1991): *Norbert Elias zur Einführung.* Hamburg: Junius.
Berger, Peter L./Luckmann, Thomas (1980): *Die gesellschaftliche Konstruktion der Wirklichkeit.* Frankfurt am Main: Fischer.
Bourdieu, Pierre (1998): *Über das Fernsehen.* Frankfurt am Main: Suhrkamp.
Bourdieu, Pierre (2005): *Die verborgenen Mechanismen der Macht.* Hamburg: VSA.
Burkitt, Ian (1991): *Social Selves. Theories of the social formation of personality.* London: Sage.
Elias, Norbert (1972): *Über den Prozeß der Zivilisation,* 2 Bände, 2. Auflage. Frankfurt am Main: Suhrkamp.
Elias, Norbert (1993): *Was ist Soziologie?* 7. Auflage. Weinheim/München: Juventus.
Elias, Norbert (1994): *Die Gesellschaft der Individuen* 2. Auflage. Frankfurt am Main: Suhrkamp.
Habermas, Jürgen (1987): *Theorie kommunikativen Handelns,* 2 Bände, 4. Auflage. Frankfurt am Main: Rowohlt.
Habermas, Jürgen (1990): *Strukturwandel der Öffentlichkeit,* 2. Auflage. Frankfurt am Main: Rowohlt.
Krotz, Friedrich (1994): „Alleinseher im ‚Fernsehfluß': Rezeptionsmuster aus dem Blickwinkel individueller Fernsehforschung", in: *Media Perspektiven* 10, 505–516.
Krotz, Friedrich (1995): „‚...oh Mann. Wie eine erotisch gemeinte Gameshow Männerrolle und Geschlechterverhältnis konstituiert", in: *Montage/AV* 4, Heft 2, 63–84.
Krotz, Friedrich (2001): *Die Mediatisierung kommunikativen Handelns.* Wiesbaden: VS.
Krotz, Friedrich (2005): *Neue Theorien entwickeln.* Köln: Herbert von Halem.
Krotz, Friedrich (2007): *Mediatisierung: Fallstudien zum Wandel von Kommunikation.* Wiesbaden: VS.
Krotz, Friedrich (2010): „Zivilgesellschaft und die Stiftung Medientest", in: Schicha, Christian/Brosda, Carsten (eds.): *Handbuch Medienethik.* Wiesbaden: VS, 244–254.
Newcomb, Horace M./Hirsch, Paul M. (1986): „Fernsehen als kulturelles Forum", in: *Rundfunk und Fernsehen* 34, 177–191.
Paus-Haase, Ingrid/Hasebrink, Uwe/Mattusch, Uwe/Keunecke, Susanne/Krotz, Friedrich (1999): *Talkshows im Alltag von Jugendlichen.* Opladen: Leske und Budrich.
Rubin, Alan M. (1984): „Ritualized and instrumental television viewing", in: *Journal of Communication* 34, 3, 67–77.
Watzlawick, Paul/Beavin, Janet H./Jackson, Don D. (1969): *Menschliche Kommunikation.* Bern u. a.: Huber.
Wiebe, Gerhard D. (1973): „Zwei psychologische Faktoren im Verhalten des Medienpublikums", in: Prokop, Dieter (ed.): *Massenkommunikationsforschung, Bd. 2: Konsumption.* Frankfurt am Main: Fischer, 354–369.

ERNEST W.B. HESS-LÜTTICH

**Talkshows simulieren politische Debatten.
Über einige Strategien politischer Inszenierung im TV-Gespräch am Beispiel von Sendeformaten wie *Club* und *Arena* im Schweizer Fernsehen**

> „Die Talkshows simulieren nur politische Debatten"
> Norbert Lammert (August 2011)
> Präsident des Deutschen Bundestages

1. Talkshow als Medientextsorte ritualisierter Selbstinszenierung

Innerhalb einer Generation hat sich das Fernsehgenre „Talkshow" weltweit zu einem in der Diskurs- und Medienforschung vielbeschriebenen Alltagsritual entwickelt, dessen Rezeption für die Mehrheit der Fernsehkonsumenten zur Tagesroutine geworden ist. Dabei haben sich zahlreiche Subgenres ausgebildet, die meist thematisch oder funktional sortiert werden und Gegenstand einer kaum mehr überschaubaren Fülle von Spezialuntersuchungen geworden sind (vgl. z. B. den Literaturüberblick in Hess-Lüttich 2007). Die strukturellen Eigenschaften dieser Medientextsorte als einer spezifischen Dialogsorte oder als eines publizistischen Redekonstellationstyps können seit geraumer Zeit als hinlänglich beschrieben gelten (s. u. Bibliographie von Kalverkämper 1979 bis Eisentraut 2007 und Fahr 2008, hier speziell Holly et al. 1989; Hess-Lüttich 1989; Garaventa 1993). Etliche Vergleichsstudien haben außerdem die kulturellen Unterschiede zwischen den nationalsprachlichen Konventionen technisch-medial vermittelter Gespräche herausgearbeitet und unser Bild von diesem Interaktionsritual mittlerweile deutlich differenziert und verfeinert (z. B. Semeria 2001). Die Grenzen zwischen Diskursmodalitäten der Diskussion, des Meinungsaustauschs, des Streit-Spiels, der Produktwerbung, der „self-promotion" und Selbstentblößung sind dabei oft fließend, soweit sich nicht jeweils eigene spartentypische oder hybride Formate ausgebildet haben (in der deutschsprachigen Publizistik meistens noch angelsächsisch inspiriert beschrieben als „infotainment", „confrontainment", „politainment", „confessional talk", „bizarre talk", „courtroom talk", „homeshopping-show", „daytime oder late night show" etc.). Und schließlich ist mittlerweile die gesamte Bandbreite der Gesprächskonstellationen im Studio vom öffentlich „intimen" Zwiegespräch bis zu den komplex gestaffelten Arenen mit Zentralrunde und Satellitentischen und den Zuschauerrängen für Studiopublikum und Claqueure (zur routinierten Einübung des Spontanapplauses) ausgeleuchtet. Was bleibt da noch zu tun?

Jenseits der wohlfeilen journalistischen Sachbuch-Literatur zum Thema „Talkshow" mit ihrem mehr oder weniger oberflächlichen Promi-Klatsch und „namedropping", jenseits der primär sozialwissenschaftlich, statistisch, medienökonomisch interessierten Produktanalysen der publizistikwissenschaftlichen Talkshow-Forschung, jenseits der schnell zusammengestellten bunten Basisbücher für die Vermittlung an junge Leute, die „irgendwas mit Medien machen wollen", gibt es m. E. im engeren Bezirk der diskursanalytischen Medientextanalyse noch erheblichen Bedarf an empirisch gegründeten Fallstudien und exemplarisch-qualitativen Einzeluntersuchungen, um unser Wissen über dieses medienhistorisch vergleichsweise junge Format dialogischer, multimodaler, moderierter, technisch vermittelter Verständigung vor ggf. gestaffelten Kreisen disperser Publika zu festigen und zu vertiefen. Damit würden sich sofort etliche der gängigen Definitionsversuche als unpräzise erweisen, weil die Pluralität der Erscheinungsformen mancherlei terminologische Festlegung (wie monothematische Fokussierung, kooperative Sprecherwechselorganisation, symmetrische *turn*-Verteilung usw., vgl. Garaventa 1993: 13 f.) als empirisch unzulänglichen Einschränkungsversuch erweist.

Vor allem würde erst eine engere Verschränkung semiotischer und linguistischer Instrumentarien der Medientextanalyse dem Gegenstand gerecht, denn allzu oft gebricht es medienwissenschaftlichen Projekten an linguistischem Wissen, um der Sprachlichkeit des Mediengesprächs gebührend Rechnung zu tragen, so wie umgekehrt „rein" linguistische Projekte der Multimodalität des medial inszenierten Gesprächs nicht die gehörige Beachtung schenken. Darauf haben im deutschsprachigen Raum zwar schon die ersten monographisch-systematischen Studien nachdrücklich hingewiesen und manches über Trailer, Ambiente, Moderation, Proxemik, Gesprächsstrategien von Host und Gast, Experten-/Laien-Kommunikation, Inserts, intertextueller Vernetzung, intermedialer Referenz, polycodierter Vertextung etc. herausgefunden (vgl. Mühlen 1985; Linke 1985). Aber dieses kumulierte Wissen (über das die Praktiker im Glücksfalle vor-reflexiv schon teilweise verfügen) gilt es nun in neuen Projekten nicht immer wieder nur zu rekapitulieren, sondern empirisch zu erproben in den einzelnen Subgenres, um deren Spezifika und deren Genregrenzen genauer bestimmen zu können. Richten wir unsern Blick also auf eines dieser Subgenres, die sog. „Polit-Talkshow", und betrachten dabei einige in Deutschland (soweit ich sehe) weniger beachtete Exempel im deutschsprachigen Fernsehen unseres südlichen Nachbarlandes Schweiz ein wenig genauer. Das Interesse richtet sich dabei vor allem auf die rhetorische Inszenierung des Politischen als sprachliches Mittel der Legitimation von Macht in den mehrfach adressierten Beiträgen der Teilnehmer zu einem Mediengespräch, denn der „Zusammenhang von Politik und Rhetorik besteht darin, daß die Rhetorik seit jeher [...] auch als Instrument der Herrschaftsausübung galt" (Meyer/Ontrup/Schicha 2000: 111).

2. Zur medialen Inszenierung politischer Legitimation

In demokratisch verfassten Gesellschaften ist politisches Handeln gegenüber der Öffentlichkeit rechtfertigungs- und begründungspflichtig. Das praktisch wirksamste Vehikel dazu sind die Medien. Die „Medienöffentlichkeit" ist das Forum des politischen Diskurses (vgl. Eisentraut 2007: 7). Insbesondere das Medium „Fernsehen" entfaltet dafür die größte kommunikative Reichweite insofern es auch am politischen Diskurs weniger oder gar nicht Interessierte zu erreichen vermag (vgl. Kaschura 2005: 30) – also die Mehrheit der Adressaten, weil der oft beschworene politisch „mündige Bürger" in Wirklichkeit offenbar eine seltene Species ist (vgl. Fahr 2008: 29). Die zunehmende Komplexität politischer Kontroversen und Entscheidungsprozeduren bedarf der Veranschaulichung durch Personalisierung. Die „Verkörperung" einer Position durch einen Politiker macht sie „begreifbar" (vgl. Nieland/Kamps 2004: 41). Kaum ein Format eignet sich dafür besser als die Talkshow, in der man zeitökonomisch viele Adressaten (Wähler) erreicht, ohne sich in ihre physische Nähe begeben zu müssen.

Freilich geht es dabei meist weniger um die kluge Erörterung des Arguments, um das dialogische Abwägen des Für und Wider im klassischen Sinne des *dia-*

legesthai, um „etwas miteinander ins Klare zu bringen"; es geht auch nicht mehr nur – wie Holly, Kühn und Püschel (1986: 1 f.) seinerzeit ebenso zugespitzt wie zutreffend (gemessen an ihren Prämissen, die man nicht teilen muss: s. Luginbühl 1999) formuliert haben – um die „medienspezifische Inszenierung von Propaganda als Diskussion", sondern auch um politische Agendabildung, ja um die Gefahr der Substitution parlamentarischen Handelns durch die „Ersatzparlamente" der Talkshowrunden (vgl. Eisentraut 2007: 9). Der Bundestagspräsident Norbert Lammert sieht laut *Spiegel* (31 v. 01.08.2011: 22) gar eine „Krise des Parlamentarismus" heraufziehen, weil etliche Abgeordnete ihre Zeit lieber im Fernsehen verbrächten als im Bundestag – aber: „Die Talkshows simulieren nur politische Debatten" (Feldenkirchen 2011: 22).

Zumindest ist wohl inzwischen nicht mehr nur von einer Prägung öffentlicher Debatten durch das politische Handeln der gewählten Akteure auszugehen (vgl. Girnth/Spiess 2006: 9 f.), sondern (wie in jüngerer Zeit immer augenfälliger wird) von einer wechselseitigen Beeinflussung zwischen Politik, Lobbyismus und medienvermittelter Öffentlichkeit. Repräsentanten oft aller drei Sphären treffen in den Polit-Talkshows in wechselnder Besetzung regelmäßig zusammen zum Disput über das aktuell je anstehende Thema, das anhand möglichst überschaubarer Beispiele mit Identifikationspotential behandelt wird. Deshalb wird der Lauf des TV-Gesprächs in vielen Formaten immer häufiger unterbrochen, um mit kurzen Einspielern Beispiele zu illustrieren (vgl. Klemm in diesem Band), in nicht-repräsentativen Kurz-Interviews die *vox populi* als vermeintlichen Zeugen aufzurufen, Belege für Behauptungen nachzureichen oder ebendiese Behauptungen in Frage zu stellen. Das alles soll den Disput ein wenig würzen, um ein Erörterungsgespräch über Sachverhalte und abstrakte Prozesse im politischen System zu einem Streitgespräch über Meinungen und konkrete Positionen von haftenden (begründungspflichtigen) Personen zu machen und damit die Infotainment-Funktion des Formats zu erfüllen (vgl. Eisentraut 2007: 32). Das kommunikative Paradox der Konstellation besteht in der Erwartung natürlicher Spontaneität im Gesprächsverhalten bei gleichzeitiger Erfüllung des im rituellen Gesprächsschema vorgegebenen Ablaufs (vgl. Barske 2004: 93) – es wird erwartet, dass das Unerwartete zuverlässig eintrifft, aber im Rahmen des Erwarteten bleibt (denn wenn das Schema zu ungebührlich durchbrochen wird wie in manch denkwürdiger Talkshow mit Klaus Kinski oder Helmut Berger und andern einschlägig berüchtigten Schauspielern, wird das vom Zuschauer auch nicht immer goutiert) (vgl. Krotz in diesem Band).

Die Personalisierungsstrategie gewinnt in der medialen Inszenierung immer stärkere Bedeutung: durch die Wiederkehr des immer Gleichen verschmelzen Person und Position, ähnlich wie bei auf ein bestimmtes Rollenfach festgelegten Schauspielern. Der potentiell ermüdende Seriencharakter erfordert daher zunehmend Irritationen durch die individuelle Art der situativen Ausfüllung der Rolle (nach Maßgabe der rhetorischen Trias von *ethos, pathos, logos*, also von persönlicher Glaubwürdigkeit, argumentativ-emotionaler Eloquenz und intellektueller Überzeugungskraft) und die an geeigneter Stelle eingespielten „Stresstests", die der betroffene Teilnehmer möglichst souverän zu bestehen hat in der Balance zwischen Schemaverstärkung (Imagepflege) und Schemadurchbrechung (Individualprofilierung). Diese Balance kann leicht kippen, wenn ein in die Enge getriebener Teilnehmer seinen Floskelgenerator anwirft, um sich über die Runden zu retten, oder wenn er auf die offensive Degradationsstrategie zur Herabsetzung des Gesprächspartners (des „politischen Gegners") setzt, um die eigene Ratlosigkeit zu kaschieren.

Diese allgemeinen Beobachtungen zur Polit-Talkshow sollen nun zunächst am Beispiel zweier Diskussionen im *Club*, einer Sendereihe des Schweizer Fernsehens, ein wenig konkretisiert werden.[1] Im *Club* (früher *Zieschtigsclub*, also *Dienstagsclub*) wird jede Woche zwischen Politikern und „Experten" ein Thema von aktuellem politischem Interesse verhandelt.[2] Zu der Zeit der Einladung zu diesem Beitrag sind es vor allem zwei brisante Themen, die das Schweizervolk (nach wie vor, übrigens) besonders erhitzt: die „Minarett-Debatte" und die sog. „Abzocker-Initiative". Beides wurde 2010 Gegenstand von Referenden, über die das Stimmvolk entscheiden musste. Doch zunächst einige Anmerkungen zu den Suchkategorien, die unsere Analyse leiten.

---

[1] Vgl. http://www.sendungen.sf.tv/club/Sendungen/Club [01.08.2011].
Zu einer erweiterten Schweizer Fassung dieses Beitrags vgl. Hess-Lüttich (2014).
[2] Die Experten können (zumal seit der im Zeichen von Drittmittelkonkurrenzen politisch okroyierten und ökonomisch motivierten Aufgabe der Freiheit der Wissenschaft) auch als „Experten" eingekaufte Lobbyisten sein, die sich ihre von den jeweiligen Auftraggebern bestellten und bezahlten Gutachten vorhalten.

3. Analysekategorien

Das in der Gesprächsanalyse überwiegend verbreitete dyadische Modell der Verständigung muss für unsere Zwecke zunächst durch eines ersetzt werden, das der tetradischen Kommunikationskonstellation des hier betrachteten Formats systematisch Rechnung trägt. Deshalb setze ich die kommunikationstheoretischen Überlegungen zu dem bereits in meiner *Dialoglinguistik* entwickelten Modell voraus, das ich hier nicht rekapitulieren kann (s. Hess-Lüttich 1981), das sich aber bereits in der Anwendung auf das Genre generell bewährt hat (und dessen semiotische Fundierung und Instrumentierung der Multimodalität des Kommunikats gerecht wird: vgl. Hess-Lüttich 2007).

Sodann muss ich mich aus Raumgründen beschränken auf einige wenige Aspekte und konzentriere mich daher auf Fragen (i) nach dem sprachlichen Verhalten der Teilnehmer, (ii) nach Unterschieden zwischen den beiden exemplarisch behandelten Sendungen, (iii) nach dem Verhalten der Experten gegenüber den Politikern, (iv) nach dem Verhältnis zwischen Proponenten und Opponenten.

Wie fast immer kann auch das Gespräch im *Club* grob in vier Gesprächsphasen untergliedert werden: nach der (hier oft anekdotisch gewürzten) Eröffnung und Einführung ins Thema sowie kurzer Vorstellung der Teilnehmer (verbunden mit dem Zitat einer Äußerung des Vorgestellten zum Thema) durch den Moderator (hier die Moderatorin Christiane Maier) beginnt die initiale Informationsphase mit dem Abfragen der ersten Voten der Teilnehmer, die den Zündstoff liefern sollen für die anschließende eigentliche Gesprächsphase, in der das gegebene Thema verhandelt wird und die Gesprächspartner sich mit ihren Beiträgen zu profilieren streben, bevor die Moderatorin die (kontroversen) Standpunkte resümiert und nach einem irgendwie gefälligen Abschluss sucht.

Die einst so einleuchtend zusammengestellten Argumentationsregeln für die sachlich erörternde Diskussion (wie Eindeutigkeit von Aussagen, Widerspruchsfreiheit von Argumentketten, Belegbarkeit von Behauptungen, inhaltsadäquate Paraphrasen von Beiträgen der jeweiligen Opponenten, Vermeidung von thematischen Digressionen und persönlichen Découvrierungen, von maliziösen Ambivalenzen und degradierenden Insinuationen usw.: vgl. u. a. Meyer/Ontrup/ Schicha 2000: 115) werden heute von den Teilnehmern im politischen Wettstreit oft souverän ignoriert. Entsprechend zuvor instruiert (oder gar „gecoacht"), suchen sie immerhin zu vermeiden, sich negativ dadurch zu profilieren, dass sie sich unvermittelt ans Publikum wenden statt an den Gesprächspartner vis-à-vis, dass sie allzu unklare Bezüge zu vorherigen Beiträgen herstellen, dass sie sachliche Argumente als persönliche Angriffe interpretieren und mit Polemiken parieren (vgl. Klein 1989: 71–76).

Die dennoch alltägliche Vielfalt von Regelverstößen kann man (wie Klein 1989: 81 ff.) in gesprächskulturelle, kausale und finale zu unterteilen versuchen: also etwa die Ausdehnung des eigenen Redebeitrags zulasten ausgewogener Balancen, die Missachtung von Regeln der zivilisierten Redeübergabe und des geordneten Wechselspiels von Rede und Gegenrede mit der Folge unverständlicher Redeüberlappungsturbulenzen (was der Moderator als „Organisator" des Gesprächs verhindern oder zumindest begrenzen muss); „kausal" kann man den Verstoß gegen die Regel nennen, auf eine Frage auch eine darauf bezogene Antwort zu geben (etwa weil eine solche dem Befragten eher als imagebedrohend schiene als die Frage zu ignorieren); taktische Erwägungen haben zuweilen mit voller Absicht begangene „finale" Verstöße zur Folge, wenn deren Risiko dem Sprecher geringer erscheint als die Gefahr der Selbstentblößung (wobei die Abgrenzung zwischen kausalen und finalen Verstößen gelegentlich eher im Auge des Betrachters zu liegen scheint, als es Kleins Belege suggerieren).

In der *Club*-Konstellation mit dem Gegeneinander von Politikern und „Experten" treten weitere Profilierungsstrategien zutage: etwa die Selbstlegitimierung als fachliche Autorität durch Verweis auf einschlägige Verdienste (was aber selten gut ankommt) oder die Selbststilisierung als Experte, der sich hinter der ihm zugewiesenen Rolle verschanzt (bewährt haben sich dabei Floskeln wie „ich bin kein Politiker", die ihm angesichts des heute erreichten Politikerimages die Sympathie des Auditoriums gewinnen); das rhetorische Talent eines Politikers beweist sich u. a. auch in den von ihm mehr oder weniger subtil eingesetzten Demontagetechniken zur Degradation des Gegenübers (etwa durch ironische Kommentierung, durch geschickt den Inhalt einer Aussage verschiebende Paraphrase, durch sarkastische Entlarvung, durch plumpe Leugnung des vorgetragenen Sachverhalts, durch kess versuchte Umdeutung von ideologiegeladenen Symbolwörtern etc.).

Solche Symbolwörter verdichten einen komplexen Sachverhalt zu einem griffigen Begriff oder Phraseolexem (*Leitkultur, Sozialabbau, demographische Rendite, soziale Gerechtigkeit*), die taktisch mit jeweils positiver oder negativer Konnotation zum Einsatz kommen (Miranda oder Anti-Miranda) und politolinguistisch von den Fahnenwörtern und den Stigmawörtern unterschieden werden, für deren nicht immer leichte Abgrenzung voneinander Girnth (2002: 55) das Kriterium der Differenzierung durch Wertung (Symbolwörter) bzw. durch Gebrauch (Fahnen-/Stigmawörter) vorgeschlagen hat. Solche und ähnliche von der Gesprächsanalyse und der Politolinguistik entwickelten Suchkategorien (also Phasenstruktur, Argumentationsregeln, Regelverletzungstypen, Profilierungsstrategien, ideologiegebundene Lexik etc.) bieten das für eine kleine Fallstudie in exemplarischer Absicht bereits handhabbare Instrumentarium für den Vergleich zweier Sendungen im Hinblick auf Sprachgebrauch und Inszenierung.[3]

4. Minarett-Streit im *Club*

> *0:00:17* CM Das isch dä club. Guete abig und herzlich willkomme, liebi zueschauerinne liebi zueschauer. Er wird härt gfürt dä kampf umd minarett initiative und er spaltet dSchwiiz. Längscht isch allne klar, es gat um einiges me weder ums bauverbot vo dene muslimische gebetstürm. Mir wend hüt obig wüsse, was steckt würkli hinter dene emotional usenandersetzige und isch dä soziali friede gförded, wie interessanterwiis beidi lager i dere debatte behauptet. Das wie xeit sthema im club.

So etwa klingt es im Schweizer Fernsehen, wenn Leute miteinander sprechen und peinlich darauf achten, im Rest des deutschsprachigen Raumes möglichst unverständlich zu bleiben. Im Blick auf eine bevorstehende Abstimmung über ein Bauverbot von Minaretten in der Schweiz treffen in der hier betrachteten Talkshow Gegner und Befürworter der Volksinitiative aufeinander: die Co-Initianten, die Politiker Lukas Reimann (Nationalrat der einschlägig berüchtigten SVP) und Christian Waber (ehemaliger Nationalrat der klerikalkonservativen

---

[3] Für die vollständige Transkription der Gespräche (als Muttersprachlerin) und die quantitativ-statistische Auswertung danke ich Kathrin Loppacher; ihre in einer von mir initiierten und betreuten Studienarbeit zusammengetragenen Daten und Tabellen können hier freilich nicht aufgenommen, sondern allenfalls knapp resümiert werden; sie sind jedoch erfasst und einsehbar in Loppacher (2010). Für unsere diskursanalytischen Zwecke genügt hier eine literarische Transkription; Kursivierungen signalisieren Überlappungen.

EDU) sowie der als „Wissenschaftler" vorgestellte ehemalige Nahostkorrespondent der *Neuen Zürcher Zeitung* Heinz Gstrein (Orientalist) vertreten die Pro-Seite; die als „Islamwissenschaftlerin" eingeladene Amira Hafner Al-Jabaji (Publizistin), Frank Bodin (Chef einer Werbeagentur und Erfinder des Wahlplakates gegen die Initiative) und Adel Abdel-Latif (Muslim, Arzt und ehemaliger Mister Schweiz) die Contra-Partei.[4]

Ihre Rollen sind klar verteilt und zugewiesen, weniger klar ist die Gliederung der Gesprächsphasen durch die Moderatorin (Christine Maier = CM). Nach der Begrüßung der Zuschauer (Zeitzählung: 0:00:19), Vorstellung der Teilnehmer und ihrer Statements zum Thema will sie (0:03:08) mit einer Frage zuerst an Reimann schemagemäß die Informationsphase einleiten, aber die andern spielen nicht recht mit und steigen sogleich engagiert in die Diskussion ein. Mühsam bringt die Moderatorin ihre Initialfragen an jeden der Teilnehmer über die Runden, bevor sie in der eigentlichen Hauptphase durch die emotional und streckenweise aggressiv geführte Diskussion steuert (dabei dann und wann die strittigen Abstimmungsplakate einblenden lässt, die inzwischen Gegenstand eigener Untersuchungen geworden sind), um endlich (1:10:46) den Streitenden die Möglichkeit zu einer Abstimmungsempfehlung zu geben und die Sendung zwei Minuten später beenden zu können.

Die Verteilung der Redebeiträge bestätigt den Eindruck von einer gewissen Überforderung der Moderatorin in Bezug auf die Kontrolle des Gesprächsverlaufs. Bei 216 Redebeiträgen nur 8 direkte Bezüge auf den Vorredner, dafür 151 Kommentierungen statt Antworten auf die gestellten Fragen; an Abdel-Latif etwa richtet die Moderatorin nur 6 Fragen, aber er nimmt sich 53 mal das Wort; genauso viele Fragen stellt sie Bodin, der sich aber nur 14 mal äußert; Gstrein bekommt 10 Fragen, auf die er antwortet, ansonsten hört er den andern zu; die meisten Fragen richten sich an Reimann, aber mit der Zahl seiner Kommentierungen landet er hinter Abdel-Latif und Waber an dritter Stelle; nicht selten übernehmen die Teilnehmer die Moderatorenrolle und stellen gleich selber die Fragen (zu 25 % immerhin). Vergeblich sucht die Moderatorin die häufigen Unterbrechungen und Überlappungen zu verhindern. Ihre persönliche Involviertheit

---

[4] http://www.sendungen.sf.tv/club/Sendungen/zischtigsclub/Archiv/Sendung-vom-27.10.2009 [02.08.2011].

lässt die Teilnehmer Regelverstöße in Kauf nehmen, um ihre Positionen zu einzubringen; je forcierter sie das tun, umso weniger freilich wirken sie überzeugend auf den Zuschauer. So gehen die meisten Demontageversuche auf das Konto von Abdel-Latif, gefolgt von Bodin. Am sachlichsten erscheint in dieser Hinsicht allenfalls die Publizistin Hafner Al-Jabaji mit ihren beharrlichen Plädoyers für den interreligiösen Dialog.

Mit ideologiegebundenen Ausdrücken wird gezielt gespielt (131 mal), *Islam* etwa ist für die Proponenten Stigmawort (und wird vor allem auf die für sie grausige Scharia bezogen), für die Opponenten Fahnenwort (zur idyllischen Zeichnung multikulturellen Miteinanders), für den gläubigen Muslim Adel Abdel-Latif (AA) genauso wie umgekehrt *Christentum* für den gläubigen Waber (CW) von der EDU natürlich Fahnenwort für sein Leit- und Weltbild ist. Daher stehen ihre abschließenden Empfehlungen zur Abstimmung über den Bau von Minaretten am Ende genauso schroff gegeneinander wie am Anfang ihre Eingangsstatements:

> *1:10:47 CM* [...] Herr Waber, ganz churz, worum sell die initiative agno werde? Ganz churz, zwei sätz, wenn das möglich isch.
> *1:10:56 CW* Dass üsi demokratie gstärkt wird, dassd muslime effektiv dmöglichkeite überhoupt hei, jo zsäge zu üsere demokratie, und dass sie sich wohl fühled i üsem land inne. Nämlich es git ganz vil islam i üsere schöne schwiz, und derum muess unbedingt die initiative agno werde, dass alli chöi lebe i üsem land. [...]
> *1:12:00 AA* Absolut ablehne, wil das gege schwizerischi grundrecht verstosst, religionsfreiheit und die schwizerischi mentalität vo glichberechtigung absolut. Ganz klar ablehne. Das isch ä diffamierig und ä ganz gföhrlichi bewegig wo mir do xehnd.

5. Die Gier der Abzocker

Verglichen mit dieser klaren Frontstellung von entschiedenen Gegnern und ebenso entschiedenen Befürwortern der Minarett-Initiative (drei gegen drei) ist die Lage in der *Club*-Talkshow vom 2. März 2010 weit weniger übersichtlich. Vor dem Hintergrund einer Parlamentsdebatte über Manager-Boni hat die Moderatorin Christine Meier (CM) zum Streitgespräch über eine Initiative des SVP-Nationalrats Thomas Minder eingeladen, unter dem etwas grellen Titel „Abzocker-Initiative: Wer stoppt die Managergier?". Neben dem Initiator selbst (der gleichzeitig als Geschäftsführer der „Trybol AG" auch Manager ist) treffen sich in der Runde der ehemalige Nationalrat der rechtspopulistischen SVP Christoph Blocher (zugleich Verwaltungsratspräsident der „Robinvest AG"), der Präsident von „Economiesuisse" (und Verwaltungsrat u. a. der „Swiss Life AG") Gerold Bührer, der Präsident von „Avenir Suisse" (und Vorstandsmitglied von „Economiesuisse" sowie Verwaltungsratspräsident von „Holcim", „Lonza", „Nobel Biocare") Rolf Soiron, der CVP-Nationalrat (und Verwaltungsrat der „Kernkraftwerk Gösgen-Däniken AG") Pirmin Bischof, sowie die SP-Nationalrätin (und Mitglied im Verwaltungsrat der „Riva Chur AG") Susanne Leutenegger Oberholzer.[5]

Zwei Vertreter der Wirtschaft und vier Politiker, die aber auch alle in der Wirtschaft mit Aufsichtsratsposten gut versorgt sind: da steht kaum zu erwarten, dass sich die Teilnehmer mit dem Titel der Sendung zutreffend beschrieben empfinden. Folgerichtig warnen denn die beiden Wirtschaftsvertreter auch vor einer Annahme der Initiative: Bischof findet sie „diktatorisch", sieht „große Gefahren" für das Land heraufziehen und die Firmen auswandern, Soiron protestiert gegen „Lohndiktate" für Manager, während gleichzeitig Fußballer und Rocksänger weiter ihre Millionen scheffeln und dafür Beifall bekommen. Angesichts der immensen Popularität der Initiative im Stimmvolk äußern sich die Politiker entsprechend vorsichtiger: Bührer sorgt sich zwar um die „Standortattraktivität der Schweiz", wenn die Manager ihr Unternehmen nicht mehr so ohne weiteres gegen angemessene Entschädigung vor Wand fahren dürften (wie seinerzeit Marc Ospel für 26 Millionen Franken per annum die größte Schweizer Bank UBS), will aber allzu „stoßende" (also Unmut erzeugende) „Exzesse" verhindern; Blocher will die Boni an unternehmerischen Erfolg binden; Minder plädiert für „leistungsgerechte Löhne"; Leutenegger Oberholzer entwirft das Bild eines gerechten Landes mit guten Löhnen im Kontrast zu einer marktliberalen Politik, die eine Finanzkrise beschert habe, deren Kosten sie auf über 100 Milliarden Franken beziffert.

Auch die Phasenstrukturanalyse entbirgt keine großen Überraschungen, die Teilnehmer spielen mit, die vier oben beschriebenen Phasen werden brav durch-

---

[5] http://www.sendungen.sf.tv/club/Sendungen/zischtigsclub/Archiv/Sendung-vom-02.03.2010 [03.08.2011].

laufen, die Moderatorin hält sich zurück, Minder in seiner dreifachen Rolle als Initiator, Politiker und Manager erhält das Schlusswort mit der erwartbaren Empfehlung, für seine Initiative zu stimmen. Von 192 Redebeiträgen sind 126 Kommentierungen, 60 Antworten auf Fragen der Moderatorin und 6 Antworten auf Fragen von Teilnehmern. Den größten Anteil an Wortmeldungen haben die beiden SVP-Politiker, wobei wie erwartet die meisten der 49 polemisierenden Demontageversuche auf das Konto von Blocher gehen (0:15:21: „*Sie händ das sprüchli guet uswendig glern*t" u. ä.). Bescheiden dagegen die Zahl der Profilierungsversuche (12) und der ideologiegebundenen Worteinheiten (9 Miranda, 8 Stigma- und 2 Fahnenwörter), allenfalls die SP-Politikerin versucht, mit in diesem Kontext („Abzocker-Initiative", „Manager-Gier") negativ-konnotierten Begriffen (*Kapitalismus, goldener Fallschirm, Bonifikationen*) der im Stimmvolk verbreiteten Einschätzung ein wenig Gehör zu verleihen. Aber gegen den Spott von Blocher kommt sie kaum an:

> *0:21:32 CB* Das isch, au sie hands sprüchli guet uswendig lernt. Ich bi hüt no für dä shareholder value. Ich bi während johre unternehmer xi und bis hüt no. Mit de grosse und und mit börse orientierte unternehme, dä hans jens gruppe. Mir hät nur uf dä share-holder *value glueget*.
>
> *0:21:51 CM Was isch dä* shareholder value?
>
> *0:21:53 CB* Ebe, etz erchläred mir das. der wert der firma isch entscheidend. Wenn sie guet schaffed, isch dä wert do. Hätted alli, die banke au in Amerika, uf dä shareholder value glueget, häts doch nid sonigi verlüst ge, firmene zämäbroche. Das isch doch ä dummheit go verzelle, dä shareholder value müess me nid pflege. Aber mir händ nie pflegt, schiigwünn. Und etz muen ich ihne säge, en unternehmer wo es unternehme hät, weners guet macht, vermöglich. Das ghört däzue. Aber wens schlecht got wird er muusarm. Und drum muesmer luege, dass mer das in überstimmig bringt.
>
> *0:22:30 CM* Wänn isch denn *für sie*
>
> *0:22:33 CB Sie chönd* mini unternehmer go aluege, müend nid uf persönlichi masche mache. Sie wend immer persönlich verunglimfe.

6. Vergleich und Zwischenfazit

Aus einer rein quantitativen Gegenüberstellung von Vorkommenshäufigkeiten der ausgewählten kategorialen Indikatoren weitreichende Schlüsse zu ziehen wäre wegen deren nicht-eindeutigen Operationalisierbarkeit fahrlässig (Redebeiträge im Sinne von turns oder Unterbrechungen und Überlappungen kann man zählen, aber bei Regelverstößen, Demontagen, Profilierungen und Verschanzungen hängt viel von der pragmatischen Definition und Interpretation des Beobachters ab). Aber sie führen uns immerhin auf die Spur der Ursachen für die qualitativ gewonnenen Eindrücke von der gegensätzlichen Wirkung der beiden Sendungen und sie könnten den Verdacht erhärten, dass das erklärte Bemühen der Moderatorin um Neutralität entweder nicht ganz aufrichtig ist oder sie aus ebendiesem Grunde zur Übersteuerung zugunsten der jeweils konservativen Seite neigt.

Während die Minarett-Debatte deutlich emotionaler geführt wird (mit fast 60 Stigma-/Fahnenwörtern und 54 Miranda) als die Abzocker-Debatte (mit nur 9 Stigma-/Fahnenwörtern und 12 Miranda) und der Artikulation von Urteilen über die Fremdheit des Islam und Vorurteilen über Muslime und Migranten breiter Raum gegeben wird, hätte der Titel der Abzocker-Debatte durchaus eine ähnlich emotional angelegte Gesprächsführung erwarten lassen. Stattdessen wird sie ganz aufs Gleis wirtschaftspolitischer Vernunft geschoben: die geladenen Akteure und Profiteure des Systems spielen auf vertrautem Terrain und werfen einander in stillem Einverständnis die Bälle zu; das Kontroverse wirkt inszeniert und taktisch motiviert, kein Fünkchen Wut über die Verbrennung von Billionen durch die Brandstifter in den Chefetagen (wie das vielleicht ein wirklich Betroffener hätte zur Sprache bringen können, der infolge von Miss-Management seinen Job verliert, während sich die dafür Verantwortlichen mit ihren Millionen-Abfindungen selbstgewiss nach der nächsten Baustelle umschauen, oder ein Kleinanleger, der seine Ersparnisse in den Boni der Banker verschwinden sieht und sich durch zynische Erklärungen à la „Ihr Geld ist ja nicht weg, es ist nur woanders" nicht ausreichend getröstet empfindet).

Möglicherweise ließe sich aus den Ergebnissen der Analyse (allein schon aus der quantitativen Auswertung der Redebeiträge) auch die Empfehlung an Moderatoren ableiten, dem Geltungsdrang und der Profilierungssucht von Politikern in ihrer Gesprächsregie souveräner entgegenzuwirken als es hier gelingt, wo die talkshowerfahrenen Politiker von der Moderatorin nahezu ungehemmt zu Wort kommen, während die „Experten" deutlich zurückhaltender sind und die wirklich „Betroffenen" in der zweiten Sendung gar nicht erst eingeladen werden. Dem könnte man entgegenhalten, der Job der Experten hinge nicht von Auftritten im Fernsehen ab, während die Politiker diese als Werbeplattform für sich selbst nutzen müssten, um die Chancen ihrer Wiederwahl zu erhöhen. Das Argument scheint mir freilich die diskursive Funktion von Polit-Talkshows in der politischen Meinungsbildung ebenso zu verkennen wie die Aufgabe von auf Zeit gewählten Repräsentanten des Souveräns in der Demokratie.

Eine Ausnahme ist freilich zu registrieren: in der Minarett-Debatte schlägt der Muslim Abdel-Latif die christlich-konservativen Proponenten der Initiative auf der Seite der SVP mit der Zahl seiner Einwürfe, Kommentierungen und Demontagen um Längen, wiederum kaum gebremst von der Moderatorin. Der Effekt beim Zuschauer freilich spielt den Proponenten direkt in die Hände: sie können sich zurücklehnen und den allzu Eifrigen als Eiferer sich selbst demontieren lassen. Das Ergebnis der Abstimmung erregte dann auch außerhalb der Schweiz einiges Aufsehen: 57,5 % der Abstimmenden (und 19,5 Stände) waren für die Aufnahme des Satzes „Der Bau von Minaretten ist verboten" (als Abs. 3 Art. 72) in die Bundesverfassung.[6]

7. Die *classe politique*: „Konkordanz"-Konkurrenz in der *Arena*

Kaum ein Begriff spielt im politischen Diskurs der Schweiz eine so zentrale Rolle wie der der „Konkordanz". Die damit bezeichnete spezielle Konstellation einer – in der Schweiz von den vier größten Parteien (also von den Sozialdemokraten der SP, den liberalkonservativen Freisinnigen der FDP, den Christlich-Konservativen der CVP und den Rechtskonservativen der SVP) gebildeten – Allparteienregierung (die „Grünen" müssen draußen bleiben) mag für eine westliche Demokratie in Friedenszeiten eher die Ausnahme sein (allenfalls Luxemburg, Libanon und Ecuador weisen konkordanzdemokratische Züge auf), weil sie weder eine Opposition kennt noch einen Wechsel der Regierung, aber das Volk der Schweiz scheint damit insgesamt recht zufrieden zu sein. Dennoch wurde und wird sie seit ihrer ersten Einführung 1943 immer wieder kontrovers diskutiert. Durch Befürworter und Gegner mal als Fahnen-, mal als Stigmawort gebraucht, wurde der in den 1960er Jahren durch den deutschen Politologen

---

[6] www.nzz.ch/nachrichten/politik/schweiz/minarett_initiative_hochrechnung_annahme_1.4079737.html [05.08.2011].

Gerhard Lehmbruch (vgl. Lehmbruch 2003) geprägte Begriff der „Konkordanz-Demokratie" mit der Zeit zunehmend polysem, was die Debatte eher befeuerte als klärte. Besonders hoch schlugen die Wellen, als sich die inzwischen zur stärksten Partei avancierte rechtspopulistische SVP 2007 plötzlich zur Opposition erklärte, weil das Parlament ihren polternden Anführer Christoph Blocher nicht mehr im nach der sog. „Zauberformel" (2:2:2:1) zusammensetzten Kabinett der sieben Bundesräte sehen mochte und statt seiner eine gemäßigtere Parteifreundin (Eveline Widmer-Schlumpf) wählte (die daraufhin von Ihrer Partei ausgeschlossen wurde). Erstmals stand das Prinzip der Konkordanz selbst in Frage. Im Jahr darauf war die Drohung allerdings schon wieder vom Tisch als es galt, Blochers politischen Weggefährten Ueli Maurer als Bundesrat durchzusetzen, der außerhalb seiner Partei aufgrund seiner Andersdenkende diffamierenden und gelegentlich die Grenze zum Rassismus touchierenden Äußerungen nicht unumstritten ist.

Vor diesem Hintergrund einer politisch aufgeheizten Atmosphäre widmet die zweite wichtige Polit-Talkshow des Schweizer Fernsehens *Arena* gleich zwei ihrer jeweils am Freitagabend ausgestrahlten Sendungen dem Thema: „Bundesrat Ueli Maurer?" fragt sie am 28.11.2008 und setzt die Debatte unmittelbar vor der Wahl am 05.12.2008 fort unter dem Titel „Vor dem Wahlkrimi".[7] Der Name der Sendung ist Programm: Politische Debatte als Kampfsportart und Schau-Diskussionsspiel. Auf die Spielregeln muss nach der gründlichen Analyse von Luginbühl (1999) hier nicht mehr eingegangen werden. In einem Vergleich mit der deutschen Talkshow *Freitagnacht* mit Lea Rosh habe ich sie zudem an anderer Stelle genauer vorgestellt (Hess-Lüttich 1993 bzw. 1997), sodass ich mich hier auf einen einzigen methodologisch motivierten Aspekt konzentrieren kann. Mich interessiert nämlich, ob der Begriff der „Konkordanz" wie ein Spielball zwischen den Kontrahenten hin und her geworfen wird und dabei semantisch unterschiedliche Farbnuancen annimmt. Um diese zu ermitteln (wenn die These zutrifft), habe ich die beiden genannten Sendungen einmal systematisch nach dem Vorkommen des Begriffs durchforsten lassen und kann nun das Ergebnis

---

[7] *Arena* 2009: Schweizer Fernsehen. Sendungen. Arena. Version vom 07.07.2009: http://www.sf.tv/sendungen/arena/index.php,
http://www.sendungen.sf.tv/arena/Sendungen/Arena [08.08.2011].

der Recherche kurz zusammenfassen.[8]

Die Anmoderationen folgen in beiden Sendungen einem (auch in den anderen Sendungen der Reihe) zu beobachtenden Muster der Zuspitzung eines strittigen Themas zu einer Ja/Nein-Alternative (Zustimmung oder Ablehnung) und deren gleichzeitiger oder sofort anschließenden Relativierung durch eine sog. „offene Frage":

> *0:00:00 RB* De Christoph Blocher ond de – Ueli Maurer, das send die bäide Bundesratskanditate vo de SVP. Häisst das, dass d'Ära vom Christoph Blocher im Bundesrat definitiv z'Änd esch und de Ueli Maurer – praktisch gewählt? Und was wür en Bundesrat Ueli Maurer, für d'Schwiz bedüte?

Das gibt den Protagonisten die Möglichkeit zu einem wirkungsvollen Einstieg nach den Regeln der Kunst des Confrontainment. Die Doppelkandidatur des von der Parlamentsmehrheit für nicht wählbar erklärten Blocher und des umstrittenen Maurer ist ein Affront, der nach Auflösung drängt, um das Konsensprinzip als Bedingung der Möglichkeit von Konkordanz überhaupt aufrecht erhalten zu können. Der Moderator Reto Brennwald (RB) hetzt die Gegner also auch in der Folgesendung am 05.12.2008 zunächst aufeinander und eröffnet ihnen zugleich den Spiel-Raum für ihren Zug.

> *0:00:16 RB* De Widerschtand gäge de Ueli Maurer – als Bundesrot wachst, är segi als Doppelgänger vom Christoph Blocher NÖD wählbar, säged sini Gegner, stimmt das? Und was wär d'Alternative? Gits am Schluss no en Überraschigskandidat?

Drei Nationalräte treten am 28.11.08 als „Protagonisten" gegeneinander an: von der FDP Gabi Huber (GH), von der SP Werner Marti (WM) und von der SVP Christoph Mörgeli (CM). Ihre Positionen sind den Zuschauern auf den Rängen der Arena von vornherein bekannt: Marti ist strikt gegen Maurer, Mörgeli emphatisch für ihn, Huber weiß nicht recht und will „prüfen". Sprengt die Kandidatur die Konkordanz? Das Wort wird in fünf Redebeiträgen verwandt und jedesmal anders. Zuerst bezieht sich Mörgeli darauf:

---

[8] Ich beziehe mich dabei im Folgenden auf ein Kapitel der Lizentiatsarbeit von Urban Saner (Bern 2009), die der politischen Semantik gewidmet war und den Verwendungen des Konkordanz-Begriffs vornehmlich in wissenschaftlichen Publikationen und in Tageszeitungen nachspürte. Ich übernehme dabei in den Zitaten zwecks Vermeidung von Dialekt-Fehlern auch die an Luginbühl (1999) orientierte („literarische") Transkription des muttersprachlichen Verfassers (s. Saner 2009: 66–76).

> *0:05:14 CM* Luged si – mier müend emal d'Grunddiskussion füere, isch das **Konkordanz**, isch das Zuekonft vu dem Land – das äi Partei de andere i d'Suppe spöizt. Das mer nöd jedere Partei s'Rächt überloot, dass si de Bescht, de Fähigscht bringt – jedefalls wie – Partei s'Gfühl hätt. Mier händ s'Gfühl de Herr Blocher isch de Bescht, mier träged dänn aber au d'Verantwortig und sit föifezwänzg Jahr, schlucked mier öii Kandidate. Wänn ier säged, dass isch euse Bescht, dänn hämmer diä gwählt. Wänn d'SP säit, de Herr Leuenberger isch de bescht und Frau Calmy-Rey isch de bescht, dänn wunderet mier eus – muess ich ehrlich säge – aber mier händs gwählt. Das isch **Konkordanz**. Wänd mier – au d'Bevölkerig, dass das eso wiiter god, dass mer die Beschte äifach verhinderet, dä Zwang zum Mittelmass? Bringemer eso euses Land würklech no vora? [Hervorh. jeweils v. Verf.]

Unter Berufung auf die Konkordanz reklamiert er für seine Partei das Recht, ohne Einmischung von Dritten über die Nominierung ihrer Kandidaten selbst zu entscheiden, die schließlich ihre eigene Politik zu vertreten hätten und nicht die der andern:

> *0:09:43 CM* Aber luged sie, dass isch nöd **Konkordanz**, dass eusi Lüüt sozialdemokratischi Politik müend betriibe – de Herr Blocher hät eusi Politik verträtte.

Die als Expertin geladene Politikwissenschaftlerin Regula Stämpfli (RS) hält dagegen und verwahrt sich gegen die Verkürzung des Konkordanzprinzips zur mathematischen Größe und Rechtfertigung einer rechnerischen Verteilung von Posten nach der Formel „Prozent Wähleranteil = Anspruch auf Sitze".

> *0:21:43 RS* Wie de Diskurs jetz esch glouffe vor Politik, dass mer gar ned diskutiert hed – HEI! jetz hei mer e Sitz weder z'bsetze – ähm jetzt wär d'Momänt/dr Momänt vor Regierigsbildig z'cho, hei mer o ne Politik? Oder, hei mer e Politik ond (da?) heisst ned eifach d'**Konkordanz** dörestiert – Politik esch ned e mathematischi Fraag – Politik esch äh was ged's für Problëm zlööse, chöi mer üs ergendwo fende? Ond das muess passiere.

Für den sozialdemokratischen Nationalrat Eric Nussbaumer (EN) vom Baselland dagegen impliziert der Begriff überdies noch eine nicht weiter spezifizierte „Fähigkeit" zu „konkordantem" politischem Handeln, dem Gemeinwohl verpflichtet, von Verantwortung geprägt für das Gemeinwesen; Konkordanz hat für ihn eher mit Kompetenz und Charakter zu tun als mit der Summierung von Stimmen und Prozenten.

> *0:39:36 EN* Äh – äh de Ueli Maurer als Bundesrot – und ich glaub – de Unterschid isch, dass mer i de **Konkordanz** au e gwössi **Konkordanzfähigkeit** vo de einzelne Person cha beurteile ond drom fend echs guet, dass mier es Hearing

> mached, dass mier met ehm reded ond nomol lueged, was esch genau siis Verständnis – ond vo ded här isch äbe – im Käärn vo de **Konkordanz** esch au – gseht ähr em zämego met andere politische Parteie i de Regierig au öppis wo die chönd biiträge zonere Löösig.

Sein Parteifreund Marti (WM) pflichtet dem bei, klagt aber darüberhinaus „inhaltliche" Aspekte ein und bringt dabei (wider seine eigenen Parteiinteressen im engen Sinne partei-politischer Konkurrenz) die „Grünen" ins Spiel, deren Wähleranteil längst nicht mehr ihren Ausschluss aus dem Proporzsystem rechtfertige. Als einzige linke Partei gegenüber drei konservativen plädiert er für die Stärkung von mit der Umweltpartei geteilten Positionen auch um den Preis der potentiellen Schwächung des eigenen Lagers.

> *0:50:48 WM* Mir händ äh e grüene Kandidat, wo –äh inhaltlich mit üüsere Politik überiistimme tuet, mir händ e Kanididatur äh vo de SVP, do ähm/do gits jo s'Problem vo de **Konkordanz**, dass sie ebe nöd nume e räin arithmetischi **Konkordanz** isch sondern för üüs au immer noch inhaltlechi Aschpekt hätt – jetzt chämer das gegenand abwege, ond mier wärdid üs derna entschäide.

Als einzige der drei Protagonisten vermeidet Gabi Huber von den Freisinnigen das K-Wort – aus guten Gründen. Denn ihre Partei hat inzwischen eine zahlenmäßig geringere Fraktionsstärke als etwa die mit der Evangelischen Volkspartei und der Grünliberalen Partei eine Fraktionsgemeinschaft bildende CVP. Das würde durch den Begriff unnötig in Erinnerung gerufen und könnte in der Konsequenz des konkordanz-arithmetischen Kalküls ihren Anspruch auf einen zweiten Bundesratssitz in Frage stellen (was schon im darauffolgenden Sommer 2009 unausweichlich wird, als die CVP unter Berufung auf eine rein quantitativ verstandene Konkordanz prompt Anspruch auf einen frei werdenden FDP-Sitz erhebt). Da macht es sich besser, von staatspolitischer Verantwortung zu sprechen, die ihr in einer argumentativen Volte schließlich sogar ein Plädoyer für den SVP-Kandidaten erlaubt.

> *0:54:12 GH* Wills **staatspolitisch richtig** isch, dass die wählerstärkchschti Partii im Bundesrot verträtte isch. Das isch äh nid äifach räini Partiipolitik, wo ich do verträtte, sondern das isch au wichtig und ich ha gsäit, ich wurds au säge, wenns um links god.

Das „staatspolitisch Richtige" rechtfertigt nun mal einen breiter ausgelegten Anspruch als die Summierung von Fraktionssitzen. Wer „abstiegsgefährdet" ist, wird höhere Ziele anmahnen, um eigene Pfründe vor den begehrlichen Blicken der Konkurrenten zu schützen. So deckt der schöne Begriff der Konkordanz milde zu, was sich an Konkurrenz darunter munter entfaltet.

Zur Sendung am 05.12.2008 wurden wieder drei Protagonisten in den Ring gerufen: die Nationalräte Adrian Amstutz (AA) von der SVP, Jacqueline Fehr (JF) von der SP und der Ständeraat Eugen David (ED) von der CVP. Angefeuert vom Moderator und seiner Eingangsfrage (s. o.), streiten die drei, unterstützt von den ihnen zugeteilten Sekundanten, erneut über die Frage, ob Maurer ein zumutbarer Kandidat sei, wobei sie sich ebenfalls alle auf „die Konkordanz" berufen. Die sei von den anderen Parteien aufgekündigt worden, meint gleich zu Beginn SVP-Amstutz in mutiger Umdeutung des Prozesses, der zur Abwahl von Blocher geführt hatte, und jetzt müsse sie wieder in ihr Recht gesetzt und wenigstens Mauer gewählt werden.

> *0:01:44 AA* Jo guet, das Parlament wird e ganz entscheidendi Fraag müesse beantworte, das isch die vo de **Konkordanz**, z'Parlament muess äh säge ob si zo der **Konkordanz** wot zroggfinde, wo – vor – eme Jahr esch broche worde – o e gloube es esch äh entscheidend, o för das Land, ob **Konkordanz** omi so gläbt wird, we eigentlech d'Üebigsalaag das vorgseht, nämlech das aui politisch relevante Chräft, o zwar vom VOLK aus politisch relevanti Chräft – äh nominierte Partei i dem Bondesrat söue verträtte si.

Damit ist zum Auftakt das Thema gesetzt, und zwar in der von der SVP aufgrund ihres starken Stimmenanteils gewünschten eher arithmetischen Bedeutung des Begriffs: die Konkordanz verleihe ihr das „Recht" auf die Sitze und die Wahl ihres Kandidaten, widrigenfalls „die anderen" die Verantwortung trügen für die Verletzung des hehren Prinzips. „Die anderen" verteidigen sich nur matt und übernehmen die Vorgabe, statt sie zu problematisieren. Selbst die Repräsentantin der parlamentarischen Linken verteidigt das Prinzip ganz im Sinne der SVP, die freilich auch die damit verbundenen Spielregeln einzuhalten habe. Indem man (statt Blocher) eine andere Person von der SVP gewählt habe (eben Widmer-Schlumpf), habe man dem Prinzip gehuldigt, nicht es „gebrochen":

> *00:07:40 JF* Aso z'erscht möchti vouussezte, dass für mich persönlich und au für d'SP, d'**Konkordanz** s'beschti Regierigssyschtem für das Land isch, das isch es Regierigsyschtem wo uf Integration berüer/beruet, wo die relevante Chräft i de Regierig mitschaffed und Verantwortig übernämed. Zwäite Punkt – mier hönd s'letschti Johr gmäss de **Konkordanzregle** gwählt. Mier hönd d'Frau Widmer-Schlumpf, als öppert wo s'Gedankeguet vo de SVP ihrer

> ganze politische Karriere mitträit hed, in Bundesrot gwählt und sie macht herrvorragendi Arbet, aso – Politik, d'Regierig hed käis Problem mit dere Wahl vom letschte Johr, d'SVP hed es Problem und drum will sie zrugg i d'Regierig. Und jetzt isch d'Froog, wie chund sie zrugg i die Regierig, sie beharrt jetzt druuf, dass das noch **Konkordanzgrundsätz** söll go, do simmer im Grundsatz iiverstande, aber **Konkordanz** verlangt, dass mer Spiilregle ihaltet. Das verlangt au s'Volk, s'Volk wählt nid ume susch immer wider SVP-Lüüt nöd i Regierige, wenn sie z'ra/z'extremi Positione iinehmed.

Im bekräftigten Respekt vor der Unantastbarkeit des Prinzips beharrt Fehr nur noch auf nicht näher spezifizierten „Spielregeln", das Verfahren müsse seine Ordnung haben, das Parlament müsse frei sein in seiner Wahl, das personelle Oktroi einer Partei sei nicht hinnehmbar, einer populistischen Partei zumal, die sich ständig aufs Volk berufe und dann einen polarisierenden Kandidaten portiere, der in direkter Wahl kaum Chancen hätte. Damit wird die Frage der politischen Mehrheit unmerklich zu einer Frage des politischen Stils umgedeutet. Noch einen anderen Aspekt bringt der „Sekundant" Filippo Leutenegger (FL) von der FDP ins Spiel, wenn er eine Wahl entgegen der eigenen Überzeugung zum „höheren Dienst an der Schweiz" mystifiziert und damit zumindest vor dem eigenen Gewissen zu rechtfertigen sucht:

> *0:18:16 FL* Aber ich glaube mir muess au no öppis anders gseh, d'**Konkordanz** isch au Krööte schlucke – uf jedere Siite – das häisst mer muess sich überwinde, gwüssi Lüüt müend sich überwinde, ich muess mich au übewinde gwüssi Lüüt z'wähle, aber me macht das ime höchere Dienscht – vo de/vo de Schwiiz, das häisst mer müend üs zamerauffe.

Ein anderer Sekundant, Hans Stöckli (HS) von der SP, springt seiner Parteifreundin (Fehr) bei, indem er sich dem Wort „Konkordanz" aus eher etymologischer Perspektive nähert. Er versichert sich des Begriffs durch dessen pfiffige Abgrenzung vom arithmetischen „Proporz": es gehe vielmehr um Konsens statt Kakophonie, ja um Symphonie statt schnöden Summenspiels:

> *0:21:05 HS* Öbrigens, **Konkordanz** isch ned ari/arithmetischi Fraag, sondern we der mäined alläini met dr Anzahl Stemme heigid ehr Asproch of ne Bondesrat, denn tüet ehr s'Wort **Konkordanz** falsch uslegge, denn mer hei ned Proporzwahle, sondern **Konkordanz** heisst Öberiischtemmig u we mers no vom Latinische is Griechische öbersetzt heisst's sogar Symphonie ond i berförchte, dass mer met em Herr Maurer halt in ne Kakophonie öberesch/wächsle.

Überschauen wir geschwind die einzelnen Redebeiträge, so können wir auf den zweiten Blick mindestens vier verschiedene Nuancen im Gebrauch des Wortes „Konkordanz" (K.) ausmachen, die jeweils argumentativ gegeneinander ins Spiel gebracht werden: (i) K. als etymologisch hergeleitete Übereinstimmung (SP-Stöckli), (ii) K. als Charaktereigenschaft des politischen Akteurs (SP-Fehr, SP-Nussbaumer), (iii) K. als arithmetisch begründeter Machtanspruch im Sinne einer numerischen Abbildung des Wählerwillens (SVP-Amstutz), (iv) K. als Pragmatik politischen Handelns (SVP-Mörgeli, FDP-Leutenegger). Diese Pragmatik indes kann wiederum durchaus unterschiedlich interpretiert werden: als Handeln wider die eigene Überzeugung (Leuteneggers „Kröten schlucken") oder (mit Fehr) als politischer Stil des Handelns, das jene Regeln beachtet, die eine populistische Partei zu verletzen neige.

Eine inhaltliche Konkretisierung des Begriffs freilich bleiben alle politischen Akteure schuldig. Das macht ihn für sie so flexibel einsetzbar. Die Präzisierung wird dann erst von den „Experten" der zweiten Runde nachgeliefert, insbesondere von dem renommierten Publizisten Roger de Weck (dW) und dem Freiburger Professor für Zeitgeschichte Urs Altermatt (UA). Für den Historiker ist der sich im Konkordanzprinzip niederschlagende inhaltliche Konsens der Politiker unterschiedlicher Couleur über die grundsätzliche politische Richtung des Landes entscheidend:

> 0:37:53 UA Zur **Konkordanz** ghört au en äh inhaltleche Konsäns, äh e grundinhaltleche Konsäns – ond s'Wechtige dra esch im Onterschéd zor hötige Diskussion esch, dass e Vorläischtig zo däm äh Konsäns mues gäh (ha?), das hei d'Sozialdemokrate müesse mache, das hei CVP müesse mache, ond nid em Nachhinäin gfrogt werd, chöntisch du denn au äh biischtemme. [...] Mir si sit de Nünzgerjohr inere Omwandlig äh i dem Land und sueche em Grond gno e neui Formle vo **Konkordanz**. Aso wie **Konkordanzformle** usgseht. E wördi äigentlech vorschlo, äh dass d'SVP wördi Vorläischtige mache em Bezog of Politik vo däm Land.

In eine ähnliche Richtung argumentiert Roger de Weck und sorgt sich um die Zunahme des Proporzdenkens auf Kosten des Konkordanzdenkens; diesem eigne gegenüber jenem die prinzipielle Übereinstimmung in Grundfragen einer Gesellschaft, im Respekt vor ihrer Verfassung und Gewaltenteilung:

> 0:30:50 dW Mit anderne Worte, mir händ scho, unabhängig vo de Konstellation und au zu dere Ziit wo angeblich das Syschstem so gsi isch wimers wetti, es Prob-

lem mit de **Konkordanz** – mir händ meh und meh Proporzdänke und je weniger **Konkordanzdänke** – und **Konkordanz** isch äifach öppis anders [...] dass mer es Mindescht a Überiistimig het a de Grundwärt [...] Und die Grundwärt, das isch de Reschpäkt vor eusere Verfassig – ond zu dere Verfassig ghört Gwaltetäilig, und zu dere Gwalte ghört Juschtiz, und wänn äine dermasse ober d'Juschtiz hergfalle isch frögd mer sich jaa, hät ähr würkli der Reschpäkt wo's nötig het? Dänn gids o grossi bürgerlichi Errungeschaft usem 19. Johrhundert, die amerikanische bürgerlichi Revolution, die französischi bürgerlichi Revolution, das sind d'Mänscherächt.

Erst damit ist das argumentative Niveau erreicht, das man sich von der Politikerrunde vergeblich erhoffte. Eine politische Debatte kann also durch ein wenig Expertise aus Sphären außerhalb des politischen Bezirks im engeren Verstande eigentlich nur gewinnen (vgl. Imhof 1993). Polit-Talkshows könnten im Glücksfalle ihres Gelingens der progredienten „Politikverdrossenheit" ihres Publikums vorbeugen, wenn ihre Inszenierung von Wort-Gefechten sich nicht damit begnügte, einander mit Schlag-Worten zu bewerfen, die als „Hochwertwörter" Zustimmung und Einstimmung heischen, die nicht auf dem Gebrauch des eigenen Verstandes gründen; wenn es im „Streit um Worte" (Lübbe 1975) nicht nur um das „Besetzen von Begriffen" (Klein 1991) ginge, sondern um die Konkurrenz argumentativ begründeter Konzepte zur Lösung gesellschaftlicher Probleme. Aber dieser nur noch dunkel erinnerte Anspruch übersteigt vermutlich den des Mediums längst ebenso wie den der Text- und Dialogsorte „Polit-Talkshow".

Literatur

Barske, Nina M.J. (2004): *Die Qualität des medialen politischen Diskurses. Eine empirische Untersuchung zur Transaktivität der Diskussion von Politikern und Experten in politischen TV-Sendungen der Schweiz und Deutschland.* Freiburg im Breisgau.: Diss.phil.
Bentele, Günter/Hess-Lüttich, Ernest W.B. (eds.) (1985): *Zeichengebrauch in Massenmedien. Zum Verhältnis sprachlicher und nichtsprachlicher Informationen in Hörfunk, Film und Fernsehen.* Tübingen: Niemeyer.
Eisentraut, Steffen (2007): *Polit-Talk als Form demokratischer Öffentlichkeit? Sabine Christiansen und Hart aber fair im Vergleich.* Marburg: Tectum.
Fahr, Annette (2008): *Politische Talkshows aus Zuschauersicht. Informiertheit und Unterhaltung im Kontext der Politikvermittlung.* München: Reinhard Fischer.
Feldenkirchen, Markus (2011): „Der Störfall", in: *Der Spiegel* 31 v. 01.08.2011, 20–22.
Fley, Matthias (1997): *Talkshows im deutschen Fernsehen. Konzeptionen und Funktionen einer Sendeform.* Bochum: Brockmeyer.
Frei-Borer, Ursula (1991): *Das Clubgespräch im Fernsehen. Eine gesprächslinguistische Un-*

tersuchung zu den Regeln des Gelingens. Bern et al.: Lang.
Garaventa, Andreas (1993): *Showmaster, Gäste und Publikum: Über das Dialogische in Unterhaltungsshows.* Bern et al.: Lang.
Girnth, Heiko (2002): *Sprache und Sprachverwendung in der Politik. Eine Einführung in die linguistische Analyse öffentlich-politischer Kommunikation.* Tübingen: Niemeyer.
Girnth, Heiko/Spiess, Constanze (2006): „Dimensionen öffentlich-politischen Sprachhandelns", in: Girnth, Heiko/Spiess, Constanze (eds.): *Strategien politischer Kommunikation. Pragmatische Analysen.* Berlin: Erich Schmidt, 7–16.
Hermanns, Fritz (1994): *Schlüssel-, Schlag- und Fahnenwörter. Zu Begrifflichkeit und Theorie der lexikalischen ‚politischen Semantik'.* Heidelberg/Mannheim: Arbeiten aus dem Sonderforschungsbereich 245, vol. 81 [unveröff. Forschungsbericht].
Hess-Lüttich, Ernest W.B. (1981): *Grundlagen der Dialoglinguistik.* Berlin: Erich Schmidt.
Hess-Lüttich, Ernest W.B. (1989): „Dialogsorten: Mediengespräche", in: Weigand, Edda/Hundsnurscher, Franz (eds.): *Dialoganalyse II. Referate der 2. Arbeitstagung Bochum 1988.* Tübingen: Niemeyer, 175–190.
Hess-Lüttich, Ernest W.B. (1993/1997): „Schau-Gespräche, Freitagnacht. Dialogsorten öffentlicher Kommunikation und das Exempel einer Talkshow", in: Löffler, Heinrich (1993) (ed.): *Dialoganalyse IV: Referate der 4. Arbeitstagung, Basel 1992*: 161–176; erw. Fassung in: *Zeitschrift für Semiotik* 19.3 (1997), 291–306.
Hess-Lüttich, Ernest W.B. (2007): „(Pseudo-)Argumentation in TV-Debates", in: *Journal of Pragmatics* 39.8, 1360–1370.
Hess-Lüttich, Ernest W.B. (2014): „TV-Gespräche als Medientextsorte ritualisierter Selbstinszenierung", in: Hauser, Stefan/Kleinberger, Ulla/ Roth Kersten, Sven (eds.): *Musterwandel – Sortenwandel. Aktuelle Tendenzen der diachronen Text(sorten)linguistik.* Bern et al.: Lang, 121–155 (= Sprache in Kommunikation und Medien 3).
Holly, Werner (2004): *Fernsehen.* Tübingen: Niemeyer.
Holly, Werner/Kühn, Peter/Püschel, Ulrich (1985): „Nur ‚Bilder' von Diskussionen? Zur visuellen Inszenierung politischer Werbung als Fernsehdiskussion", in: Bentele, Günter/ Hess-Lüttich, Ernest W.B. (eds.): *Zeichengebrauch in Massenmedien. Zum Verhältnis sprachlicher und nichtsprachlicher Informationen in Hörfunk, Film und Fernsehen.* Tübingen: Niemeyer, 240–264.
Holly, Werner/Kühn, Peter/Püschel, Ulrich (1986): *Politische Fernsehdiskussionen. Zur medien-spezifischen Inszenierung von Propaganda als Diskussion.* Tübingen: Niemeyer.
Holly, Werner/Kühn, Peter/Püschel, Ulrich (eds.) (1989): *Redeshows – Fernsehdiskussionen in der Diskussion.* Tübingen: Niemeyer.
Imhof, Kurt (1993): „Lernen von Aussen? Oder: die Betrachtung des Irrationalen als Voraussetzung von Vernunft", in: Imhof, Kurt/Kleger, Heinz/Romano, Gaetano (eds.): *Zwischen Konflikt und Konkordanz.* Zürich: Seismo, 289–356.
Kalverkämper, Hartwig (1979): „Talk Show. Eine Gattung in der Antithese", in: Kreuzer, Helmut/Prümm, Karl (eds.): *Fernsehsendungen und ihre Formen: Typologie, Geschichte und Kritik des Programms in der Bundesrepublik Deutschland.* Stuttgart: Reclam, 406–426.
Kaschura, Kathrin (2005): *Politiker als Prominente. Wie nehmen Fernsehzuschauer Politikerauftritte in Personality-Talks wahr? Eine qualitative Analyse.* Münster: LIT.
Klein, Josef (1989): „Gesprächsregeln in fernsehtypischen Formen politischer Selbstdarstellung", in: Holly, Werner/Kühn, Peter/Püschel, Ulrich (eds.): *Redeshows – Fernsehdiskus-*

sionen in der Diskussion. Tübingen: Niemeyer, 64–92.
Klein, Josef (ed.) (1989): *Politische Semantik. Bedeutungsanalytische und sprachkritische Beiträge zur politischen Sprachverwendung*. Opladen: Westdeutscher Verlag.
Klein, Josef (1991): „Kann man ‚Begriffe besetzen'? Zur linguistischen Differenzierung einer plakativen politischen Metapher", in: Liedtke, Frank/Wengeler, Martin/Böke, Karin (eds.): *Begriffe besetzen. Strategien des Sprachgebrauchs in der Politik*. Opladen: VS-Verlag, 44–69.
Klein, Josef (2006): „Pragmatik und Hermeneutik als Gelingensbedingungen für Politolinguistik", in: Girnth, Heiko/Spiess, Constanze (eds.): *Strategien politischer Kommunikation. Pragmatische Analysen*. Berlin: Erich Schmidt, 17–26.
Kühn, Peter (1995): *Mehrfachadressierung*. Tübingen: Niemeyer.
Lehmbruch, Gerhard (2003): *Verhandlungsdemokratie. Beiträge zur vergleichenden Regierungslehre*, Wiesbaden: Westdeutscher Verlag.
Linke, Angelika (1985): *Gespräche im Fernsehen. Eine diskursanalytische Untersuchung*. Bern et al.: Lang.
Löffler, Heinrich (1984): „Gewinner und Verlierer(-sprache) – Beobachtungen an kontrovers geführten (Fernseh-)Gesprächen", in: Rosengren, Inger (ed.): *Sprache und Pragmatik*. Stockholm: Almqvist och Wiksell, 293–313.
Löffler, Heinrich (1989): „Fernsehgespräche im Vergleich. Gibt es kultur- oder programmspezifische Gesprächsstile?", in: Holly, Werner/Kühn, Peter/Püschel, Ulrich (eds.): *Redeshows – Fernsehdiskussionen in der Diskussion*. Tübingen: Niemeyer, 92–115.
Löffler, Heinrich (ed.) (1993): *Dialoganalyse IV : Referate der 4. Arbeitstagung, Basel 1992*. Tübingen: Niemeyer.
Loppacher, Kathrin (2010): *Politinszenierungen im Vergleich*, unveröff. Ms. Bern.
Lübbe, Hermann (1975) [1967]: „Der Streit um Worte. Sprache und Politik", in: Kaltenbrunner, Gerd-Klaus (ed.): *Sprache und Herrschaft. Die umfunktionierten Wörter*. München: Herder, 87–111.
Luginbühl, Martin (1999): *Gewalt im Gespräch. Verbale Gewalt in politischen Fernsehdiskussionen am Beispiel der „Arena"*. Bern et al.: Lang.
Meyer, Thomas/Ontrup, Rüdiger/Schicha, Christian (2000): *Die Inszenierung des Politischen. Zur Theatralität von Mediendiskursen*. Wiesbaden: Westdeutscher Verlag.
Michel, Sascha/Girnth, Heiko (eds.) (2009): *Polit-Talkshows – Bühnen der Macht. Ein Blick hinter die Kulissen*. Bonn: Bouvier.
Mühlen, Ulrike (1985): *Talk als Show. Eine linguistische Untersuchung der Gesprächsführung in den Talkshows des deutschen Fernsehens*. Frankfurt am Main/Bern/New York: Lang.
Munson, Wayne (1993): *All Talk. The Talkshow in Media Culture*. Philadelphia: Temple University Press.
Nieland, Jörg-Uwe/Kamps, Klaus (2004): „Wo hört der Spaß auf? Einleitung: Politik und Unterhaltung", in: Nieland, Jörg-Uwe/Kamps, Klaus (eds.): *Politikdarstellung und Unterhaltungskultur. Zum Wandel der politischen Kommunikation*. Köln: Herbert von Halem, 9–23.
Petter-Zimmer, Yvonne (1990): *Politische Fernsehdiskussionen und ihre Adressaten*. Tübingen: Narr.
Saner, Urban (2009): *Der Konkordanzbegriff in der schweizerischen Politik. Eine politolinguistische Analyse*. Bern: Liz.phil. [unveröff. Ms.].

Semeria, Stefano (2001): *Talk als Show – Show als Talk. Deutsche und US-amerikanische Daytime Talkshows im Vergleich.* Opladen/Wiesbaden: Westdeutscher Verlag.

Steinbrecher, Martin/Weiske, Michael (1992): *Die Talkshow. 20 Jahre zwischen Klatsch und News. Tips und Hintergründe.* München: Ölschläger.

Tenscher, Jens (2002): „Talkshowisierung als Element moderner Politikvermittlung", in: Tenscher, Jens/Schicha, Christian (eds.): *Talk auf allen Kanälen.* Wiesbaden: Westdeutscher Verlag, 55–72.

Tholen, Georg Christoph (2000): „Selbstbekenntnisse im Fernsehen. Eine neue Variante im panoptischen Diskurs der Kontrollgesellschaft", in: Flach, Sabine/Grisko, Michael (eds.): *Fernsehperspektiven. Aspekte zeitgenössischer Medienkultur.* München: KoPäd, 144–161.

Tholen, Georg Christoph (2001): „Talkshow als Selbstbekenntnis. Zur Diskursanalyse der ‚Affekt-Talks' im Fernsehen", in: Laser, Björn/Venus, Jochen/Filk, Christian (2001): *Die dunkle Seite der Medien. Ängste, Faszinationen, Unfälle.* Frankfurt am Main et al.: Lang, 29–45.

MICHAEL KLEMM

Wenn Politik auf Einspielfilme trifft.
Zur multimodalen Argumentation in der politischen Fernsehdiskussion *Hart aber fair*

1. Einleitung

Vergleicht man heutige „Polit-Talks" mit den eher biederen, hauptsächlich den Parteienproporz wahrenden politischen Diskussionssendungen früherer Jahrzehnte (vgl. Holly/Kühn/Püschel 1985, 1986; Petter-Zimmer 1990; Luginbühl 1998), wird deutlich, wie fundamental sich dieses Genre gewandelt hat und wie viel komplexer die Gesprächsrunden heute strukturiert sind. Besonders komplex ist dabei das Konzept von *Hart aber fair*, vor allem aufgrund eines wesentlichen Gestaltungsmittels: den so genannten „Einspielern".

2. Zum Sendungskonzept von *Hart aber fair*

Die politische Diskussionsrunde *Hart aber fair* mit Moderator Frank Plasberg[1] startete im Dezember 2001 im WDR-Regionalprogramm und wird seit Oktober 2007 im Ersten ausgestrahlt, allerdings von 90 auf 75 Minuten gekürzt und im Detail redaktionell überarbeitet. In der Regel fünf Gäste diskutieren live über aktuelle strittige Themen aus Politik und Gesellschaft, meist im WDR-Studio Köln, ab und zu in Berlin-Adlershof. Im Gegensatz zu den anderen öffentlich-rechtlichen Polit-Diskussionen ist die Sendung nicht nach dem Moderator benannt, was aber nichts an dessen heute üblichen Status als Star auf Augenhöhe mit der Politprominenz ändert. Die Sendung bzw. der Moderator wurden mehrfach ausgezeichnet[2] – insbesondere für die zupackend-kritische Art der Sen-

---

[1] Plasberg ist seit 2005 zusammen mit dem Produzenten und Regisseur Jürgen Schulte Besitzer der „Ansager und Schnipselmann GmbH & Co KG", die *Hart aber fair* produziert. Schulte ist als Cutter verantwortlich für die Gestaltung der Einspielfilme. Allgemeine Informationen zur Sendung findet man unter http://de.wikipedia.org/wiki/Hart_aber_fair.

[2] 2003 mit dem Deutschen Fernsehpreis in der Kategorie „Beste Informationssendung", 2005 mit dem Hanns-Joachim-Friedrichs-Preis für Fernsehjournalismus sowie mit dem Grimme-Preis im Bereich Information und Kultur, 2006 mit dem Bayerischen Fernsehpreis für Plasbergs Moderation und 2008 mit dem Bambi in der Kategorie Moderation.

dungsgestaltung. So lautete 2005 die Begründung der Jury des Grimme-Preises (bezogen auf die damals noch im WDR laufende Sendung) folgendermaßen:

> Keine Worthülsen, sondern Klartext reden, den Politikerjargon aufbrechen und die Gesprächsgäste allgemeinverständlich Farbe bekennen lassen. [...] Durch Filmbeiträge werden die diskutierten Themen vertieft und neue Gesprächsansätze angestoßen, die in der „großen Runde" mit meist fünf Experten diskutiert werden. Plasberg ist der „Mann, der niemals aufgibt", der „Dompteur der Trickreichen", der „Dranbleiber", so das Presseecho auf *Hart, aber fair*. [...] Kurze, prägnante Einspielfilme geben den Diskussionen häufig eine überraschende Wendung: Gäste, die sich gerade in der Rolle des Anklägers gefallen, haben sich nun plötzlich selbst zu erklären. [...] Das durch den Einsatz unterschiedlicher Medien gewonnene Meinungsbild im Publikum bereichert die Diskussion; seine Präsentation trägt zur Lebendigkeit des Formats bei. [...] Hier finden Politik und Bürgerschaft eine fernsehgerechte Plattform für einen sachlichen Austausch. [...] *Hart aber fair* ist informativ und anregend, lebendig und unterhaltsam. Kurz: erstklassiges Fernsehen.

Gelobt wird hier explizit die komplexe Sendungsstruktur, die mit ihren zahlreichen, teils multimedial arrangierten Komponenten über die klassische verbale Diskussion weit hinausgeht. So gibt es ein Eingangsstatement („Stand-up") von Plasberg, die Vorstellung der Diskussionsteilnehmer in Bild und Statement (s. Abb. 1), zahlreiche themenbezogene Video-Einspieler, ein kurzes Gespräch mit Redakteurin Brigitte Büscher über exemplarische Zuschauerreaktionen am Telefon und im Internet-Gästebuch, gelegentlich Gespräche mit einzelnen Gästen oder einem weiterem Studiogast (Experte, Betroffener) als „Monolith-Gast" (Schulte in Gäbler 2011: 138), die auf „Phantasie" angelegte Schlussrunde sowie den „Faktencheck" durch Experten am nächsten Tag im Internet. Anders als bei den sonstigen Polit-Talks sitzt zudem der Moderator den Gästen nicht gegenüber am Tisch oder mit ihnen zusammen in einer Runde, sondern steht der Gästerunde gegenüber an einer Art „Regiepult" und kann aufgrund seiner Mobilität stärker eingreifen (vgl. ausführlich Krotz in diesem Band). Der Kontrast zu den Diskussionsrunden früherer Jahre äußert sich zudem in der „journalistischen Flapsigkeit" (Mohr 2009a), mit denen bei *Hart aber fair* die Sendungstitel formuliert werden.[3]

---

[3] Viele dieser Inszenierungselemente sind nicht neu, sondern wurden bereits in der Frühzeit des „Confrontainment" (dazu z. B. Holly 1993 und 1994) eingesetzt. In Deutschland etwa von 1989 bis 1994 in den damals als „Krawall-Shows" titulierten Diskussionssendungen *Der heiße Stuhl* (RTLplus) und *Einspruch!* (SAT.1) (ausf. dazu Klemm 1996), die wiederum selbst von amerikanischen Talk-Show-Formaten inspiriert waren (vgl. Briller 1989; Foltin 1990; Steinbrecher/Weiske 1992).

Hinzu kommt ein hochgradig multimodales Arrangement durch Kameraoperationen und Bildregie (vgl. dazu auch Holly und Keppler in diesem Band). So erlaubt die Gästevorstellung mit Off-Kommentar und Live-Bild, die Reaktionen der Gäste auf ihre Vorstellung sichtbar zu machen. Auch die systematische Einblendung der (zuhörenden) DiskutantInnen durch die Bildregie bei Statements der Kontrahenten führt zu multimodalen „Überschreibungen" (dazu Holly 2011) des Gesagten, etwa durch zustimmende, protestierende oder spöttische Mimik und Gestik.[4] Kamerafahrten an den Gästen entlang oder hoch übers Publikum (vgl. Abb. 1) und mobile Aufnahmen mit der Steady-Cam erzeugen eine Dynamik der Bilder, die jene der Diskussion unterstreichen soll (vgl. Lauerbach in diesem Band). Häufig geschaltete Inserts mit dem Sendungsthema und der Aufforderung zum Anrufen unterstreichen zudem, wie wichtig der Redaktion die (Inszenierung von) Zuschauerbeteiligung ist.

Plasberg selbst bekennt sich in Interviews stets zum auch unterhaltungsorientierten Charakter seiner Sendung (vgl. auch Gäbler 2011: 135):[5]

> Es geht darum, auch komplizierte Themen so aufzubereiten, dass man zwischendurch darüber lachen kann und sich unterhalten fühlt. [...] Ich möchte in meiner eigenen Sendung keine Pro-Seminar-Stimmung aufkommen lassen, auch ich möchte mich gerne mal unterhalten. (Planet Interview 2007)

Trotz manch boulevardesker Anwandlungen definiert er seine Diskussionsrunde aber als journalistische Sendung.[6] Erkennbar wird dies auch im (von einer gewissen Selbstüberschätzung geprägten) Claim „Wenn Politik auf Wirklichkeit trifft" – hiermit warb man lange auf der Internetseite der Sendung und in den Programmtrailern vor der jeweiligen Ausgabe.[7] Es geht der Redaktion somit um

---

[4] Laut Plasberg (in Gäbler 2011: 135) freue es die Redaktion, „eine gute Kontroverse in Ton und Bild passend zu zeigen: eine besondere Mimik, eine spontane, emotionale Reaktion".

[5] Auffallend ist in diesem Zusammenhang, dass Plasberg in etlichen Sendungen oder Interviews sowohl mit seinem abgebrochenen Studium (vgl. u. a. Fußnote 18) als auch mit seiner Rolle als „Oberlehrer" kokettiert, wenn er etwa „schwätzende" Gäste zur Ordnung ruft.

[6] Plasberg selbst bei der Pressekonferenz zum Start im Ersten zur Konkurrenz mit *Anne Will*: „Es gibt eine klare Aufgabenteilung, am Sonntag kommt der politische Salon, am Mittwoch [heute: Montag, MK] die etwas schwerere journalistische Sendung. Deren Moderator dafür nicht halb so gut aussieht" (zitiert nach Ziegler 2007).

[7] Wie wichtig Plasberg diese Selbststilisierung ist, zeigt sich auch im Titel seines Buches, das 2007 bei Kiepenheuer & Witsch erschienen ist: „Der Inlandskorrespondent – Wenn Politik auf Wirklichkeit trifft". Vgl. dazu auch Schulte in Gäbler (2011: 136).

(die Inszenierung von) Realitätsnähe, um hohe Glaubwürdigkeit, um „Fakten", auf die immer wieder während der Sendungen rekurriert wird – insbesondere durch die Einspieler, in denen diese „Fakten" anschaulich und unterhaltsam vermittelt werden sollen, um die Diskussion zuzuspitzen, „wenn man jemanden hart bespielt, mit Fragen, mit Filmen […]" (Plasberg in Planet Interview 2007).

Plasberg erfüllt geradezu prototypisch die Anforderungen an einen Moderator im „Confrontainment", der gleichermaßen als Organisator, Präsentator, Provokateur und Unterhalter agieren muss (vgl. ausf. Klemm 1996). Wie bei allen Diskussionssendungen (vgl. dazu schon Kotthoff 1993) ist es seine zentrale Aufgabe, die Gäste genau in die von der Redaktion zuvor festgelegte Position zu manövrieren, damit ein Streitgespräch garantiert ist.[8] Plasberg nutzt dabei das ganze Arsenal an Fragetechniken eines kritischen Moderators, wie es seinerzeit auch beim *Heißen Stuhl* und bei *Einspruch!* eingesetzt wurde (vgl. Klemm 1996; Holly/Schwitalla 1995). Die Fragen werden redaktionell intensiv vorbereitet, einige bis in Detail vorformuliert (vgl. Plasberg in Planet Interview 2007 und Gäbler 2011). Insbesondere aber die vorproduzierten Einspielfilme fungieren als zentrales Steuerungsinstrument,[9] das je nach Situation flexibel eingesetzt werden kann, zum Informieren, zum Erklären von Hintergründen, zum Konfrontieren, zum Zuspitzen, aber auch zum Auflockern. Die Einspieler sind das markanteste Stilmittel, mit dem sich *Hart aber fair* seit Beginn von der Konkurrenz unterscheidet.[10] Plasberg selbst bezeichnete sie als

---

[8] Zu dieser Positionierung der Gäste und deren Auswirkung aufs Moderatorenhandeln äußerte sich Plasberg folgendermaßen: „Aber wenn Sie jede Woche Stunden damit verbringen, zu überlegen, wer sich für welche Position wie eignet – es geht in der Sendung ja nicht darum, daß (sic) da fünf Namen sitzen, sondern die Beteiligten müssen auch ihr Rollenfach beherrschen, sonst gibt es keine Diskussion –, führt dies automatisch dazu, daß (sic) Sie Menschen rasch beurteilen" (*Frankfurter Allgemeine Zeitung* 2006). Detaillierte Informationen zur redaktionellen Vorbereitung der Sendung kann man dem Interview mit Plasberg und Schulz in Gäbler (2011) entnehmen.

[9] Vgl. dazu Schulte in Gäbler (2011: 137): „Die Struktur [der Sendung] ergibt sich aus der Reihenfolge, in der wir die Einspielfilme planen."

[10] Auch die anderen ModeratorInnen in ARD und ZDF setzen inzwischen Einspieler während ihren Diskussionsrunden ein, aber bei weitem nicht so häufig und vielgestaltig wie Plasberg. Maybrit Illner integrierte zwischenzeitlich sogar Zuschauerfragen, die in einem eigenen Kanal der Sendung auf YouTube hochgeladen werden konnten, und propagierte dies als innovatives Konzept zur Verknüpfung von Fernsehen und Web 2.0.

unsere Mehrwert-Teile, die kleinen Einspielfilme, die meine Fragen wie mit einem Turbolader aufladen und schärfer machen. Ich kann per Touchscreen selbst entscheiden, wann etwas eingespielt wird, das ist für den Moderator eines Polit-Talks einzigartig im deutschen Fernsehen. Nur die bloße Möglichkeit, dass ich einen Film starten könnte, schärft schon die Wahrheitsliebe mancher Gesprächspartner (*Spiegel online* 2005).

Die Einspieler haben dieselbe Funktion wie Fragen, können aber komplexe Sachverhalte multimodal aufbereiten und sind attraktiver gestaltbar als die bloße verbale Formulierung. Sie unterbrechen dafür allerdings den Gesprächsfluss und engen die spontane Gesprächsdynamik ein, da sie ja irgendwann auch eingespielt werden sollten angesichts ihrer teils aufwändigen Produktion.

3. Struktur, Funktion und Typologie der Einspieler

Die Einspielfilme bei *Hart aber fair* sind einerseits durch eine große Variabilität in Funktion, Länge und Gestaltung gekennzeichnet, andererseits durch ein recht strenges Corporate Design, das schon durch die symmetrische Rahmung der Clips mittels eines Play-Symbols am Anfang (auch der gesamten Sendung) und eines Eject-Symbols am Ende, jeweils gekoppelt mit akustischen Trennern, manifestiert wird. Auch darüber hinaus weisen die Einspieler eine spezifische Ästhetik und ritualisierte Muster multimodaler Zeichenkombinationen auf. Der prototypische Einspielfilm besteht aus Tafeln mit großen Schriftzügen, klassisch in Weiß auf Schwarz oder manchmal vor rotem Hintergrund, und einfach gestalteten Grafiken und Animationen, ergänzt durch aus dem Off betextete Archivaufnahmen in langen Einstellungen mit weichen Überblendungen, oft sogar in Slowmotion, musikalisch unterlegt mit der Melodie des Lieds „Cups" des britischen Elektronik-Duos *Underworld* – eine multimodale Inszenierung von Sachlichkeit, Seriosität, aufklärender Didaktik (vgl. auch Eisentraut 2007: 94). Dazu passt, dass die Einspieler sehr oft wortlastig in Schrift und gesprochener Sprache sind: Eine stets identische Frauen- und/oder Männerstimme liest die verschrifteten Zitate vor und kommentiert in ruhigem Sprechtempo aus dem Off. Hinzu kommen sprachliche Formeln wie „Wir haben da mal eine Frage", „Wir haben Ihr Prinzip verstanden" oder „Können wir heute aus Ihrem Munde hören …".

Die betont dezente optisch-akustische Gestaltung steht freilich im Kontrast zur oft ironisch-hämischen Modalisierung. Die verbale Argumentation wird multimodal „transkribiert" (vgl. Holly 2011) durch spöttische Prosodie[11] oder lockere Lexik (wenn z. B. Manager Klaus Zumwinkel als „Mister Megaclever" bezeichnet wird), visuell durch verfremdete Bilder und auditiv durch Musik.

Abb. 1: Blick ins Studio; Plasberg steuert die Einspieler per Touchscreen; Typisches Einspieler-Element

Der typische, ja rituelle ästhetische Rahmen wird inhaltlich und funktional mit sehr unterschiedlichen Bausteinen gefüllt, so dass sich insgesamt ein heterogenes Bild der Einspieler ergibt. Nur die Anzahl bleibt konstant: 12 bis 15 Einspieler werden pro Sendung vorbereitet, von denen in der Regel 9 oder 10 gesendet werden. Die Einspieler im Analysekorpus[12] könnte man wie folgt typologisieren, freilich ohne Anspruch auf Vollständigkeit und Trennschärfe der Kategorien:

– **Veranschaulichen**: Ergebnisse von Studien sowie Statistiken werden multimodal aufbereitet (durch Informationsgrafiken und Animationen).

– **Zitieren**: Einzelne relevante Aussagen zum Thema aus der Presse oder aus Studien, von Experten oder Betroffenen, werden schriftlich und mündlich vorgetragen, evtl. verbunden mit einer abschließenden Frage an einen Studiogast.

---

[11] Diese Art der stimmlichen Inszenierung führt gelegentlich zur Kritik der Studiogäste an den Einspielern, zum Beispiel in der Sendung vom 12. Dezember 2007 durch Hans-Werner Sinn (bezogen auf einen Einspieler zum Fall Kleinfeld/Siemens): „Ich habe kein Verständnis für den Bericht über Herrn Kleinfeld. Schon allein, wie die Sprecherin ihren Tonfall gewählt hat, das halte ich für außerordentlich tendenziös und nicht sachlich." Plasberg reagierte ironisch („Sehr schön, dass wir hier Toninterpretationen machen") und ging auf die Kritik nicht ein, sondern kündigte den nächsten Einspieler mit einer spitzen Bemerkung zu Sinn an: „Sie achten vielleicht mehr auf den Ton, andere achten mehr auf die Fakten."

[12] Die vorliegende Analyse bezieht sich auf ein Stichproben-Korpus von insgesamt 13 Ausgaben zwischen Dezember 2007 und März 2012, bei denen die Anzahl der vorbereiteten (d. h. auf dem Touchscreen von Plasberg sichtbaren) und gesendeten Einspieler erstaunlich konstant blieb. Die Angaben decken sich auch mit der Analyse von Eisentraut (2007: 92).

- **Presseschau**: Zusammenstellung von Lob und Kritik zu einem Thema oder Studiogast (z. B. Pressekommentare, Expertenmeinungen), oft als Stakkato an Fakten, Zahlen und Zitaten präsentiert.

- **Pro und Contra gegenüberstellen**: Argumente für oder gegen eine These werden recht plakativ gegenübergestellt, an Beispielen illustriert, in Zahlen gefasst.

- **Gesicht geben**: Abstrakte Probleme wie z. B. Steuern oder Energiepreise werden an einem konkreten Fall, zum Beispiel einer von Armut bedrohten Durchschnittsfamilie konkretisiert.

- **Konfrontieren**: Ein Studiogast wird mit einem konkreten persönlichen Schicksal konfrontiert, z. B. ein Manager mit einem Mitarbeiter, ein Politiker mit einem Bürger, der manchmal auch im Studio ist („Was sagen Sie Herrn X, Frau Y?").

- **Widerlegen**: Die Aussage eines Studiogasts wird zitiert und mit Studienergebnissen und Statistiken widerlegt, er danach zur Stellungnahme aufgefordert.

- **Inkonsistenzen aufzeigen und bloßstellen**: Die frühere Aussage eines Studiogastes wird mit seinem aktuellen Sprechen und Handeln kontrastiert, um Inkonsistenzen in der Argumentation aufzuzeigen, seine Glaubwürdigkeit anzugreifen und ihn zur Rechtfertigung zu zwingen. (So wurde der damalige Ministerpräsident von Baden-Württemberg, Oettinger, in einer Diskussion zum Thema „Bildung" mit seiner früheren Aussage, Lehrer seien „faule Hunde", konfrontiert und kompromittiert.)

- **Provozieren und suggerieren**: Informationen zum Thema werden gebündelt aufgeführt und münden in eine Frage an einen Studiogast, teilweise verbunden mit Antwortvorgaben a-c. Oder ein konkreter Gast wird mit einer Aussage/Frage konfrontiert und zugleich eine Antwort darauf suggeriert, meist verbunden mit formelhaften Versatzstücken („Uns ist da was aufgefallen" oder „Herr X, können wir heute aus Ihrem Munde hören: ...").

- **Vorannahmen widerlegen**: Mutmaßlich überraschende Studienergebnisse werden präsentiert, um Vorurteile der Zuschauer zu hinterfragen und Denkanstöße zu geben (verbunden mit der Formel „Sie denken vielleicht, ...").

- **Zwei Wahrheiten zeigen**: Mit der Formel „Wahr ist:"/„Wahr ist aber auch:" werden zwei verschiedene Betrachtungen/Statistiken/Studien zu einem Phänomen gegenübergestellt, die die Komplexität und Schwierigkeit des Problems veranschaulichen.

- **Volkes Stimme artikulieren**: In Straßenumfragen wird ein Stimmungsbild eingeholt oder aber die Bereitschaft der Bevölkerung für bestimmte Maßnahmen getestet.

- **Negatives Fallbeispiel**: Zur Verdeutlichung von Problemen und von Skandalösem wird eine Person oder Gruppe porträtiert, ein markantes Ereignis rekonstruiert (z. B. öffentlich diskutiertes Fehlverhalten von Politikern oder Managern).

- **Positives Fallbeispiel**: Personen oder Gruppen werden als Vorbilder portraitiert, um Vorurteile zu konterkarieren (z. B. geläuterte Straftäter, gut integrierte Migranten).

- **Reportage Büscher**: Redakteurin Brigitte Büscher schildert in einer klassischen Vor-Ort-Kurzreportage einen exemplarischen Einzelfall.

- **Damals und heute**: Ein aktueller Sachverhalt wird durch einen historischen Rückblick (z. B. mit Archivaufnahmen, früheren Umfragen, statistischen Entwicklungen) relativiert, etwa um den Stillstand von Reformen oder Ansichten aufzuzeigen.

- **Theorie und „wahres Leben"**: wissenschaftliche Annahmen, politische Vorhaben oder gesellschaftlich verbreitete Einstellungen werden mit dem „wahren Leben" konfrontiert, um Paradoxien aufzuzeigen (z. B. falsche Effekte von Reformen).

- **Märchenstunde**: Eine Episode aus dem „Hart-aber-fair-Märchenbuch" wird in märchentypisch antiquierter Diktion und erkennbarer Ironie rezitiert (z. B. im Juni 2011 beim Thema „Energiewende"), eventuell auch mit einer ernsten abschließenden Expertenmeinung (damals vom Chef der Bundesnetzagentur) kontrastiert.

- **Reality-TV**: Schauspieler inszenieren im Alltag provozierende Szenen, um die Reaktion der Mitbürger zu testen (z. B. gewalttätige Übergriffe in der U-Bahn).

- **Programm-Import**: Ein Ausschnitt aus einer thematisch passenden ARD-Dokumentation wird gezeigt, die manchmal unmittelbar vor der Diskussionssendung ausgestrahlt wurde (vor allem bei einem ARD-Themenabend oder einer Themenwoche). Oder Filme aus YouTube und anderen sozialen Netzwerken werden präsentiert, etwa ein „Lehrer-Mobbing-Video" oder Guido Westerwelles persönliche „Neujahrsansprache" als damaliger Oppositionsführer.

- **Schmankerl**: Eine unterhaltsame Episode/Anekdote aus dem Leben eines Studiogasts wird präsentiert, bevorzugt am Ende der Sendung vor der „Schlussrunde".

Schon diese gewiss nicht vollständige Auflistung zeigt, wie unterschiedlich die Einspielfilme – mal keine 30 Sekunden, mal drei Minuten lang – inhaltlich und funktional strukturiert sind. Manche Erklärstücke (z. B. wie die Finanzkrise entstand) könnten auch in der *Sendung mit der Maus* Verwendung finden, andere Einspieler hingegen einem Satireformat entstammen, wenn mit verfremdeten Bildern und Fotomontagen (z. B. eine als Weihnachtsmann verkleidete Kanzlerin Merkel, die Wahlgeschenke verteilt) oder einer offen ironischen, polemischen bis hämischen Interaktionsmodalität (etwa beim genüsslichen Präsentieren eines „Faux pas" oder kompromittierenden Zitats) ein Studiogast provoziert wird. Die Redaktion ist sich der Wirkung ihrer Einspieler bewusst,[13] sie sind ihr zentrales strategisches Instrument für die Steuerung der Diskussion.

Zentrale Sprachhandlungen der Einspieler sind: Hintergrundinformationen und Studienergebnisse zum Thema bereitstellen, abstrakte Zusammenhänge erklären und veranschaulichen bzw. durch persönliche Schicksale konkretisieren, Betroffene zu Wort kommen lassen und Volkes Stimme repräsentieren. Vor al-

---

[13] So bekannte Plasberg im Gespräch mit Planet Interview (2007) bezogen auf die Einspielfilme: „Teilweise grenzt es an Belehrung, was wir da machen".

lem aber geht es darum, die Diskussion anzuheizen und die Studiogäste aus der Reserve zu locken, indem deren Behauptungen durch Statistiken widerlegt oder durch Zitate Widersprüche im Handeln und Sprechen aufgezeigt werden. Dabei macht die Redaktion auch nicht vor populistischen Gegenüberstellungen halt, die auch zum Inventar der *BILD*-Redaktion gehören – wenn man etwa zeigt, wie der Staat mit Milliarden an Steuergeldern die *IKB Deutsche Industriebank* rettet und deren verantwortlicher Vorstand pro Monat 34.000 Euro Rente erhält.

Populistische Politikerhäme zeigte sich auch bei einem Einspieler zu Barack Obama in der Sendung vom 5. November 2008: Wie auch tags darauf Maybrit Illner konnte es die *Hart aber fair*-Redaktion nach der US-Wahl nicht lassen, in Videoeinspielern Bilder der Obama-Kampagne gegen vermeintliche deutsche Wahlkampftristesse zu schneiden (vgl. Abb. 2): Hier ein eloquenter, smarter, charismatischer Martin Luther King-Epigone, dort ein heiser bellender Provinzfestredner Steinmeier, hier das patriotische Fahnenmeer Zigtausender, dort eine mit steifen SPD-Ortsverbands-Vertretern halb gefüllte Stadthalle, hier „Born in the USA" und Lightshow, dort das tapfer falsch gesungene Steigerlied, hier enthusiastische, tränenüberströmte Anhänger, die sektengleich „Yes we can" intonieren, dort ein gelangweiltes Publikum aus ehemaliger Politprominenz und Rentnern. Glamour meets Biederkeit. Rekordwahlbeteiligung (auch wenn es nur 64,1 Prozent waren) gegen tiefe Verdrossenheit, Lebensfreude gegen deutschen Mief, Zukunftsglaube und Patriotismus gegen immerwährenden Pessimismus. Was ist da schon eine von den USA ausgehende weltweite Finanzkrise, ein Irak- und Afghanistan-Desaster, ein marodes Gesundheitssystem, eine galoppierende Armut, eine klimabedrohende Energieverschwendung gegen die Ankunft des Messias – auch wenn dieser noch nicht einmal im Amt gewesen ist, geschweige denn auch nur auf eines dieser Probleme eine Antwort hatte.

Einen noch fragwürdigeren Exzess bot die Sendung vom 7. Januar 2009 zum Thema „Weihnachten verlängert! Wem nutzen die Berliner Geldgeschenke?", in der mit Kauder, Struck, Westerwelle und Gysi die Partei- bzw. Fraktionsvorsitzenden fast aller im Bundestag vertretenen Parteien über das „Finanzpaket" der Großen Koalition gegen die Wirtschaftskrise diskutierten. Hier bat Plasberg Westerwelle aus der Runde heraus zum separaten Gespräch, nachdem er ihm per Einspieler sein Horoskop präsentiert hatte. Anschließend ließ er per Computeranimation (vgl. Abb. 2) einen 73-jährigen Westerwelle simulieren (mit 73 wurde Adenauer erstmals Kanzler). Politklamauk, der mit dem Thema „Wirtschaftskrise und Finanzpaket" gar nichts mehr zu tun hatte und auch dem „Guidomobil"-erprobten, inzwischen sich aber als Staatsmann inszenierenden damaligen FDP-Chef und Oppositionsführer zu viel wurde („lassen Sie das doch mal!").[14]

Abb 2: Messias Obama: Yes we can vs. Steigerlied/Der künstlich gealterte Westerwelle

Es wäre freilich „hart aber unfair", wenn man solche klamaukhaften Einspieler als prototypisch für die Diskussionsrunde auffassen würde. Die Mehrzahl an Einspielern argumentiert ernsthaft, wenn auch unterhaltsam zugespitzt. Ein Einspieler stellt in diesem Sinne ein multimodales „Komprimat" dar, wie etwa auch Programmtrailer oder thematische Abschnitte in Jahresrückblicken (vgl. Klemm/ Michel 2014; Klemm 2012). In verdichteter Argumentation und einer meist schnellen Abfolge von Sprache-Bild-Ton-Komplexen werden Diskurspositionen und -fragmente präsentiert – oft in scharfer Abgrenzung zueinander. So kontrastierte die Redaktion z. B. beim Thema „Energiewende" durch abwechselnd montierte Aufnahmen den wütenden Anti-Atom-Protest in Gorleben mit dem Jubel in Villar de Canas, einem spanischen Dorf, das als Atommüllendlager ausgewählt wurde. Einerseits eine Anekdote vergnüglicher Absurdität, andererseits zeigt diese aber durchaus, wie unterschiedlich in Europa mit der Atomenergie umgegangen wird, und hinterfragte die neuerdings konsensuelle deutsche Diskursposition, auch wenn in einem solchen Einspieler zwangsläufig kein Platz ist, um die faktischen Hintergründe dieser Diskrepanzen zu beleuchten.

---

[14] *Spiegel online*-Kolumnist Reinhard Mohr (2009) kommentierte die Sendung folgendermaßen: „Die geladene Polit-Prominenz hielt ein Schwätzchen, während Frank Plasberg einen Tanz ums goldene Ich aufführte. [...] Mit solch albernen Spielchen, mit Mätzchen und einstudierten Gimmicks rettet man jedenfalls weder die Konjunktur noch eine Talkshow, der es mehr um die eigene Dramaturgie und Selbstinszenierung zu gehen scheint als um die Sache. So verkehrten sich die Verhältnisse. Was Journalisten sonst den Politikern vorwerfen, betreiben sie durchaus gerne selbst: den Tanz ums goldene Ich."

4. Ein Fallbeispiel: Roland Koch, der „Praxistest" in der U-Bahn, die Burka, der Wal und die Ausländerkriminalität

Im Folgenden möchte ich ein Fallbeispiel analysieren, um die Rolle der Einspieler im Kontext einer kompletten Sendung zu betrachten. Es handelt sich dabei um die Diskussion vom 9. Januar 2008 mit dem „krawalligen" (Bäcker 2008) Titel „Jung, brutal und nicht von hier – was ist dran am Streit um Ausländergewalt?" Diese Sendung sorgte für bundesweite publizistische Aufmerksamkeit,[15] insbesondere durch das Auftreten von Hessens damaligem Ministerpräsidenten Roland Koch, der – nach dem Überfall eines griechischen und eines türkischen Jugendlichen in der Münchener U-Bahn auf einen 76-jährigen Deutschen – mitten im Landtagswahlkampf mit dem Thema „Jugendkriminalität von Ausländern" auf Stimmenfang ging und dafür überwiegend scharf kritisiert wurde. Die Brisanz des Themas äußerte sich auch darin, dass – laut Redakteurin Büscher in der Sendung – sich „viermal mehr Zuschauer als sonst" via Telefon und Gästebuch gemeldet hätten.[16]

Eingeladen waren (vgl. Abb. 3) neben CDU-Politiker Roland Koch die damalige Bundesjustizministerin Brigitte Zypries (SPD), der Berliner Grünen-Politiker Öczan Mutlu, der Sozialpädagoge und Leiter eines Jugendhilfezentrums Hans Scholten und der aus Berlin stammende Vorsitzende des Bundes Deutscher Kriminalbeamter Rolf Kaßauer. Zudem wurde gegen Ende der Sendung der türkische Jugendliche Alaatin Keymak als „Monolith-Gast" zu seiner Abkehr von Gewalt befragt. Die Sendung dauerte 74 Minuten, die zehn präsentierten Einspieler hatten eine Gesamtlänge von dreizehneinhalb Minuten. Hinzu kamen das Einstiegs-Statement des Moderators (80 Sekunden), die Vorstellungsrunde der Gäste (1 Minute), das Zuschauerfeedback mit Brigitte Büscher

---

[15] Exemplarisch dafür stehen die Artikel von Jakobs (2008) in der *Süddeutschen Zeitung*, Buß (2008) in *Spiegel online*, Bäcker (2008) in der *Berliner Zeitung* sowie ein Agenturbericht von AFP, der unter anderem in der *Rheinischen Post* (2008) veröffentlicht wurde.

[16] Allein im Zeitraum vom Sendungsschluss um 23 Uhr bis 13 Uhr am folgenden Tag trugen sich rund 1.000 Zuschauer ins Gästebuch der Sendung ein – ausgedruckt entspricht dies einem Umfang von 242 Seiten. Die Meinungen waren äußerst kontrovers, es dominierten aber kritische Stimmen zur Ausländerkriminalität. Koch wurde für seinen „Tabubruch" ebenso gelobt wie für seinen unverantwortlichen Populismus angegriffen. Viele deutsche Zuschauer schilderten Erlebnisse mit Ausländern, positive wie vor allem negative.

(150 Sekunden), das Einzelgespräch mit dem türkischen Jugendlichen (6 Minuten) sowie die Schlussrunde (80 Sekunden), so dass insgesamt deutlich weniger als 50 Minuten für die eigentliche (recht zerstückelte) Diskussion unter den fünf geladenen Gästen blieb – was den sendungsüblichen Proportionen entspricht.

Abb. 3: Vorstellung der Diskutanten; auf Plasbergs Touchscreen sind 13 Einspieler zu erkennen

Die zehn Einspielfilme waren folgendermaßen konzipiert und wurden vom Moderator so eingeleitet bzw. kommentiert und strategisch genutzt:

- **Einspieler 1** (nach 00:59, Länge: 35 Sekunden, Typ: **Gesicht geben**): Das Opfer des Überfalls in der Münchner U-Bahn, Bruno N., beschreibt den Vorfall und seine schweren Verletzungen. Plasberg kommentiert dies mit „Und dann haben sie ihn auch noch ‚Scheiß Deutscher' genannt" und leitet die Vorstellungsrunde ein.
- **Einspieler 2** (nach 10:07, Länge: 3 Minuten 5 Sekunden, Typ: **Reality-TV**): Plasberg konstatiert, dass gute Themen solche seien, die „aus der Lebenswirklichkeit" kämen, und zitiert Kanzlerin Merkel, es könne nicht sein, dass man in Deutschland Angst habe, die U-Bahn zu benutzen. Er kündigt einen „Praxistest" an: „Wir haben rüpeln lassen in einer U-Bahn in Nordrhein-Westfalen". Zwei Schauspielerschüler (einer von vietnamesischer Abstammung, ein Übersiedler aus Kasachstan) provozieren in der U-Bahn mit dröhnender Musik und Schuhe auf den Sitzen, streiten laut, werden mit versteckter Kamera gefilmt. Frage aus dem Off: „Trauen sich die Fahrgäste, die beiden Nervensägen anzusprechen oder schweigen sie aus Angst vor Gewalt?" Eine Reporterin befragt danach ältere Fahrgäste. Fazit aus dem Off: „Unsere beiden jugendlichen Schauspieler terrorisieren die Menschen. Die Mehrheit schweigt – und leidet." Ältere Passagiere schildern ihre Angst: „Um nich wat auf die Nase zu kriegen, is man lieber still." Nachfrage: „Hätten Sie sich vor 50 Jahren auch so benommen in der U-Bahn?" „Nee, da hätt man uns in den Arsch getreten und aus der Bahn rausgeschmissen." Plasberg schließt die Frage an: „Frau Zypries, was würden Sie älteren Menschen sagen, wenn Sie Ihnen in der U-Bahn begegnen? Wann sind Sie zuletzt U-Bahn gefahren?" Zypries entgegnet, sie fahre regelmäßig in Berlin U-Bahn ohne Bodyguards und würde Älteren raten, den Wagen zu wechseln.

- **Einspieler 3** (nach 16:55, Dauer: 1 Minute 25 Sekunden, Typ: **Zwei Wahrheiten**): Plasberg unterbricht Kaßauer, „bevor hier das Zahlenhickhack losgeht [...] ist immer besser, wenn man das mit Grafik aufbereiten kann", kündigt ein „Grundzahlengerüst" an, auf dem man diskutieren könne, „dann haben wir das einmal erledigt". Schrifttafeln: „Wahr ist: jugendliche Straftaten bei Mord und Totschlag sind in zehn Jahren um 30 Prozent gesunken", Raub um 21 Prozent, „Wahr ist aber auch:" Anstieg bei schwerer Körperverletzung um 58 %, „Wir fragen uns: Wer sind diese Täter?", Schrift unterlegt mit Prügelszenen: Intensivtäterdatei in Berlin erfasse 502 jungen Täter, 80 Prozent mit Migrationshintergrund. Plasberg kommentiert die Zahlen nicht und fragt Kaßauer: „Sind diese Jugendlichen für die Polizei noch erreichbar?"

- **Einspieler 4** (nach 23:20, Dauer: 1 Minute 24 Sekunden, Typ: **Konfrontieren**): Plasberg würgt einen Streit zwischen Mutlu und Koch über soziale Hintergründe der Straftaten ab („Wir reden jetzt über die Debattenkultur") und fragt „War es ein rotgrüner Reflex, Frau Zypries, Zahlen zu verschweigen? [...] Ich möchte Sie nicht vorführen, Frau Zypries, deswegen möchte ich jetzt einen kleinen Einspieler zeigen." Nach einer Intervention von Zypries spricht Plasberg von einer „möglichen Schweigespirale" und fragt Zypries erneut provokativ, „ob es tatsächlich sozial erwünscht war, in Ihren Kreisen darüber zu reden". Geschildert wird der Fall des Berliner Oberstaatsanwalts Roman Reusch, der aufgrund eines *SPIEGEL*-Interviews, aus dem zitiert wird, einen Maulkorb erhalten habe, weil er für Knast plädiere und – als „Praktiker" – Migranten als Problemgruppe benenne. *Hart aber fair* habe ihn schon einmal einladen wollen, „auch heute", was aber durch dessen Vorgesetzten verboten worden sei: „Jugendkriminalität ist Chefsache und außerdem vertritt Herr Reusch nicht meine Linie". Zitiert werden die Reaktionen von *BILD* („TV-Verbot für Deutschlands mutigsten Staatsanwalt") und *FAZ* („Hart aber unfair"). Plasberg fragt Zypries anschließend: „Wie finden Sie den Umgang mit diesem Staatsanwalt?", woraufhin diese den „Maulkorb" als normalen Vorgang nach Beamtenrecht einstuft.

- **Einspieler 5** (nach 28:47, Dauer: 1 Minute 25 Sekunden, Typ: **Volkes Stimme artikulieren und Vorannahmen widerlegen**): Plasberg insistiert weiter auf der „Debattenkultur" und „was man in diesem Land sagen darf oder besser nicht sagen sollte". Er konfrontiert Koch mit dem Begriff „schweigende Mehrheit". Schrifttafel Zitat Koch: „Ich bin der akzeptierte Sprecher einer schweigenden Mehrheit von Deutschen." Off-Kommentar: „Wir haben die schweigende Mehrheit gefragt, ob sie die derzeit möglichen Höchststrafen für junge Täter kennt." Eine Passantenbefragung in der U-Bahn zeigt die Unkenntnis über die Höchststrafen für mehrfach „schweres Prügeln" (5 Jahre) und 18jährige Mörder (15 Jahre). Plasberg schließt an: „Herr Koch, erschreckt Sie das, wie ahnungslos eine schweigende Mehrheit sein kann?" Koch entgegnet, dass man von Bürgern nicht erwarten könne, dass sie das Strafgesetzbuch kennen, und erklärt sich anschließend, indem er den Einspieler „Praxistest" als Realität deklariert, zum Anwalt der Bevölkerung. Plasberg konfrontiert ihn daraufhin mit einem Screenshot von der Website des NPD-Vorsitzenden Udo Voigt, der sich „Stimme der schweigenden Mehrheit" nennt, und fragt provokativ: „Fischt der jetzt in Ihrem Teich oder fischen Sie in seinem?" Koch entgegnet, dass man Radikalen nicht das Feld überlassen dürfe.

- **Einspieler 6** (nach 38:18, Dauer: 1 Minute 40 Sekunden, Typ: **Konfrontieren**): Plasberg leitet zum Thema Verfahrensdauer über und warnt Koch „ich sag mal, freuense sich nich auf Hessen", woraufhin dieser entgegnet: „Kenn ich schon." Der Einspieler konstatiert, dass im Bund 4.000 Richter fehlten und Hessen mit 4,1 Monaten Verfahrensdauer bei leichten Jugenddelikten und 8 Monaten bei schweren Verbrechen an letzter Stelle in Deutschland stehe. Zitiert wird der Vorsitzende des Hessischen Richterbundes, der 30 % mehr Jugendrichter für erforderlich halte. Plasberg schließt mit einer – gewiss redaktionell vorbereiteten – bissigen Frage an Koch an: „Darf man als großer Mahner, Aufklärer, Forderer auftreten, wenn man seine Hausaufgaben so schlecht gemacht hat?" Hier ist das Ziel offenkundig, den Studiogast zu „stellen", ihn mit unangenehmen Fakten in die Enge zu treiben und vorzuführen. Koch entgegnet kleinlaut „Das ist eine der wirklich großen Herausforderungen", präsentiert aber anschließend eigene, relativierende Zahlen – auch er war gut vorbereitet.

- **Einspieler 7** (nach 42:37, Dauer: 1 Minute 40 Sekunden, Typ: **Konfrontieren und Inkonsistenzen aufzeigen**): Die „Sache mit dem Burka-Verbot" – auf diesen Einspielfilm gehe ich unten exemplarisch im Detail ein.

- **Einspieler 8** (nach 52:02, Dauer: 34 Sekunden, Typ: **Konfrontieren**): Plasberg greift aus dem Zuschauerfeedback die Diskussion um härtere Strafen für kriminelle Jugendliche auf und führt den Berliner Innensenator und Sozialdemokraten Erhard Körting als Stimme in der Debatte ums Jugend- oder Erwachsenenstrafrecht an. Körting wird im Einspieler mit Passagen aus einem Focus-Interview zitiert: Richter seien „zu große Gutmenschen" und die Psyche des Opfers sei etlichen Richtern „scheißegal". Plasberg fragt anschließend Körtings Parteifreundin Zypries, ob diese Richterschelte angebracht sei. Diese stellt aber klar, dass sie Körtings Äußerungen nicht für richtig halte. Sie kenne keinen Richter, dem das Opfer „scheißegal" sei.

- **Einspieler 9** (nach 57:32, Dauer: 51 Sekunden, Typ: **Positives Fallbeispiel**): Der früher gewalttätige türkische Jugendliche Alaatin Keymak wird porträtiert – als Beispiel für ‚Jungs, die es geschafft haben' und eine durch Sport und Pädagogik mögliche Läuterung. Anschließend interviewt Plasberg Keymak im Studio.

- **Einspieler 10** (nach 66:56, Dauer: 1 Minute 20 Sekunden, Typ: **Veranschaulichen**): Plasberg kommt auf die Ursachen jugendlicher Gewalt zu sprechen und präsentiert eine Studie des Kriminologischen Forschungsinstituts Niedersachsen, die zeigt, dass türkische und deutsche Jugendliche (Realschüler der 9. Klasse) bei vergleichbarem Bildungsstand und sozialem Milieu praktisch identische Straftathäufigkeiten aufweisen. Der Projektleiter Prof. Pfeifer folgert daraus, dass nicht Nation, sondern Bildung und soziales Umfeld entscheidend für Gewaltbereitschaft seien, und fordert: Schafft die Hauptschulen ab! Plasberg konfrontiert Koch mit dieser Studie („das beeindruckt sie doch auch, Herr Koch"). Koch weicht aber anschließend – unsanktioniert von Plasberg – aus und lobt lieber seine vorgeblich strenge und innovative Integrations- und Sprachförderpolitik.

Diese Übersicht zeigt, wie vielfältig die Einspieler einer einzigen Sendung sein können, dass aber doch die konfrontativen Clips dominieren, mit denen ein Studiogast über Zitate und Zahlen argumentativ in die Enge und zur Rechtfertigung getrieben werden soll. Mehrfach versucht Plasberg Koch oder Zypries auf diese Art und mit „geladenen Fragen" (vgl. Bucher 1993) bloßzustellen und aus der Reserve zu locken – was ihm bei diesen gut vorbereiteten Polit-Profis aber letztlich nie richtig gelingt, zumal er bei selektiven Antworten nicht nachhakt. Besonders deutlich wird der Effekt eines Films als Diskussionsbremse bei Einspieler 4: Gerade, als sich Koch und Mutlu über die sozialen Ursachen der Jugendkriminalität streiten – ein Kernaspekt für eine sachbetonte Debatte – geht Plasberg dazwischen, um weiter auf seinem Thema „Debattenkultur" herumzureiten. Diese vorgebliche Enttabuisierung des Zusammenhangs von Jugendkriminalität und ethnischer Herkunft/Migration schürt vor allem Ressentiments und dient mehr der Selbstinszenierung als tabubrechende Diskussionssendung denn der Sache. Bezeichnend, dass der Einspieler zur Relativierung ethnisch bedingter Gründe und der Bedeutung der Lebensumstände erst als allerletzter gezeigt wird, als die Diskussion schon so gut wie zu Ende ist. Plasberg hätte diesen Einspieler jederzeit bringen und damit die Diskussion auf ein ganz anderes Feld steuern können, bevorzugt aber das Zünden vorbereiteter Pointen und Provokationen rund um die Ausländerproblematik. Selbst die „phantasievolle" Schlussrunde („Bei wem in dieser Runde bedanken Sie sich – und wofür?"), für die die Ursachendiskussion schnell wieder „abgewürgt" wird, ist offenbar wichtiger.

Die Sendung kam in der Pressekritik insgesamt schlecht weg und dabei wurden auch die Einspieler angesprochen: So kritisierte Buß (2008) in *Spiegel online*, „dass das Plasberg-Team mit einigen Einspielern in boulevardeske Untiefen geriet" und „Krawall-Infotainment à la *Akte 08*" inszeniert habe. Im Zentrum der Schelte stand der inszenierte Streit in der U-Bahn: „So machen übel beleumdete Privatsender auch gerne Fernsehen", befand Bäcker (2008) in der *Berliner Zeitung*. „Polemische Einspielfilme und süffisante Bemerkungen Plasbergs trugen da nicht wirklich zur Wahrheitsfindung bei." Ähnlich vernichtend beurteilte Jakobs (2008) in der *Süddeutschen Zeitung* das „Reality TV" und „Lockvogel-Fernsehen" der Redaktion. Gelobt wurde nur der Verweis auf den NPD-Slogan „Stimme der schweigenden Mehrheit". Dies lege kurz und bündig offen, wie gefährlich sich Koch an der Grenze der Demagogie bewege (vgl. Buß 2008).

Abschließend möchte ich an der Detailanalyse des siebten Einspielers zeigen, wie ein provozierender Clip typischerweise aufgebaut ist – und warum er gerade nicht „ausschließlich dazu [dient], den Diskurs in der Sendung voranzutreiben" (Schulte in Gäbler 2011: 142). Vor dem Einspieler hebt Plasberg zum Rundumschlag gegen Kochs Glaubwürdigkeit an und zeigt sich als kritischer Journalist. Er zitiert „eine *Stern*-Umfrage, nach der zwei Drittel der Deutschen sagen, dass Roland Koch dieses Thema aus wahltaktischen Gründen nach oben zieht" und erinnert an die Unterschriftenaktion 1999 gegen die doppelte Staatsbürgerschaft („weil das Thema ja regelmäßig von Ihnen entdeckt wird, wenn Wahlen kommen"), bevor er mit erkennbarer Vorfreude zum Einspieler überleitet: „Und im aktuellen Wahlkampf gibt es ja auch noch die Sache mit der Burka." Im Einspieler (s. Transkript Abb. 4) wird Koch aus einem *Focus*-Interview mit der Titelzeile „Burka-Verbot an Schulen" zitiert: „Ein voll verschleiertes Mädchen kann nicht gleichberechtigt am Unterricht teilnehmen. Es wird massiv an der Entfaltung seiner Persönlichkeit behindert. [...] Auch darum werden wir uns in der nächsten Legislaturperiode kümmern." Solche visuell hervorgehobenen und verlesenen Pressezitate gehören zum Standardrepertoire der Einspieler.

Im Off-Kommentar des Einspielers wird nun – unterlegt durch leise Musik und Bilder aus einer Schulklasse in Slowmotion – unverhohlen ironisch („dumm nur") festgestellt, dass es überhaupt keine Burka tragende Schülerin an hessischen Schulen gebe, so dass Kochs Vorstoß als populistische Phantom-Debatte entlarvt wird („Herr Koch, wir haben Ihr Prinzip verstanden: Gerne mal ein Gesetz auf Vorrat."). Auch die schwarz-weißen Schrifttafeln mit ironisierter direkter Ansprache an einen Studiogast sind typisch für die Einspieler.

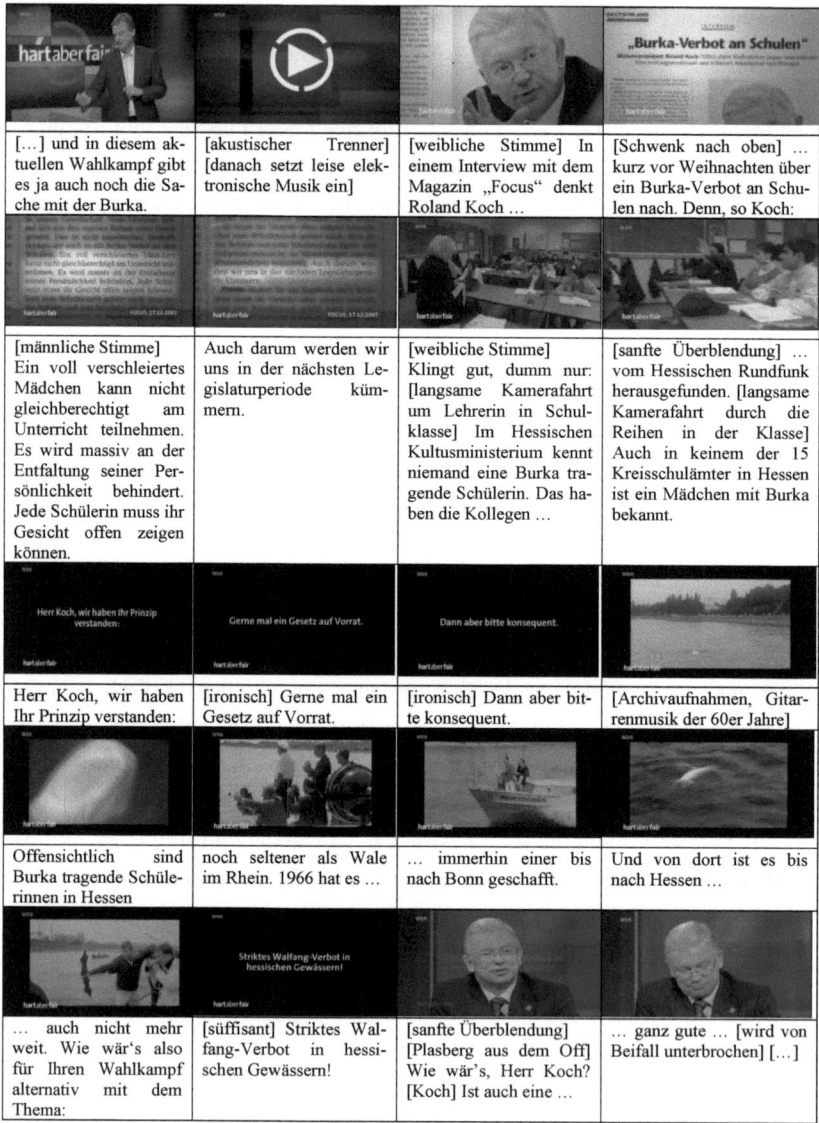

Abb. 4: Transkript des Einspielers „Die Sache mit der Burka"

Die Redaktion übersteigert die Kritik nun allerdings parodistisch, indem sie schwarz-weiße Archivaufnahmen von einem 1966 im Rhein verirrten Wal mit

Gitarrenmusik der 60er Jahre unterlegt und betextet: „Offensichtlich sind Burka tragende Schülerinnen in Hessen noch seltener als Wale im Rhein". Der absurde Exkurs endet im spöttischen „Vorschlag" eines neuen Wahlkampfslogans für Koch: „Striktes Walfangverbot in hessischen Gewässern!" Die berechtigte Kritik an Kochs unsinniger populistischer Forderung wird durch die komödiantische Wendung und das multimodale „Aufpeppen" trivialisiert. Plasberg, der vor dem Einspieler den hessischen Ministerpräsidenten ernsthaft attackiert hatte, hat zwar die Lacher auf seiner Seite, lässt aber dann eine ausschweifende und ausweichende Antwort Kochs durchgehen, an deren Ende dieser seine Position festigen darf:

> Ist auch eine ganz gute (Pause wegen Beifalls) auch eine ganz gute Gelegenheit, über den Zusammenhang zu sprechen, in dem diese Diskussion stattfand. [...] Und ich glaube, dass Politiker eine Verantwortung haben, die Grenzen zu ziehen, bevor Probleme auftreten und zwar reale Probleme, das Wal-Problem ist ein liebes, aber das, was wir dort haben, dass sehr viele Menschen in diese Situation kommen, dass wir immer mehr Burka-Trägerinnen in Deutschland haben, die wir vor zehn Jahren nicht hatten, legitimiert aus meiner Sicht Politik, frühzeitig zu sagen, wo wir die Grenzen sehen. Weil, wenn die ersten kommen und wir sie aus dem Unterricht nicht ausschließen dürfen, weil der Staat das Gesetz nicht gemacht hat, dann fragt wieder jeder, warum hat der Staat kein Gesetz gemacht. Und deshalb habe ich darüber diskutiert und halte das für völlig richtig, wir werden das in der nächsten Legislaturperiode diskutieren, es bleibt dabei.

Einzig Mutlu kritisiert Koch („Sie spalten die Gesellschaft und das ist unser Problem."), Plasberg hält sich aus der weiteren Diskussion der „Sache mit der Burka" völlig heraus – der Punkt auf dem Unterhaltungskonto ist ja gemacht. Zur ernsthaften Klärung der Probleme kultureller Ausgrenzung – von deutscher wie ausländischer Seite – trägt ein solcher Einspieler somit wenig bei, er bleibt im Klamauk und im Scheingefecht stecken, er diskreditiert Koch, ohne inhaltlich Substanz hervorzubringen. Durchaus verständlich, dass der Sozialpädagoge Scholten, als täglich mit realen Problemen Betroffener, diese „Debattenkultur" „zum Kotzen" findet, in der es mehr um die Selbstinszenierung der Redaktion und um Wale im Rhein als um seine Projekte oder die Ursachen von Jugendkriminalität geht. Insofern ist es nicht einmal ironisch, wenn sich Wa(h)lkämpfer Koch am Schluss der Sendung bei Plasberg bedankt, dass er „dem Thema [und ihm selbst, MK] eine solche Plattform verschafft hat" (vgl. auch Jakobs 2008).

5. Schluss: Einspieler ja, aber bitte die richtigen

Einspielfilme sind neben anderen Elementen ein typisches Symptom zunehmender Multimodalität in politischen Talkshows. Nur „Talking Heads" zu zeigen, reicht schon lange nicht mehr, was man auch am immer größeren Einfluss der Bildregie und der Kameraoperationen sehen kann (vgl. Holly in diesem Band). Bei *Hart aber fair* sind die Einspielfilme das zentrale Stilmittel und Steuerungsinstrument, das je nach Situation flexibel eingesetzt werden kann: diskussionsorientiert zum Konfrontieren und argumentativen Zuspitzen mit Zahlen und Zitaten, zuschauerorientiert zum Erklären von Sachverhalten und Hintergründen, aber auch zum Auflockern und Unterhalten. Gut gemacht und gut platziert können sie hilfreiche Impulse sein, um eine Diskussion durch recherchierte Daten zu fundieren, eine um sich selbst kreisende Diskussion mit neuen Perspektiven zu beleben oder allzu selbstgefälligen Gästen den Spiegel vorzuhalten.

Im ungünstigen Fall blockiert ein Einspieler hingegen eine wirkliche Diskussion, um redaktionell vorab verfestigte Diskurspositionen anbringen und erwartete Reaktionen provozieren zu können, ob sie nun noch passen oder nicht.[17] In jedem Falle dokumentiert und verschärft die Fülle an vorfabrizierten Einspielern die Inszeniertheit der Debatte. Die zahlreichen Nebenschauplätze bei *Hart aber fair* erfordern zudem unzählige organisatorische Handlungen, neben der Anmoderation der Einspieler z. B. den wiederholten Hinweis auf das Gästebuch und den „Faktencheck" oder das mitunter brachiale Einleiten der Schlussrunde. Resultat ist ein extrem hoher Moderationsanteil auf Kosten einer eigendynamischen Diskussion, so dass Plasberg als „Zeremonienmeister" und „Oberlehrer" im Zentrum der Sendung steht und sein striktes redaktionell verfasstes „Dreh-

---

[17] Vgl. dazu das Statement von Plasberg im Interview mit Gäbler (2011: 135): „Die Sendung ist zum einen gelungen, wenn eintritt, was wir geplant haben. Das ist unser erstes, internes Kriterium. Aber es gibt auch Sendungen, die anders gelaufen sind, als wir sie planten, und prima waren. Gelungen ist eine Sendung zum anderen, wenn sie – so nennen wir das immer – ‚magische Talkshow-Momente' hatte. […] Oft ist man auch zufrieden, wenn die erwartete Reaktion – sei es auf einen Einspieler oder auf eine gut vorbereitete Frage – eintritt" (137). Zur Konstruktion redaktioneller Erwartungen vgl. Schulte (Gäbler 2011: 140): „Zu jedem Film gibt es außer dem Filmtext noch eine Seite Informationen für den Moderator. Da steht auch, wie welcher Gast mutmaßlich auf den Film reagieren wird."

buch" (vgl. Gäbler 2011) nur ungern fallen lässt: Spontaneität schadet eher dem durchgeplanten Gesamtkonzept. Diskussionsfördernde Einspieler konfrontieren einen Gast schlicht mit unangenehmen Fakten und Zitaten; sie erlauben dem Moderator substanzielle Kritik und immunisieren diese zugleich, um seine Rolle als neutraler Organisator zu wahren (vgl. Klemm 1996). Einspieler vom Typus **Gesicht geben** konkretisieren abstrakte Sachverhalte in nachvollziehbaren Schicksalen und fördern konkrete, lebensnahe Debatten. Häufig dominiert aber der Hang zum Klamauk und zum allzu extensiven Infotainment im Boulevardformat – mit Westerwelles Horoskop oder den randalierenden Schauspielern in der U-Bahn als bizarren Auswüchsen. Auch das ewig gleiche und nichtssagende Vorführen der Unkenntnis von Passanten trägt selten zum Diskussionsfortschritt bei. Ein stures Festhalten an solchen Einspielern lähmt eher die Eigendynamik, führt zu thematischen Brüchen, auch zu unnützer Kommunikation,[18] – die durch Einspieler vorbereiteten Effekte sind der Redaktion offenbar wichtiger als eine freie Diskussion, was wenig Vertrauen in die rhetorische und inhaltliche Qualität der Gäste offenbart. Einspieler verleihen dem Moderator freilich mehr Macht, er wird vom biederen Gesprächsleiter im Hintergrund zum eigentlichen Star der Sendung, auch wenn Plasberg dies beharrlich dementiert (vgl. Plasberg in Gäbler 2011: 136).

Spiegel online-Kolumnist Reinhard Mohr (2009b) sieht in Einspielfilmen

> jene wuchernde Plage, die wie die Algenpest in der Bretagne derzeit im deutschen Fernsehen um sich greift: Eine nicht abreißende Kette von ‚Einspielern', die stets ausführlich ‚anmoderiert' werden müssen, Straßenumfragen, Betroffenengespräche, Zuschauerfragen per Webcam oder SMS und anderer Schnickschnack. Auf diese Weise wird jedes Gespräch, in dem auch einmal verschiedene Argumentationslinien samt ihrer Widersprüche intellektuell verfolgt werden könnten, systematisch unterbrochen.

---

[18] Wie wichtig dem Moderator mitunter das Durchsetzen seines Fahrplans und der Einspieler ist, zeigt ein Disput mit dem Wirtschaftsprofessor Hans-Werner Sinn in der Sendung vom 12. Dezember 2007 über das Thema Managergehälter. Sinn: „Aber lassen Sie mich noch was zum Thema Zumwinkel sagen, weil es auf die deutsche Debatte hier ein interessantes Licht wirft." / Plasberg: „Herr Herr Professor" / Sinn: „Lassen Sie mich doch das mal sagen" / Plasberg: „Ich verspreche Ihnen, schaun se mal" / Sinn: „Warum darf ich das denn nicht sagen?" / Plasberg: „Kann ich Ihnen gleich sagen, weil ich auch einen Plan im Kopf habe. Sie sind doch auch en Didaktiker, wenn Sie ne Vorlesung machen, dann haben Sie doch auch nen Clou am Schluss oder in der Mitte, so machen wir das auch. Ich versprech's Ihnen." / Sinn: „Und Sie halten die Vorlesung." / Plasberg: „Ich halte keine Vorlesung, ich hab nich mal en abgeschlossenes Studium Herr Professor, wie soll ich dann ne Vorlesung halten?"

Man muss diese Radikalkritik nicht teilen, aber auch bei Einspielern wäre weniger mehr: weniger Boulevard, mehr Sachinformation und Investigatives; gezielte Impulse zur Diskussionsförderung und Veranschaulichung ja, selbstverliebte Komik-Elemente nein. Einspieler sollten die verbale Diskussion mit ihren multimodalen Möglichkeiten ergänzen, aber nicht verdrängen, zumal ihre journalistisch-kritische Funktion zunehmend verpufft. Die Studiogäste, insbesondere die Politprofis, haben sich auf die Einspieler eingestellt und Gegenstrategien entwickelt. Zur Selbstdarstellung moderner Politiker (dazu allgemein Klemm 2007, 2011) gehört inzwischen auch, solche Einspieler in Diskussionen schlagfertig zu parieren oder aber diese moralisch anzugreifen (s. – ausgerechnet – Westerwelles Kritik an der übertriebenen Entpolitisierung). Meist aber machen sie – wie das Fallbeispiel Koch zeigt – einfach gute Miene zum bösen Spiel und retten sich durch routinierte selektive Antworten aus der Bredouille, wenn der Moderator nicht nachhakt. Letztlich findet man auch, wenn Politik auf Einspielfilme trifft, eine implizite Kollaboration zwischen Politik und Journalismus im politischen Sprachspiel, eine Kooperation durch (Schein-)Konfrontation, durch die wechselseitige Stilisierung als kämpferische Diskutanten (vgl. schon Klemm 1996).[19] Mit der propagierten „Wirklichkeit" hat das wenig zu tun, allenfalls mit einer höchst artifiziellen und fernsehgerechten.[20] Schließlich will Plasberg seine von allen Polit-Talkshows umworbene Polit-Prominenz ja schon bald wieder im Kampf um die Quote in der Runde begrüßen.

Literatur

Bäcker, Marcus (2008): „‚Wurde der gar nicht gebrieft?' Was für eine Debattenkultur: Plasbergs Talk über Ausländer", in: *Berliner Zeitung*, 11. Januar 2008.
Briller, Bert (1989): „A New Television Battleground", in: *Television Quarterly*, Vol. 24, 67–77.
Bucher, Hans-Jürgen (1993): „Geladene Fragen. Zur Dialogdynamik in Fernsehinterviews mit Politikern", in: Löffler, Heinrich/Weigand, Edda (eds.): *Dialoganalyse IV. Referate der 4. Arbeitstagung in Basel 1992*. Tübingen: Niemeyer, 97–107.

---

[19] Zur Reflexion der aktuellen Polit-Talkshows durch Politiker, Journalisten, Experten und andere häufige Studiogäste vgl. die Artikel in Michel/Girnth (2009).
[20] Vgl. dazu auch Gäbler (2011: 2): „Sie wollen die Wirklichkeit in die TV-Studios holen – stets aber muss sie so sein, dass sie auch in die geplante Dramaturgie passt. Die meisten Talkshows sind inzwischen eingefahren in weitgehend ritualisierte Abläufe."

Buß, Christian (2008): „Voll verschleierte Gewaltdebatte. Roland Koch bei ‚Hart aber fair'", in: *Spiegel online*, URL: www.spiegel.de/kultur/gesellschaft/0,1518,527767,00.html (letzter Zugriff: 28.12.2012).

Eisentraut, Steffen (2007): *Polit-Talk als Form demokratischer Öffentlichkeit?* Sabine Christiansen *und* Hart aber fair *im Vergleich*. Münster: Tectum.

Foltin, Hans-Friedrich (1990): „Zur Entwicklung der Talkshow in den USA", in: *Media Perspektiven* 8/1990, 477-487.

Frankfurter Allgemeine Zeitung (2006): „Mir fehlt ein Gen fürs Milde". Frank Plasberg im Interview mit Felicitas von Lovenberg, in: *Frankfurter Allgemeine Zeitung*, 9. Juni 2006, Nr. 132, Seite 52.

Gäbler, Bernd (2011): *„… und unseren täglichen Talk gib uns heute". Inszenierungsstrategien, redaktionelle Dramaturgien und Rolle der TV-Polit-Talkshows*. Frankfurt am Main: Otto-Brenner-Stiftung (OBS-Arbeitsheft 68).

Holly, Werner (1993): „Zur Inszenierung von Konfrontation in politischen Fernsehinterviews", in: Grewenig, Adi (ed.): *Inszenierte Information. Politik und strategische Kommunikation in den Medien*. Opladen: Westdeutscher Verlag, 164–197.

Holly, Werner (1994): „Confrontainment. Politik als Schaukampf im Fernsehen", in: Bosshart, Louis/Hoffmann-Riem, Wolfgang (eds.): *Medienlust und Mediennutz. Unterhaltung als öffentliche Kommunikation*. München: Ölschläger, 422–434.

Holly, Werner (2011): „Bildüberschreibungen. Wie Sprechtexte Nachrichtenfilme lesbar machen (und umgekehrt)", in: Diekmannshenke, Hajo/Klemm, Michael/Stöckl, Hartmut (eds.): *Bildlinguistik. Theorien – Methoden – Fallbeispiele*. Berlin: Schmidt, 233–253.

Holly, Werner/ Kühn, Peter/Püschel, Ulrich (1985): „Nur ‚Bilder' von Diskussionen? Zur visuellen Inszenierung politischer Werbung als Fernsehdiskussion.", in: Bentele, Günther/ Hess-Lüttich, Ernest W.B. (eds.): *Zeichengebrauch in Massenmedien*. Tübingen: Niemeyer, 240–264.

Holly, Werner/Kühn, Peter/Püschel, Ulrich (1986): *Politische Fernsehdiskussionen. Zur medienspezifischen Inszenierung von Propaganda als Diskussion*. Tübingen: Niemeyer.

Holly, Werner/Schwitalla, Johannes (1995): „‚Explosiv – Der heiße Stuhl'. Streitkultur im kommerziellen Fernsehen", in: Müller-Doohm, Stefan/Neumann-Braun, Klaus (eds.): *Kulturinszenierungen*. Frankfurt am Main: Suhrkamp, 59–88.

Jakobs, Hans-Jürgen (2008): „Kleinholz zur besten Sendezeit", in: *Süddeutsche Zeitung online*, 10. Januar 2008, URL: www.sueddeutsche.de/politik/751/318624/text (letzter Zugriff: 28.12.2012).

Klemm, Michael (1996): „Streiten ‚wie im wahren Leben'? ‚Der heiße Stuhl' und ‚Einspruch!' im Kontext der Personalisierung und Emotionalisierung des Fernsehprogramms", in: Biere, Bernd Ulrich/Hoberg, Rudolf (eds.): *Mündlichkeit und Schriftlichkeit im Fernsehen*. Tübingen: Narr, 135–162.

Klemm, Michael (2007): „Der Politiker als Privatmensch und Staatsperson. Wie Spitzenpolitiker auf persönlichen Websites in Text und Bild ihre Images konstruieren (wollen)", in: Habscheid, Stephan/Klemm, Michael (eds.): *Sprachhandeln und Medienstrukturen in der politischen Kommunikation*. Tübingen: Niemeyer, 145–175.

Klemm, Michael (2011): „Bilder der Macht. Wie sich Spitzenpolitiker visuell inszenieren (lassen) – eine bildpragmatische Analyse", in: Diekmannshenke, Hajo/Klemm, Michael/ Stöckl, Hartmut (eds.): *Bildlinguistik. Theorien – Methoden – Fallbeispiele*. Berlin: Schmidt, 187–209.

Klemm, Michael (2012): „Verstehen und Verständigung aus medienwissenschaftlicher Sicht: Von der nationalen Brille zur transkulturellen Perspektive?", in: Yousefi, Hamid Reza/Fischer, Klaus (eds.): *Verstehen und Verständigung in einer veränderten Welt. Theorie – Probleme – Perspektiven.* Wiesbaden: Springer VS, 41–53.

Klemm, Michael/Michel, Sascha (2014): „Medienkulturlinguistik. Plädoyer für eine holistische Analyse von (multimodaler) Medienkommunikation", in: Benitt, Nora et al. (eds.): *Korpus – Kommunikation – Kultur: Ansätze und Konzepte einer kulturwissenschaftlichen Linguistik.* Trier: Wissenschaftlicher Verlag (WVT), 183–215.

Kotthoff, Helga (1993): „‚Du Trottel, warum hast Du denn sowas nicht im Club gesagt?' Fernsehdiskussionen, Kontextforschung und Intertextualität", in: Holly, Werner/Püschel, Ulrich (eds.): *Medienrezeption als Aneignung. Methoden und Perspektiven qualitativer Medienforschung.* Opladen: Westdeutscher Verlag, 173–192.

Luginbühl, Martin (1999): *Gewalt im Gespräch: Verbale Gewalt in politischen Fernsehdiskussionen am Beispiel der ‚Arena'.* Bern: Lang.

Michel, Sascha/Girnth, Heiko (eds.) (2009): *Polit-Talkshows – Bühnen der Macht. Ein Blick hinter die Kulissen.* Bonn: Bouvier.

Mohr, Reinhard (2009a): „Horoskop für Guido, Horror für die Zuschauer. Krisentalk bei ‚Hart aber fair'", in: *Spiegel online*, 10. Januar 2009, URL: www.spiegel.de/kultur/gesellschaft/0,1518,600062,00.html (letzter Zugriff: 28.12.2012).

Mohr, Reinhard (2009b): „Gitarren für das Volk", in: *Spiegel online*, 27. August 2009, URL: http://www.spiegel.de/kultur/tv/0,1518,645223,00.html (letzter Zugriff: 28.12.2012).

Petter-Zimmer, Yvonne (1990): *Politische Fernsehdiskussionen und ihre Adressaten.* Tübingen: Niemeyer.

Planet Interview (2007): „Unterhaltung und Anspruch schließen einander nicht aus", in: *Planet Interview* (Plasberg befragt v. Tobias Goltz/Ingmar Bertram), 29. Oktober 2007, URL: www.planet-interview.de/frank-plasberg-29102007.html (letzter Zugriff: 28.12.2012).

Rheinische Post (2008): „Debatte um Jugendkriminalität: Roland Koch rudert zurück", in: *Rheinische Post* vom 11. Januar 2008, URL: http://www.rp-online.de/politik/deutschland/roland-koch-rudert-zurueck-1.2307766 (letzter Zugriff: 28.12.2012).

Segler, Daland (2007): „Der Gesinnungs-Gallier", in: Weichert, Stephan/Zabel, Christian (eds.): *Die Alpha-Journalisten. Deutschlands Wortführer im Porträt.* Köln: Halem, 290–297.

Spiegel online (2005): „Jeder Moderator ist eitel" (Plasberg im Interview mit Andreas Kötter), in: *Spiegel online*, URL: www.spiegel.de/kultur/gesellschaft/0,1518,348537,00.html (letzter Zugriff: 28.12.2012).

Steinbrecher, Michael/Weiske, Martin (1992): *Die Talkshow. 20 Jahre zwischen Klatsch und News.* München: UVK.

Ziegler, Hartmut (2007): „Die weibliche Ader. Am 24. Oktober wandert Frank Plasberg mit seinem Polittalk ins Erste. Ändern will er sich nicht", in: *Berliner Zeitung*, 27. September 2007.

II. AUDIOVISUELLE TRANSKRIPTIVITÄT

WERNER HOLLY

Bildinszenierung in Talkshows.
Medienlinguistische Anmerkungen zu einer Form von „Bild-Sprach-Transkription"

> Zum Andenken
> an Ulrich Püschel

1. Sprache und Visuelles in Talkshows

Als wir in den 80er Jahren politische Fernsehdiskussionen analysierten (Holly/Kühn/Püschel 1986), waren wir noch weit davon entfernt, Sprache und Visuelles integriert zu behandeln, d. h. als einen gemeinsamen „multimodalen und multikodalen" oder „intermedialen" Bedeutungskomplex. Überhaupt fühlten wir uns damals als Linguisten noch nicht wirklich dafür zuständig und dazu in der Lage, Bilder einzubeziehen. Dennoch haben wir in einem angefügten allgemein gehaltenen Schlusskapitel Visuelles thematisiert, und zwar dreierlei:

a. räumliches Arrangement, Setting, Design, Szenerie

b. Personen mit körperlicher Performanz (Körpersprache): Mimik, Gestik, Kinesik, Proxemik

c. Kamera-Inszenierung: Einstellungen in Abfolgen (durch Umschnitt), Inserts

Alle drei Formen der visuellen Inszenierung spielen in Talkshows eine nicht unerhebliche Rolle. Räumliches Arrangement und Design (a.) sind Gegenstand sorgfältiger Überlegungen der Produktionsseite, weil sie sich auf den gesamten Kommunikationsprozess auswirken, ebenso wie auf das Image einer Sendung. Die Körpersprache der Mitwirkenden (b.) kann als ein eigenständiges semiotisches System gesehen werden, das – sowohl für Situationen primärer (**Face-to-face-**) als auch für sekundäre (technisch vermittelte) Audiovisualität – ganze Forschungsrichtungen beschäftigt hat (z. B. Argyle 1979; Kendon 2004); inzwischen liegen auch spezielle Untersuchungen zur Körpersprache in Talkshows (z.

B. Weinrich 1992) und neuerdings auch Verknüpfungen mit der ethnomethodologischen Konversationsanalyse vor, letztere allerdings für andere Gattungen (z. B. Goodwin 2001; Schmitt 2007).

Hier soll es nun ausschließlich um den dritten Aspekt (c.), die Kamera-Inszenierung, gehen, welche die beiden anderen Aspekte insofern mit einschließt, als das, was von diesen tatsächlich zu sehen ist, ja davon abhängt, was die Kameraeinstellungen und ihr Umschnitt zeigen. Dennoch werde ich auf die eingebetteten Aspekte nur insoweit eingehen, wie es für die Analyse der Kamera-Inszenierung jeweils erforderlich ist. Dabei kommt es mir besonders auf das Verhältnis von sprachlichen Äußerungen und der technisch-visuellen Darstellung der Protagonisten (und des Publikums) an. Je nach Forschungsausrichtung wird meist das eine oder andere als dominierend angesehen. Einerseits besteht wohl kein Zweifel daran, dass in **Talk**shows als einer Gattung des performativen Fernsehens (Keppler 1994) die Sprache – und zwar in ihrer gesprochenen, mehr oder weniger spontanen Ausprägung – im Zentrum der Bedeutungskonstitution steht; andererseits ist unstrittig, dass im Fern**sehen** das Visuelle eine zwar unauffällige, aber wirkungsmächtige Bedeutsamkeit hat, was sich etwa daran ablesen lässt, dass es in Wahlkampfduellen immer wieder Gegenstand heftig umstrittener Inszenierungsarrangements ist.

In meinem skizzenhaften Versuch soll eben gerade nicht wie bislang üblich die eine (sprachliche) oder andere (bildliche) Seite isoliert oder gar konkurrierend behandelt werden, sondern es soll dem Umstand Rechnung getragen werden, dass es sich – wie bei aller Audiovisualität – um „multikodale und multimodale" Bedeutungskomplexe handelt; im technischen Medium Fernsehen kommt nun „Multiauktorialität" hinzu, da auch die Produzentenseite der Kommunikate ziemlich komplex ausgestaltet ist. Heraus kommen Sendungen mit untereinander vielfach verwobenen Kodes unterschiedlicher Semiose von unterschiedlicher Materialität und Sinnesqualität: vor allem Sprachzeichen und Bildzeichen, die über weite Strecken (prinzipiell) kontrollierbar und manipulierbar sind, aber doch auch symptomhafte, nicht-kontrollierbare Anteile enthalten; die z. T. körperhaft oder körpernah sind (wie gesprochene Sprache und Körpersprache), z. T. aber bis zu einem gewissen Grad auch zu technischen Artefakten werden (durch die Vermittlung und Aufbereitung der Apparaturen). Schließlich sorgt die fernsehtypische Produktionsstruktur dafür, dass die sprechenden und agierenden Protagonisten zwar selbstverantwortlich performieren – und dies mit allen schon alltagsüblichen Risiken der Performanz –, dass aber andere, Ausstatter, Kameraleute, Tontechniker, Regisseure u. a. deren Performanz noch einmal überformen, teilweise „hinter deren Rücken", so dass den Akteuren ein doppeltes Kontrollproblem bleibt. Jedenfalls ist ihnen die „Endredaktion" ihrer Äußerungen entzogen. Aber auch die Macher der Bild- und Toninszenierung haben trotz aller Professionalität keine umfassende Kontrolle, da sie – anders als bei einem fiktionalen Film – nicht vorhersehen und steuern können, was die Akteure tun, und vor allem, was sie sagen. Das Ergebnis ist ein „Phänomen der dritten Art", wie Keller (^{2}1994) solche ungeplanten und unplanbaren Resultanten verschiedener zusammenwirkender Akteure – etwa Trampelpfade oder Verkehrsstaus – nennt.

Der Anteil der Kameraführung am gesamten Inszenierungsprozess sollte nicht unterschätzt werden. Schicha (2002: 216), der sich in einem kurzen Abschnitt mit „nonverbalen Kriterien" der Inszenierung von Talkshows beschäftigt, sieht ihre Aufgabe in der „dramaturgischen" Aufbereitung „subtiler Mechanismen" der „Talkshowregie" und unterscheidet „dramatisierende Funktionen" durch 1. Großaufnahmen, die „affektive Reaktionen" zeigen, und 2. durch die Inszenierung von „Interaktion" bei Adressaten im Bild; schließlich nimmt er 3. eine „kommentierende" Funktion an, wenn bei bestimmten Aussagen eingeblendete Personen mit entsprechenden Positionen identifiziert werden (Schicha 2002: 217). Dem muss man nicht grundsätzlich widersprechen; allerdings sind letztlich alle drei Verfahren kommentierend und dramatisierend und alle drei inszenieren Interaktion.

Hier möchte ich die Funktionen der Kamera-Inszenierung etwas anders strukturieren, indem ich sie als Profilierungen im Rahmen sehr fundamentaler Aufgaben des Kommunizierens ansiedle, auf dem generellen Feld der kommunikativen Organisation einerseits, auf dem ebenso generellen der Identitäts- und Beziehungsgestaltung andererseits. Dabei komme ich zu drei Typen der Profilierung durch die Kamera:

1. Profilierung des thematischen und kommunikativen Verlaufs durch Abwechslung, Gliederung, Strukturierung (Organisation der Makro- und Mikrostruktur)
2. Profilierung der Sprecher(selbst)darstellung durch Überformung der Selbstpräsentation (Gestaltung der Sprecheridentität, Organisation der Mikrostruktur)
3. Profilierung der Äußerungsbedeutungen durch Inszenierung von Beteiligungsrollen (Adressaten, Unterstützer – Gegner) und Verweise auf Kontexte (Personen als **Frame**-Repräsentanten), Gestaltung der Beziehungen zwischen den Protagonisten

Das so entstehende Zusammenspiel technisch-bildlicher mit sprachlichen, körpersprachlichen und räumlichen Zeichen möchte ich als Typen von „Bezugnahmepraktiken" beschreiben, wie sie Ludwig Jäger verschiedentlich (2002, 2004) in seiner Theorie der „Transkriptivität" als prinzipielle Verfahren der Bedeutungsgenerierung modelliert hat. Deshalb werde ich hier zunächst diese Theorie der „Transkriptivität" kurz umreißen (Abschnitt 2), bevor ich dann anhand eines Beispiels die oben unterschiedenen Typen der Kameraprofilierung genauer darstelle (Abschnitte 3–5).

2. „Transkriptivität": Kamerainszenierung als „Transkription"

In verschiedenen Arbeiten hat Ludwig Jäger (2002, 2004 u. a.) im Rahmen allgemeiner semiologischer und medientheoretischer Überlegungen und in bewusst skripturaler Metaphorik dargelegt, dass Bedeutungen ganz grundsätzlich Ergebnisse verschiedener „Transkriptions"-Verfahren der Paraphrase, Explikation, Erläuterung, Kommentierung oder Übersetzung sind, die entweder „intramedial" im selben Modus und Zeichensystem oder „intermedial" in einem anderen Symbol- oder Darstellungssystem Bedeutungen erschließen oder hervorbringen und damit „lesbar" oder „anders lesbar" machen. Dabei wird aus einem „Prätext" oder „Präskript" ein „Skript", welches aber insofern autonom bleibt, als es „Interventionsrechte" im Hinblick auf die Angemessenheit der Transkription behält.

Nach dieser Idee der Transkriptivität lässt sich auch das Zusammenspiel von verbalen und visuellen Komponenten überhaupt, insbesondere aber dessen Inszenierung durch technisch hervorgebrachte Bild- und Einstellungsfolgen von Kameras als ein mehrschichtiger Prozess intermedialer Transkriptionen deuten. Die These lautet: Die Kameraführung in Polit-Talkshows generiert durch die Selektion von Einstellungen und Umschnitten zusätzliche Bedeutungskomponenten, die sprachliche Äußerungen „transkribieren", d. h. überformen, implizit kommentieren und dadurch „anders lesbar" machen.

Der Fokus der Untersuchung liegt hier also darauf, dass die Kamerainszenierung in Talkshows die Sprach- und Körpersprachperformanz, d. h. das verbale, stimmliche und visuelle Agieren der Protagonisten, das sich schon ohne Kameras selbst wechselseitig intermedial transkribiert, noch einmal in einem System technisch erzeugter Bilder überformt und damit für das Fernsehpublikum „anders lesbar macht", wiederum im intermedialen Modus. Ähnliches gilt natürlich auch für die Tonregie, die das Stimmliche „transkribiert", wovon hier aber im Weiteren (aus Gründen einer forschungspraktischen Komplexitätsreduktion) abgesehen werden soll.

Die Mehrschichtigkeit der Transkription sorgt für die kommunikative Raffinesse des gesamten medialen Arrangements, das dem Zuschauer mehrfach gefilterte Botschaften präsentiert. Im Luhmannschen Sinne handelt es sich um die Beobachtung von Beobachtung von Beobachtung – der Zuschauer sieht, wie die Kamera sieht, wie die Akteure etwas sehen oder gesehen haben wollen.

Die Kameraeinstellungen und ihre Montage durch Umschnitt können dabei als kulturelle Praktiken der Bedeutungskonstitution verstanden werden. Es handelt sich aber um ein über weite Strecken implizites, unauffälliges, gleichwohl nicht beliebiges Vorgehen, das der praktischen und hochprofessionellen Erfahrung von Kameraleuten und Regisseuren folgt, dabei aber ohne eine explizite Regelwerk betrieben wird, mehr oder weniger reflektiert. Darin gleicht es durchaus der Praxis von Profis der sprachlichen Kommunikation, die diese nach einem Prozess der differenzierten Sozialisation im Spracherwerb in die Lage versetzt, nach Regeln zu kommunizieren, die sie nicht unbedingt formulieren können, mit dem Unterschied, dass für die Sprache immerhin Jahrtausende alte rhetorische, grammatische und stilistische Versuche bestehen, solche Regeln möglichst detailliert zu erfassen und zu formulieren. Natürlich sind auch Grundzüge und sogar detaillierte Raffinessen der Kamerainszenierung in der Filmwissenschaft theoretisch bearbeitet und beschrieben, insbesondere für die sorgfältige Gestaltung aufwändiger Filmproduktionen, die eine nachträgliche Montage vorsehen (z. B. Monaco ⁴2002); die bildliche „live"-Inszenierung von aktuellen Fernsehformaten wie Talkshows dürfte aber noch stärker auf implizitem, nicht ausformuliertem, gleichwohl sehr gezieltem Regelwissen beruhen.

Brisant ist vor allem, dass so dem Sprecher die alleinige Auktorialität entzogen wird und er die „performative Letztfassung" nicht mehr kontrolliert, sondern sich partiell an Instanzen technischer Medialität ausliefert, die auch nahezu unmerklich auf den Rezipienten wirken. Die beiderseitige – zumindest teilweise – Unkontrollierbarkeit des Kommunikats ist so ein medientheoretisch interessanter Beleg für die seit McLuhan vertretene These von der Eigenmächtigkeit medialer Dispositive, hier speziell für die Wirksamkeit einer technischen Struktur, die hinter dem Rücken übrigens nicht nur der Teilnehmer-Akteure, sondern auch der so genannten „Macher" ihre Eigenlogik entfaltet. Es bleibt allerdings ein Spielraum für die Variation von Perspektivierungen nach kulturellen und medientypischen Mustern, auch wenn ihre Resultate nicht komplett kalkulierbar sind. Beide, die technisch wie kulturell oder institutionell fundierten Muster, d. h. die Sichtweisen der Kamera mit ihren Perspektivierungen, bleiben aber dem Zuschauer in aller Regel „transparent", d. h. nicht sichtbar; sie erscheinen „naturalisiert", wirken aber, selbst wenn wir uns ihrer nicht bewusst werden.

Was es im Einzelnen heißt, dass Sprachäußerungen durch Bilder transkribiert werden, soll nun in drei Schritten an einem Beispiel entfaltet werden, zumal die oben erwähnten generellen Muster der Transkription – Paraphrase, Explikation, Erläuterung, Kommentierung oder Übersetzung – gerade Bezeichnungen für sprachliche Muster sind, deren metaphorische Verwendung für die Funktion von Bildern erst geprüft und entsprechend gedeutet werden muss. Dabei stütze ich mich ausschließlich auf die Interpretation des „Fernsehtexts", bleibe also im Rahmen einer „Produktanalyse". Es erscheint mir aber unbedingt wünschenswert, derartige Interpretationen durch eine komplementäre „Produktionsanalyse", am besten im Stil der **work place studies**, anzureichern, gerade angesichts des erfahrungsgesättigten und nicht nur praktisch wertvollen, aber sicher nicht ganz leicht zu erschließenden professionellen Werkstattwissens der beteiligten Macher.[1]

3. Funktionen der Kamerainszenierung an einem Beispiel

3.1 Das Beispiel: *Maybrit Illner* (ZDF) vom 29. März 2007

Bei der von mir herangezogenen Sendung, von der ich nur exemplarisch wenige Stellen heranziehe, handelt es sich um eine Ausgabe der ZDF-Polit-Talkshow *Maybrit Illner* vom März 2007 mit dem Titel „Lebenslänglich, trotzdem frei: Gnade für die RAF?"; es ging also um die damals aktuelle Frage, ob der Bundespräsident einem Gnadengesuch des noch einsitzenden RAF-Täters Christian Klar stattgeben solle oder nicht.

Das Format läuft seit dem Jahre 1999 (anfänglich unter dem Namen *Berlin Mitte*) jeweils donnerstags in der Regel ab 22.15 Uhr live und gehört zu den wohletablierten Polit-Talkshows, mit denen die öffentlich-rechtlichen Anstalten neben ihren News-Shows und politischen Magazinen ihre Dominanz auf dem Feld der politischen Berichterstattung nach wie vor behaupten.

Die hier untersuchte Ausgabe ist eine von mehreren in diesem Zeitabschnitt zum Thema RAF, das aus Anlass möglicher Haftentlassungen und Begnadigungs-Anträge, wohl auch im Vorfeld eines der medienüblichen „Jubiläen" (40 Jahre seit der Studentenbewegung 1968) damals zu einer gewissen Themenkonjunktur gelangte. Es waren fünf Gäste geladen, die wie üblich in einem Halbkreis auf einem leicht erhöhten ovalen Podium angeordnet sind, wobei Abstelltischchen neben den Sitzen den Blick auf die Protagonisten nicht behindern (s. Abb. 1 von links nach rechts):

---

[1] Eine entsprechende teilnehmende Beobachtung in der Bildregie hat inzwischen stattgefunden und war Gegenstand eines Vortrags an der Universität Essen, das Ergebnis ist aber noch nicht veröffentlicht. Aussagen über Rezeptionsweisen, geschweige denn über Wirkungen bei Zuschauern, sind hier nicht angestrebt. Zur weiteren Interpretation s. auch Holly (2012).

Abb. 1: Sitzordnung der Gäste und Kamerapositionen

Links der Moderatorin zu sehen sind Klaus Bölling, Journalist und ehemaliger Pressesprecher der Regierung von Helmut Schmidt, und Claus Peymann, Regisseur und Intendant des Berliner Ensembles. Rechts von ihr sitzen Roland Koch, ehemaliger CDU-Ministerpräsident des Landes Hessen, Ina Beckurts als Witwe des RAF-Opfers und Siemens-Managers Karl Heinz Beckurts und schließlich Rupert von Plottnitz, der als Jurist RAF-Täter verteidigte und auch einmal Grünen-Justizminister in Hessen war. Aus dieser Konstellation lässt sich schon erkennen, dass potenzielle Befürworter der Themenfrage (Peymann, von Plottnitz) und entschiedene Gegner (Bölling, Koch) sich diagonal gegenübersitzen; außerdem wird das Lager der Gegner durch eine „Betroffene" verstärkt, die damit eine besondere Emotionalität in die Debatte zu bringen verspricht und deshalb (neben Koch) ebenfalls dem vermutlichen Hauptbefürworter Peymann gegenüber platziert ist. Die Sitzordnung folgt so dem üblichen konfrontativen Prinzip, vorhersehbare diagonale Spannungslinien zu legen und so den Kameras Schulterschüsse auf den Gegner zu erlauben, dessen Reaktionen damit wirkungsvoll dem Sprecher gegenübergestellt werden können.

Es sind insgesamt sechs Kameras im Spiel; in Abb. 1 sieht man, wie vier im Halbkreis vor dem Podium sich bewegende Kameras für die Standardbilder der Diskutanten eingesetzt werden können. An der zweiten Kamera von rechts, die für die Moderatorin zuständig ist, erkennt man die Installation des Telerompters, der es ihr erlaubt, vorgefertigte Textelemente flüssig „in die Kamera" aufzusagen, als ob sie spontan formuliert wären. Dazu kommen – hier nicht im Bild – eine Krankamera, die für die großen Eröffnungs- und Gliederungsfahrten geeignet ist, und eine Steadycam, die spezielle Perspektiven und eine gewisse Dynamik zu liefern vermag.

3.2 Profilierung von Makro- und Mikrostruktur: Gliederung, Abwechslung

Eines der zentralen Prinzipien der Kameraführung betrifft die Ebene der Makrostruktur. Die gesamte Sendung ist in bestimmte Subthemen-Blöcke gegliedert, denen Fragerunden entsprechen. Diese Großgliederung wird auch durch entsprechende Kamerabewegungen und Umschnitte markiert, so dass der Zuschauer schon rein optisch wahrnehmen kann, wann ein neuer Abschnitt kommen soll. Dazu gibt es weitere Mittel der Strukturierung: erstens so genannte „Einspieler", also vorproduzierte Filmchen, die einzelne Aspekte informativ und kommentierend thematisieren (vgl. dazu Klemm in diesem Band); zweitens werden von Zeit zu Zeit als Schriftelemente so genannte „Bauchbinden" eingeblendet, die nicht nur Namen, Parteizugehörigkeiten und Funktionen der Teilnehmer, sondern auch ihre inhaltlichen Positionen enthalten, außerdem immer wieder das Thema der Sendung.

Eine solche gliedernde Funktion haben auch die größeren Kamerafahrten, die einen flüchtigen Eindruck vom gesamten Setting und dem Raum überhaupt geben. Es ist, als ob man beim Zuschauen zwischendurch den Blick schweifen ließe, um sich einen Überblick zu verschaffen. Dies lenkt zwar vom Beitrag eines einzelnen ab (s. u.), sorgt aber auch für einen Bezug zum räumlichen und zeitlichen Ganzen. Man löst sich gewissermaßen vom Moment und nimmt auch im übertragenen Sinn die Gesamtstruktur in den Blick. Dennoch kann nicht davon die Rede sein, dass ein echtes Raumgefühl hergestellt würde, da die Bewegungen dramaturgisch, nicht orientierend motiviert sind. Dies ist schon allein wegen der verzerrenden Wirkungen der Weitwinkel-Perspektiven so, wie jeder direkt Anwesende bemerkt.

Darüber hinaus hat der Wechsel von Kameraeinstellungen und -bewegungen (Zooms, Schwenks, Fahrten) fraglos eine mikrostrukturelle Funktion, indem diese ständig für Abwechslung sorgen. Zwar erscheint es selbstverständlich, dass die Kamera den aktuellen Sprecher im Bild zeigt, so dass er (nach Messungen in der ersten Runde der Beispielsendung) zwischen 55 % und 80 % der Zeit allein zu sehen ist; aber zur „Natürlichkeit" der visuellen Aufmerksamkeit für den Sprecher gehört auch, dass die Kamera sich nur eine kurze Zeit ununterbrochen auf eine sprechende Person richtet – wie es auch für **face-to-face**-Situationen gilt, dass die Blickzuwendung nur kurze Zeitspannen umfassen darf. Hier sind die Einstellungen vom jeweiligen Sprecher im Schnitt 9,5 sec lang, die von anderen Teilnehmern etwa 4,7 sec.

Zur Imitation von natürlichem Blickverhalten gehört auch, dass die Kamera auch einzelne Einstellungen kaum unverändert durchhält, sondern durch minimale Zooms und Schwenks nahezu permanent variiert. In dieser gesteigerten Flexibilität und Variabilität der Kamera liegt vielleicht der größte Unterschied zur früheren visuellen Gestaltung solcher Sendungen. Sieht man sie heute, wirken sie durch ihre Starrheit wie Parodien auf ein sterbendes Format; die damaligen Fernsehdiskussionen waren zeitweilig wegen ihrer Ritualisierung, die auch durch die parteipolitische Inbesitznahme des öffentlich-rechtlichen Rundfunks entstanden war, fast lächerlich geworden. Diesem Eindruck hat (zusammen mit andern Mitteln der Auflockerung) auch eine lebendigere Kameraführung in den neuen „Talk"-Sendungen entgegengewirkt.

Oberstes Prinzip ist die Aufrechterhaltung von Spannung durch ständige Reizerneuerung, deshalb werden vor allem „Flauten" in schwachen oder zu langen Beiträgen optisch kompensiert. Zusammenfassend kann man also festhalten, dass eine erste transkriptive Funktion der Kameraarbeit in der Makrogliederung und Mikrodynamisierung durch Umschnitte und Kamerabewegungen besteht.

3.3 Profilierung der Sprecher(selbst)darstellung

Wie schon gesagt, erscheint es selbstverständlich, den jeweiligen Sprecher im Bild zu zeigen. Eine naive Auffassung von Kameraführung beließe es dabei, den Sprecher möglichst unmarkiert abzubilden. Aber wie könnte das aussehen? Dazu würde es bedeuten, sehr lange starre Einstellungen zu produzieren, was dem natürlichen Blickverhalten in keiner Weise entspräche und so einen hochartifiziellen Eindruck erzeugen würde.

Kamera und Bildregie müssen sich also entscheiden, wie und wie lange sie den Sprecher jeweils ins Bild nehmen. So entsteht unweigerlich etwas, was man als visuelle Gestaltung der Sprecherdarstellung deuten muss, eine Art „Kamerafacework" im wörtlichen Sinne der Goffmanschen Idee einer ständigen interaktionalen Bearbeitung der **faces** und damit der Images von Kommunizierenden.² Drei wesentliche Unterschiede bestehen allerdings darin, dass erstens hier nicht die unmittelbar Interagierenden Imagearbeit betreiben, sondern eine dritte weitgehend anonym bleibende Instanz, die zweitens nur mit Mitteln der Bildinszenierung arbeitet und deren Resultat drittens vor allem den Fernsehzuschauern präsentiert wird, den direkten Beteiligten nur, soweit sie über Monitore das Fernsehbild kontrollieren.

Entscheidend ist aber die unbestreitbare Tatsache, dass die Zuschauer-Wahrnehmung der Sprecher in sehr unauffälliger, fast unmerklicher, aber doch unübersehbarer Weise durch Art und Dauer von Kameraeinstellungen immerfort gelenkt wird. Die einfachste Differenz ist die Unterscheidung von Einstellungen mit dem Sprecher im On oder im Off. Es liegt auf der Hand, dass ein Sprecher im On zunächst einmal durch seine zusätzlichen mimischen, gestischen und körpersprachlichen Mittel, die selbst noch verstärkt werden, mehr Gewicht erhält. Der dauerhafte Entzug der Kameraaufmerksamkeit kommt deshalb einer Art von Schwächung des Rederechts durch optische Abwendung gleich: Der **floor** wird gewissermaßen schon anderweitig besetzt. Andererseits ist ein zu langes Verweilen der Kamera beim Sprecher auch nicht in dessen Sinne, weil es eintönig wirkt und den Zuschauer dazu verleitet, seine aktionsentlastete, auf die bloße Rezeptionseinstellung reduzierte Position dazu zu nutzen, sich mit der visuellen Erscheinung des Sprechers kritisch auseinanderzusetzen.

Es kommt deshalb auf ein ausgewogenes Maß an Zu- und Abwendung an, vor allem aber darauf, wie die Kamera den Sprecher in den Blick nimmt. Die Kameraeinstellungen, die in den Arbeiten zur so genannten „Filmsprache" ausführlich beschrieben worden sind (s. dazu im Überblick z. B. Monaco 2002: 200f.; Borstnar/Pabst/Wulff 2002: 90–97), sind längst auch im Sinne einer Sozialsemiotik gedeutet worden, die den Einstellungsgrößen und -winkeln Relevanz für die

---

2   Jörg Bergmann hat mich auf diesen Aspekt aufmerksam gemacht, mit dem ich an meine Arbeiten zu Imagearbeit und Beziehungsmanagement (Holly 1979, 2001) anschließen kann.

Etablierung von Haltungen oder Werten in beziehungsrelevanten Dimensionen zuweist (s. Kress/van Leeuwen 1996; Jewitt/Oyama 2001). Dabei entsprechen die Einstellungswerte jeweils Tendenzen auf einer polar angeordneten Skala:

- Größe (Groß, Nah, Halbnah, Total): Intimität/Intensität bis Distanz
- Horizontalwinkel (frontal bis seitlich): Involvement/Identifikation bis Misstrauen/Ablehnung
- Vertikalwinkel (von oben bis von unten): überlegener bis unterlegener sozialer Status

Dabei ist aber zu berücksichtigen, dass besonders die Einstellungsgröße durchaus ambivalent wirken kann. Wenn man jemandem näherkommt, kann dies aus Sympathie geschehen, aber auch, weil man ihm respektlos „auf die Pelle rückt"; umgekehrt kann größerer Abstand ein Zeichen von respektvoller Zurückhaltung sein oder eben von distanzierter Haltung aus nachlassendem Interesse oder sogar Antipathie.

Spätestens hier ist deshalb auf das transkriptive Zusammenspiel mit den anderen Zeichenarten hinzuweisen. Je nachdem, wie die Kommunikation verbal, paraverbal und averbal läuft, können die Kamera-Einstellungswerte als „Kontextualisierungshinweise" auf entsprechende soziale Einstellungen zum Sprecher gelten. Deshalb muss jeweils beachtet werden, wie Sprache, Körpersprache und Kamera sich wechselseitig transkribieren. Man könnte sagen, dass die Sprecherperformanz nichtsahnend mit über den Wert der Kameraeinstellung mitentscheidet. Also nicht nur die Kamera macht den Sprechertext „anders lesbar", sondern auch umgekehrt der Sprechertext die Kameraeinstellung. Dies soll an zwei Szenen aus unserer Beispielsendung verdeutlicht werden.

Nach der Vorstellung der Beteiligten eröffnet die Moderatorin die erste Runde und wendet sich an den neben ihr sitzenden Peymann mit einer typischen provozierenden Frage zu dessen Angebot von 2005 an den noch einsitzenden RAF-Täter Christian Klar, ein Praktikum in dem von ihm geleiteten Theater zu absolvieren. Hier der Sprechtext mit dem Schluss der Frage und Peymanns Antwort (in einer simplen Transkription und mit nummerierten Einstellungen; Einstellungswechsel sind durch „//" markiert; P=Peymann; M=Moderatorin; K=Koch; B=Bölling; Be=Beckurts; BB: Bauchbinde):

(1) *Illner*: (Praktikumsangebot an Klar) ...war das mehr aus mitleid oder aus politischer sympathie
Peymann: (atmet) [1 P] das war äh aus dem verständnis [BB ein] oder dem versuch sein ve eines verständnisses für seine verheerende situation [BB aus] also des ist ja die tragik meiner generation // [2 P-M] die sich auch an solchen fi // [3 P] guren dann ausdrückt die an dieser wegschneide an der wir damals standen // [4 K] äh vielleicht die falsche straße gewählt haben // [5 P] und ich wollt ihm gern helfen zurückzufinden das ist übrigens nicht so ungewöhnlich es gibt dies also gelegentlich auch erfolgreich am gripstheater ist grashoff seit vielen jahren im freigang und jetzt (atmet) also gut zurückgekehrt in die gesellschaft // [6 B-P-M] ja natürlich auch natürlich auch mitgefühl aber ei // [7 P] gentlich in der hoffnung so jemandem zu helfen // [8 Be] ich hab dann mit meinen leuten geredet im betriebsrat // [9 P] ich hab damit ja relativ wenig zu tun er wollte er wollte bühnenarbeiter werden ich weiß nicht was er sich davon verspricht aber das wurde mir vor zwei jahren äh übermittelt von künstlern und von ihm selber // [10 M] chab gesagt wir wolln das gerne versuchen

Während der 57 sec langen Äußerung von Peymann sehen wir 10 Einstellungen, in der ersten und dann in jeder zweiten [1, 3, 5, 7, 9] ist Peymann allein im Bild, meist in Nahaufnahme. Gleich in der ersten Einstellung wird auch eine „Bauchbinde" mit dem Namen „Claus Peymann" und seiner Funktion („Intendant Berliner Ensemble") eingeblendet. Liest man den Sprechtext, wird schon deutlich, dass sich Peymann zu Beginn seiner Äußerung nicht sehr wohl fühlt, er ist offensichtlich in einer Defensivposition. Sprechperformativ schlägt sich das nieder in deutlichem Ein- und Ausatmen an zwei Stellen, er antwortet im selben Satzmuster wie die Frage (*war das aus...? das war aus ...*) und vor allem enthalten die Äußerungen eine Reihe von Fehlleistungen und Selbstkorrekturen: [1] *verständnis oder dem versuch sein ve eines verständnisses*, [3] *wegschneide* statt „wegscheide". Dazu kommen mimisch einige „hilfesuchende" Blicke nach oben. Erst allmählich stabilisiert er sich, bis er nach dem zweiten Atmen in [5] zusammen mit dem guten Argument der erfolgreichen „Resozialisierung" von Grashoff sich wieder gefunden zu haben scheint und dann auch im Sinne der Frage *mitgefühl* (statt dem vorgegebenen „Mitleid") einräumt.

Das folgende Diagramm veranschaulicht noch einmal die Dauer und die Abfolge der 10 Einstellungen. Man erkennt den typischen rhythmischen Wechsel von Sprecher im Bild und (dann jeweils dazwischen) zunächst Sprecher mit Moderatorin, wodurch Dialoghaftes symbolisiert wird; dann folgt eingeschoben Koch als möglicher Opponent, dann der Sprecher gerahmt von (dem zweiten möglichen Opponenten) Bölling und der Moderatorin, dann Beckurts als weitere

Opponentin und als Schlusseinstellung vor dem Rederechtswechsel als Übergang zur folgenden Sprecherin wieder die Moderatorin.

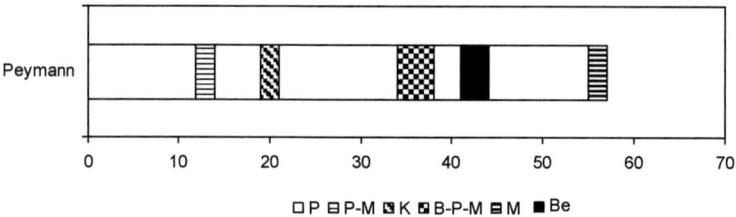

Abb. 2: Kameraeinstellungen zur Äußerung von Peymann

Das eigentlich Bemerkenswerte ist, dass die Kamera sich während Peymanns Formschwäche ziemlich zurückhält. Erstens sieht man anfangs vom Sprecher keine Großaufnahme, sondern nur eine Naheinstellung, die bis hinunter zur Brust reicht. Auch nach der Einblendung der Bauchbinde wird dies zunächst noch nicht geändert, während die eingeblendeten Opponenten Koch und Beckurts groß im Bild sind. Zweitens wirken die Unterbrechungen dieser Naheinstellung schon nach 12 sec und wieder nach weiteren 5 sec geradezu als entlastend. Dass die Kamera hier nicht näher kommt und nicht länger bleibt, kann als eine ausgleichende, quasi **face**-schonende Haltung gedeutet werden. Im Goffmanschen Sinn könnte man dies als ein Vermeidungsritual sehen, wie wenn wir in einer peinlichen Situation versuchen, ein Missgeschick zu übersehen und nicht zum Opfer hinstarren. Erst als Peymann sich freigeschwommen hat und sicherer wirkt, zeigt ihn die achte Einstellung auch groß.

Betrachten wir nun die Kameraarbeit während der Äußerung von Koch, die als nächste auf eine entsprechende Frage der Moderatorin folgt. Hier zunächst der Sprechtext (mit nummerierten Einstellungen):

(2) *Illner*: Roland Koch was haben sie von dem angebot gehalten von herrn Peymann an Christian Klar
Koch: ja ich glaube man darf da // [1 K] nicht nur das angebot für eine für eine arbeitsleistung sehen sondern äh mit der begründung äh drum herum die da lautet [BB ein] zum einen man muss verständnis haben für die damalige situation [BB aus] in der ähme gewalt ähm aus sicht von Peymann auch eine der auswege war offensichtlich um was in der welt zu bewegen // [2 P] der herr Peymann sagt in dem zusammenhang das waren

halt keine normalen mörder äh wie jemand der um geld zu stehlen // [3 K] jemand anders umbringt sondern die hatten andere hehren motive das geb ich zu das regt mich auf des waren ganz normale mörder nicht anderes als ganz normale mörder und wenn ein freiheitlicher demokratischer rechtsstaat anfängt // [4 K-M Fahrt] nach den motiven zu unterscheiden und wer politische visionen hat darf auch mal einen politiker oder generalbundeswalt umbringen [Insert Thema ein] ähm und das ist was anderes und das wird später im leben anders bewertet dann ist das nicht nur für mich unerträglich [Insert aus] // [5 P] im sinne der opfer sondern dann ist es auch ziemlich gefährlich im sinne einer jungen generation heute // [6 K] die eine solche wie ich finde abenteuerliche these hört und deshalb glaub ich darüber muss man sich auseinandersetzen da muss man herrn Peymann auch sagen da liegt er falsch // [7 P] das ist eine geschichtsklitterung und die sollten wir nicht zulassen für die zukunft

Während der etwas mehr als 65 sec langen Äußerung sehen wir 7 Einstellungen, wobei die erste mit Koch etwas verzögert nach dem Beginn seiner Antwort einsetzt. Man sieht Koch von Anfang an in Großaufnahme, die dann für die Dauer der Einblendung der Bauchbinde etwas zurückgezoomt wird, allerdings nur so weit, dass sein Gesicht nicht verdeckt wird. Koch spricht von Anfang an selbstsicher, im Brustton und gewohnt angriffslustig. Man sieht deutlich, dass er den Blickkontakt mit Peymann vermeidet, während er ihn heftig angeht und dabei auf ihn nicht nur in der dritten Person referiert, was gegenüber Anwesenden generell unhöflich ist, sondern auch zwei Mal in markierter Form: einmal ohne Anrede (*Peymann*) und einmal mit dem bestimmten Artikel (*der herr Peymann*), beides sind leicht abwertende Redeweisen. Dabei verstärkt die Großaufnahme mit dem erkennbar vor sich nach unten gerichteten Blick noch die exkludierende Wirkung seiner Worte, zugleich wirkt die leichte Seitenansicht, die die Kamera liefert, ein bisschen distanzierend und unterstreicht damit den polarisierenden, nicht unbedingt auf Sympathie zielenden Charakter der Äußerung.

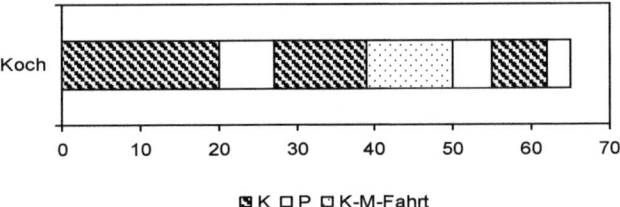

Abb.2: Kameraeinstellungen zur Äußerung von Koch

Das Diagramm zeigt nicht nur, dass Koch anfänglich 20 sec ununterbrochen im Bild bleibt und dass dann drei Mal Peymann eingeblendet wird. Vor allem fällt auf, dass, als Koch gegen Ende von [3] anfängt, ins Allgemeinere abzuschweifen (*und wenn ein freiheitlicher demokratischer rechtsstaat ...*), eine Einstellung folgt, die beginnend mit einer Halbnahen von Illner und Koch einen Rückwärtszoom mit einer Fahrt nach oben vollführt, bis eine Totale von der Runde in einer Art Panorama von vorne oben erreicht ist, wobei ein Insert mit dem Sendungsthema eingeblendet wird. Dies wirkt wie ein Teilentzug der Aufmerksamkeit, der anhält bis Koch am Ende seiner Polemik eine handfeste Bewertung anbringt (*unerträglich*), zu der man dann – wie am Ende der Äußerung wieder – den angegriffenen Peymann zeigt. Insgesamt kann man den transkriptiven Wert dieser Einstellungen zusammenfassen als eine Verstärkung der ausschließenden und polarisierenden Aggression Kochs, verbunden mit einer potenziellen visuellen Abwertung der Äußerung, die durch ein leichtes Abrücken zur Seite und durch eine Tendenz zur Distanzvergrößerung vermittelt wird.

Zusammenfassend kann man zur visuellen Sprecherprofilierung sagen: Die Kameraführung generiert durch ihr rituelles **facework** permanent Ressourcen für eine sekundäre, sehr subtile „Kontextualisierung" des Sprechers, die jeweils zwischen Polen sozialer Semiotik operiert und für den Zuschauer damit die Beziehung zum jeweiligen Sprecher präformiert. Man kann sich die Kamera vorstellen wie ein ungehemmtes Kind, das seine Haltung zum Sprecher permanent zeigt: Spricht er so, dass man ihm näherkommen oder von ihm abrücken will, dass man ihm „auf den Zahn fühlen" muss oder respektvoll Abstand halten sollte, dass man ihn frontal mit offenem Interesse von vorne betrachtet oder „skeptisch" von der Seite? Durch diese visuelle Kommentierung sind also Rückschlüsse auf die Äußerung des Sprechers nahegelegt, die eine dauernde unauffällige Bearbeitung der Beziehungsebene implizieren.

3.4 Profilierung von Beteiligungsrollen anderer

Die dritte und offensichtlichste Funktion der Kameraführung ist die Kontextualisierung der Beteiligungsrollen von Adressaten und Hörern, die auf diese Weise zu Repräsentanten thematischer Frames gemacht werden; dadurch wird die Inszenierung des Gesprächs zusätzlich semantisch angereichert, im Sinne der

Kommentierung und Dramatisierung. Wen wir als Hörer im Bild sehen, ist das Ergebnis einer gezielten Auswahl, wobei es grundsätzlich zwei Möglichkeiten gibt: die „Sprecherwahl", bei der die Bildregie der direkten Anrede oder Erwähnung eines Diskussionspartners folgt; oder die „Regiewahl", bei der die Bildregie nach eigenem Eindruck einen Anwesenden als irgendwie betroffen, manchmal als zustimmend oder ablehnend kontextualisiert. Dabei kann es sein, muss aber nicht, dass mimische Kommentare eingefangen werden. In jedem Falle bewirkt das Herauspicken eines Hörers, in der Regel in Großaufnahme oder sogar „sehr groß", die Zuschreibung einer bestimmten Beteiligungsrolle und damit sowohl eine gleichzeitige (des laufenden) als auch eine metaleptische, d. h. nachträgliche Transkription des vorangegangenen Sprechtextes, einschließlich dessen performativer Qualitäten.

Schon im Vorhinein werden die Gesprächsteilnehmer mit bestimmten typisierten Einstellungen identifiziert. So erhalten die Teilnehmer an unserer Sendung in der Vorstellungsrunde, während sie uns frontal mit leichter Zoom-Bewegung näher gebracht werden, **voice over** mit rhythmischer Musikuntermalung die folgenden Charakterisierungen:

Ina Beckurts – ihr mann wurde von RAF-terroristen ermordet
Rupert von Plottnitz – er hat RAF-terroristen verteidigt
Claus Peymann – der Berliner intendant hat Christian Klar ein praktikum in seinem theater angeboten
Roland Koch – der hessische ministerpräsident fordert: leute wie Peymann dürfen dieses schreckliche kapitel deutscher geschichte nicht noch verklären
und Klaus Bölling – der ehemalige regierungssprecher meint: die geschichte der RAF ist nicht wirklich zu ende

Die Beteiligten werden also regelrecht etikettiert: Ihnen werden stereotypisierte Rollen im entsprechenden Diskurszusammenhang zugewiesen, z. B. als Provokateure, Scharfmacher, Kontrahenten, Betroffene, Unterstützer, Neutrale. Diese Typisierungen strukturieren die gesamte Dramaturgie, von der Sitzordnung über die Vorstellung bis hin zu den Insert-Texten.

Dies ermöglicht die entsprechende visuelle Verwendung eines Teilnehmers als Frame-Vertreter, so dass er nun als rezipierender Unterstützer oder Gegner einer Äußerung inszeniert werden kann. Erst recht, wenn ein Sprecher sich explizit zu einem Thema/Subthema geäußert hat, kann er für den entsprechenden semantischen Frame stehen, so dass seine Reaktion bei Wiedererwähnung des

Frames von Interesse sein könnte; man kann damit Kohärenzen visuell kontextualisieren, Frames damit auch optisch verstärken, indem den Meinungen nach dem Muster ‚Mit Bildern autorisieren' Gesichter zugeordnet werden (Holly 2007). Zugleich werden Erwartungen geweckt, dass potenzielle Kontroversen sichtbar werden könnten; wir betrachten die eingeblendeten Hörer nach der Devise: „Mal sehn, wie x dazu steht." Die Kameraführung mit Schuss und Gegenschuss inszeniert dann unterstützend entsprechende Interaktions- und Konfliktlinien.

Im Folgenden betrachte ich die Kameraführung während der dritten Äußerung von Ina Beckurts; zunächst den Sprechtext, zusammen mit dem Schluss der Frage der Moderatorin (mit nummerierten Einstellungen; Pl = v.Plottnitz):

(3) *Illner*: ... was haben sie gedacht als sie von diesem angebot gehört haben Christian Klar zu beschäftigen.
Beckurts: [1 Be] also ich habe zunächst äh gedacht es ist gut wenn jemand sowas macht ihm das anbietet man sollte nicht viel darüber reden man sollte ihn in aller ruhe // [2 Be-P] da arbeiten lassen und kucken wies geht // [3 Be] dies is scho ma nich passiert es wird zur zeit unglaublich viel darüber geredet [BB ein] und ich habe auch ne menge dinge gehört die sie herr Peymann auch gesagt haben dazu ähm [BB aus] wo sie ähm äh sagen wir mal pauschal zusammengefasst sagen // [4 B] im grunde ham die ja recht und das macht mir // [5 Be] die sorge dass die jetzt als wie sacht man das identifikationsfiguren werden für strömungen äh die sowieso schon eingtlich // [6 K] gegen den staat sein wollen und sagen // [7 M-K-Be-Pl] jetzt sind die da und jetzt machen wir nämlich auch wieder und // [8 Be] sieh mal da und im grunde isses sind wir doch alle einer meinung sie ham gesacht // [9 Be-P] drei viertel der weltbevölkerung ist im grunde der meinung dass gegen den kapitalismus // [10 Be] angegangen werden soll müsste und ähm auch dass unsere äh freiheitliche und demokratische rechtsordnung unseres landes genau wie die auch in anderen europäischen ländern eingtlich überhaupt nichts wert sei // [11 M-K-Be] und das fand ich traurig

Die elf Einstellungen, die die Äußerung von 76 sec begleiten, zeigen, dass sowohl Adressierung als auch andere Gründe für die Einblendung von Hörern sorgen. Dabei bringt schon die Moderatorin Peymann mit ins Spiel, indem sie eine Frage stellt, die auf dessen Angebot bezogen war, also zu einer Bewertung des Peymannschen Handelns auffordert. Deshalb ist nicht verwunderlich, dass die erste Hörereinblendung schon nach 9 sec einen Schuss über die Schulter von Frau Beckurts auf Peymann zeigt [2]. Diese Einstellung wird gegen Ende der Äußerung [9] wiederholt.

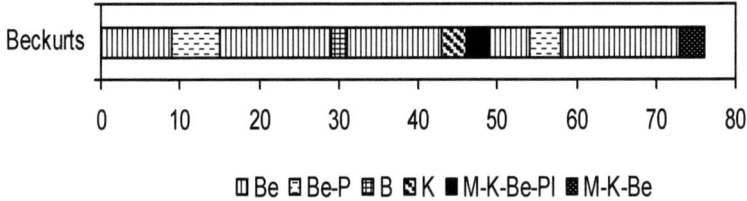

Abbildung 3: Kameraeinstellungen zur Äußerung von Beckurts

Im weiteren Verlauf der Äußerung werden noch zwei andere Teilnehmer eingeblendet, zunächst Bölling, der nachdenklich nach unten blickt und sich dabei am Kopf kratzt, dann Koch, der ebenfalls mit ernster Miene nach unten und dabei zur Seite blickt. Fragt man sich, warum gerade diese beiden eingeblendet werden, muss man den dabei hörbaren Sprechtext berücksichtigen, der zeigt, dass Frau Beckurts gegen Ende von [3], nachdem sie Peymann explizit (*sie herr Peymann*) angegriffen hat, sprachlich unsicher wird; dies äußert sich in drei Mal *ähm/äh*, dann in einer etwas ungeschickten Formulierung, die auf eine Äußerung von Peymann mit einem *wo*-Relativsatz Bezug nehmen will, und auch in den beiden Routineformeln *sagen wir mal* und *pauschal zusammengefasst*, die erkennen lassen, dass sie in Schwierigkeiten gerät. Hier macht die Kamera entlastende Manöver: Zunächst wird eine Bauchbinde mit ihrem Namen und ihrem Etikett (*Ihr Mann wurde von der RAF ermordet*) eingeblendet, dann die beiden potentiellen Unterstützer Bölling und Koch, die bestenfalls besorgt oder aufmerksam gespannt wirken; aber nachdem diese optisch nicht wirklich stärkend wirken und Frau Beckurts immer noch erhebliche Formulierungsschwierigkeiten hat (*als wie sacht man das ... strömungen äh die sowieso schon eingtlich gegen den staat sein wollen und sagen jetzt sind die da und jetzt machen wir nämlich auch wieder und sieh mal da und im grunde isses sind wir doch alle einer meinung*), zeigt man schließlich eine Halbtotale, die den gesamten Teil der Runde von der Moderatorin bis zu v. Plottnitz präsentiert. In dieser Passage wird also nicht nur durch die Schüsse auf Peymann ihr Angriff gestützt, sondern auch durch die Einblendung der Typisierung als Opfer und durch die thematischen

Unterstützer ihre Unsicherheit ein wenig überspielt.

Zusammenfassend ist festzuhalten: Die (meist kurze) Einblendung von Mitdiskutanten (meist in Großaufnahme), die sie zu „markierten Hörern" macht, ist zugleich eine externe Weise, den Sprechertextabschnitt zu „kontextualisieren", als besonders relevant im Hinblick auf den Gezeigten, der zum Adressaten, Unterstützer oder Kontrahenten bzw. zum Repräsentanten eines Themas stilisiert oder als solcher hervorgehoben wird; damit wird der Sprechertext nachträglich bildlich „transkribiert", d. h. anders lesbar gemacht. Dabei werden die Beteiligten von Anfang an typisiert, so dass man während des weiteren Verlaufs darauf zurückgreifen kann und nicht nur Höhepunkte zuspitzen, sondern auch Flauten ein wenig kaschieren kann. Schließlich ist das Hauptinteresse der Inszenierung den Zuschauer bei der Stange zu halten.

4. Fazit

Die Kameraführung in Polit-Talkshows ist der unauffälligste Teil der visuellen Inszenierung (neben der Körperperformanz der Akteure und dem Setting). Sie kann nur im Zusammenhang mit den anderen visuellen, aber vor allem mit den sprachlichen Bedeutungskonstitutiva verstanden werden. Sie ist der Kontrolle der Akteure entzogen und damit ein Beispiel für die „transkriptive Kraft" des Mediendispositivs Fernsehen. Die Kameraführung ist hochprofessionell gestaltet, aber nicht völlig kontrolliert; einerseits beruht sie weitgehend auf implizitem handwerklichem Wissen, andererseits können wegen der Vielzahl der produzierenden Beteiligten und der mangelhaften Vorhersagbarkeit der Akteure Zufallsergebnisse nicht ausbleiben.

Die Kameraführung wirkt in dreierlei Hinsicht: erstens zur Gliederung, Strukturierung und Dynamisierung des Geschehens, immer im Dienste der Erhaltung von Spannung und Quote; zweitens zur Profilierung des Sprechers, der im Hinblick auf Relevanz, Emotionalität, Status und Zustimmungsfähigkeit permanent durch wechselnde Perspektivierung „demonstrativ gesehen" und damit kommentiert wird; drittens zur externen Kontextualisierung von Beteiligungsrollen, die Interakteure stereotypisiert in Beziehungen zueinander und zum Diskurs bringen.

Literatur

Argyle, Michael (1979): *Körpersprache & Kommunikation. Das Handbuch zur nonverbalen Kommunikation*. Paderborn: Junfermann.

Borstnar, Nils/Pabst, Eckhard/Wulff, Hans Jürgen (2002): *Einführung in die Film- und Fernsehwissenschaft*. Konstanz: UVK.

Goodwin, Charles (2001): „Practices of seeing visual analysis: an ethnomethodological approach", in: van Leeuwen, Theo/Jewitt, Carey (eds.): *Handbook of visual analysis*. London usw.: Sage, 157–182.

Holly, Werner (1979): *Imagearbeit in Gesprächen. Zur linguistischen Beschreibung des Beziehungsaspekts*. Tübingen: Niemeyer.

Holly, Werner (2001): „Beziehungsmanagement und Imagearbeit", in: Antos, Gerd/Brinker, Klaus/Heinemann, Wolfgang/Sager, Sven F. (eds.): *Text- und Gesprächslinguistik*. Berlin/New York: de Gruyter, 1382–1393 (= HSK-Bd. 16.2).

Holly, Werner (2007): „Audiovisuelle Hermeneutik. Am Beispiel des TV-Spots der Kampagne ‚Du bist Deutschland'", in: Hermanns, Fritz/Holly, Werner (eds.): *Linguistische Hermeneutik*. Tübingen: Niemeyer, 389–428.

Holly, Werner (2012): „Transkriptiv kontrollgemindert: Automatismen und Sprach-Bild-Überschreibungen in Polit-Talkshows", in: Conradi, Tobias/Ecker, Gisela/Eke, Norbert Otto/Muhle, Florian (eds.): *Schemata und Praktiken*. München: Fink, 161–189.

Holly, Werner/Kühn, Peter/Püschel, Ulrich (1986): *Politische Fernsehdiskussionen. Zur medienspezifischen Inszenierung von Propaganda als Diskussion*. Tübingen: Niemeyer.

Jäger, Ludwig (2002): „Transkriptivität. Zur medialen Logik der kulturellen Semantik", in: Jäger, Ludwig/Stanitzek, Georg (eds.): *Transkribieren. Medien/Lektüre*. München: Fink, 19–41.

Jäger, Ludwig (2004): „Die Verfahren der Medien: Transkribieren – Adressieren – Lokalisieren", in: Fohrmann, Jürgen/Schüttpelz, Erhard (eds.): *Die Kommunikation der Medien*. Tübingen: Niemeyer, 69–79.

Jewitt, Carey/Oyama, Rumiko (2001): „Visual meaning. A social semiotic approach", in: van Leeuwen, Theo/Jewitt, Carey (eds.): *Handbook of visual analysis*. London et al.: Sage, 134–156.

Keller, Rudi (^{2}1994): *Sprachwandel. Von der unsichtbaren Hand in der Sprache*. Tübingen/Basel: Francke.

Keppler, Angela (1994): *Wirklicher als die Wirklichkeit. Das neue Realitätsprinzip der Fernsehunterhaltung*. Frankfurt am Main: Fischer.

Kendon, Adam (2004): *Gesture: Visible Action as Utterance*. Cambridge: University Press.

Kress, Gunther/van Leeuwen, Theo (1996): *Reading images. The grammar of visual design*. London/New York: Routledge.

Monaco, James (^{4}2002): *Film verstehen*. Reinbek: Rowohlt.

Schicha, Christian (2002): „Die Inszenierung politischer Diskurse. Beobachtungen zu Politikerauftritten in Fernsehtalkshows", in: Tenscher, Jens/Schicha, Christian (eds.): *Talk auf allen Kanälen. Angebote, Akteure und Nutzer von Fernsehgesprächssendungen*. Wiesbaden: Westdeutscher Verlag, 213–231.

Schmitt, Reinhold (ed.) (2007): *Koordination. Analysen zur multimodalen Interaktion*. Tübingen: Narr.

Weinrich, Lotte (1992): *Verbale und nonverbale Strategien in Fernsehgesprächen. Eine explorative Studie*. Tübingen: Niemeyer.

ELLEN FRICKE

Die (ab)geschnittene Hand in der Talkshow: Zur Fortschreibung antiker rhetorischer Traditionen in Bildwahl und Schnitt

1. Einleitung

„Die (ab)geschnittene Hand in der Talkshow" – es geht bei diesem Thema nicht um Bestrafungsmaße rückständiger Gesellschaften als reißerischer Gegenstand einer Unterhaltungssendung, beispielsweise mit dem Titel „Wieviel Abschreckung brauchen wir?", sondern um eine Reflexion des Zusammenwirkens der Kommunikation von Angesicht zu Angesicht mit der Bildrhetorik des Fernsehformats Talkshow unter dem Aspekt ihrer visuellen Medialität. Am Beispiel der Talkshow *Friedmans Agenda* wird aufgezeigt, dass Bildwahl und Schnitt in Bezug auf redebegleitende Gesten in ihrer Rhetorik Mustern folgen, wie man sie bereits in Quintilians Anleitungen zum öffentlichen Vortrag findet.[1]

2. Sprache als audiovisuelles Medium

Inwiefern ist das Sprechen selbst jedoch visuell? Beobachtet man bei einem Gespräch nicht nur die Mundbewegungen der Gesprächsteilnehmer, sondern auch die Bewegungen anderer Körperteile, insbesondere die redebegleitenden Handbewegungen, dann zeigt sich, dass nicht nur das lautliche Sprechen zur Konstituierung der zu übermittelnden Botschaft beiträgt. Dieser Sachverhalt war in der Antike bereits Quintilian bewusst, der in seiner „Institutionis Oratoriae" dem „Gestus" als Bestandteil der Vortragstechnik ganze Abschnitte widmet.[2] Er hebt hervor, dass Gesten auch ohne Hilfe der lautsprachlichen Wörter Bedeutungen übermitteln können:

---

[1] Dieser Beitrag ist im Rahmen des von der Volkswagenstiftung geförderten Forschungsprojekts „Towards a Grammar of Gesture" entstanden (www.togog.org). Zeichnungen: Karin Becker und Mathias Roloff.

[2] Überblickdarstellungen über die Geschichte der Gestenbetrachtung unter Einschluss der Antike sind z. B. in Bremmer und Roodenburg (1991), insbesondere der Aufsatz von Fritz Graf (1991), Dutsch (2013), Müller (1998 und in Vorb.) und Kendon (2004) zu finden.

65 [...] Die Frage aber, was jede einzelne Stelle im Ton der Rede verlangt, will ich noch etwas zurückstellen, um vorher über das Gebärdenspiel zu sprechen, das ja auch seinerseits im Einklang mit der Stimme, und mit ihr zugleich im Dienste unseres Geistes steht. Welche ausschlaggebende Rolle es beim Redner spielt, geht schon hinreichend aus der Tatsache hervor, daß es so vieles, auch ohne Worte kennzeichnet. [...] (Quintilianus 1975: 633f., XI 3, 65)[3]

Ohne sie, so Quintilian, wirke der Vortrag „verstümmelt" und „schwächlich":

85 Bei den Händen nun gar, ohne die der Vortrag verstümmelt wirkte und schwächlich, läßt es sich kaum sagen, über welchen Reichtum an Bewegungen sie verfügen, da sie fast die ganze Fülle, die den Worten selbst eigen ist, erreichen. 86 Mit ihnen fordern, versprechen, rufen, entlassen, drohen, flehen, verwünschen, fürchten, fragen und verneinen wir, geben wir der Freude, der Trauer, dem Zweifel, dem Eingeständnis, der Reue, dem Ausmaß, der Fülle, der Anzahl und Zeit Ausdruck. 87 Sind sie es nicht ebenfalls, die anspornen und verwehren, loben, bestaunen und die Achtung bekunden? Übernehmen sie zur Bezeichnung des Ortes und der Person nicht die Rolle der Adverbien und Pronomina? So möchte ich, so verschieden die Sprachen bei allen Völkern und Stämmen sind, hierin die gemeinsame Sprache der Menschheit erblicken. (Quintilianus 1975: 641, XI 3, 85–87)[4]

Quintilian schreibt den redebegleitenden Gesten eine Fülle von Ausdrucksmöglichkeiten zu, die fast an die Wörter der Lautsprache heranreicht. Alle drei Zeichenfunktionen in Bühlers Organonmodell der Sprache (Bühler 1934: 28f.), nämlich Ausdruck, Appell und Darstellung, können gemäß des oben angeführten Zitats durch Gesten erfüllt werden (vgl. Müller 1998: 35): Gesten haben eine Ausdrucksfunktion, insofern sie etwas über die inneren Zustände des Sprechers mitteilen, wenn sie Freude, Trauer, Zweifel, Reue oder Furcht ausdrücken. Sie appellieren an den Adressaten, indem sie fordern, anspornen, drohen, flehen, fragen oder versprechen. Und sie sind zugleich in der Lage gleich der Laut-

---

[3] Quid autem quisque in dicendo postulet locus, paulum differam, ut de gestu prius dicam, qui et ipse voci consentit et animo cum ea simul paret. is quantum habeat in oratore momenti, satis vel ex eo patet, quod pleraque etiam citra verba significat.

[4] Manus vero, sine quibus trunca esset actio ac debilis, vix dici potest quot motus habeant, cum paene ipsam verborum copiam persequantur. nam ceterae partes loquentem adiuvant, hae, prope est ut dicam, ipsae loquuntur. 86 an non his poscimus, pollicemur, vocamus, dimittimus, minamur, supplicamus, abominamur, timemus, interrogamus, negamus, gaudiam, tristitiam, dubitationem, confessionem, paenitentiam, modum, copiam, numerum, tempus ostendimus. 87 non eaedem concitant, inhibent, supplicant, probant, admirantur, verecundantur? non in demonstrandis locis atque personis adverbiorum atque pronominum optinent vicem? ut in tanta per omnes gentes nationesque linguae diversitate hic mihi omnium hominum communis sermo videatur.

sprache, Sachverhalte darzustellen, indem sie beispielsweise auf Orte und Personen Bezug nehmen.

Wie eng die Verschränkung von Lautsprache und Gestik sein kann, wird an dem folgenden Beispiel deutlich: Stellen wir uns eine Situation am Ausgang des U-Bahnhofs Potsdamer Platz in Berlin vor. Sie suchen nach dem Musicaltheater am Marlene-Dietrich-Platz und fragen einen Passanten nach dem Weg: „Entschuldigen Sie bitte, wo finde ich den Marlene-Dietrich-Platz?". Er antwortet Ihnen „Dort!", und zwar ohne irgendeine hinweisende Körperbewegung, sei es durch Hände, Kopf, Blick oder Füße, die Sie auf den von Ihnen gesuchten Ort hin orientiert. Wären Sie ohne diese „Zeighilfen", wie Karl Bühler sie in seiner „Sprachtheorie" (1934) nennt, in der Lage, den Marlene-Dietrich-Platz sofort zu finden? Nein, denn in dieser Situation stellt das Vorliegen einer Zeigegeste eine Bedingung dafür dar, die Wortform *dort* in einer Äußerung gebrauchen zu können. Sie ist in diesem Fall obligatorisch, ohne sie wäre die Äußerung von *dort* unvollständig (Fricke 2007: VII; siehe weiterführend Fricke 2008, 2009 und 2014 sowie Kita 2003 zu Zeigegesten).

Doch nicht nur hinweisende Körperbewegungen sind mit dem Gesprochenen derart eng verbunden, sondern auch ikonische Gesten, welche das vom Sprecher intendierte Referenzobjekt abbilden. Betrachten wir die folgende Äußerung, in der die Sprecherin im Rahmen einer Wegbeschreibung die Fassade der neuen Staatsbibliothek am Potsdamer Platz in Berlin beschreibt[5] (Fricke 2012: 250f. und 2013: 747):

```
(1) A:  das  iss  wahrscheinlich  ((Lachen))  dann  die  neue
    Staatsbibliothek (..) ähm was oben irgendwie [sone (..)
    gelb (.) | golden|en (.) | Tafeln hat]
```

---

[5] Die eckigen Klammern markieren in diesem Beispiel Anfang und Ende der zu beschreibenden komplexen Geste, die fetten Buchstaben die gestischen Höhepunkte (Strokes).

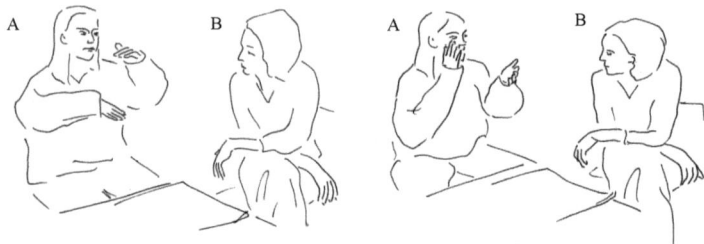

Abbildungen 1 und 2: Gestische Modellierung eines Rechtecks in Beispiel (1)

Was können wir beobachten? Wie wirken Gesten und Lautsprache bei der Charakterisierung der von der Sprecherin gemeinten Tafeln zusammen? Wir haben auf der lautlichen Ebene eindeutig ein adjektivisches Attribut, nämlich *gelbgolden*. Wenn wir darüber hinaus auch noch die gestische Ebene berücksichtigen, dann informieren uns die ein Rechteck modellierenden Hände darüber, wie die Tafeln am Gebäude der Staatsbibliothek geformt sind. Es liegt eine Art Arbeitsteilung zwischen lautsprachlicher und gestischer Ebene vor: Das lautsprachliche Attribut bestimmt die Farbqualität der Tafeln, die redebegleitende Geste hingegen bestimmt deren Formqualität. Diese Verteilung ist kein Zufall: Gesten sind aufgrund ihrer medialen Eigenschaften besonders gut geeignet, Formqualitäten und räumliche Lageverhältnisse darzustellen (Fricke 2012: 250). Dies ist für Sprecher oft das effizientere und kognitiv einfachere Mittel. Der Gestenforscher und Anthropologe Adam Kendon spricht von einem „gesture-speech-ensemble" (Kendon 2004: 127f.), bei dem sich der Sprecher im Hinblick auf seine Intentionen zweier unterschiedlicher semiotischer Ressourcen bedient. Zugleich erlaubt die Betrachtung der redebegleitenden Gesten einen direkt beobachtbaren Zugang zu den bildlichen Vorstellungen des Sprechers. Der Psychologe und Gestenforscher David McNeill vergleicht die Beziehung von Rede, Gestik und mentaler Repräsentation mit „einer Art Triangulation":

> The iconic gesture channel can be used as a second channel of observation onto the speaker's mental representations during speech; the first channel being speech itself. These channels can be compared: a kind of 'triangulation' onto the speaker's mental representation. Thus an interest in studying gestures is to obtain an enriched view of the internal mental processes of speakers. (McNeill 1986: 108)

Die enge Verbindung von Rede und Geste lässt Kendon bereits Anfang der 80er zu der These gelangen, dass es sich dabei um zwei Manifestationen desselben zugrunde liegenden Äußerungsprozesses handle:

> [...] this work shows that this bodily activity is so intimately connected with the activity of speaking that we cannot say that one is dependent upon the other. Speech and movement appear together, as manifestations of the same process of utterance. (Kendon 1980: 208)

Er wendet sich damit gegen die Auffassung, dass Gesten generell als ein eigenes „nonverbales", d. h. vom Lautsprachlichen abgekoppeltes Zeichensystem zu betrachten seien. Diese These wurde von McNeill übernommen und für die weitere Gestenforschung, die insbesondere seit der Rezeption von McNeills Buch „Hand and Mind" Anfang der 90er Jahre einen ungeahnten Aufschwung nahm, bestimmend.

3. Die Marginalisierung von Gesten in der Talkshow

Wenn es sich so verhält – wie die Gestenforschung behauptet –, dass Gesten und Sprechen derart eng miteinander verbunden sind, wie ist es dann zu erklären, dass Gesten der an einer Talkshow Beteiligten für den Fernsehzuschauer so selten und oft nur unvollständig zu sehen sind? Diese Diskrepanz wird sehr auffällig, wenn man dasselbe Gespräch in zwei Versionen miteinander vergleicht: einmal als Liveschnitt und einmal mit einer einzigen Kamera in der Halbtotalen aufgenommen, so dass alle Handbewegungen vollständig dokumentiert sind (siehe Abschnitt 4). Die Ausblendung von Handbewegungen in Bildwahl und Schnitt ist zudem ein maßgeblicher Grund dafür, warum Aufzeichnungen von Talkshows als Datum für wissenschaftliche Gestenanalysen so problematisch sind.

Gestatten wir uns zunächst ein kleines Gedankenexperiment. Stellen wir uns vor, wie eine Talkshow aussehen müsste, bei der die Beteiligten die Gebärdensprache der Gehörlosen sprechen, zum Beispiel die Deutsche Gebärdensprache (DGS). Um dem Fernsehzuschauer alle relevanten sprachlichen Informationen zu übermitteln, müsste der Bildausschnitt der Kamera so gewählt sein, dass die Handbewegungen vollständig im Bild enthalten sind, und der Schnitt dürfte eine gestische Äußerung nicht unterbrechen. Und um parallel zu einer gestischen

Äußerung eine Adressatenreaktion zu zeigen, müsste z. B. der Bildschirm geteilt werden (Split Screen) oder parallel nebeneinander Sprecher und Adressat zeigen.[6] Auch wenn die redebegleitenden Handbewegungen der Hörenden im Gegensatz zu den Gebärden der Gehörlosen, nur einen Teil der vom Sprecher intendierten Informationen transportieren, so ist ihr Anteil an der zu übermittelnden Botschaft doch nicht so gering, dass sie lediglich mit der Lautsprache redundant wären. Mehr noch: Gesten als der visuelle Anteil des Sprechens und als „Fenster zum Geist" des Sprechers (McNeill 1992, 2005) sind für das auch visuelle Medium Fernsehen prädestiniert, denn Gesten sind vermutlich die ersten Bilder, die Menschen erzeugen. Sprache als multimodales, audiovisuelles Medium, so die hier vertretene Hypothese, ist gegenüber dem audiovisuellen Medium Fernsehen und dessen Sendeformat der Talkshow ontogenetisch und phylogenetisch primär. Warum also dennoch die nicht zu leugnende Marginalisierung derjenigen Gesten, die das Sprechen begleiten? In ihrer Kulturgeschichte der Gestenbetrachtung führt Müller (1998: 26) im Wesentlichen drei Gründe an, die zu einer Vernachlässigung der redebegleitenden Gesten geführt haben: erstens die sozial negative Bewertung „lebhaften und ungezügelten Gestikulierens" (Müller 1998: 26), zweitens die Annahme, dass die Funktion, etwas über die Welt mitzuteilen, primär durch die Lautsprache realisiert werde, drittens die Annahme, dass Gesten vor allem eine Ausdrucks- und Appellfunktion im Sinne Bühlers zukomme. Mit der letzten Annahme sei zugleich „die ungebrochene Hoffnung" verbunden, „durch das Verstehen der unbewußten ‚Sprache des Körpers' etwas über die unausgesprochene Innerlichkeit des Gegenübers zu erfahren" (Müller 1998: 26).

Im Folgenden werden wir am Beispiel der Talkshow *Friedmans Agenda* zeigen, dass die Bildregie Gesten nicht einfach nur ausblendet, sondern dass Bildwahl (z. B. welche Einstellungsgröße) und Schnitt einem rhetorischen Muster folgen, das sich bereits in Quintilians Vortragstheorie findet, nämlich in dessen Abwertung des Nachahmens gegenüber dem Zeigen.

---

[6] Beispiele für Gehörlosentalkshows gibt es auf Fokus-5 TV (www.focus-5.tv). In der Talkshow *Focus-5 years Talkshow* (Part 1) vom 15. Mai 2008 sitzen die Sprecher gemeinsam auf einem orangen Sofa und werden ab Kniehöhe mit ihren Handbewegungen gezeigt. Für Hörende erfolgt parallel eine Übersetzung ins Deutsche durch eine Gebärdensprachdolmetscherin, deren Stimme zeitgleich auf der Tonspur zu hören ist.

4. *Friedmans Agenda*: das Problem der Adressatenverdopplung

Auch wenn es sich bei *Friedmans Agenda* eigentlich um eine Literatursendung im Pay-TV und nicht um eine der bekannteren, einschlägigen Polittalkshows handelt, so lässt sich für die ausgewählte Sendung dennoch ein starker Überschneidungsbereich feststellen: Der Moderator Michel Friedman ist als „Polittalker" bekannt (z. B. *Vorsicht Friedman!*), zwei der drei eingeladenen Gäste sind Politiker, und nicht zuletzt ist das Thema „Elite" ein sehr politisches. Die Auswahl gerade dieser Sendung ist jedoch vor allem durch die Besonderheit bedingt, dass sie in zwei Fassungen vorliegt: zum einen als geschnittene Fassung und zum anderen ungeschnitten, aus der Halbtotalen aufgenommen.[7] Dies erlaubt eine vergleichende Untersuchung der beiden Fassungen und eine Identifizierung der ausgeblendeten Gesten sowie deren Analyse.

Dass den redebegleitende Gesten in den beiden Aufzeichnungsvarianten ein unterschiedlicher Stellenwert zukommt, ist maßgeblich dadurch bestimmt, dass es zwei Adressaten für eine Äußerung gibt: den unmittelbaren Adressaten in der Talkshow selbst und den Fernsehzuschauer am Bildschirm. Die Gesprächsteilnehmer, die in der unmittelbaren Gesprächssituation selbst anwesend sind, haben die Möglichkeit zu antworten und den weiteren Verlauf des Gesprächs zu steuern, während die Fernsehzuschauer am Bildschirm keine direkte Einflussmöglichkeit auf den Gesprächsverlauf haben. Zwischen den Gesprächsteilnehmern und den Fernsehzuschauern liegt die Bildregie, die die Wahl der Kamera und des jeweiligen Bildausschnitts (Einstellungsgröße) sowie die sequentielle Abfolge der Videoaufzeichnung im Liveschnitt bestimmt.[8]

Dass in einer Talkshowsituation den Gesprächsbeteiligten eine derartige Adressatenverdopplung bewusst ist und auch explizit gemacht werden kann, das zeigt die Begrüßung des Moderators, die sich zunächst direkt an die Fernseh-

---

[7] Ich möchte an dieser Stelle Julius Hassemer danken, der mir die Videoaufzeichnungen für wissenschaftliche Analysen zur Verfügung gestellt und das Einverständnis aller Beteiligten eingeholt hat, sowie Jan Henne De Dijn von der Produktionsfirma Lettra. Die Sendung wurde am 14. März 2008 aufgezeichnet.

[8] Um die Interaktion von Sprache und Bildinszenierung geht es auch Werner Holly in diesem Band, der unter Bezugnahme auf Ludwig Jägers Konzept der „Transkriptionen" (z. B. Jäger 2004), Sprach-Bild-Kombinationen ebenfalls als „multikodale und multimodale Bedeutungskomplexe" behandelt.

zuschauer wendet. Er spricht unmittelbar zur Kamera und adressiert die geladenen Gäste, die erst später ins Bild kommen, nur mittelbar.

    (2) Michel Friedman: Guten Abend meine Damen und Herren.
    Willkommen bei Friedmans Agenda. Wir sprechen heute über
    das Thema „Elite". Heike Schmoll behauptet in ihrem Buch
    „Lob der Elite", dass ((hält das Buch in die Kamera)) die
    deutsche Demokratie auf eines nicht verzichten kann, näm-
    lich auf Eliten. [...]

Abbildung 3: Frontale Nahaufnahme des Moderators bei der Begrüßung der Fernsehzuschauer

Mit der Begrüßung der Talkshowgäste werden Kamera und Bildausschnitt gewechselt. Die gewählte Halbtotale zeigt den Moderator inmitten seiner Gäste, die er nacheinander begrüßt und vorstellt. Während der Vorstellungsrunde wird die vorgestellte Person jeweils nah gezeigt. Friedman beginnt mit Volker Hassemer, dem ehemaligen Kultursenator Berlins und derzeitigem Vorstandsvorsitzenden der Stiftung „Zukunft Berlin", rechts im Bild, und fährt fort zunächst mit Cornelia Hirsch, der bildungspolitischen Sprecherin der Linkspartei, in der Bildmitte und beendet seine Vorstellung mit dem Soziologen Richard Münch aus Bamberg ganz links außen.

Bei der Vorstellungsrunde deutet sich schon ein Muster an, dass uns in Abschnitt 6 noch genauer beschäftigen wird, nämlich die Funktion der Kamera, die Aufmerksamkeit des Fernsehzuschauers zu steuern und die Zeigegeste zu ersetzen. Während Moderator Friedman in der geschnittenen Version sich zunächst in der Halbtotalen Volker Hassemer zuwendet und auf ihn mit der linken flachen

Hand (PLOH, „palm lateral open hand") zeigt und erst danach ein Schnitt kommt und das „Zeigobjekt" Hassemer in der Nahaufnahme sichtbar wird, werden bei den anderen Gästen parallel zur hörbaren lautsprachlichen Vorstellung – ohne den Umweg über eine vermittelnde Zeigegeste – direkt Nahaufnahmen gezeigt, welche sich sequentiell unmittelbar an diejenige von Hassemer anschließen.

Abbildung 4: Begrüßung der Gäste durch den Moderator in der Halbtotalen

5. Das Konzept „Elite" und die gestische Differenz: Was auf dem Bildschirm nicht erscheint

Redebegleitende Gesten geben einen direkt beobachtbaren Zugang zu den bildlichen Vorstellungen des Sprechenden und sind zugleich eine Technik der Visualisierung, die es dem jeweiligen Sprecher oder der jeweiligen Sprecherin erlaubt, beispielsweise auch abstrakte Konzepte wie das der Elite in der Kommunikation zu veranschaulichen (z. B. McNeill 1992, Müller 2008, Cienki und Müller 2008). Umso erstaunlicher ist es, dass das Fernsehen als visuelles Medium derartige Veranschaulichungen so wenig zielgerichtet nutzt.

Ich möchte im Folgenden drei Beispiele bringen, bei denen die redebegleitenden Gesten in der geschnittenen Liveversion gar nicht oder nur unvollständig zu sehen sind. Bei den ersten beiden Beispielen handelt es sich um gestische Darstellungen des Konzepts „Elite" durch Cornelia Hirsch. Ihre Gesten sind in der Halbtotalen der ungeschnittenen Fassung frontal sichtbar und daher für eine

Auswertung am besten geeignet. Beim dritten Beispiel handelt es sich um die gestische und verbale Umdeutung einer Äußerung von Volker Hassemer, bei der Cornelia Hirsch auf dessen Gesten Bezug nimmt. Das Verständnis der lautlichen Äußerung von Cornelia Hirsch erschließt sich erst dann vollständig, wenn man sowohl ihre eigenen als auch die zuvor geäußerten Gesten von Hassemer berücksichtigt.

Beispiel: „Zugang zu Eliten" (abgegrenzter Behälter, Stufenleiter). Video 1: 00:02:08–00:02:08, Halbtotale; Liveschnitt.

```
(3) Cornelia Hirsch: Ich glaub das Problem an den Eliten
heutzutage isses eben einfach (..) dass der Zugang zu den
Eliten nicht da is' [und dass (...)]₁ [auch das was wir als
Elite sehen erstmal nicht so]₂ (Unterbrechung durch Fried-
man).
```

Abbildungen 5 und 6: Das Konzept „Elite" als abgegrenzter Behälter

Cornelia Hirsch modelliert mit ihren beiden Händen, deren Handflächen aneinander zugewandt sind, einen dreidimensionalen Zylinder, der das abstrakte Konzept Elite begleitend zur lautlichen Äußerung *dass (..)* zunächst als räumlich abgegrenzten Behälter im Zentrum des Gestenraums präsentiert (siehe Abbildung 5). Bei der zweiten Geste hingegen – begleitend zur lautlichen Äußerung *auch das, was wir als Elite sehen* –, die direkt an die erste anschließt, löst sich der abgeschlossene Behälter auf: Die Hände markieren nicht mehr die Behältergrenzen, sondern bewegen sich bei weitgehend gleichbleibender Handform nacheinander abwechselnd stufenartig nach oben vom Zentrum des Gestenraums an den Rand von dessen oberer Peripherie. Sie scheinen eine zylinderförmige

Stange zu umgreifen und daran emporzuklimmen. „Das, was wir als Elite sehen" (Cornelia Hirsch) wird durch Hirschs Gesten sichtbar gemacht. Sie präzisieren, was in der lautlichen Äußerung verbal nicht expliziert wird, nämlich das Konzept einer Elite, zu der man gelangen kann, wenn man die entsprechenden Stufen nach oben erklimmt. In der geschnittenen Liveversion sind die Hände lediglich angeschnitten zu sehen, wenn sie auf der obersten Stufe angelangt sind (Abbildung 8). Die gestische Visualisierung von Elite als eine Treppe oder Stufenleiter, die nach oben führt, bleibt dem Fernsehzuschauer also verborgen.

Abbildungen 7 und 8: Das Konzept Elite als nach oben führende Stufenleiter (ungeschnittene Fassung und Liveversion)

Während dieses erste Konzept von Elite eine Durchlässigkeit von unten nach oben suggeriert, da man ja eine Stufenleiter sukzessive erklimmen kann, lässt die Veranschaulichung eines weiteren Elitenkonzepts durch Cornelia Hirsch eine derartige Durchlässigkeit nicht zu. Während sie im ersten Beispiel auf ein Elitenkonzept zurückgreift, dass sie der Communis opinio (*was wir als Elite sehen*) zuschreibt, nimmt das zweite Beispiel Bezug auf Elitekonzepte, die Heike Schmoll in ihrem Buch „Lob der Elite" vertritt, dasjenige Buch, welches in dieser Sendung besprochen wird.

Beispiel: „abgeschlossene Eliten an der Spitze". Video 2, Halbtotale: 00:07:47–00:08:07; Liveschnitt: 00:15:57–00:16:17.

```
(4) Cornelia Hirsch: (..) und es zeigt eben auch wieder
    diesen Widerspruch, der dieses Buch von Heike Schmoll ei-
    gentlich durchzieht, dass sie auf der einen Seite offene
```

Eliten fordert (..) auf der andern Seite einfach konstatiert
Geste 1: [**dass der Zugang zu Eliten nicht offen iss**]

Beide Hände modellieren dieselbe zylindrische Form wie in Beispiel (3), nur mit dem Unterschied, dass beide Hände erstens weiter unten im Gestenraum auf der Tischfläche aufliegen und sich zweitens oszillierend aufeinander zu und voneinander weg bewegen, d. h. der Zylinder öffnet und schließt sich, abwechselnd berühren die Fingerspitzen sich und lösen sich wieder voneinander. Das Konzept Elite wird also wiederum als ein abgegrenzter transportabler Behälter visualisiert, dessen Innenraum im Unterschied zum ersten Beispiel durch den Kontakt der Fingerspitzen vom Außenraum abgeschlossen wird.

Geste 2: [und deshalb **die dann auch mehr oder weniger**]

Die Elite als Behälter wird vom unteren Gestenraum der Tischfläche in die obere Peripherie des Gestenraums, direkt vor das Gesicht der Sprecherin „transportiert". Die Hände sind leicht gekrümmt und mit den Fingerspitzen nach oben orientiert. Sie modellieren eine kugelähnliche, nahezu elliptische Form.

Abbildungen 9 und 10: Das Konzept Elite als Behälter in Beispiel (4), Gesten 1 und 2

Geste 3: [unabhängig von der **großen Masse der Bevölkerung**]

Die kugelähnliche Form wird aufgelöst, beide Hände sind nicht mehr leicht gekrümmt, sondern flach und zeigen mit der Handfläche nach unten (PDOH; „palm down open hand"). Beide Handflächen befinden sich im Zentrum des

Gestenraums und werden von innen nach links und rechts außen bewegt. Unter den Handflächen, ohne Verbindung zum kugelartigen Behälter der „Elite", befindet sich die „große Masse der Bevölkerung". Die Ausdehnung ist nach links und rechts hin unbestimmt und nicht abgegrenzt.

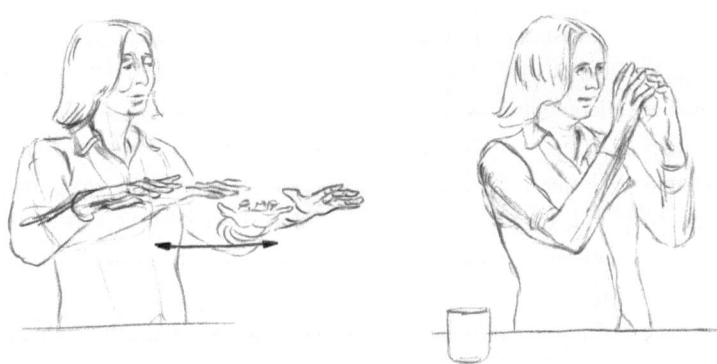

Abbildungen 11 und 12: Die Bevölkerung als abgetrennte Masse ohne Zugang zur Elite in Beispiel (4), Gesten 3 und 4

Geste 4: [**selbst reflektierend** an der Spitze stehen] und das ist aus meiner Sicht wirklich der falsche Weg.

Die Hände sind wie in Geste 2 leicht gekrümmt und mit den Fingerspitzen nach oben orientiert und modellieren mit oszillierenden Hin- und Herbewegungen am Handgelenk wiederum eine kugelähnliche Form.

In den gestischen Darstellungen beider Beispiele (3) und (4) ist die Elite als Objekt der Darstellung oben positioniert. Dies entspricht einer Verbindung von ontologischer Metapher und Orientierungsmetapher, welche gemäß basaler Bildschemata (image schemas) strukturiert ist (Lakoff und Johnson 1980: 14ff.; Müller 2008: 75):

> Orientational metaphors use basic, spatial orientations, such as up-down (HAPPY IS UP, SAD IS DOWN) or front-back (the past is behind, the future is in front); ontological metaphors substantiate nonphysical entities, that is, they transform nonphysical objects (EVENTS ARE PHYSICAL OBJECTS, ACTIONS ARE PHYSICAL OBJECTS) or containers (UNDELINEATED OBJECTS ARE CONTAINERS, NONPHYSICAL OR ABSTRACT ENTITIES ARE CONTAINERS). (Müller 2008: 74)

In unserem Beispiel handelt es sich bei der Orientierungsmetapher um die Metapher CONTROL IS UP – LACK OF CONTROL IS DOWN (Lakoff und Johnson 1980: 15; Müller 2008: 75). In beiden Fälle ist die Elite, der eine gesellschaftliche Kontrollfunktion zugeschrieben wird, oben. Während jedoch im ersten Beispiel durch die angedeuteten Stufen der Bereich der Kontrolle (Elite) von unten her zugänglich ist, ist im zweiten Beispiel der Kontrollbereich Elite nach unten abgeschlossen. Es gibt zwei voneinander separierte „Container" (ontologische Metapher): die kugelförmige Elite an der Spitze und die breite Masse, die sich unterhalb einer gestisch konstruierten Fläche befindet. Dadurch, dass die redebegleitenden Gesten aufgrund der im Liveschnitt gewählten Einstellungsgröße nicht bzw. nur angeschnitten zu sehen sind, werden diese Gesten marginalisiert und damit zugleich auch die durch sie realisierten Visualisierungen abstrakter Konzepte.

Das nächste Beispiel ist in mehrfacher Hinsicht aufschlussreich. Zum einen wird mit der lautsprachlichen Ebene auf die gestische Ebene Bezug genommen, zum anderen handelt es sich zugleich um eine gestische Bezugnahme auf eine vorangegangene Geste des Interaktionspartners. Der kleine Dialog, um den es im Folgenden geht, lässt sich eigentlich nur unter Berücksichtigung der Gesten beider Dialogpartner interpretieren. Dennoch werden die Gesten auch in diesem Fall von der Kamera ausgeblendet, bei Cornelia Hirsch beispielsweise durch einen Zoom, der ihre Hände aus dem Bild drängt.

Beispiel: „interaktive Umdeutung eines Elitekonzepts". Halbtotale (Video 5): 00:03:15–00:03:27; Liveschnitt: 00:13:36–00:13:48.

```
(5) Volker Hassemer: elitäre STÄRke herauszuarbeiten (..)
[dass wir das nicht als | ne Kontroverse ] [sondern als ne
(.) | zweiteilige Aufgabe begreifen]

(6) Cornelia Hirsch: aber wenn's ne zweiteilige Aufgabe
sind (.) [das iss ne] [dann iss die Begrenzung da dann ha-
ben sie ja schon ihre Elitesache]
```

Sowohl bei Hassemer als auch bei Hirsch werden die jeweiligen lautsprachlichen Äußerungen durch beidhändige gestische Strokes begleitet: Die Handform ist die flache Hand, deren Fingerspitzen vom Körper weg zeigen (PLOH).

Die Handflächen der linken und rechten Hand sind einander zugewandt (siehe Abbildungen 13 und 14).

Abbildungen 13 und 14: Die interaktive Umdeutung eines Elitekonzepts in den Beispielen (5) und (6)

Bei Volker Hassemer liegt der beidhändige Stroke nach unten auf der lautsprachlichen Silbe *zwei* in seiner Äußerung *zweiteilige Aufgabe*. Cornelia Hirsch nimmt nun einerseits lautsprachlich Bezug auf Hassemers Äußerung, indem sie die Wörter *zweiteilige Aufgabe* in ihrer eigenen Äußerung wiederholt, andererseits nimmt sie jedoch auch gestisch Bezug, indem sie die beidhändige PLOH-Geste Hassemers wiederaufnimmt. Diese Geste erfährt von Cornelia Hirsch nun jedoch eine Umdeutung: Sie interpretiert Hassemers Geste als Containermetapher (*dann iss die Begrenzung da, dann haben sie ja schon ihre Elitesache*) und unterstellt ihm das Konzept einer abgeschlossenen Elite, obwohl Hassemers Geste auch eine andere Interpretation zuließe, nämlich dass linke und rechte Hand für jeweils eine Aufgabe der genannten zweiteiligen Aufgabe stehen. Dieses Spiel mit einer gestischen Mehrdeutigkeit bleibt dem Fernsehzuschauer verborgen. Betrachtet man allein Cornelia Hirschs lautsprachliche Äußerung, dann bleibt unverständlich, wie es möglich sein kann, von einer zweiteiligen Aufgabe das Konzept einer begrenzten Elite abzuleiten.

6. Die Bildrhetorik der Aufmerksamkeitssteuerung: Wie Zeigegesten ersetzt werden

Zeigegesten haben u. a. die Funktion, die Aufmerksamkeit des Adressaten auf einen bestimmten Raumpunkt („Raumpunktdeixis") oder eine bestimmte Richtung („Richtungsdeixis") zu lenken (Fricke 2007). In der Kommunikation von Angesicht zu Angesicht können Zeigegesten jedoch nicht nur eingesetzt werden, um Gegenstände zu identifizieren, über die gesprochen wird, in dieser Talkshow beispielsweise das Buch zum Thema Elite von Heike Schmoll, sondern Körperbewegungen mit hinweisender Funktion können zugleich ein Mittel der Adressierung sein. Der vom Sprecher gemeinte Adressat wird über eine Zeigegeste aus einer Menge potentieller Adressaten herausgehoben und dadurch identifizierbar.

Dieselbe Funktion, nämlich die Identifizierung eines bestimmten Adressaten durch Aussonderung aus einer Menge potentieller Adressaten, kann auch durch die Kamera erfüllt werden, indem der Bildausschnitt so verengt wird, dass nur noch eine Person im Bild ist. Aus diesem Grund kann eine derartige Verengung des Bildausschnitts die Zeigegeste für den Fernsehzuschauer ersetzen. Für die Gesprächsteilnehmer in der Talkshow selbst behält die Zeigegeste die aufmerksamkeitssteuernde Funktion.

In dem folgenden Beispiel äußert Volker Hassemer *Nehmen wir doch mal Sie* und adressiert Cornelia Hirsch. In der Halbtotale der ungeschnittenen Version ist zu sehen, dass diese Äußerung von einer Zeigegeste begleitet wird, die der Sprecher mit dem rechten Arm und ausgestrecktem Zeigefinger (G-Form) in Brusthöhe ausführt und direkt auf Hirsch richtet (siehe Abbildung 15).

Abbildung 15: Adressierung und Identifizierung mithilfe einer Zeigegeste (Halbtotale)

Für Sprecher, Adressatin und die anderen Gesprächsteilnehmer besteht eine Einheit der Situation, die Adressatin als Zeigobjekt der Zeigegeste ist für alle Beteiligten identifizierbar. Läge im Liveschnitt ebenfalls die Halbtotale vor, dann würde die Einheit der Situation auch für den Fernsehzuschauer bewahrt und damit die Möglichkeit, Cornelia Hirsch als Adressatin zu identifizieren. Im Liveschnitt ist diese Geste jedoch nicht zu sehen. Stattdessen liegen zeitlich nacheinander montierte enge Nahaufnahmen bzw. Großaufnahmen vor.

Abbildungen 16 und 17: Adressierung und Identifizierung durch Wahl der Einstellungsgröße (enge Nahaufnahme/Großaufnahme) und sequentielle Anordnung

Abbildung 16 zeigt Hassemer während seiner lautlichen Äußerung *Nehmen wir doch mal Sie* in enger Nahaufnahme. Stellen wir uns eine Situation mit mehreren Gesprächspartnern vor, in der ein Sprecher diesen Satz äußert, ohne zugleich eine hinweisende Körperbewegung auszuführen. Vermutlich wären wir nicht in der Lage, den vom Sprecher gemeinte Adressaten eindeutig zu identifizieren, denn mit dem Personaldeiktikon *Sie* könnte jeder der Gesprächsteilnehmer gemeint sein oder alle gemeinsam als Gruppe. Erst eine begleitende Körperbewegung mit hinweisender Funktion, z. B. eine Handgeste oder eine Kopfbewegung, vereindeutigen den vom Sprecher gemeinten Bezug auf den Adressaten oder die Adressatin. In dieser Situation mit mehreren potentiellen Adressaten ist also das Vorliegen einer hinweisenden Körperbewegung eine Bedingung dafür, dass der Sprecher das Personalpronomen *Sie* in der 2. Person Singular überhaupt angemessen gebrauchen kann (Bühler 1934; Fricke 2007).

Warum kann nun aber im Liveschnitt die Zeigegeste weggelassen werden? Warum ist eine Groß- oder Nahaufnahme des Sprechers ohne Berücksichtigung hinweisender Körperbewegungen überhaupt möglich? Die Antwort liegt in dem Zusammenwirken von lautlicher Äußerung, Einstellungsgröße und sequentieller Abfolge der Einstellungen. Mit dem Sprecher, in unserem Beispiel Volker Hassemer, und seinen Mundbewegungen ist in der ersten Einstellung zugleich die Origo des Personaldeiktikons *Sie* gegeben. Die Äußerung von *Sie* erfordert eine Fokussierung auf den vom Sprecher gemeinten Adressaten, das Zeigobjekt. Die Zeigegeste leistet diese Fokussierung, indem sie die Aufmerksamkeit auf das durch sie selegierte Zeigobjekt lenkt. Für den Fernsehzuschauer wird die „Leerstelle" des durch die Äußerung von *Sie* geforderten identifizierbaren Zeigobjekts durch die nachfolgende Einstellung gefüllt. Sie grenzt als enge Nahaufnahme die Anzahl potentieller Adressaten, welche in der Halbtotale zu sehen sind, auf eine einzige Person ein. Bildwahl und Schnitt können also in unserem Beispiel insofern als Zeigegestenäquivalent[9] fungieren, als sie die Relata der Zeigerelation festlegen: Die enge Nahaufnahme von Hassemer fungiert als Origo und die auf einen Schnitt folgende enge Nahaufnahme von Hirsch fungiert als Zeigobjekt. Mit anderen Worten: Damit in unserem Beispiel für den Fernsehzuschauer bildrhetorisch die Funktion eines Zeigegestenäquivalents erfüllt werden kann, müssen sprachliche Äußerung, Bildwahl (Einstellungsgröße) und Schnitt (sequentielle Anordnung) zusammenwirken.

Aufgrund der Tatsache, dass das Zeigobjekt bildrhetorisch durch eine Nah- oder Großaufnahme identifizierbar gemacht wird, liegt der Fokus primär auf dem Gesicht des ausgewählten Adressaten. Gesichter können z. B. über hinweisende Blicke analog zu manuellen Zeigegesten und zu lautsprachlichen Deiktika generell eine deiktische Appellfunktion ausüben und die Aufmerksamkeit des Adressaten steuern. Sie sind aber auf der rein visuellen Ebene bezüglich der Ausdrucks- und Darstellungsfunktion semantisch beschränkt: Zwar können Gesichter mimisch eine Vielfalt von Emotionen nicht nur unmittelbar ausdrücken, sondern auch darstellen, genauso wie man mit konventionalisierten verbalen Emotionswörtern auf Gefühle Bezug nehmen kann, ohne diese als Sprecher selbst zu empfinden (Fries 1994). Vergleicht man jedoch die Artikulationsmöglichkeiten des Gesichts mit denen der Hand, dann zeigt sich, dass das semanti-

---

[9] Es gibt noch andere filmische Ausprägungen von Zeigegestenäquivalenten, die wir in diesem Kontext aber nicht betrachten.

sche Spektrum der durch ikonische Handbewegungen darstellbaren Gegenstände und Sachverhalte erstens ein anderes und zweitens ungleich größer und differenzierter ist, wenn es um die Darstellung von Formaspekten, Bewegungen und räumlichen Lageverhältnissen von Objekten geht.

Eine Verklammerung der Mimik mit der Darstellungsfunktion der lautsprachlichen Ebene erfolgt über die Kontiguität von Mundbewegungen (sichtbarer Anteil der lautlichen Artikulation) und Gesicht. Dadurch aber, dass in der Talkshow Handbewegungen in Einstellungen nicht erscheinen oder „abgeschnitten" werden, wird die Darstellungsfunktion in der visuellen Sinnesmodalität semantisch auf den Bereich des mimisch Darstellbaren beschränkt und damit in ihrer Gewichtung zugunsten von Ausdrucks- und Appellfunktion marginalisiert. Diesem Verlust steht der folgende Gewinn gegenüber: Die Fokussierung auf Gesichter erlaubt eine stärkere Verklammerung von lautsprachlicher Information und mimischer Emotion und damit einhergehend eine Dramatisierung des Talkshow-Geschehens.

7. Die zeitgenössische Talkshow und die römische Antike: Parallelen zur Rhetorik Quintilians

Betrachtet man das Spektrum der bildrhetorischen Mittel dieser Talkshow, dann lassen sich auffällige Parallelen zur Rhetorik Quintilians finden. Wie wir in unserem Talkshow-Beispiel herausgearbeitet haben, wird in der Bildrhetorik die Funktion der Nachahmung zugunsten der Zeigefunktion marginalisiert. Eine ähnliche Marginalisierung ergibt sich aus Quintilians Anweisungen für die Verwendung von Gesten bei politischen Rednern:

> 88 Und diese Gebärden nun, die ich besprochen habe, sind es, die in natürlicher Weise mit dem sprachlichen Ausdruck einhergehen; es gibt aber auch noch andere, die die Gegenstände durch Nachahmung kennzeichnen, wenn man etwa einen Kranken durch die Ähnlichkeit mit der Gebärde, wie ein Arzt den Puls fühlt, darstellt oder einen Kitharaspieler dadurch, daß man den Händen eine Haltung gibt, als schlüge man die Saiten. Diese Art von Gebärden ist beim Vortrag aufs äußerste zu meiden. (Quintilianus 1975: 641, XI 3, 88)[10]

---

[10] Et hi quidem, de quibus sum locutus, cum ipsis vocibus naturaliter exeunt gestus: alii sunt, qui res imitatione significant, ut si aegrum temptantis venas medici similitudine aut

Quintilian betont in seinen Ausführungen den Unterschied zwischen politischer Rede und theatralischer Pantomime. Demnach habe ein guter Redner nachahmende Gesten zu vermeiden, nur hinweisende Zeigegesten seien ihm erlaubt:

> 89 Denn aufs stärkste muß sich der Redner vom Ausdruckstänzer (Pantomimen) abheben, so daß das Gebärdenspiel mehr dem Sinn als den Worten dient, wie es ja auch bei den etwas anspruchsvolleren Schauspielern gebräuchlich war. Wenn ich es also auch gestatten möchte, die Hand auf sich zu richten, wenn man von sich selbst spricht, ferner auch auf den zu richten, den sie meint, und andere Gebärden dieser Art, so wenig doch, bestimmte Stellungen und alles, was man sagen will, darzustellen. (Quintilianus 1975: 641f., XI 3, 89)[11]

Gleichzeitig hebt er die wichtige Rolle des Gesichtsausdrucks hervor, dessen sich der gute Redner als rhetorisches Mittel bewusst sein müsse:

> 72 Beherrschend aber ist vor allem der Gesichtsausdruck. Hierdurch erscheinen wir flehend, hierdurch auch bald drohend, bald schmeichelnd, bald heiter, bald stolz erhoben, bald unterwürfig; an ihm hängen die Menschen, hängen ihre gespannten Blicke, er wird beobachtet, schon ehe wir die Rede beginnen; er bekundet, daß wir manchen lieben oder hassen, er macht uns das meiste verständlich und ersetzt oft alle Worte. (Quintilianus 1975: 637, XI 3, 72)[12]

Auch im Bereich der Mimik zieht er eine Parallele zu den darstellenden Künsten, in diesem Fall dem Schauspiel:

> 73 Deshalb entlehnen die Vortragskünstler bei den Stücken, die für die Bühne gedichtet werden, auch von den Gesichtsmasken der einzelnen Rollen den Gefühlsausdruck, so daß in der Tragödie eine Aerope düster, grimmig Medea, erschüttert Aias, polternd Herakles erscheinen. (Quintilianus 1975: 637, XI 3, 73)[13]

---

citharoedum formatis ad modum percutientis nervos manibus ostendas. quod est genus quam longissime in actione fugiendum.

[11] Abesse enim plurimum a saltatore debet orator, ut sit gestus ad sensus magis quam ad verba accommodatus, quod etiam histrionibus paulo gravioribus facere moris fuit. ergo ut ad se manum referre, cum de se ipso loquatur, et in eum, quem demonstret, intendere et aliqua his similia permiserim, ita non effingere status quosdam et quidquid dicet ostendere.

[12] Dominatur autem maxime vultus. hoc supplices, hoc minaces, hoc blandi, hoc tristes, hoc hilares, hoc erecti, hoc summissi sumus: hoc pendent homines, hunc intuentur, hic spectatur, etiam antequam dicimus: hoc quosdam amamus, hoc odimus, hoc plurima intellegimus, hic est saepe pro omnibus verbis.

[13] Itaque in iis, quae ad scaenam componuntur, fabulis artificis pronuntiandi a personis quoque adfectus mutuantur, ut si Aërope in tragoedia tristis, atrox Medea, attonitus Aiax, trunculentus Hercules.

Quintilian führt die darstellende Mimik des Schauspielers auf eine Entlehnung von den Gesichtsmasken zurück, welche den jeweiligen Rollen zugeordnet sind, die die Schauspieler spielen:

> 74 „[...] und die Schauspieler pflegen vor allem diejenige Seite hervorzukehren, die mit der Rolle, die sie gerade spielen, zusammenpaßt." (Quintilianus 1975: 637, XI 3, 74)[14]

Durch die Herstellung dieses Zusammenhangs wird deutlich, dass Gesichtsausdrücke für Quintilian nicht notwendig nur unmittelbarer Ausdruck der Empfindungen des Sprechers sein müssen, sondern typisiert und konventionalisiert sein können und daher auch die Gefühle anderer Personen, welche der Schauspieler verkörpert, darstellen können. Mit anderen Worten: Die Mimik ist kontrollierbar und damit für den Redner ein bewusst einzusetzendes rhetorisches Mittel.

Die Parallele zwischen der Bildrhetorik der von uns untersuchten Talkshow und Quintilians Anweisungen für einen guten Redner lässt sich im Kern auf folgende Punkte zurückführen:

1) **Ablehnung der Nachahmung zugunsten des Zeigens.** In der Talkshow werden zwar Zeigegesten genauso wie nachahmende Gesten „abgeschnitten", dennoch bleibt die Funktion des Zeigens erhalten, indem sie auf das Zusammenwirken von selegierender Einstellungsgröße und Schnitt übertragen wird (siehe Abschnitt 6).

2) **Dominanz des Gesichtsausdrucks.** Die Bildrhetorik der Talkshow stellt diese Dominanz dadurch her, dass sie mit der Wahl der Einstellungsgröße Gesichter durch Nah- und Großaufnahmen fokussiert, so dass sie den von Quintilian erwähnten Masken eines Schauspielers ähneln. Jedem Talkshowteilnehmer ist eine Rolle zugewiesen. Die Fokussierung der Kamera auf die Gesichter, die in ihren Darstellungsoptionen semantisch primär auf Emotionen und hinweisendes Zeigen beschränkt sind, bewirkt in Bezug auf die visuelle Sinnesmodalität eine Dramatisierung und Emotionalisierung des Talkshowgeschehen, in das sich die lautsprachliche Informationsübermittlung durch artikulatorische Mundbewegungen einbettet.

---

[14] [...] atque id ostendere maxime latus actoribus moris est, quod cum iis, quas agunt, partibus congruat.

8. Zusammenfassung und Schluss

Die Marginalisierung von Gesten in der in diesem Beitrag untersuchten Talkshow *Friedmans Agenda* ist kein Zufall, sondern folgt einem Muster, das sich bereits in Quintilians Anweisungen für eine gelungene öffentliche Rede findet. Diese Marginalisierung erscheint zunächst überraschend, denn man könnte erwarten, dass die Fernseh-Talkshow als audiovisuelles Medium gerade demjenigen visuellen Aspekt des Sprechens, der mit der Bedeutungskonstitution der zu übermittelnden Botschaft in besonders enger Weise zusammenhängt, nämlich den redebegleitenden Gesten, besondere Aufmerksamkeit schenkt. Vergleicht man zwei unterschiedliche Fassungen derselben Sendung, zum einen die geschnittene sendefähige Liveversion, zum anderen eine ungeschnittene Fassung, die das Talkshowgeschehen mit einer einzigen Kamera aufgenommen aus der Halbtotalen zeigt, dann kann man beobachten, dass die redebegleitenden Gesten als Bestandteil von „gesture-speech ensembles" (Kendon 2004) bei den Gesprächteilnehmern, die sich untereinander adressieren, die ganze Breite des Spektrums von Gestentypen (z. B. deiktisch, ikonisch, metaphorisch, beats) abdecken und dass Gesten in der Interaktion kommunikativ relevant sind. Werden jedoch die Fernsehzuschauer adressiert und wird das unmittelbare Talkshowgeschehen durch Bildwahl und Schnitt überformt, dann ergibt sich ein anderes Muster: Das ursprüngliche „gesture-speech ensemble" wird durch die Bildrhetorik zu einem „face-speech ensemble" umgestaltet. Diese Umgestaltung erfolgt analog zu zwei wesentlichen in Quintilians Rhetorik formulierten Prinzipien: Ablehnung der Nachahmung zugunsten des Zeigens sowie die Betonung der Dominanz des Gesichtsausdrucks. Durch die Wahl dieser bildrhetorischen Mittel, welche sich auf antike Muster zurückführen lassen, wird eine Dramatisierung und Emotionalisierung des Talkshowgeschehens erreicht.

Literatur

Bühler, Karl (1934/1982): *Sprachtheorie. Die Darstellungsfunktion der Sprache.* Stuttgart/New York: Fischer.
Cienki, Alan/Müller, Cornelia (eds.) (2008): *Metaphor and Gesture.* Amsterdam/Philadelphia: Benjamins.

Dutsch, Dorota (2013): „The body in rhetorical delivery and in theater: An overview of classical works", in: Müller, Cornelia/Cienki, Alan/Fricke, Ellen/Ladewig, Silva H./McNeill, David und Sedinha Teßendorf (eds.): *Body – Language – Communication. An International Handbook on Multimodality in Human Interaction.* Berlin/Boston: Mouton de Gruyter, 329–342 (= Handbooks of Linguistics and Communication Science 38.1).

Fricke, Ellen (2007): *Origo, Geste und Raum: Lokaldeixis im Deutschen.* Berlin/New York: de Gruyter.

Fricke, Ellen (2008): „Powerpoint und Overhead. Mediale und kontextuelle Bedingungen des mündlichen Vortrags aus deixistheoretischer Perspektive", in: *Zeitschrift für Semiotik* 30 (1/2), 151–174.

Fricke, Ellen (2009): „Deixis, Geste und Raum: Das Bühlersche Zeigfeld als Bühne", in: Buss, Mareike/Habscheid, Stephan/Jautz, Sabine/Liedtke, Frank/Schneider, Jan (eds.): *Theatralität sprachlichen Handelns. Eine Metaphorik zwischen Linguistik und Kulturwissenschaften.* München: Fink, 165–186.

Fricke, Ellen (2012): *Grammatik multimodal: Wie Wörter und Gesten zusammenwirken.* Berlin/New York: de Gruyter.

Fricke, Ellen (2013): „Towards a unified grammar of gesture and speech: A multimodal approach", in: Müller Cornelia/Cienki, Alan/Fricke, Ellen/Ladewig, Silva H./McNeill, David and Teßendorf, Sedinha (eds.): *Body – Language – Communication. An International Handbook on Multimodality in Human Interaction.* Berlin/Boston: Mouton de Gruyter, 733–754 (= Handbooks of Linguistics and Communication Science 38.1).

Fricke, Ellen (2014): „Deixis, gesture, and embodiment from a linguistic point of view", in: Müller, Cornelia/Cienki, Alan/Fricke, Ellen/Ladewig, Silva H./McNeill, David and Bressem, Jana (eds.): *Body – Language – Communication. An International Handbook on Multimodality in Human Interaction.* Berlin/Boston: Mouton de Gruyter, 1802–1823 (= Handbooks of Linguistics and Communication Science 38.2).

Fries, Norbert (1994): „Grammatik, Emotionen und Äußerungsbedeutung", in: *Sprache und Pragmatik* 33, 1–37.

Graf, Fritz (1991): „Gestures and conventions: the gestures of Roman actors and orators", in Bremmer, Jan/Roodenburg, Herman (eds.): *A Cultural History of Gesture: From Antiquity to the Present Day.* Cambridge: Polity Press, 36–58.

Jäger, Ludwig (2004): „Die Verfahren der Medien: Transkribieren – Adressieren – Lokalisieren", in: Fohrmann, Jürgen/Schüttpelz, Eberhard (eds.): *Die Kommunikation der Medien.* Tübingen: Niemeyer, 69–79.

Kendon, Adam (1980): „Gesticulation and speech: Two aspects of the process of utterance", in: Key, Mary R. (ed.): The *Relationship of Verbal and Nonverbal Communication,* 207–227.

Kendon, Adam (2004): *Gesture: Visible Action as Utterance.* Cambridge: Cambridge University Press.

Kita, Sotaro (ed.) (2003): *Pointing: Where Language, Culture, and Cognition Meet.* Mahwah, NJ: Erlbaum.

Lakoff, George/Johnson, Mark (1980): *Metaphors We Live by.* Chicago/London: Chicago University Press.

McNeill, David (1986): „Iconic Gestures of Children and Adults", in: *Semiotica* 62, 107–128.

McNeill, David (1992): *Hand and Mind: What Gestures Reveal about Thought.* Chicago: Chicago University Press.

McNeill, David (2005): *Gesture and Thought*. Chicago: The University of Chicago Press.
Müller, Cornelia (1998): *Redebegleitende Gesten. Kulturgeschichte – Theorie – Sprachvergleich*. Berlin: Berlin Verlag.
Müller, Cornelia (2008): *Metaphors. Dead and Alive, Sleeping and Waking. A Cognitive Approach to Metaphors in Language Use*. Chicago: University of Chicago Press.
Müller, Cornelia (in Vorb.): *Domesticating gesture for the sake of speech. The conceptualization of the gesture-speech relationship in the history of Western European rhetoric*. Unveröffentlichtes Manuskript.
Quintilianus, Marcus Fabius (1975): *Ausbildung des Redners. Zwölf Bücher*. Herausgegeben und übersetzt von Helmut Rahn. Zweiter Teil, Buch VII–XII. Darmstadt: Wissenschaftliche Buchgesellschaft.

ANGELA KEPPLER

Das Gesagte und das Nichtgesagte.
Was die Dramaturgie politischer Talkshows zeigt

1. Einleitung

Die Ereignisse, die im Rahmen von Talkshows inszeniert werden, sind Gespräche sehr unterschiedlicher Art – Gespräche allerdings, bei denen keineswegs allein das Gesprochene zählt. Vielmehr wird bereits durch die Einrichtung des Studios, erst recht aber durch die Bildführung der jeweiligen Sendung eine besondere Situation erzeugt, die alles das, was verbal geäußert wird, in einen spezifischen Zusammenhang stellt, der den Nexus der geäußerten Worte weit überschreitet. Allein aus dieser Interaktion des jeweils Gesagten und Nicht-Gesagten ergibt sich der kommunikative Gehalt dieser Sendungen. Obwohl es sich um Gesprächssendungen handelt, zeigen sie in der Form ihrer klangbildlichen Inszenierung vieles, das weder an- noch ausgesprochen wurde.

Für „politische" Talkshows freilich gelten hierbei besondere Bedingungen. Für die beteiligten Politikerinnen und Politiker stellt sich hier die Aufgabe, sich als Akteure zu präsentieren, die hinter ihren Worten und zu ihren öffentlich bekannten Taten stehen, aber auch für die jeweils erörterten Probleme aufgeschlossen sind und praktikable Lösungen anzubieten haben. Gleichzeitig müssen sie sich dem Publikum als unverwechselbare Individuen präsentieren, denen verlässliche Leistungen zugetraut werden können und damit als Personen, denen auch in der Zukunft ein politisches Mandat anvertraut werden kann. Um einen solchen Eindruck muss während der Sendung permanent, also keineswegs nur während der eigenen Redezeiten, gerungen werden. Eine politische Talkshow ist ein agonaler Wettkampf um politische Überzeugungskraft, der im Kern stets ein Kampf um das **Bild** ist, das die interessierte Bevölkerung von den politischen Akteuren gewinnt. Dieses metaphorische Bild aber ergibt sich aus der **Einheit** von Wort und Bild. Genauer noch: es ergibt sich aus der Dramaturgie der Wort-Bild-Sequenzen, in deren Verlauf die Politikerinnen und Politiker medial miteinander konkurrieren. Wie sie dort erscheinen, wie sie dort wirken, welche Art der Aufmerksamkeit sie dort gewinnen, ist für ihren politischen Einfluss unter heutigen Bedingungen durchaus entscheidend. Dieses Bild aber, das die beteiligten Politiker im Verlauf solcher Sendungen abgeben, erzeugen keineswegs sie allein. Es resultiert vielmehr in erheblichem Maß aus einer audiovisuellen Choreografie, die den gesamten Verlauf der inszenierten Auseinandersetzung umfasst und der alle Beteiligten von Anfang bis Ende „unterliegen". Durch permanente Schnitte und Gegenschnitte von Großaufnahmen der Redenden und Zuhörenden, durch Schwenks und Zooms, durch Überblenden und Weichzeichner, neuerdings auch durch die Verwendung von Split-Screen und Rückprojektions-Techniken sowie durch eingespeiste Kurzbeiträge (so genannte „Einspieler", vgl. Klemm in diesem Band) lässt diese Choreografie ein eigenes „Widerspiel wechselseitiger unausgesprochener Kommentierungen" entstehen, die den Gesamtcharakter der betreffenden Sendungen prägen.

Will man diese Kommentierungen, die sich in der Inszenierung politischer Talkshows vollziehen, empirisch untersuchen, so muss man der Tatsache Rechnung tragen, dass es sich bei den fraglichen Sendungen um vielschichtige Kompositionen visueller und akustischer, verbaler und nonverbaler Elemente handelt. Erst aus der Verschränkung dieser verschiedenen Informationskanäle ergibt sich der kommunikative Gehalt dieser Produkte insgesamt. Gerade die non-verbale Kommunikation ist auf der Ebene der Fernsehkommunikation nicht minder zentral als die verbale Kommunikation. „Non-verbal" aber bedeutet hier stets zweierlei. Zum einen das, was über das verbal Geäußerte hinaus an mimisch-gestischer Expression einschließlich der Körperhaltung zum Ausdruck gebracht wird. Zum andern das, was durch das jeweilige Ins-Bild-Setzen und Zu-Gehörbringen aller in der Klangbildbewegung vernehmbaren Gegebenheiten der Sendung artikuliert und dadurch betont, zurückgedrängt oder ausgeblendet wird. Die Wahl des Bildausschnitts, die Kameraführung sowie die Montage von Einstellungen und Einstellungssequenzen fügen dem verbal Gesagten und leiblich Artikulierten nicht nur eine weitere Dimension hinzu, sie übermitteln und illustrieren es nicht allein, sie lassen es in einer bestimmten, allein durch die Bild- und Tonregie erzeugten Weise zur Erscheinung kommen (vgl. Holly in diesem Band). Die Dramaturgie einer Talkshow, heißt das, kommentiert und bewertet alles, was sich in ihrem Verlauf zeigt, und zwar gerade durch die Art, **wie** sie es zeigt. Die

Form der Präsentation aller (verbalen wie nicht-verbalen) Äußerungen, die sich in ihrem Kreis ereignen, prägt den kommunikativen Verlauf im Ganzen. Man kann sich dies leicht durch ein kleines Gedankenexperiment klar machen. Was in einer politischen Talkshow verbal – inklusive aller Nuancen der Intonation – gesagt wird, könnte auch von einer Radioaufzeichnung wiedergegeben werden. Was von den Beteiligten mimisch und gestisch zum Ausdruck gebracht wird, kann auch von den Zuschauern im Studio verfolgt werden. Was aber die Zuschauer am Bildschirm sehen, ist keineswegs allein eine Selektion und Kombination dieser beiden Dimensionen, sondern vielmehr eine eigenständige Inszenierung des Gesprächsverlaufs, die ihm eine spezifische, allein in der Choreografie der Sendung vorliegende Bewegtheit verleiht. Die Bildregie gibt der Wahrnehmung der Betrachter eine bestimmte, niemals neutrale Sichtweise vor; sie lenkt ihre Aufmerksamkeit in einer Weise, die sie auffordert, dem Hin und Her der Diskussion eine bestimmte „Art" der Aufmerksamkeit zu schenken. Alles Gesagte wird auf eine Weise gezeigt, mit der auf unausgesprochene Weise selbst etwas gesagt wird.

Wie dies geschieht und was dies bedeutet, möchte ich an drei Beispielen aus unterschiedlichen, für das Genre paradigmatischen politischen Talkshows verdeutlichen.

2. Sabine Christiansen

Das erste Beispiel ist ein älterer Ausschnitt aus der für längere Zeit als „die" politische Talkshow im Fernsehen geltenden Sendung *Sabine Christiansen*. Das Thema der Sendung vom 07.09.2000 lautete: „Ölpreis-Wut: Kann oder will die Politik nichts tun?" Die Studiogäste sitzen in einem Halbrund; sie sind rechts und links von der Moderatorin aufgereiht, mit einer Öffnung zum Studio- und Fernsehpublikum hin. Die Sitzordnung zeigt von links nach rechts: den Politiker und Träger des alternativen Nobelpreises Hermann Scheer, den Politiker Fritz Kuhn, die Politikerin Angela Merkel, die Moderatorin Sabine Christiansen, den Politiker Kurt Beck und den Politiker Wolfgang Gerhardt.

Talkshow: *Sabine Christiansen* (ARD), 17.09.2000
Thema: „Ölpreis-Wut: Kann oder will die Politik nichts tun?"

4 `3	N: Fritz Kuhn (FK)	FK:	soll ja auch im produzierenden Gewerbe lenken ist doch logisch es kann ja nicht
5 `4	N: Rechter BR im Profil Wolfgang Gerhardt (WG); TS: linke BH dahinter Kurt Beck (KB)		ne reine Verbrauchersteuer sein da kann man über vieles (.) im Detail reden
6 `17	N: FK in BM, schaut um sich, leichte Auf- und Abbewegung des Kopfes mit Kopfnicken, gestikuliert mit der linken Hand, Zeigehand nach vorn, $F^{h,li}$: Kamerafahrt der auf FK gerichteten Kamera um WG herum HN: im VG WG von hinten, unscharf, im HG linker BR FK von vorn	 WG: FK: WG: FK: WG:	was man ganz normal in der Koalition tun wird aber dass die Ökosteuer lenkt Herr Gerhard das will ich noch zu ihnen sagen des können sie am besten sehen wenn sie sich die Werbung die Automobilkonzerne [machen anschauen [also hm ((räuspert sich)) ja zum Beispiel ein bekannter aus Wolfsburg der wirbt <<f>dezidiert> mit seinen [verbrauchsärmeren Modellen [ja (--) [mit der Ökosteuer also [aber das würd er auch
7 `4	G: WG im Profil, lächelt und nickt leicht	 FK: WG: FK:	ohne Ökosteuer machen (-) da glaub ich etwas mehr [an die wirtschaftliche Vernunft als an [das geht auch ohne; die der FDP
8 `3	N: FK nach vorne gebeugt schaut nach rechts linke Zeigehand nach vorn	 WG: FK:	die sehen nämlich [dass die Leute [ich glaub- wenn sie zu Autohändlern
9 `6	N: Hermann Scheer (HS) in der li BH schaut nach unten; S^{re}, Z^h: HN: HS und daneben FK	FK: WG: FK: WG: FK: WG: FK: WG:	[gehen und fragen das müssen sie [ja (.) Herr Kuhn (.) mal das müssen [sie mal machen [und die deutschen [hören sie mal zu wenn sie zu [Ingenieure brauchen die Ökosteuer [Autohändlern und fragen [nicht um bessere Autos zu entwickeln
10 `3	G: WG im Profil, schaut nach links, leckt sich die Lippen	WG: FK:	wirklich nicht und die fragen was ist denn heute die erste Frage die
11 `5	N: FK leicht nach rechts vorn gebeugt		die Leute stellen wenn sie neue Modelle angucken dann sagen die ihnen das hab ich oft erlebt zu
12 `5	HN: Publikum, im VG zwei Männer im Profil, nickend, im HG weitere Reihen Publikum		erst fragen die Leute inzwischen nach dem Verbrauch während sie früher nach äh Kofferraum und Geschwindigkeit und
13 `8	N: FK in der BM, starke Auf- und Abbewegung des Kopfes, ausgeprägte Gestik		PS und sowas gefragt hab=n also des beginnt zu <<f>wirken> tatsächlich da wären wir doch blöde wenn wir jetzt diese Geschichte aussetzen würden denn
14 `5	G: WG im Profil, nach vorn gebeugt		es ist völlig richtig b=wir müssen auch eine vernünftige Reaktion auf das Weltklimaproblem

Abbildung 1: Ausschnitt 1 *Sabine Christiansen*

Zu Beginn des Ausschnitts in der Einstellung E 6 kündigt Fritz Kuhn mit einer verbalen Direktadressierung („Herr Gerhardt") und einer deutlichen gestischen Unterstreichung („das will ich noch zu ihnen sagen") einen Aktivitätstyp an, der eine weitere Bearbeitung erfordert macht. Wolfgang Gerhard widerspricht im *Ja-Aber*-Format und versucht damit das Argument von Kuhn zu entkräften („also ja aber das würd er auch ohne Ökosteuer machen"). Kuhn erwidert mit einer flapsigen Bemerkung („da glaub ich etwas mehr an die wirtschaftliche Vernunft als an die der FDP") antwortet. Während dieses beginnenden Disputs fährt die auf Kuhn gerichtete Kamera hinter Gerhardt vorbei und hebt dadurch diese beiden als momentane Hauptkontrahenten hervor. Als Kuhn fortfährt, ist in E 7 Gerhardt in Großaufnahme zu sehen, mit zusammengekniffenen Augen und einem schwer zu deutenden, von einem leichten Nicken begleiteten Lächeln. Der folgende verbale Schlagabtausch zwischen Kuhn und Gerhardt wird bildlich von einer siebzehn Sekunden langen Kameraeinstellung auf Hermann Scheer, den Träger des alternativen Nobelpreises von 1999, begleitet (E 9), dessen ruhige Mimik und Haltung in auffälligem Kontrast zu dem jeweils in Großaufnahme sichtbaren grimassierenden Gesicht von Wolfgang Gerhardt in der Einstellung davor und danach stehen (E 7 und E 10), dessen Einsprüche dadurch deutlich auf der Ebene des Bildes untergraben werden. Eine bildsprachliche Unterstützung erhält dagegen die Argumentation von Kuhn durch eine in E 12 einmontierte Einstellung, die das Publikum im Studio, und hier insbesondere einen seriös aussehenden jüngeren Mann (der mit Anzug, Weste und Krawatte eher dem Klischee der FDP-Klientel entspricht) zeigt, der mehrmals zustimmend nickt. „Vorteil Kuhn", sagt die Inszenierung dieser Sequenz, ein Vorteil, der an den Worten allein so nicht auszumachen ist. Der Witz dabei aber ist, dass die Bildregie natürlich gar nichts sagt, sondern ihre Wertung allein im Modus des Zeigens formuliert.

Auch in der direkt anschließenden Sequenz kann man sehr gut sehen, wie die Regie Bilder nicht einfach nur komplementär zum Gesagten einsetzt, sondern wie mit den Mitteln der Wort-Bild-Kombination erst die ganze Botschaft des kommunikativen Geschehens geschaffen wird:

Talkshow: *Sabine Christiansen* (ARD), 17.09.2000
Thema: „Ölpreis-Wut: Kann oder will die Politik nichts tun?"

15 '3	G: Angela Merkel (AM), nickt, spitzt den Mund, dreht den Kopf	FK:	äh machen und die meist weniger Energie verbrauchen
16 '7	N: FK nach rechts vorn gebeugt, gestikuliert mit der linken Hand, schaut kurz nach vorn, dann nach rechts, beugt sich nach vorne rechts, am re BR unscharf Hinterkopf von AM	FK: ( ): FK:	und in Marktwirtschaften [macht man des [des is am besten in dem der Preis verteuert wird und an ander=n Stelle entlasten wird Sie Frau Merkel haben in ihrem Buch das jetzt übrigens
17 '8	G: AM schaut nach unten, schaut nach links und lacht, nickt, schaut nach rechts, nickt, schaut nach vorn lacht und schüttelt den Kopf, schaut nach links immer noch lächelnd, schaut nach vorn, nach rechts	FK: AM: FK: AM: FK:	viele Leser findet [ich gratuliere [sehen sie [ja diese genau äh [können se mal sehn dargestellt aber heute wollen sie nichts wissen dieses k.o. äh Öko
18 '4	N: FK schüttelt den Kopf, gestikuliert mit der linken Hand, schaut nach rechts		steuer wirkt auf mich wie wenn sie sich von ihren eigenen Gedanken und Überzeugungen verabschieden
19 '17	HT : In der li BH FK, in der rechten BH AM, FK sitzt zu AM gedreht, linke Zeigehand, leichte Auf- und Abbewegung; Merkel legt die Hände zu einem O; F^{li}, Z^v: N:AM lächelnd schaut nach links; Z^h : HN:AM daneben FK gestikulierend; im linken BR Profil von HS der sich ins Bild beugt; F^{re}, Z^v N: AM zieht die Augenbrauen zusammen, schüttelt den Kopf, schaut nach links, dann nach rechts, im linken BR FK Zeigehand auf AM, AM schaut nach links, nach rechts und lacht, schaut nach vorn	AM: ( ): FK: Publ.: AM: SC: FK: SC:	und ich=p=ä ich würde ihnen persönlich noch den Rat geben wollen dass man sehr sehr aufpassen muss dass das nicht jetzt hier bei ihnen ne Kampagne wird äh wo sozusagen den den Kampagnengeist von Koch und Stoiber drinsteckt und nicht mehr [äh äh d' die äh [<<p>hier steckt der von Merkel drin> [muss denn alles [nein ich halte das für wichtig [((Klatschen)) [hier steckt der von Merkel drin [is es denn- [ich seh () [is ist das eigentliche Problem

Abbildung 2: Ausschnitt 2 *Sabine Christiansen*

In E 16 leitet Kuhn sehr betont auf einen neuen Punkt über: Wiederum mit einer Direktadressierung wendet er sich nun Frau Merkel zu („Sie Frau Merkel") und macht ihr vordergründig ein Kompliment („haben in ihrem Buch, das jetzt übrigens viele Leser findet ich gratuliere"). Auf dieses vermeintliche Kompliment folgt kurz darauf in E 19 eine weitere eher verhaltene Formulierung im Konjunktiv („ich p ä ich würde ihnen persönlich noch den Rat geben wollen"), die suggeriert, dass hier etwas zum Besten eines anderen gesagt werde. Dieses höflich formulierte Angebot erweist sich aber rasch als expliziter Vorwurf. Mehrere Unterstellungen verbergen sich hinter der weiteren Aussage („äh wo sozusagen den den Kampagnengeist von Koch und Stoiber drinsteckt und nicht mehr"), die von der angegriffenen Person abgearbeitet werden müssen. In E 19 wird dies von Angela Merkel dann auch versucht. Zuerst mit leiser Stimme („hier steckt der von Merkel drin"), anschließend aber – vor dem Hintergrund des Beifalls für Kuhn – lauter werdend, meldet sie Widerspruch an („hier steckt der von Merkel drin").

Wenn Fritz Kuhn hier in E 17 Angela Merkel für ihr zu Regierungszeiten geschriebenes Buch über die ökologische Erneuerung lobt und sogleich den dringenden Appell anschließt, doch ihren früheren Ansichten – und damit sich selbst – treu zu bleiben, sehen wir im Bild eine freudig lächelnde Angela Merkel. Die folgende Einstellung zeigt Fritz Kuhn, der zu Merkel gedreht sitzt und mit der Zeigehand das von ihm Gesagte noch unterstreicht. In E 19 ist wieder die angesprochene Angela Merkel zu sehen, die die Hände zu einem O formt und zunächst sichtlich Mühe hat, auf das von Kuhn Gesagte eine angemessene „körpersprachliche" Reaktion zu finden. In ihrer Reaktion zeigt sie (und zeigt die Kamera den Zuschauern) zuerst ein mädchenhaft-freudiges Lächeln (in Nahaufnahme), dann (in einer halbnahen Einstellung) ein In-sich-Zurücksinken bei gleichzeitigem Versuch, Haltung zu bewahren und schließlich, durch einen Kamera-Zoom herangeholt, in Großaufnahme den ostentativen Versuch eine kritische Miene zu zeigen, bis dann, mit einem jetzt selbstsicheren Lächeln, auch die verbale Antwort kommt.

Frau Merkel hat hier ein Glaubwürdigkeitsproblem, das sie persönlich betrifft und für einen Moment auch körperlich trifft, und das sie schon bearbeiten muss, bevor sie überhaupt das Wort ergreifen kann – und das sie erfolgreich nur bearbeiten kann, wenn sie es nicht allein mit Worten aufklärt. Sie muss versuchen, sich als jemand „zu geben", den ein solcher Vorwurf nicht treffen kann. Dies ist hier weniger eine Frage der argumentativen Konsistenz als vielmehr der diskursiven **Präsenz**, bei der der Stimmigkeit von Argumenten oft nur eine nachrangige Bedeutung zukommt – eine Präsenz, die in der Abfolge von „Bildern" erreicht oder verfehlt wird, die den Protagonisten nah auf den Leib rücken und sie untereinander beständig in Beziehung zueinander setzen.

3. Hart aber fair

Dass dieses Zueinander-in-Beziehung-Setzen eines der auffälligsten stilistischen Mittel der Kameraarbeit und vor allem der Bildregie in solchen Gesprächsrunden ist, wird auch an meinem zweiten Beispiel deutlich. Teilnehmer an der jüngeren, von Frank Plasberg moderierten Talkshow *Hart aber fair* sind der Politiker Peer Steinbrück, die Schauspielerin Nathalia Wörner, die Hausfrau Ingrid Köper-Pape, der Unternehmer Peter Paul Moll und der Politiker Gregor Gysi. Diese sitzen von links nach rechts an einem sichelförmigen Tisch nebeneinander; der Moderator Plasberg steht ihnen gegenüber. Das Thema der Sendung ist die Sozialpolitik der Großen Koalition.

Talkshow: *Hart aber fair* (WDR), 24.10.2007
Thema: „Hilfe, sie haben die Reform geschrumpft – geht so der Aufschwung kaputt?"

6 `4	N: Peer Steinbrück (PS)	GG:	ehemalige Sozialdemokratinnen und Sozialdemokraten die WASG gründeten
7 `21	HT: sichelförmiger blauer Tisch von links nach rechts Peer Steinbrück (PS), Nathalia Wörner (NW), Ingrid Köper-Pape (KP), Peter Paul Moll (PM), Gregor Gysi (GG). F^{re}, Z: G: GG gestikuliert, die Ellbogen sind aufgestützt blickt nach rechts, S^{li} : GG aufgestützte Ellbogen, faltet die Hände, Z^h, N: kurze Tiefenunschärfe im Bild, dann GG klatscht die Hände zusammen, gestikuliert energischer mit geschlossenen Händen, blickt nach rechts Ü	Publ.: GG: Publ.: GG:	mit der wir uns jetzt ja vereinigt haben .h weil, sie einen anderen sozialen Ansatz gesucht haben in der Gesellschaft sicherlich auch eine' anderen friedenspolitischen aber ich glaube das entscheidende war der andere soziale Ansatz .hh und das Problem bei Agenda 2010 hieß doch ((kurzes Klatschen)) wir lösen die Probleme indem wir zeit ((kurzes Klatschen)) gleich folgendes machen wir senken die Körperschaftsteuer, wir nehmen
8 `9	VG, li BH, G: PS zuerst scharf, dann unscharf, im rechten Profil HG, BM, N: GG zuerst unscharf dann scharf im Profil, blickt nach vorn, gestikuliert, nickt GG dreht sich nach links zu PS immer noch gestikulierend		keine Vermögenssteuer, wir haben die niedrigste Grundsteuer, Erbschaftssteuer, et cetera .h also das fahrn wir auch noch alles runter und dann drehn wir uns um und sagen den Rentnerinnen und Rentnern, den Arbeitslosen
9 `6	G: PS, Kopf leicht nach links gedreht, dreht Kopf nach vorn, blickt nach unten		und den Kranken dass fürs' für sie leider sehr viel weniger haben und deswegen die Leistungen kürzen müssen Rentenformel wurde geändert Nullrunde
10 `4	N: GG blickt nach links, nach vorn, nach rechts, gestikuliert		über Nullrunde alles Minusrunden .h und das <<f>akzeptieren>, die Leute nich und
11 `4	G: PS im Profil, dreht Kopf von rechts nach vorn links, blickt nach unten	Publ.:	deshalb ist es nötig dass au(h)ch die SPD von links unter Druck gerät und das gerät sie heute ((mehrmaliges kurzes Klatschen))

12 `6	N: GG blickt abwechselnd nach rechts, links und rechts, lächelt	GG: FP: ( ): Publ.: FP:	und fängt sich an zu verändern [is doch nicht schlecht oder, .hh h, [Herr Steinbrück wie viel programmatischen (--) hmkrhmm ((HG: Lachen)) [((Klatschen)) [das war ja ne sehr frei
13 `2	HN, S^{re}: Publikum, zum Teil klatschend	Publ.: FP:	((Klatschen)) händige Beschreibung=äh
14 `3	N: Frank Plasberg (FP) Oberkörper leicht nach links gedreht, lächelnd		wie viel programmatischen Raum haben sie der Links Partei tatsächlich gelassen
15 `7	G: PS im Profil, blickt nach unten, dann nach vorn, bewegt Oberkörper nach vorn, dann zurück und schüttelt leicht den Kopf, blickt nach rechts, dann geradeaus	PS:(-)	die SPD ist nicht dazu da auf die Links Partei zu schielen sondern sie muss ihren eigenen Kurs definieren und Herr Gysi macht sich das sehr leicht
16 `2	G: GG Z^h, N: GG blickt nach unten		(--) natürlich kann ich=äh für
17 `6	G: PS im Profil, blickt nach unten		Schüler für Rentner für ältere Menschen .hh äh für Arbeitslose für Sozialhilfeempfänger hier
18 `12	VG, li BH, G:PS unscharf, im rechten Profil, bewegt den Kopf HG, BM, N: GG im Profil, blickt nach vorn, Hände gebetsartig vor dem Mund Z: VG, li BH, D: unscharf S, HG, BM, G: GG im Profil, blickt nach vorn, Hände vor dem Mund gefaltet, nickt		flammende Reden abgeben ich kann verteilen .hh nur eine Partei wie die SPD is nich nur fürs Verteilen, zuständig sondern sie is auch dafür zuständig dass etwas erwirtschaftet wird <<f>damit' etwas verteilt werden kann der solidar' .h solidarische Staat funktioniert nur
19 `4	G: PS im Profil, blickt nach unten, dreht den Kopf nach rechts, blickt nach vorn, nach unten		wenn vorher auch Leistung erbracht worden ist und deshalb wird die SPD .h
20 `11	N: GG, im Profil Hände vor dem Mund, F^{li}, N: KP, NW Z, S^{re}, Z^h: von links nach rechts, G: PS im Profil, dann N: NW, KP und GG im rechten Profil, GG Hände vor dem Mund, KP blickt in Richtung PS		<<f>beides' tun müssen die Links Partei kann es sich erlauben <<f>ein> Akzent zu setzen in diesem Fall die Verteilung; die SPD muss auf der <<f>einen> Seite diese Republik .h auf die Höhe der wirtschaftlich technischen Entwicklung bringen vor dem Hintergrund eines <<f>

Abbildung 3: Ausschnitt *Hart aber fair*

Während Gregor Gysi in E 6 auf eine Frage des Moderators Plasberg antwortet, sehen wir im Bild Peer Steinbrück mit „versteinerter" Miene. Die nächste Einstellung E 7 beginnt mit einer Kamerafahrt von links nach rechts, von Steinbrück zu Gysi, die diese am entferntesten voneinander sitzenden Teilnehmer in Beziehung zueinander setzt. Nach einer Überblende werden beide in E 8 zusammen im Bild präsentiert, so, dass die zwischen den beiden sitzenden Studiogäste nicht im Bild zu sehen sind. Eine seitliche Einstellung zwingt Steinbrück und Gysi zusammen in eine Ansicht, wobei durch eine Veränderung der Tiefenschärfe beide Politiker abwechselnd scharf und unscharf im Bild zu sehen sind.

Auffällig an diesen Einstellungen ist dabei die sehr unterschiedliche Mimik und Gestik der beiden Politiker, die die Kamera durch den Einsatz von in Groß- und Nahaufnahmen besonders hervorhebt. So sehen wir in E 9 und E 11 in Großaufnahme einen unter sich blickenden, fast regungslosen Peer Steinbrück, während Gysi ihn bzw. die SPD direkt anspricht. In E 12, am Ende seines Statements, erscheint ein Gregor Gysi in Nahaufnahme, der triumphierend nach allen Seiten blickt, jedoch keinen Augenkontakt mit Steinbrück aufnimmt. Steinbrück wiederum ist in der folgenden Einstellung in Großaufnahme zu sehen (E 15). Er bleibt persönlich völlig unberührt, antwortet unaufgeregt, ruhig, sich erst langsam steigernd (erst in E 20 wird seine Stimme lauter und sein Ton bestimmter). In E 16 und 17 findet wieder ein Schnitt-Gegenschnitt-Verfahren Anwendung, zuerst mit Blick auf Gysi, dann auf Steinbrück. In E 18 werden beide wieder von der Seite zusammengerückt. Am Ende des Ausschnitts, in E 20, erfolgt schließlich eine (zu derjenigen in E 7 komplementäre) Kamera-Rundumfahrt von Gysi zu Steinbrück, die in einer Großaufnahme von Steinbrück im Profil mit einem dahinter ebenfalls in Großaufnahme sichtbaren Gysi mündet.

Beschreibungen wie diese mögen pingelig und überdetailliert erscheinen, doch sie sind es keineswegs. Denn sie halten fest, dass und wie hier „bildlich" ein Dialog inszeniert wird, der zwischen den betreffenden Akteuren weder verbal noch gestisch-mimisch stattfindet. Denn weder Gysi noch Steinbrück nehmen in diesem Gesprächsausschnitt persönlich aufeinander Bezug. (Selbst wenn Steinbrück den **Namen** Gysi in E 15 erwähnt, wendet er sich der **Person** Gysi um keinen Millimeter zu). Natürlich kommt durch dieses filmische Verfahren kein „sachlicher" Austausch zwischen Steinbrück und Gysi zustande; die dialogische Kameraführung und Montage macht deren Ausführungen nicht zu einem tatsächlichen Dialog. Was vielmehr auf diese Weise dramatisiert wird, ist gerade die ostentative Nicht-Kommunikation zwischen den Vertretern der Linken und der SPD. Es wird in einer Gegenüber- und Zusammenstellung gezeigt, wie sie **nicht** aufeinander eingehen. Und darin liegt dann schließlich doch ein inhaltlicher Akzent, weil die vorgeführte Starrheit des wechselseitigen Verhaltens, insbesondere von Seiten Steinbrücks, dessen einleitende Maxime sehr nachdrücklich unterstreicht: „Die SPD ist nicht dazu da, auf die Linkspartei zu schielen" (E 15).

4. Anne Will

Mein drittes und letztes Beispiel stammt aus der Talkshow *Anne Will* vom 23.09.2007 (ARD). Die Sendung widmete sich dem Thema: „Deutschland vor dem Anschlag? Das Kalkül mit der Angst". Die Studiogäste sitzen hier – wie bei Sabine Christiansen – in einem Halbrund; sie sind rechts und links von der Moderatorin aufgereiht, mit einer Öffnung zum Studio- und Fernsehpublikum hin. Alle Beteiligten sitzen in roten Sesseln, zwischen denen runde braune Tischchen mit je einem Glas darauf stehen. Die Studiogäste sind von links nach rechts die Politikerin Renate Künast, der Politiker (und Innenminister) Wolfgang Schäuble, in der Bildmitte die Moderatorin Anne Will, rechts von ihr der Politiker (und ehemalige Innenminister) Gerhart Baum, rechts neben ihm der israelische Diplomat Avi Primor.

In diesem Beispiel wird durch die Bildregie nicht nur eine de facto weder in den Redebeiträgen noch im politischen Kontext gegebene Beziehung zwischen verschiedenen Mitgliedern einer Talkrunde hergestellt, hier wird darüber hinaus einer Politikerin, Renate Künast, von der Regie die Rolle einer (Oppositions-)Politikerin zugewiesen, die vergeblich gegen ein visuell hergestelltes Bündnis erfahrener Staatsmänner anzureden versucht.

Talkshow: *Anne Will* **(ARD), 23.09.2007**
Thema: „Deutschland vor dem Anschlag? Das Kalkül mit der Angst"

9 `6	N: Renate Künast (RK) mit erhobenem Zeigefinger der rechten Hand gestikulierend	RK:	.h über Maier Müller Schu:lz, oder wie immer man heißt, .h hat=ha:ben bestimmte Behörden Daten so dass man nachfragen kann. (.)
10 `8	N: Wolfgang Schäuble (WS) im Profil mit nach vorne geneigtem Kopf, blickt nach links, BR$^{u, re}$ Hand RKs, WS wendet den Kopf nach rechts, nickt leicht	RK:	.h da
			[wird imm=r,
		AW:	[sie sprechen jetzt von der Anti Terror Datei
	F^{li}, S^{re}, Z^h : HT: In BH^{li} Rückansicht von RK, verdeckt zur Hälfte WS, der Anne Will (AW) anblickt AW blickt RK an, Handgeste mit der offenen linken Handfläche, nickt kurz und blickt auf ihre Karteikarten, in BH^{re} GB blickt RK an	RK:	[ja genau. so' (.) se=
		AW:	[oder (hm) sag=n wir In:dexdatei;
		GB:	[abe=r wir sollt=n mal über online (.)
		AW:	[wär=okay;
		RK:	Sekunde. (.) so=ne,
		GB:	[Über:wachung sprech=n.
		RK:	[Art von ja=so ne Art
		AW:	[aber das=is natürlich (.) okay
		RK:	[von Datei wird dann; .h
		GB:	[die ist ja: da::. (eh).
11 `3	G (US^l): Gerhard Baum (GB) im Profil, zurückgelehnt, blickt nach links	RK:	wird dann (.) Ja::hre=lang (-) immer das (-) ((Räuspern)) kompl:ette gefordert;

12 `10	N (US¹): RK blickt nach rechts, Handgesten mit beiden Händen, BR[u, li] Insert (*Renate Künast, B'90/Grüne* "*EINEN ABSOLUTEN SCHUTZ GIBT ES NICHT.*") RK blickt nach unten,	RK: GB: RK: GB:	wo ich sage, das geht zu weit; weil auch unbescholtene Bürger dann .hh sozusag=n ü:berall gespeichert werden; mit zugriff=von sehr vielen, [.h ja ab=r=dann machen Sie, (.) [Ich möchte Herrn Schäuble eine Frage stellen. Sekunde. (.)[machen Sie doch mal, .h [hh
13 `2	G: GB blickt nach links, zurückgelehnt, lächelt mit zusammen gepressten Lippen	RK: GB: RK:	[machen sie doch; .h [<<p> hm,> nehm=se üb=rhaupt
14 `1	G (AS): WS hat den leicht schräg gestellten Kopf nach vorne geneigt, blickt nach unten		den e:rsten Teil für den=sie auch ne Me::hr
15 `2	G (US): GB zurückgelehnt, blickt nach links, lehnt sich leicht nach rechts		heit her=stelln=könn; dass=Sie überhaupt .hh so=u=sagen
16 `4	N: RK blickt nach rechts, Zeigegeste mit der hohen offenen rechten Hand		Informatio:ns verbü::nde, hinkriegen; .h.od=r auch bei der On::line: durchsuchung.
17 `2	G: AW Kopf leicht nach rechts geneigt, blickt leicht lächelnd nach links	GB: RK:	[.h Sie streiten sich in der Koalitio:n [<<p> ja; (.) dazu möcht=ich frag=n> immer wieder.
18 `2	G: GB nach rechts zurückgelehnt, blickt nach links, öffnet leicht den Mund		also einmal muss ich ma=sag=n .hh (.) äh die Online,
19 `9	G: RK hat den Kopf leicht nach rechts geneigt, Zᵛ auf D: Gesichtsausschnitt von RK, bewegt Kopf hin und her

hohe Zeigegeste der linken Hand | RK: ( ): RK: | Durchsuchung=n; (.) also ma; die diese Bonn' Bu::ndestroja:ner. es kommt ein Bu:ndesbrie:f und dahinter [hängt so=n Bu:ndestrojaner, [((Räuspern)) der sich=auf=ihre Festplätte setzt. .hh Also; (.) wer nun wirklich Terrori:st=is. |
| 20 `8 | HT (US¹): zwei Zuschauerreihen des Publikums, in der BM: Mann mit dunklem Teint und schwarzen Haaren lächelt,

Zʰ, Sʳᵉ, Fʰ T: Studiopublikum zum Teil lächelnde, zustimmende Mienen | WS: GB: RK: GB: | weiß ja auch wie die andern ihn beobachten könn=n; Des=is ungefähr so wie wenn einer vor [meiner Haustür stehen würde [(((unverständlich))) [ja; mit Kragen hoch Hut (-) [Sonnenbrille, Schlapphut [so einfach is=es nich. |
| 21 `8 | D (US¹): RK blickt nach rechts, gestikuliert

Zʰ G:RK

RK blickt nach links oben, gestikuliert leicht mit der rechten Hand, schüttelt leicht den Kopf | RK: WS: RK: WS: Publ.: WS: GB: RK: Publ.: WS: RK: | [an der Stelle. [ach Gott Frau Künast; <<f> ja:> [so is=es. das ist das gleiche Bild. [Sie red=n unter Ihr=m Niveau:. (.) [((Lachen)) ((amüsiert)) sie reden wirklich [unter ihr=m Niveau:. [so einfach is=es nich. [ihr Zwischenruf ist auch unter=m Niveau. (.) ((Klatschen)) <<pp> ( )> und der Punkt, (.) [Ne: sie sind (-) |

		WS:	[De:s=isch wirklich
22 `4	T: Studiopublikum, mehrere Personen klatschen in die Hände, vereinzeltes Kopfschütteln, F^h, S$^{re.\,1}$, Personen stellen das Klatschen sukzessive ein	RK: WS: AW: GB: AW: RK	[warte=ma) (-) [traurig Was [haben Sie Herr Baum gegen [also äh (.) ja ich=möcht=an Herrn [Online Durchsuchungen? [wir müssen an de:r Stelle diese Vo:rschläge auch zu Ende=denken und
23 `4	N: RK blickt nach rechts, wiederholte Auf- und Abbewegung der rechten Hand	RK: WS: GB:	bring=sie=sie doch ma' .h bri:ng=sie doch [ma Di:nge ein für die sie [gucken Sie=mal; [ja jetzt ( )
24 `6	N (US^l): GB nach links vorne gelehnt, blickt nach links und deutet mit ausgestrecktem Zeigefinger der rechten Hand nach links, GB nimmt die Hand zurück und lehnt sich nach rechts, GB lehnt sich zurück und zieht die rechte Schulter hoch	RK: WS: GB: WS: RK: WS: GB: RK: GB:	[Mehrheiten her:stell=n könn=n [(jetzt lassen sie mich mal) zwei Sätze [( ) (.) ja:..hh sagen. statt immer nur das Absolut:istische zu fordern mit dem sie [die Frei:,heit (einreissen). [es foddet doch; es foddet doch [also wir wir sprechen ni' (.) wir [das ist unser Sicherheitsproblem. [sprechen (.) wir sprechen,
25 `3	N (AS^l): WS mit leicht nach vorn gesenktem Kopf, blickt nach links unten, WS blickt auf und wendet den Kopf nach rechts	RK: WS: GB: WS: AW: GB: AW: WS:	[auch bei (online). [<<f> Es fordert doch niemand [( ) [Absolututisch:tisches.> .h [wir machen [(also wir wir spreche wir sprechen) [on:line Durchsuchungen; [der=s
26 `3	G (US^l): AW wendet Kopf und Oberkörper sehr schnell nach rechts AW nickt mehrmals kurz, lächelt	AW: GB: AW: GB: WS: GB: WS:	[für oder wider; okay? (.) [(wir) besprechen aber ein se:hr [des machen wir jetzt mal. hh [schwieriges Problem. [der sach' der Sachverhalt [<<p> (wir sprechen gleich darüber)> [der Sachverhalt war doch
27 `16	HT: Studiogäste, F^{re}, S^{li}, Z^v : HN: WS mit nach vorne geneigtem Kopf, blickt zu RK, WS legt die rechte Hand in den Schoß, wendet den Kopf zu AW, AW blickt nach unten, wendet den Blick zu WS, WS Geste mit der linken Hand, WS blickt nach rechts, nach links, schüttelt leicht den Kopf; Z^v:N: WS blickt nach rechts unten, legt die linke Hand auf seine Brust	WS:	ganz einfach; (.) .hh die Sicherheitsbehörden; <<p> übrigens auch die Juschtiz die Bundesanwalt> schaft hat gesagt weil Kommunikation nicht nur üb=r Tele:fon erfolgt sondern auch über .h Indernet (.) äh=m tun wir in entsprechender An:wendung der Strafprozessordnung; dafür bin ich nicht zuschdändig sondern die Juschtizminischter, (.)

Abbildung 4: Ausschnitt 1 *Anne Will*

Während Renate Künast ihre Position verbal an einem Beispiel veranschaulichen möchte, wechselt die Kamera von einer Nahaufnahme Künast (E 9) zu einer Nahaufnahme von Wolfgang Schäuble im Profil; die Kamera fährt dann hinter dem Rücken von Künast vorbei, schwenkt nach rechts und zoomt zurück. Der Blick der Kamera richtet sich nun auf einen skeptisch dreinblickenden Wolfgang Schäuble und eine ebenfalls skeptisch blickende Moderatorin Anne Will; am Ende der Einstellung ist im Bildhintergrund rechts zusätzlich noch Gerhard Baum zu sehen (E 10). Verbal und szenisch muss Künast in dieser Einstellung sowohl gegen Anne Will als auch gegen Gerhard Baum anreden. Baum bekundet im Weiteren in E 12 aus dem Off sein Desinteresse an Künasts Ausführungen: „Ich möchte Herrn Schäuble eine Frage stellen". Künast muss ihr Rederecht verteidigen; dabei zeigt die Kamera in E 13 Gerhard Baum in Großaufnahme, der gönnerhaft lächelt, dann mit leichter Aufsicht in E 14 in Großaufnahme Schäuble, zu Boden blickend, in sich hineinlächelnd und sofort danach wieder, diesmal aus leichter Untersicht, Baum mit zufriedenem Lächeln von links nach rechts schauend (E 15). Die Bild-Regie schmiedet hier bereits eine Koalition zwischen den bisherigen politischen Hauptkontrahenten der Sendung – nämlich Schäuble und Baum – gegenüber Künast (eine partielle Einigkeit zwischen Schäuble und Baum, die kurz darauf in der Sendung auch verbal besiegelt wird). Nach einem Zwischenschnitt, in dem, in E 16, eine gestikulierende Künast in Nahaufnahme gezeigt wird, folgt eine Großaufnahme von Anne Will ebenfalls mit skeptisch heruntergezogenen Mundwinkeln (E 17) und anschließend ein weiterer Blick auf Baum, der sich offensichtlich „genervt" zurücklehnt (E 18). Als Künast, die ihr Rederecht verteidigen konnte, von einem „Bundestrojaner" spricht (E 19), entlockt sie dem Publikum eine im Bild als Zwischenschnitt sichtbare erheiterte Reaktion, E 20, die aber durch bissige Bemerkungen von Baum und Schäuble konterkariert wird, wofür diese aus dem Publikum mit lächelnder Zustimmung und Beifall belohnt werden (E 21).

In den nächsten Einstellungen, E 22–26, setzt sich der Kampf ums Rederecht fort, in Wort **und** Bild Einspruch gegen Künast von Baum und Schäuble; auch die Moderatorin versucht zu Wort zu kommen, aber in E 27 kann sich schließlich Schäuble durchsetzen – und dies nicht allein verbal. Denn von einer Totale, die alle fünf am Gespräch beteiligten Personen erfasst, bewegt sich die Kamera in diesem Augenblick per Schwenk und Zoom mit einer vergleichsweise großen Geste frontal auf den Minister Schäuble zu und „erteilt" ihm gleichsam das

Wort, das er sich zunächst durch einfaches Weiterreden erstritten hat. Mit dieser Bewegung wird er **bildlich** aus allen herausgehoben als einer, der die Dinge zurechtrücken kann; die Kamerabewegung verleiht ihm eine Autorität, die Künast in der Sequenz zuvor buchstäblich beschnitten wurde.

Ein zunächst ähnlicher Schwenk und Zoom durch die Gesprächsrunde auf Künast am „Beginn" ihres Redebeitrags hatte viel früher inne gehalten: so, dass diese nur von der Seite zu sehen war und sowohl Schäuble als auch Will als sichtbar reservierte Zuhörer im Bild blieben. Als Wolfgang Schäuble am Ende des Ausschnitts mit seinen Ausführungen fortfährt, gibt es – wie zu Beginn in E 10 – eine Sicht auf Schäuble über die Schulter von Künast, aber hier, in E 27, mit dem Effekt, dass vor allem der äußerst wohlwollende Blick von Will auf Schäuble sichtbar wird. Daraufhin wird per Schuss und Gegenschuss ein weiterer „bildlicher" Bestätigungsdialog zwischen Baum und Schäuble inszeniert, unterbrochen von einer kurzen Einstellung auf eine nun verstummte Künast, der eine unkontrollierte mimische Bewegung ihres Mundes unterläuft. Präsentiert wird nun ein Dialog unter sich gegenseitig ernst nehmenden Männern, der in den nächsten Sequenzen in Bild **und** Wort eine weitere Fortsetzung findet.

Talkshow: *Anne Will* (ARD), 23.09.2007
Thema: „Deutschland vor dem Anschlag? Das Kalkül mit der Angst"

28 `3	G (US[1]): RK mit nach unten gezogenen Mundwinkeln, blickt mit leicht zusammengekniffenen Augen nach rechts, RK öffnet den Mund leicht, schließt ihn wieder	WS: .h äh (.) hm AW: sie sind immer nicht [zuständig WS: [<<f> Entschul-digung es isch=so [jetzt lassen=sie mich RK: [<<pp> ja=ja,> WS: [doch den Satz; es isch GB: [ab=r=ab=r Herr Schäuble darf ich (.)
29 `3	HN: li BH AW blickt nach unten, re BH GB sitzt breitbeinig und mit nach vorne gelehntem Oberkörper, blickt nach links, AW wendet sich mit dem Kopf zu GB, deutet mit der linken Hand nach links	AW: [ja (.) pardon. GB: [darf ich ihnen eine Fra:ge stellen; WS: [<<f> Nein ich will den Satz;> AW: [<<p> jetzt den Satz zu Ende;> WS: [dann hat der Bundesgerichtshof;
30 `6	N: WS Kopf nach leicht links geneigt, blickt nach rechts, Handgeste der rechten Hand auf Kinnhöhe	WS: .h ein paar mal hat man solche Maßnahmen gema:cht, dann hat der Bundesgerichtshof gesagt .hh <<f> nei:n> .h (.) des kann man=nich in
31 `3	HN: VG Rückansicht RK, li BH WS leicht nach vorne gebeugt, re BH AW, blickt WS an, lächelt leicht, nickt langsam	a:naloger Anwendung der Strafprozess-ordnung mach=n, dazu

Abbildung 5: Ausschnitt 2 *Anne Will*

An diesem Beispiel wird sichtbar, dass die Bildregie ganz unabhängig von der

Kraft und dem Gewicht der jeweils verbal geäußerten Standpunkte einen rhetorischen Standpunkt zu formulieren vermag, in dem sie die Position des Innenministers Schäuble mit dramaturgischen Mitteln so heraushebt, dass seine Position schon rein choreografisch als die Überlegene erscheint. Auch hier also, und hier in ganz besonderem Maß, **gewichtet** die Bildsprache der Sendung das in ihr verbal und nonverbal Gesagte und gibt damit etwas zu verstehen oder legt etwas nahe, das zwar mit keinem Wort ausgesprochen, aber durch die **Form** der bildlichen Präsentation durchaus – und durchaus nachdrücklich – artikuliert wird.

5. Drei Schlussbemerkungen

i. An drei kurzen Beispielen habe ich zu zeigen versucht, wie die Bildregie einer politischen Talkshow durchweg kommentierend verfährt. Damit ist aber nicht die Forderung verbunden, dass sich die Regie in solchen Sendungen um eine „neutrale" Darstellung bemühen sollte. Eine solche ist vielmehr gar nicht möglich. Es ist ganz unvermeidlich, dass die Bildfolgen, in denen solche Gespräche wiedergegeben werden, deren Verlauf nachhaltig **modifizieren**. Dies hat zur Folge, dass auf dem Bildschirm stets eine eigene, an die Gesetze des Mediums gebundene **Interpretation** der jeweiligen Auseinandersetzung entsteht. So sehr man sich im Einzelfall darüber streiten kann, ob es sein muss, dass derjenige, der nun ohnehin schon Minister ist, vom Gestus der Kamera noch einmal auf einen atmosphärischen Thron gehoben wird, so sehr es sich also lohnen mag, bestimmte **Stile** der Inszenierung politischer Talkshows in Frage zu stellen, sowenig hätte es Sinn darüber zu lamentieren, dass die Bildfolgen einen gewichtenden Einfluss auf den Gehalt haben. Denn sie haben ihn eben als „Bildbewegungen" dieser oder jener Art, die etwas wahrzunehmen und zu verstehen geben, das es ohne diese Konfigurierung der Gesprächsverläufe **so** weder wahrzunehmen noch zu verstehen gäbe. Die Bildsequenzen solcher Sendungen verleihen dem, was sie darbieten, einen besonderen (und immer auch: in besonderer Weise bewertenden) Gehalt. Sie machen Kontroversen anschaulich, spitzen sie zu, personalisieren sie und unterziehen die Beteiligten zugleich einer besonderen Art von – nicht immer harten, aber auch nicht immer fairen – Test, den sie besser oder schlechter bestehen können.

ii. Aus dieser relativen Macht der Bilder folgt allerdings nicht, dass die Zuschauer am Fernsehen der durch die Regie angebotenen Deutung wehrlos ausgeliefert wären. Sie sind es so wenig, wie sie den Worten von Politikerinnen und Politikern ausgeliefert sind. Hier wie dort können sie sich widerständig zu den im Blick auf Personen wie Sachen jeweils angebotenen Deutungen verhalten, wobei es allerdings manchmal schwieriger sein dürfte, gegenüber der auf einen Gesprächsverlauf offerierten **Sicht** skeptisch zu sein als gegenüber den in ihm getroffenen **Aussagen**.

iii. Schließlich sei festgehalten, dass ich in diesem Beitrag Talkshows nur unter einem ganz bestimmten Aspekt analysiert habe. Mir ging es darum zu erkunden, welche spezifische Form der Kommunikation in der Bildsprache dieser Sendungen liegt. Damit war eine These über die **Verfassung** dieser Sendungen verbunden, die sich auf eine kurze Formel bringen lässt: Durch ihr Zeigen sagen sie etwas über das in ihnen Gesagte hinaus. Über die **Funktion** dieser Sendungen ließe sich noch vieles Weitere ausführen, gerade wenn ihre formalen Qualitäten ernst genommen werden. Denn es ist gerade diese Form der Bild-Text-Beziehungen, die für den Unterhaltungscharakter solcher Sendungen zentral ist. Und wiederum dieser Unterhaltungscharakter aber ist es, der politischen Talkshows eine besondere Funktion verleiht: Was nämlich durch das **Format der Sendungen** insgesamt vermittelt wird, ist nicht in erster Linie diese oder jene Meinung, sondern ein Spiel von Meinungen und bestimmte Regeln dieses Spiels, das sich für Zuschauer und Beteiligte als der Alltag der politischen Auseinandersetzung präsentiert. Als regelmäßig wiederholte Veranstaltungen heben diese Sendungen zudem ein Problem nicht allein für die Aktualität des Tages heraus, sondern erzeugen zugleich eine **Kontinuität** der kontroversen öffentlichen Behandlung politischer Themen, die man nicht gering schätzen sollte, auch wenn man die Möglichkeiten einer stillschweigenden Überredung in ihren Verläufen nicht unterschätzen darf.

Anhang: Transkriptionssystem

Beschreibungsinventar für das tabellarische Filmprotokoll und Erläuterung der Abkürzung für visuelle und auditive Elemente

1. Visuelle Dimension

1.1 Kameraoperationen

1.1.1 Einstellungsgrößen

D Detailaufnahme: eng begrenzter Bildausschnitt, Großaufnahme von Gegenständen.
G Großaufnahme: Konzentration auf den Kopf/das Gesicht bis zum Hals.
N Nahaufnahme: Brustbild; Darstellung von Personen vom Kopf bis Mitte des Oberkörpers; neben den mimischen werden auch gestische Elemente sichtbar. Oft für die Darstellung von Diskussionen und Gesprächen verwendet.
HN Halbnah: Darstellung Kopf bis zur Taille; Aussagen über die unmittelbare Umgebung der abgebildeten Personen werden möglich. Oft zur Darstellung von Personen im Dialog.
HT Halbtotale Einstellung: Menschen von Kopf bis Fuß, oft zur Darstellung von Personengruppen verwendet.
T Totale: ganze Person mit Umgebung; gibt einen Überblick über den Handlungsraum.

1.1.2 Kamerabewegungen

Z Zoom
F Fahrt
S Schwenk
TS Tiefenschärfe

Richtung der Kamerabewegung (jeweils hochgestellt hinter Kamerabewegung):

v   nach vorn   o   nach oben
h   nach hinten   u   nach unten
li nach links   re nach rechts

1.1.3 Kameraperspektive (in Klammer hinter Einstellungsgröße)

AS Aufsicht/Vogelperspektive
US Untersicht/Froschperspektive
l   leicht
s   stark

1.2 Schnitt

Ü   Überblende: Einzelbilder von Einstellung A überlappen mit Einzelbildern von Einstellung B

――   Schnitt: auf letztes Einzelbild von Einstellung A folgt unmittelbar erstes Einzelbild von Einstellung B

1.3 Elemente der Bildkomposition

1.3.1 Insert

Inhalt des Inserts kursiv; Besonderheiten (Groß-/Fettschrift etc.) werden übernommen

1.3.2 Lokalisierung von Personen oder Gegenständen im Raum

VG	Vordergrund	BR	Bildrand
HG	Hintergrund	BH	Bildhälfte
BM	Bildmitte		

2. Akustische Dimensionen

2.1 SprecherInnen

NN	bei bekannten SprecherInnen Abkürzung des Vornamens und des Nachnamens
(A)	SprecherIn ist vermutlich SprecherIn A
( )	SprecherIn nicht identifizierbar

2.2 Gesprochene Sprache (wird nach Bedarf erweitert nach den Regeln des GAT-Transkriptionssystems für gesprochene Sprache, vgl. Selting, Margret et al. 1998: „Gesprächsanalytisches Transkriptionssystem (GAT)", in: *Linguistische Berichte* 173, 91–122)

(.)	Mikropause unter 0.25 Sek. Dauer
(-), (--), (---)	geschätzte Pausen von ca. 0.25 - 0.75 Sek. Dauer
(2)	geschätzte Pause in Sekunden ab Pausendauer von ca. 1 Sek.
[	Beginn einer Überlappung bzw. gleichzeitiges Sprechen
ja:::	Dehnung; Anzahl der Doppelpunkte entspricht Länge der Dehnung
?	stark steigende Intonation
,	schwach steigende Intonation
;	schwach fallende Intonation

.	stark fallende Intonation
=	Verschleifung innerhalb von Einheiten, z. B. und=äh
hm, ja, nee	einsilbige Rezeptionssignale
hm=hm, ja=a, nei=ein	zweisilbige Signale
'hm'hm	mit Glotalverschlüssen, meistens verneinend
waru'	Abbruch eines Wortes oder einer Äußerung
.h, .hh, .hhh	hörbares Einatmen, je nach Dauer
h, hh, hhh	hörbares Ausatmen, je nach Dauer
a(h)ber	Aspirationslaut oder Lachpartikel beim Sprechen
((lacht))	Umschreibung von para-linguistischen Information (Lachen, Husten, Räuspern, etc.), äußere Klammer kennzeichnet Anfang und Ende
( )	unverständliche Textpassage
(und)	vermuteter Wortlaut, nicht sicher rekonstruierbar
<<f>>	=forte, laut, (z. B. <<f> Hi:lfe:>)
<<ff>>	=fortissimo, sehr laut
<<p>>	=piano, leise
<<pp>>	=pianissimo, sehr leise

Es ist wichtig, hier zu beachten, dass Satzzeichen in den Filmprotokollen nicht im üblichen Sinn zur Interpunktion verwendet werden, sondern dazu, steigende bzw. fallende Intonation am Satzende zu markieren! Um die Lesbarkeit der Filmprotokolle zu verbessern, haben wir in Abweichung von den GAT-Konventionen im gesprochenen Text die Groß- und Kleinschreibung beibehalten; dies betrifft jedoch nicht die Markierung von Satzenden bzw. -anfängen.

GERDA EVA LAUERBACH

Multimodale Konstruktion von Lesarten in einem politischen Talkshow-Interview von CNN: Sprecherwechsel, audiovisueller Rhythmus und audiovisuelle Sequenzen

1. Vorbemerkung

Gegenstand der in diesem Beitrag präsentierten Analyse sind die diskursiven Praktiken, mit denen das Zusammenspiel von verbaler und visueller Kommunikation in einem politischen Talkshow-Interview hergestellt wird. Dazu gehört auch die Art und Weise, wie für und durch die Teilnehmer verschiedene interaktive Positionierungen oder **footings** konstruiert und dadurch dem Fernsehpublikum eine Reihe präferierter Lesarten des Gesagten nahe gelegt werden. Methodisch ist die Analyse vom Typ **deviant case study**. Derartige Analysen haben den Vorteil, dass aus der Art und Weise, wie in solchen Fällen diskursive Erwartungen verletzt werden, die zugrunde liegenden diskursiven Konventionen und die Praktiken ihrer Umsetzung umso klarer hervortreten. Der von der Norm abweichende Charakter des zu analysierenden Interviews besteht darin, dass es per Telefon geführt wird und die Zuschauer über weite Strecken anstelle von Interviewer und Interviewtem Archivbilder sehen.

Im folgenden Abschnitt werden zunächst einige grundsätzliche Überlegungen zu den audiovisuellen Besonderheiten des Informationsfernsehens angestellt. In Abschnitt 3 werden sodann anhand der Daten zwei genre-spezifische Typen strukturbildender Schemata der dialogischen Textsorte „audiovisuelles Interview" herausgearbeitet, **audiovisuelle Muster des Sprecherwechsels** und **audiovisueller Rhythmus**. Aus der Interaktion dieser beiden Konstruktionsprinzipien lassen sich strukturell, semantisch und pragmatisch abgrenzbare Einheiten audiovisueller dialogischer Texte ableiten. Zwei solcher Einheiten oder **audiovisuelle Sequenzen** werden in einem weiteren Schritt für semantische und pragmatische Interpretationen fruchtbar gemacht. Eine Zusammenfassung und Diskussion der Ergebnisse findet sich in Abschnitt 4.

2. Verbale und visuelle Kommunikation im Informationsfernsehen

Es ist selten, dass das „Bildermedium" Fernsehen ausschließlich Bilder sendet. Zumeist besteht der Fernsehtext aus einem komplexen Zusammenspiel von Bild, Sprache und Ton, im Informationsfernsehen ist dies der Regelfall. Formal lässt sich das semiotische Potential des Fernsehens als ein hybrides System verschiedener semiotischer Systeme beschreiben, deren Zeichen in der Praxis auf verschiedenen technischen Kanälen aufgezeichnet und dann synchronisiert werden. Das Koordinatensystem der Typen von Zeichen und Übertragungskanäle lässt sich in einem „Zeichenamalgam der audiovisuellen Medien" wie in Abbildung 1. zusammenfassen (vgl. Renner 2007: 398):

	visueller Kanal	auditiver Kanal
ikonische Zeichen	a. fotografisches Bild b. Grafik	a. Ton b. Musik
sprachliche Zeichen	geschriebene Sprache	gesprochene Sprache

Abbildung 1. Das semiotische Zeichenamalgam der audiovisuellen Medien

Visuelle Zeichen werden von Renner als ikonische Zeichen behandelt, die sich jedoch in ihrer Modalität, d. h. in ihrem Realitätsbezug, unterscheiden (vgl. auch Graddol 1994). Fotografische Bilder und Nachrichtenfilm repräsentieren oder referieren auf Gegenstände und Sachverhalte in der physikalischen Welt, während Grafiken und Diagramme Gegenstände und Relationen in der mentalen Welt repräsentieren. Letzteres trifft auch auf Ton und Musik zu, sofern sie auf Stimmung und Atmosphärisches verweisen. Sprache tritt hauptsächlich in gesprochener Form auf, kann aber auch verschriftlicht sein – als Texteinblendung, als Namens- und Ortsinsert („Bauchbinde") oder als laufendes Schriftband am unteren Bildschirmrand mit aktuellen Nachrichten zu Börse, Sport oder **breaking news**. Wie die verschiedenen Zeichen, bzw. die in ihnen erstellten Textteile, miteinander interagieren, um die Gesamtbedeutung des audiovisuellen Fernsehtextes zu konstruieren, ist im dargestellten Zeichenamalgam lediglich als Möglichkeit enthalten, auf deren Basis entsprechende Fragestellungen formulierbar sind. Die zuletzt erwähnten Schriftbänder z. B. haben überhaupt keinen

Bezug zum Bild, „hier etabliert der institutionelle ‚Sprecher' Fernsehsender einen zweiten, eigenständigen Kommunikationszusammenhang", der in Konkurrenz zum ersten um die Aufmerksamkeit der Zuschauer tritt (Renner 2007: 427). Das „Zeichenamalgam" ist als ein Potential zu verstehen, dessen Ausdrucksmöglichkeiten für verschiedene Kontexte des Gebrauchs auf verschiedene Weise in unterschiedlichen Kombinationen realisiert werden können.

Auch wenn man in der Analyse des informativen Fernsehtextes zunächst Ton und Musik beiseitelassen und sich auf das Zusammenspiel von Bild und Sprache beschränken kann, ist dies kompliziert genug. Beide Zeichensysteme haben ihre eigenen „Grammatiken" und können auf allen Ebenen, vom einzelnen Zeichen bis zur Textstruktur, in der Konstruktion der Gesamtbedeutung miteinander interagieren. Und wenn auch das Potential der Sprache zur Bedeutungskonstitution ungleich viel differenzierter erforscht ist als das der visuellen Zeichensysteme, so lässt sich doch sagen, dass Bilder wie die Sprache einer Art „visueller Grammatik" folgen (Kress/van Leeuwen 1996). Auch gleichen sie der Sprache darin, dass sie in den drei Metafunktionen der systemisch funktionalen Linguistik bedeutungskonstitutiv sind: sie repräsentieren die Welt, sie konstruieren interpersonale Beziehungen und Identitäten und sie strukturieren textuelle Beziehungen (Halliday ²1994; Jewitt/Oyama 2001). Diese drei Metafunktionen gelten nicht allein für die Sprache, sondern auch für andere semiotische Systeme.

Alle drei semiotischen Metafunktionen sind immer zugleich wirksam, wobei die eine oder die andere dynamisch im Wechsel jeweils dominant sein kann. Ein Wahlplakat z. B. repräsentiert nicht nur die darauf abgebildeten Politiker, es evoziert darüber hinaus bestimmte interpersonale Einstellungen wie Vertrauen, Hoffnung, Abneigung, Gleichgültigkeit etc. und fordert den Betrachter auf: „Wähle mich!". Die Größe des Plakats und des Portraits, sowie Farben, Kameraeinstellung, Hintergrund etc. sollen Glaubwürdigkeit, Durchsetzungsvermögen etc. signalisieren und insgesamt einen bestimmten, positiven Eindruck erzeugen. Umgekehrt können derartige Merkmale der Inszenierung eingesetzt werden, um beim Betrachter Angehörigen bestimmter Gruppen gegenüber negative Einstellungen zu evozieren und diese damit zu diskriminieren (Hartley/Montgomery 1985; Graddol 1994; van Leeuwen 2001).

Textuelle Strukturen werden im Visuellen wie im Verbalen durch Beziehungen von Kohäsion und Kohärenz konstruiert (vgl. Halliday/Hasan 1976; 1985). Zugleich sind sie relevant für semantische und interpersonale Bedeutung. So kann ein Wahlplakat eines von mehreren in einer Kampagne sein, die in der Abfolge ihrer Präsentation eine semantische Aussage bilden und in ihrer Gesamtheit eine appellative ideologische Positionierung konstruieren. Darüber hinaus besteht eine enge funktionale Verknüpfung zwischen textuellen Beziehungen und inferentieller Bedeutung. Wie im Verbalen haben Kohäsion und Kohärenz im Visuellen das Potential, sequentielle Erwartungen zu erzeugen (temporaler, konditionaler, kausaler etc. Art, sowie hinsichtlich präsupponierter oder implizierter Sachverhalte). Solche sequentiellen Erwartungen dienen dazu, **allgemeine** Inferenzen für die Deutung des Textes nahe zu legen. Wie im verbalen können aber auch im visuellen Text Grice'sche **spezifische** Inferenzen evoziert werden, wenn derartige Erwartungen durch Lücken, mangelnde Relevanz, Widersprüche oder Ungereimtheiten enttäuscht werden (Grice 1975).

Was die inferentielle Bedeutung einzelner Ausdrücke angeht, so können visuelle Zeichen ebenso wie sprachliche metaphorisch gebraucht werden (Forceville 1996) und haben Bilder wie sprachliche Zeichen neben ihrer denotativen auch konnotative Bedeutung (Barthes 1977). Wie metaphorische und andere Arten figurativer Signifikation ist visuelle konnotative Bedeutung eng an die in Bildern transportierten kontext- und kulturspezifischen Codes gebunden, wie z. B. in der „**italianicity**" der Produkte in der von Barthes analysierten Panzani-Werbung oder dem Signal „Migrationshintergrund", das von den in einem holländischen Geografiebuch abgebildeten Kopftuchträgerinnen ausgeht (van Leeuwen 2001).

Die kombinatorischen Beziehungen von Sprache und Bild sind vermutlich weitgehend genreabhängig. So bezieht sich Barthes' (1977) Relation der „**anchorage**" z. B. darauf, wie die Unterschrift von Nachrichtenfotos in der Druckpresse das Bild denotativ erläutert. Das Bild ist primär, der Text sekundär. Dennoch hat der Text eine wichtige Funktion, die über die reine Deskription hinausgeht, denn er schränkt zugleich die Polysemie des Bildes ein. Dadurch wird die Interpretation der Rezipienten gesteuert, mögliche Konnotationen werden kontrolliert, indem einige betont, andere vernachlässigt werden, eine bestimmte Bedeutung wird fixiert. Dieser Prozess hat für Barthes etwas Ideologisches:

(A)nchorage may be ideological and indeed this is its principal function; the text directs the reader through the signifieds of the image (...) it remote-controls him towards a meaning chosen in advance (1977: 40).

Bei illustrativen Fotografien und Grafiken in pädagogischen Texten, in denen die Bilder den Text veranschaulichen, ist das Verhältnis umgekehrt, ist der Text das Primäre, und die Bilder steuern seine Interpretation. Wiederum anders ist das Verhältnis bei verbal-visuellen Metaphern in der Anzeigenwerbung (Forceville 1996; Cook 1996), in denen aus der Interaktion von Bild und Sprache komplexe Gesamtbedeutungen konstruiert werden. Die komplementäre Beziehung von Text und Bild in der Anzeigenwerbung kommt der Bedeutung von Barthes' „**relay**" nahe, in dem die Einheit der Aussage auf einer höheren Ebene realisiert wird, jener der Story, der Anekdote, der narrativen Entwicklung, wie z. B. in Karikaturen, in Comics und im Film (Barthes 1977: 41).

Für das Genre des Informationsfernsehens, mit seinen Subgenres „Nachrichten" und „Magazin" sowie deren Subgenres lassen sich verschiedene Typen von Bild-Text-Kombinationen unterscheiden: z. B. eine, in dem Nachrichtensprecher, Moderatoren oder Reporter direkt in die Kamera/zu den Zuschauern sprechen; eine zweite, in der Moderatoren oder Reporter **face-to-face** einen oder mehrere nachrichtenrelevante Gesprächspartner interviewen, eine dritte, in der Interviews aus dem Studio per Außenschaltung geführt werden, und eine vierte, in der Informationen zum laufenden Nachrichtenfilm gegeben werden. Im letzten Fall sind es die Bilder, die sichtbar sind (Sprache im Off), in den ersten drei sind es die Sprecher (Sprache im On). Ein Beispiel hierfür ist die Meldung, in der Nachrichtensprecher die Zuschauer in frontaler Nahaufnahme direkt ansprechen und den Wahrheitsanspruch ihrer Aussagen und ihre journalistische Glaubwürdigkeit durch Augenkontakt, Stimmqualität, Mimik, Gestik, Körpersprache und ein gepflegtes Äußeres zu belegen suchen, wie es vergleichbar die Sender tun durch die Seriosität des Studios und die technische Versiertheit der Redaktion (Graber 1990; Renner 2007).

In der Analyse der Text-Bild-Beziehungen im Informationsfernsehen haben die Formate von Interview oder Gespräch im On vergleichsweise wenig Aufmerksamkeit erfahren. Richtig problematisch und analytisch besonders interessant wird die Text-Bild-Beziehung offenbar erst dann, wenn die Sprechenden nicht mit ihrer Person sichtbar für die Wahrheit und Glaubwürdigkeit des Gesagten eintreten können, sondern hinter den Bildern verschwinden. Für Nachrichtenfilm mit Sprache aus dem Off wurde lange angenommen, dass der verbale Text das Primäre sei und die Bilder die subsidiäre Funktion hätten, den Text zu illustrieren, ihm Authentizität, Aktualität und Glaubwürdigkeit zu verleihen. Der Grund ist vermutlich historisch und verdankt sich der Tatsache, dass das Genre gesprochener Nachrichten bereits im Radio existierte und im Fernsehen eben bebildert wurde.

Wenn aber Bilder dazu dienen, den Realitätsbezug des informativen Textes zu dokumentieren, dann ist es eine nahe liegende analytische Frage, wie gut sie das denn tun – umfassend, nur zum Teil oder überhaupt nicht (vgl. Wember ²1983; Glasgow University Media Group 1976). Abhängig von der Antwort auf diese Frage kann man dann nach der Funktion der Bilder fragen – verstärken sie die verbale Aussage und erleichtern so deren Verstehen und Behalten, fügen sie ihr Bedeutungskomponenten wie Kommentar, subjektives Erleben oder die Konkretisierung abstrakter Inhalte hinzu, oder sind sie schlicht verdoppelnd, stereotyp, irrelevant oder sogar widersprüchlich und behindern so Verstehen und Erinnern (vgl. Oomen 1985). Untersucht wurden diese Fragen im Paradigma der Behaltensforschung, die einen „geschlossenen" Text mit vorab gegebenen Bedeutungen voraussetzte, deren Erinnern dann empirisch erfragt werden konnte. Die Ergebnisse allerdings waren uneinheitlich und inkonsistent.

Heute legt man ein Modell „offener" Texte zugrunde, nach dem den Rezipienten eine Reihe möglicher Lesarten angeboten werden, die aus der Interaktion des verbalen und des visuellen Textes herauslesbar sind. Der aktive Beitrag der Rezipienten zum Verstehen des Textes und die analytische Rekonstruktion ihrer inferentiellen Interpretationsarbeit rücken ins Zentrum der Forschung (z. B. Graddoll 1994; Meinhoff 1994). Diese Sichtweise der Interaktion von verbalem und visuellem Text in der Konstruktion von Bedeutung auf einer höheren Ebene ist geeignet, die Beziehungen und Interpretationsprozesse von Barthes' Bild-Text-Relation des „**relay**" zu erhellen. In detaillierten Analysen wird nun gezeigt, wie sprachlicher und visueller Text sich wechselseitig lesbar machen und in der Konstruktion einer Gesamtbedeutung interagieren (Holly 2005), wie „die Bedeutungskonstitution gleichsam in einem Prozess des „Oszillierens" zwischen Sprache und Bildern erfolgt" (Holly 2006: 139). Das Ziel dieses Ansatzes, nämlich die Analyse verschiedener konventionalisierter Muster und Funktionen der Interaktion zwischen Texten und Bildern sowie der genre-spezifischen Verteilung dieser Muster (Holly 2007) wird auch in diesem Beitrag verfolgt.

Eine weitere analytisch relevante Frage ist, ob die Art der in den Nachrichten gezeigten Bilder eine Wirkung darauf hat, wie stark die visuelle Information in der Interpretation der Rezipienten berücksichtigt wird. Diese Frage ist unabhängig davon, ob die Bilder parallel zum Text sind oder zu ihm in einer anderen Relation stehen. Tragen Bilder – unabhängig vom verbalen Text – etwas zu den Nachrichten bei? Wie sieht das visuelle Material aus, das Nachrichten begleitet, und was davon wird bevorzugt erinnert? Nach einer Untersuchung US-amerikanischer Nachrichten verschiedener Sender waren mehr als die Hälfte der erfassten Bildszenen Nahaufnahmen von Menschen – von Personen des öffentlichen Lebens und von einfachen Menschen, von Moderatoren und Reportern (Graber 1990). Routinebilder stereotypen Inhalts kamen ebenfalls häufig und in großer Ähnlichkeit auf allen untersuchten Sendern vor. Insgesamt etwa ein Drittel der Bildsequenzen trug zur Erweiterung des verbalen Textes bei. Behalten wurden visuelle Themen weitaus häufiger als verbale, und von letzteren hauptsächlich Aussagen der Moderatoren oder Reporter, also direkt an die Zuschauer adressierte Sprache im On. Weiterhin erinnerte mehr als die Hälfte der Befragten Nahaufnahmen von bekannten Menschen, von unbekannten Menschen in exotischen Kontexten, und von einfachen Leuten, die Ihre Meinung äußerten. Weitgehend ignoriert wurden stereotype Nachrichtenbilder, Bilder von Menschenmengen und alltägliche Szenen. Graber schließt daraus: „Audiences generally fail to process information that is not personalized and that is neither very familiar nor very unusual" (1990: 146). Dies bedeutet aber nicht, dass Nachrichtenbilder keine Information vermitteln – im Gegenteil. Aus den vielen Nahaufnahmen von „people pictures", aus Gesichtsausdruck und Körpersprache ziehen die Zuschauer Schlussfolgerungen, die Konsequenzen für die Rezeption politischer Nachrichten und für die Einschätzung der Glaubwürdigkeit von Fernsehjournalisten haben:

> (They) are invaluable in forming opinions about political leaders and are obviously important in electoral choices. (…) They enshrine the politics of personality at the expense of considering the influence of the broader political system and at the expense of dispassionate factual analysis. (…) Visual cues are also used to appraise the credibility of

news personnel and the spokespersons they present to the public on television. If the spokespersons appear credible, the impact of their messages increases and can bring about measurable changes in public opinion. The high credibility (and resulting influence) enjoyed by anchors, reporters and many high-level officials is largely a function of their television images (Graber 1990: 153).

Insgesamt präsentiert der verbale Text in den Daten Hintergrundinformation, Kontext, Ursachen und Erklärungen eines Ereignisses, der visuelle Text dagegen emotionale Anteilnahme. Der Realismus der Bilder verleiht den Nachrichten Glaubwürdigkeit: „People gain a sense of witnessing an event when they see it presented in moving pictures. **They trust what they see more than what they hear**" (Graber 1990: 152, Hervorhebung GL).

Schließlich ist auch noch analytisch bedeutsam, in welcher Weise Inszenierung und Montage des Filmmaterials zur Bedeutungskonstitution audio-visueller Texte beitragen. Auch dazu liefert Grabers Untersuchung einen Hinweis. Dort wurden visuelle Szenen nämlich nicht nur nach Ihrem Inhalt kategorisiert, sondern auch nach Art und Dauer der Einstellung. Kurze Bildszenen von 1–10 Sekunden Dauer waren in ihrem Material weitaus häufiger als längere Einstellungen (mit Ausnahme des öffentlichen Senders PBS). Nahaufnahmen von Menschen und kurze Einstellungen machten einen großen Teil ihrer Daten aus. Solche Merkmale von Produktion und **editing** legen eine weitere Ebene semiotischer Bedeutung über die Bilder, die für die Analyse konventionalisierter Muster von Text-Bild Beziehungen von Bedeutung ist (vgl. Holly in diesem Band).

Durch die Dauer von Einstellungen und deren Variation wird dem Fernsehtext **Rhythmus** verliehen. Zwar sind unbewegte Bilder Raumgestalten, bewegte Bilder aber werden als Abfolge von Bewegungen und damit als Ablauf in der Zeit wahrgenommen. Dies trifft auch auf die anderen Zeichen des semiotischen Amalgams zu: Die Linearität der gesprochenen oder geschriebenen Sprache ebenso wie die einer Tonfolge werden gleichermaßen in ihrer Abfolge in der Zeit wahrgenommen. Für Renner ist deshalb die Zeit der zentrale Ordnungsfaktor des semiotischen Amalgams: „Die einzelnen Zeichensysteme Bild, Ton, Sprache und Musik werden zeitlich so miteinander verknüpft, dass sich die Wahrnehmung ihrer Zeichenkörper zu ganzheitlichen Zeitgestalten verbindet" (2007: 402). Aus der Produktionsperspektive wird diese ganzheitliche Zeitgestalt dadurch erzeugt, dass der visuelle und der auditive Kanal synchronisiert werden. **Synchronizität** ist ein physikalisches Phänomen, wahrgenommen wird sie jedoch als gemeinsame Rhythmen der Zeitgestalten der verschiedenen visuellen und auditiven Wahrnehmungsbereiche. Der **Rhythmus** ist somit ein psychologisches Phänomen (Renner 2007: 402–403). Er wird erzeugt durch Montage und Schnittgestaltung.

Aus der Sicht der Methode der **deviant case analysis** sei hier angemerkt, dass die Wahrnehmung einer einheitlichen visuell-auditiven rhythmischen Gestalt des Fernsehtextes weitgehend naturalisiert ist, d. h. sie entspricht unserer unmediatisierten Wahrnehmung der Wirklichkeit. Dass sie künstlich erzeugt ist, wird erst in jenen „abweichenden" Fällen deutlich, in denen die Synchronisierung missglückt und die Rhythmen als verzerrt wahrgenommen werden, oder aber, wenn in nicht-informativen Genres der Realitätsbezug gezielt manipuliert wird, z. B. in Zeitlupe, durch auffallend lange Einstellungen, extrem kurze oder stark kontrastierende Schnittfolgen.

Der Rhythmus audiovisueller Einstellungen und Sequenzen ist in der Lage, eine zusätzliche Ebene der Bedeutung zu schaffen – ganz so, wie das suprasegmentale Bedeutungspotential der Sprache für verschiedene Funktionen z. B. der Emphase oder der Strukturierung von Information genutzt werden kann (vgl. Lauerbach 2002). Renner (2007: 403) erwähnt, dass der Rhythmus kohärente audiovisuelle Einheiten definiert und es so erlaubt, Textgrenzen zu bestimmen. Vom Paradigma der systemisch-funktionalen Linguistik bzw. Semiotik aus gesehen betrifft dies jedoch nur eine der drei Metafunktionen, nämlich die textuelle. Rhythmische Kadenzen des audiovisuellen Textes sind jedoch auch mit der Abfolge semantischer Einheiten gekoppelt und somit relevant dafür, wie wir einen audiovisuellen Text „lesen" (Iedema 2001: 192). Für van Leeuwen (1985: 223) ist Rhythmus des filmischen Textes eine notwendige Bedingung von Bedeutung:

> Rhythmic grouping segments the text, at the level of perception, into units which are not only rhythmically but semantically coherent. Without meaning anything in itself, rhythm is nevertheless a necessary condition for meaning (van Leeuwen 1985: 223).

Diese Bemerkungen zum audiovisuellen Rhythmus gelten zunächst für monologische Texte. Es bleibt zu zeigen, wie eine **rhythmische Analyse dialogischer audiovisueller Texte** auszusehen hat. Zweifellos wird dabei der für die

Textsorte konstitutive Sprecherwechsel eine große Rolle spielen. In meiner Analyse eines Talkshow-Interviews werde ich zeigen, dass der audiovisuelle Rhythmus über die oben beschriebenen strukturellen und semantischen Effekte hinaus auch als strategische Ressource für rhetorische, d. h. interpersonale Effekte dienen kann.

3. Analyse eines politischen Talkshow-Interviews

3.1 Kontext und Daten

Das zu untersuchende Interview stammt aus der US-amerikanischen Talkshow *Larry King Live*, die vom 24/7-Nachrichtensender CNN USA von 1985 bis 2010 zur besten Sendezeit ausgestrahlt wurde. Sie war weltweit die erste international gesendete Talkshow. Der Gastgeber, genannt „The King of Talk", interviewte Gäste aus Sport, Kultur, Politik und anderen Bereichen des öffentlichen Lebens, allein oder auch zu zweit, jeweils eine Stunde lang montags bis freitags. Dazu gab es eine Ausnahme: Während der Nachwahlphase der amerikanischen Präsidentschaftswahlen von 2000, als fünf Wochen lang vor Gerichten vom County Court bis zum Supreme Court der Vereinigten Staaten darüber gestritten wurde, welcher Kandidat Floridas 25 Wahlmännerstimmen gewonnen hatte, war King täglich auf Sendung. Seine Gäste kamen ausschließlich aus dem Umfeld der an dem Konflikt Beteiligten, dem demokratischen damaligen Vizepräsidenten Al Gore und dem republikanischen damaligen Gouverneur von Texas, George W. Bush. Der Kreis der **„celebrity guests"** wurde reduziert auf Politiker, Wahlkampfmanager und Anwälte der streitenden Parteien sowie auf journalistische und politische Experten verschiedener Medien und Institutionen.

Gegenstand der Analyse ist ein Interview, das Larry King am 22. November 2000, mehr als zwei Wochen nach der Wahl, mit Dick Cheney, G.W. Bushs Vize-Präsidentschaftskandidaten, führte. Am frühen Morgen dieses Tages war Cheney mit Herzbeschwerden ins George Washington Hospital, Washington D. C., aufgenommen worden. Über die Diagnose bestand zunächst Unklarheit, und erst am Nachmittag erklärten die Ärzte, dass er einen Herzinfarkt erlitten hatte. Dies war insofern ein sensibles Thema für das Bush Camp als Cheneys lange Geschichte kardiologischer Probleme, einschließlich einer multiplen Bypass-

Operation im Jahre 1988, schon seit seiner Nominierung als Bushs „**running mate**" Anlass zur Besorgnis gegeben hatte. Zudem war tags zuvor eine wichtige Entscheidung des Florida Supreme Court zuungunsten des Bush Camps ergangen. In den Medien war den ganzen Tag über spekuliert worden, ob dies möglicherweise die Herzattacke ausgelöst haben könnte und wie belastbar ein Vizepräsident Cheney unter Stress sein würde. Schadensbegrenzung war deshalb dringend geboten, und so kam es zu einem Telefoninterview mit „*Dick Cheney from his hospital bed*", wie Larry King es formulierte.

Diesem Interview mit Dick Cheney ging ein Interview mit einem Kardiologen aus Los Angeles voraus, in dem dieser im Studio beschreibt, was am Morgen im George Washington Hospital geschah. Der renommierte Experte erklärt die medizinischen Maßnahmen, die ergriffen wurden, mögliche Konsequenzen eines Infarkts, die mögliche Rolle von Stress als Auslöser, Konsequenzen für einen gesunden Lebensstil, und wie lange ein implantierter Stent halten könne. Wie ich an anderer Stelle gezeigt habe, ergeben die verbalen Texte der beiden Interviews zusammen ein Argument, das der Gastgeber mit seinen Gästen, zunächst mit dem medizinischen Experten, dann mit Cheney selbst, kollaborativ und sukzessive konstruiert (Lauerbach 2007). Die Schlussfolgerung aus dem ersten Interview war, dass – unter bestimmten Bedingungen – Cheneys Prognose gut und nicht besorgniserregend ist. Das zweite Interview zeigte u. a., dass die im ersten stipulierten Bedingungen erfüllt sind und kam zum Schluss, dass Cheney fit und bereit ist, das Amt des Vizepräsidenten zu übernehmen. In dieser Analyse soll es nun darum gehen, welche Rolle die Bilder, die das zweite, das Telefoninterview begleiten, für die Interpretation spielen.

3.2 Formate von Experten- und Politiker-Interview

Beim ersten Interview mit Dr. Shaw handelt es sich um ein Experteninterview, im zweiten mit Dick Cheney um ein Politikerinterview. Beide Interviews wurden **live** gesendet, wurden aber auf unterschiedliche Weise formatiert. Das erste fand im Studio Los Angeles statt. Gastgeber und Gast saßen einander an Larry Kings Tisch gegenüber, vor dem gewohnten *Larry King Live*-Studiohintergrund. Geschnitten wurde das Interview nach den konventionellen Mustern für **face-to-face**-Interviews. Der jeweils Sprechende wurde entweder in frontaler Nahaufnahme gezeigt oder aber in einem **over-the-shoulder shot**, der es erlaubt, den anderen beim Zuhören zu zeigen. Manchmal wurden auch Interviewer (IR) oder Interviewee (IE) in Nahaufnahme beim Zuhören gezeigt, während man die IR-Frage oder IE-Antwort im Off hörte. Außerdem gab es **medium shots** von beiden, wie sie einander gegenüber sitzen, oder **split-screen** Nahaufnahmen, die einen von beiden beim Sprechen und den anderen beim Zuhören zeigen. Diese beiden Arten von Shots wurden hauptsächlich als Übergangseinstellungen benutzt, wenn entweder IR oder IE sich erwartbar dem Ende ihres Turns näherten und ein Sprecherwechsel unmittelbar bevorstand. Wenn der neue Sprecher seinen Turn begonnen hatte, erfolgte ein Schnitt zu einer der o. g. Optionen. Typisch für dieses Schnittformat für **face-to-face**-Interviews sind die vielen langen Nahaufnahmen, meist mit Sprache im On, die den Zuschauern die Gelegenheit geben, Gesichtsausdruck, Gestik und Körperhaltung der Gesprächspartner eingehend zu studieren. Auch die visuellen Darstellungen des Sprecherwechsels sind typisch für dieses Format. Insgesamt ist es das Muster des Sprecherwechsels in Interaktion mit der genre-spezifischen Abfolge von Frage und Antwort, die den audiovisuellen Rhythmus dieses Interviews bestimmt.

Das zweite Interview konnte natürlich nicht nach diesem Muster geschnitten werden. Zwar wurde es ebenfalls **live** gesendet, aber IE war per Telefon zugeschaltet und daher nicht zu sehen. Nun sind Schaltungen per Telefon nichts Außergewöhnliches für Fernsehinterviews. Man bedient sich ihrer immer dann als Notbehelf, wenn – sei es aus technischen oder anderen Gründen – eine Videoübertragung nicht möglich ist. Oft ist dies z. B. der Fall bei Berichten oder Interviews aus Krisenregionen, und es gibt dafür auch konventionalisierte Bearbeitungsmuster. Meist wird zunächst ein Foto der Berichterstatter oder IEs gezeigt, während sie ihren Turn beginnen. Dieses Foto wird im Laufe des Turns durch Archivbilder oder Film aus der Region ersetzt, um kurz vor der Schaltung zurück ins Studio wieder gezeigt zu werden. Auch das King-Cheney Interview hätte nach diesem Muster visuell gestaltet werden können. Archivbilder des Tages hätten durchaus zur Verfügung gestanden – von der „Krisenregion" Washington Hospital; von Ärzten, die Erklärungen abgeben; auch von G. W. Bush, der ebenfalls ein Statement abgegeben hatte; oder etwa auch von der Tür zur Kardiologie, Aufschrift „**Cardiology Unit**"; von Ärzten, die um ein Bett herumstehen und irgendetwas machen, etc. Diese Art der Visualisierung hätte allerdings das Potential gehabt, das Thema von Krankenhaus, Krankheit und Herzinfarkt zu verstärken. Dieser Weg wurde nicht gewählt.

Zunächst wird das Interview mit Dick Cheney über 42 Sekunden hinweg visuell von einer einzigen Einstellung begleitet: Die Fernsehzuschauer sehen IR wie er, in die Kamera sprechend, sich nach IEs Befinden erkundigt, und wie er Details über die Geschehnisse im Krankenhaus sowie über IE's Krankengeschichte erfragt. Sie sehen ihn auch, wie er den Erwiderungen von IE auf diese Fragen lauscht, und sie sehen ihn auch noch, als er danach fragt, ob IE bei dem Eingriff Angst hatte. Mit IEs vierter Antwort beginnt eine Reihe von Videoclips, auf denen Cheney und Bush zu sehen sind, manchmal mit ihren Ehefrauen, wie sie sich den Weg durch jubelnde Menschen bahnen, die mit amerikanischen Flaggen und Schildern mit der Aufschrift „Bush/Cheney" winken; wie sie einander auf der Bühne eines großen Saales die Hände schütteln; wie Cheney zum versammelten Publikum spricht; wie dieses applaudiert und ihm zujubelt; wie Bush ihm applaudiert; wie Luftballons und Konfetti in den amerikanischen Farben blau, weiß und rot auf sie nieder regnen; weiterhin Sequenzen von Bush und Cheney mit ihren Ehefrauen beim Dinner in semi-privatem Kontext (vermutlich Bushs Gouverneursvilla in Austin, Texas); von den beiden Paaren, wie sie vor einem repräsentativen Gebäude auf die Kamera zugehen, sich unterhalten, lächeln, winken; von Cheney mit Bush und Mrs. Bush auf deren Ranch in Texas; schließlich zwei Sequenzen von Cheney, wie dieser sich mit einem kleinen blonden Mädchen fotografieren lässt, von einem Mann, der vielleicht ihr Vater ist, zusammen mit einer Frau, die vielleicht die ihre Mutter ist. Einige der Clips werden, leicht modifiziert, mehrmals gezeigt. Das Bildmaterial besteht vorwiegend aus **close-ups** und **medium close-ups** von Cheney oder von Cheney und Bush mit ihren Ehefrauen. Nicht ein einziges Mal wird die Sequenz von einem Schnitt ins Studio unterbrochen, um den Interviewer zu zeigen, wie er eine weitere Frage stellt oder zuhört. Die Zuschauer bekommen den Gastgeber erst zum Schluss des Interviews wieder zu Gesicht, als er sich an sie wendet, um dieses zu beenden.

Was sind das für Bilder, die dieses Telefoninterview begleiten? Zunächst einmal sind es Standardnachrichtenbilder aus dem Archiv. Lipson (2007), unter

Rückgriff auf Edelmann (1964) und Langer (1998), nennt solche Bilder **condensation symbols**. Verdichtungssymbole sind visuelle Zeichen aus alten Nachrichten, die geteilte Bedeutungen evozieren, und sie dienen als Kürzel mit unmittelbarem Erkennungseffekt für die Kategorisierung von Ereignissen und Menschen. Sie formen einen Kode stabiler Bilder, die – organisiert in kulturellen Skripts – es erlauben, neue Information im Rahmen vertrauter, leicht abrufbarer kognitiver Schemata zu interpretieren. Diese Scripts erleichtern den Zuschauern das Verstehen und stellen zugleich Routinemuster für die weitere Arbeit der Produktionsteams bereit. Jeder Angehörige der amerikanischen Kultur wird diese Bilder auf Anhieb als Bilder aus dem Wahlkampf erkannt haben und die aus dem Saal als jene des Nominierungsparteitags, auf dem die Republikaner nach dem Vorwahlkampf G. W. Bush zum Präsidentschaftskandidaten ihrer Partei kürten und Dick Cheney zu seinem **running mate**. Das kulturelle Skript ist das der Siegesfeier – nach den langen **Primaries**, den Nominierungen und den Reden der Gewinner der Vorwahlen steht Feiern auf der Tagesordnung, bevor die nächste, entscheidende Phase des Wahlkampfes beginnt. Die Bilder zeigen die führenden Hoffnungsträger der Partei ausgestattet mit den Insignien politischer Macht: erhöht auf der Bühne, die **Stars and Stripes** hinter sich, das Rednerpult mit der Aufschrift „**Renewing America's Purpose**" vor sich, und unten die jubelnde Menge in einem Meer von Fahnen und Bush/Cheney-Plakaten. Die Bilder erhöhen und feiern Bush und Cheney, es sind epideiktische Bilder.

Diese „people pictures" im Sinne von Graber (1990) zeigen aber nicht nur **close-ups** der Mächtigen und Berühmten. Sie zeigen auch emotionsgeladene Nahaufnahmen von einfachen Menschen, wie sie lachen und jubeln, wie sie Cheney die Arme entgegenstrecken, wenn er sich durch die Menge arbeitet und hinauf zu ihm, wenn er auf der Bühne steht. Das Skript brauchte nur wenige Modifikationen, um für ein Popkonzert oder einen Papstbesuch zu taugen. Dazu kommt, dass die Bilder sehr lebendig, sehr bewegt sind – es bewegen sich Menschen, Ballons, Konfetti, es bewegt sich die Kamera, die den Gewinnern folgt und nah an sie heran zoomt. Einige der Bilder sind narrativ. Die Menschen auf der Bühne begrüßen sich, sprechen miteinander, winken, halten Reden, schütteln Hände, gehen wieder. Andere sind voller Harmonie – so die der beiden möglicherweise zukünftigen „Herrscherpaare" beim Essen, beim Besuch, auf der

Ranch. Wiederum andere zeigen einen volkstümlichen Cheney, wie er die Hände einfacher Menschen in der Menge schüttelt oder sich mit einer Bilderbuchfamilie fotografieren lässt.

Dies sind keine Bilder, die die Aufmerksamkeit der Zuschauer auf das lenken, was gesagt wird. Es ist vielmehr die Sorte Bilder, die sie zum Nachteil des Verbalen gefangen nehmen. Es sind jene Arten von Bildern, die beim Zuschauer starken Eindruck hinterlassen und messbar am besten erinnert werden (Graber 1990). Zwar haben verbaler und visueller Text einen identischen Handelnden gemeinsam, nämlich Dick Cheney. Dieser jedoch agiert in völlig verschiedenen Rollen und Kontexten. Die Zuschauer hören den Patienten, der mit dem Interviewer aus dem Krankenhaus über seine Herzprobleme spricht, und sie sehen den Vize-Präsidentschaftskandidaten, wie ihn seine Partei auf dem Nominierungsparteitag feiert. Der Cheney, den die Bilder den Zuschauern zeigen, ist stark, siegreich, und mächtig und hat nichts mit jenem gemein, der nach einem Herzinfarkt aus dem Krankenhaus zu hören ist. Bilder und Text dieses Interviews stehen in krassem Gegensatz.

Die sich widersprechenden Aussagen von Text und Bild können in diesem Fall zu einem konnotativen Kompromiss führen (Gerber 1958), der es den Zuschauern erlaubt, ihre Identifikation mit Cheney trotz aller ihm widerfahrener Unbill aufrecht zu erhalten – zumal jenen Zuschauern, die ohnehin das republikanische Ticket Bush-Cheney unterstützen. Unterstützer des Gore-Camps dagegen werden, so ist anzunehmen, die dem Text beigegebenen Bilder mit Skepsis betrachten.

3.3 Rhythmus und die audiovisuelle Organisation des Sprecherwechsels

Im ersten, dem Experteninterview mit dem Kardiologen, war es das Muster des Sprecherwechsels in Interaktion mit der genrespezifischen Abfolge von Frage und Antwort, das den audiovisuellen Rhythmus dieses Interviews bestimmte. Im zweiten Interview mit Cheney selbst haben wir nun den Fall, dass etwa 20 % dieses Interviews aus Sprache des Interviewers im On und des Interviewtem im Off bestehen (nämlich die lange Anfangssequenz und der kurze Schluss). Im größten Teil des Interviews von fast 80 % aber sind beide Teilnehmer aus dem Off zu hören, und zwar über Bildern, die zum Text im Widerspruch stehen. Man könnte daher vermuten, dass der für Interviews konstitutive Sprecherwechsel für die Rhythmisierung des visuellen Kanals in diesem speziellen Falle keine Rolle spielt und die Bilder, da sie ja ohnehin nicht in Verbindung mit dem Gesagten stehen, einfach irgendwie dazugeschnitten wurden. Wahrscheinlicher ist jedoch, dass selbst in einem solchen Falle gewisse Parallelen zwischen generischer Struktur des verbalen Textes und audiovisuellem Rhythmus in Kraft bleiben.

In der Prosodie der gesprochenen Sprache kennen wir allgemeine rhythmische Muster mit generalisierten Funktionen, die in genre-spezifischen Kontexten zu spezifischen Mustern und Funktionen modifiziert werden. Zunächst sind die allgemeinen rhythmischen Potenziale von Monolog und Dialog sehr unterschiedlich. Das ist natürlich vor allem auf die Organisation des Sprecherwechsels zurückzuführen. Aber die interaktive Orientierung der Teilnehmer im Gespräch äußerst sich u. a. auch sehr eindrucksvoll in der Art und Weise, wie sie den Rhythmus ihrer Äußerungen so aneinander anpassen können, dass sie kollaborativ schrittweise z. B. eine Argumentation konstruieren, Übereinstimmung oder einen Kompromiss erreichen oder auch geteilte Einstellungen wie z. B. emotionales Engagement aufbauen (Selting 1994). Eine derartige rhythmische Gemeinschaftsproduktion ist im Monolog nicht, bzw. nur in rhetorischer Simulation, möglich. Wie zahlreiche Arbeiten aus der Ethnomethodologie und der Gesprächsanalyse gezeigt haben, sind soziale Muster und konversationelle Rhythmisierungen unbewusst und routinisiert. Es ist deshalb nicht abwegig zu vermuten, dass sich auch in der audiovisuellen Rhythmisierung dieses Interviews, d. h. in der Bearbeitung der Bilder, die divergent zum verbalen Text sozusagen monologisch vom Fernsehsender kommen, Anzeichen dialogischer Rhythmen wie z. B. derjenigen des Sprecherwechsels durchsetzen.

Im Fall des massenmedialen Interviews sind nicht nur die Adressatenwechsel (IR an Zuschauer/IR an IE für Zuschauer) kompliziert, sondern die Verhältnisse sind auch auf der Sprecherseite nicht einfach. Im Fernsehen ist der Gastgeber oder der Interviewer einer Talkshow nicht der einzige, der im Namen des Senders zum Publikum und mit dem Interviewten für das Publikum spricht. Die Bilder sprechen auch mit, und hinter den Bildern das Produktionsteam. Für eine Analyse der audiovisuellen Organisation des Sprecherwechsels ist daher zu untersuchen, wie der Rhythmus des visuellen Kanals, der vom Produktionsteam konstruiert wird, mit dem des Sprecherwechsels im verbalen Kanal, den die Gesprächspartner organisieren, in Beziehung gesetzt wird. Man könnte vermuten, dass vom Sprecherwechsel insofern eine Bedeutung für die Rhythmisierung des audiovisuellen Textes ausgeht, als relevante Orte des Übergangs von einem Sprecher zu anderen durch den Beginn einer neuen Einstellung jeweils in der Umgebung des Turnbeginns eines der Interaktanten markiert werden. Das heißt, dass der Schnitt zu einem neuen Shot mit dem Wechsel zu einem neuen Sprecher korrespondieren müsste. Dies war in den Daten jedoch nur eines von mehreren Mustern, und nicht das häufigste. In Übereinstimmung mit dem hohen zeitlichen Anteil, in dem weder IR noch IE auf dem Bildschirm zu sehen waren, war das häufigste Muster wie folgt:

> IR und IE im Off. Beginn IR-Frageturn überlappt mit vorheriger Einstellung, IR-Antwortbeginn wird von neuer Einstellung begleitet.

Der audiovisuelle Rhythmus, der hier entsteht, wird sowohl von den Gesprächspartnern durch den Sprecherwechsel konstruiert, als auch (und nicht unwesentlich) vom Team im Schneideraum um die Organisation des Sprecherwechsels herum visuell mit gestaltet. Als häufigstes in den Daten kann das beschriebene Muster als das für bestimmte Sequenzen dieses Interviews normale gelten. Im unmarkierten Fall wird also die IR-Frage auf dem Hintergrund bereits bekannter Bilder gestellt, während die IE-Antwort simultan mit neuem Bildmaterial beginnt. Dieses audio-visuelle Muster des Sprecherwechsels ist zunächst als unabhängig vom Inhalt der verbalen wie der visuellen Komponente zu betrachten. Interessanterweise gilt es in den Daten jedoch für alle Sequenzen, in denen für den IE Cheney negative Inhalte erfragt werden.

3.4 Sprecherwechsel und audiovisuelle Sequenzen

Die multimodale Organisation des Sprecherwechsels ist nicht die einzige rhythmische Organisation, die diesen Text gliedert. Sie sagt zunächst nur etwas aus über die audiovisuellen Verhältnisse an den **transition relevance places** (Sacks/Schegloff/Jefferson 1974), nichts aber darüber, wie die rhythmische Organisation innerhalb der Turns oder über größere Einheiten hinweg beschaffen ist. Wenn man die Anzahl von Sprecherwechseln über eine Einstellung hinweg oder die Anzahl von Schnitten innerhalb eines Turns oder Turnpaares mit in die Analyse einbezieht, dann kristallisieren sich rhythmische Sequenzen heraus, die auch unter semantischen und pragmatischen Gesichtspunkten textuelle Einheiten bilden. Derartige Einheiten werden hier **audio-visuelle Sequenzen** genannt. Im Folgenden stelle ich zwei audiovisuelle Sequenzen einander gegenüber, die sich (a) hinsichtlich ihrer Struktur im audiovisuellen Muster des Sprecherwechsels und (b) in der audiovisuellen Rhythmisierung der Gesprächszüge stark unterscheiden.

Die **audio-visuelle Sequenz 1** (siehe Tabelle 2) beginnt mit der IR-Frage Q4, die noch in Überlappung mit der langen Einstellung IR im On aus der vorherigen Sequenz erfolgt. Erst mit IEs Replik R4 verschwindet IR vom Bildschirm, und die in 3.2. beschriebene Reihe von Videoclips beginnt. Auf dem Hintergrund des letzten Shots (Nr. 6) dieser Reihe stellt IR seine Frage Q5, und der erste Shot (Nr. 7) einer weiteren Video-Reihe begleitet den Anfang von IEs R5. Wiederum über dem letzten Shot dieser Sequenz initiiert IR sein Feedback FB5K, und mit IEs Replik FB5C beginnt der neue Shot 12. Mithin sind alle Turnpaare der Sequenz nach dem gleichen Sprecherwechsel-Muster organisiert: IR-Turn überlappt mit vorherigem Shot, IE-Turn beginnt mit neuem Shot.

		audio-visual sequence 1	Images/captions
Q4		KING:	//shot 1.CU Larry King
	1	I know when it happened to me –	//caption 1: *On the phone: Dick Cheney from Washington hospital*
	2	were you scared,	
	3	Dick,	
	4	this morning?	(from previous sequence)
R4		CHENEY:	
	5	No,	//shot 2. MCU C and Mrs. C making their way through cheering crowd, shaking hands
	6	it's uh/it's one of those things where I had learned,	
	7	had drummed into me properly so	
	8	over the years	//shot 3. CU C at Party. Conv., on stage, slight smile
	9	that any time you feel something	
	10	that might be cardiac-related,	
	11	you go check it out.	//shot 4. LS crowd, slogans "Bush-Cheney", confetti, balloons
	12	And uh the uh/that's/that's good advice for everybody,	
	13	but especially anybody	
	14	who has a history of coronary artery disease,	
	15	as I do.	//shot 5. CU C at lectern, against US flags, delivering speech
Q5		KING:	//shot 6.MCU Bush and C on stage with their spouses
	16	And now,	
	17	so they did the stent.	
	19	I guess you get/you get to watch that,	
	20	don't you?	

R5	21	CHENEY: Yeah <u>and uh</u>	
FU5K	22	KING: Kind of weird that	//shot 7.LS convention crowd //shot 8. MCU C and Mrs. C on stage, waving, confetti

R5	23
	24
	25
	26
	27
	28
	29
	30
	31
	32
	33
		CHENEY:
		the initial test when I first came in
		didn't show anything, any changes at all,
		but we decided to go ahead and do the stent anyway,
		not the stent but the catheterization anyway –
		and uh/since I was already here,
		and that's when they discovered
		that I did have a blockage in one small artery
		and decided to go ahead
		and proceed to do the stent,
		made that decision actually
		while they were doing the test.
			//shot 9. LS convention crowd, cheering
			
			//shot 10 .MS C with little blond girl inside room, man in green battle dress (father?) takes photograph, C takes girl by the hand and walks to door.
			
			//shot 11. MCU C and Mrs. C, G.W. Bush around dinner table, camera zooming on Bush

FB5K	34 35	KING: Yes, they do it right there.	
FB5C	36	CHENEY: Right	
			//shot 12. MS of the two couples walking outside, in front of large building, towards the camera, talking, smiling, Bush waves

Abbildung 2: AV-Sequenz 1[1]

Turn-intern wird IEs Replik R4 von sechs, R5 von fünf Einstellungen begleitet. In jeder Einstellung wird ein Video-Clip gezeigt, die einzelnen Clips sind kurz und schnell hintereinander geschnitten, und über dem jeweils letzten stellt IR seine nächste Frage. Durch die Interaktion zwischen dem Muster des Sprecher-

---

[1] In der ersten Spalte des Transkripts sind die Gesprächszüge der Beteiligten angegeben. Nach der Zeilenzählung in der zweiten Spalte folgt der verbale Text in der dritten. Emphatische Betonung ist fett gedruckt, simultanes Sprechen unterstrichen. Der visuelle Text ist in der vierten Spalte beschrieben. Er enthält **Captions** mit Namens-, Zeit- und Ortsinserts, die Beschreibung von Videoeinspielungen und die Art der Einstellungen. Captions sind kursiv gedruckt, doppelte Schrägstriche markieren den Beginn neuer **Shots** oder **Captions**.

Gesprächszüge:
Q   Interviewer Frage
R   Interviewee Replik
FB   feed-back

Einstellungen:
CU   close-up
MCU medium close-up
MS   middle shot
LS   long shot

wechsels und der turn-internen bzw. turn-übergreifenden visuellen Rhythmisierung durch Anzahl und Dauer der Einstellungen wird der audio-visuelle Rhythmus der dialogischen AV-Sequenz 1 konstituiert.

Wie verhalten sich nun die strukturellen Eigenschaften des audio-visuellen Rhythmus der Sequenz zu deren semantischen und pragmatischen Aspekten? Die Sequenz bildet auch thematisch und bezüglich der wechselseitigen interpersonalen Positionierungen eine Einheit. Thematisch geht es um die Ereignisse des Morgens, die in der Implantation eines Stents im Krankenhaus gipfelten. Im interpersonalen Bereich stellt IR mit Q4 eine für den möglichen nächsten Vizepräsidenten der Vereinigten Staaten und selbst für den Kontext des Talkshow-Genres sehr persönliche und sehr private Frage: *I know when it happened to me – were you scared, Dick, this morning?* Auch in Q5, das gleichfalls auf IEs emotionale Reaktionen auf den chirurgischen Eingriff im Krankenhaus abhebt, behält er dieses persönliche **Footing** bei. IE lässt sich jedoch beide Male nicht darauf ein und konstruiert für sich eine wesentlich andere Positionierung. Die erste Frage verneint er sehr direkt und stellt sich als einen vernünftigen und kompetenten Patienten dar, der es gelernt hat, mit seiner Krankheit verantwortungsvoll umzugehen und sogar in der Lage ist, allgemeine Ratschläge zu geben.

Auch in seiner Antwort auf die zweite Frage ignoriert IE völlig IRs implizite Aufforderung, eine talkshow-gerechte emotionale Erzählung über das „Unheimliche" des Eingriffs abzuliefern, den der Patient am Bildschirm verfolgen kann (*and so, they did the stent, I guess you get to watch that, don't you? Kind of weird, that*). Stattdessen gibt er einen nüchternen technischen Bericht über die medizinischen Prozeduren ab, der ihn implizit als furchtlos und in Kontrolle der Ereignisse charakterisiert. Und während IE über seine Krankengeschichte spricht und darüber, wie er mit der Krankheit umgeht und über die Stent-Implantation im Krankenhaus, werden die Zuschauer visuell mit jeweils fünf schnell geschnittenen Videosequenzen bombardiert, die IE in radikal unterschiedlichen Kontexten zeigen: als siegreichen und umjubelten, mächtigen und am Ende der Sequenz auch volkstümlichen und privaten Politiker. Nicht nur stehen hier verbaler und visueller Text im Widerspruch, sondern die Bilder werden auch mit einer Frequenz gezeigt, die vom Verbalen ablenkt. Wie Graber mit

Blick auf die stark bebilderten amerikanischen Nachrichtensendungen anmerkt: „Given the extremely rapid rate at which the (pictorial) information is presented, information losses become inevitable" (1990: 137).

In **AV-Sequenz 2** (Abb. 3) dagegen wird der Sprecherwechsel nach einem anderen audiovisuellen Muster des Sprecherwechsels organisiert, und der Rhythmus verlangsamt sich eklatant. Zum ersten Mal in diesem Interview beginnt eine IR-Frage nicht überlappend mit einem früheren Shot, sondern mit ihrer eigenen neuen Einstellung, die auch die einzige Einstellung der Sequenz bleibt. Sie zeigt Cheney in Nahaufnahme auf der Bühne des Nominierungsparteitages, am Rednerpult stehend, wie er mit einem leichten Lächeln auf die applaudierende Menge blickt. Die Kamera erfasst auch Bush, der applaudierend hinzutritt und fokussiert dann wieder auf Cheney. Offensichtlich hat Cheney gerade seine Rede beendet. Die erste Frage betrifft die gegenwärtige Stimmung: Haben die Republikaner jetzt so irgendwie das Gefühl, eigentlich keinen Einfluss mehr auf den Ausgang der Wahl zu haben? Damit wird IE die Gelegenheit zu einem „witzigen" Seitenhieb auf Al Gore gegeben, über den er allerdings alleine lacht (*it's felt that way for about two weeks*, im Klartext: vor zwei Wochen hat das amerikanische Volk für Bush und mich gestimmt, und Gore sollte das endlich akzeptieren). Und er hat auch noch die Zeit, einen schwachen Witz über *pregnant chads*[2] zu machen, über den IR und der noch im Studio anwesende Kardiologe Dr. Shah aus dem Off in lautes Gelächter ausbrechen.

---

[2] *Pregnant chads* wurden in der Phase der manuellen Auszählungen jene für die Stimmabgabe perforierten Stellen auf den maschinell lesbaren Stimmzetteln genannt, die von den Wählern nicht völlig ausgestanzt wurden, sondern nur einen Abdruck des Stifts bzw. einen „Bauch" zeigten. Dies wurde vom Gore Camp und vielen Gerichten als Anzeichen der Wählerabsicht gewertet. Der Abdruck konnte von den meisten Zählmaschinen jedoch nicht gelesen werden, weshalb es zu Handzählungen kam. Es gab auch noch andere Zeichen missglückter Wahlversuche, für die weitere Neologismen eingeführt wurden, z. B. *the swinging, the dangling, the open door chad*. All dies gab Anlass zu großer Heiterkeit in den *late night shows*, wovon IE hier offensichtlich zu profitieren sucht.

		audio-visual sequence 2	
Q9	1 2 3	KING: Is there a sort of a feeling now like uh with regard to the election it's out of your hands?	//shot 17. CU C at lectern, looking at crowd with a slight smile, Bush moves into frame, applauding, camera focusses back on C
R9	4 5 6 7 8 9 10 11	CHENEY: Well, It's kind of felt that way for about two weeks. We've (.) ((laughs)) (.) and I can report uh that when they got in there today they didn't find any pregnant chads at all, Larry.	
FB9	12	((King/Dr. Shah laugh))	

Abbildung 3: AV-Sequenz 2

Die lange Einstellung erstreckt sich über sowohl Frage- wie Antwort-Turn, bleibt bis zum Ende des Feedbacks stehen und überlappt sogar noch in die nächste Sequenz. Dadurch wird dem Publikum Zeit und Ruhe gegeben, die für Gore nachteiligen Inferenzen zu entschlüsseln und den Witz zu würdigen. Die lange Nahaufnahme von Cheney, der lächelnd fast direkt in die Kamera blickt, kommt der eines Sprechers im On nahe. Zweifellos hat das gesamte audio-visuelle Arrangement das Potenzial, IEs verbale Botschaft auf Kosten von Al Gore zu verstärken. Das Visuelle und das Verbale arbeiten hier hervorragend zusammen (vielleicht ein bisschen zu gut, mögen Anhänger von Gore oder auch unparteiische Beobachter finden). Rückblickend sieht es so aus, als habe IR mit seiner Frage als Stichwortgeber für IEs Witze gedient.

4. Zusammenfassung der Ergebnisse und Diskussion

Ziel dieses Beitrages war es, zwei Muster des Zusammenspiels von verbaler und visueller Information in einem politischen Talkshow-Interview herauszuarbeiten und der Frage nachzugehen, wie diese von den Interaktanten eingesetzt werden, um eine Reihe von **Footings** für die Beteiligten zu konstruieren und damit dem Fernsehpublikum präferierte Lesarten des audiovisuellen Texts nahe zu legen.

Die Analyse erfolgte in mehreren Schritten. Zunächst wurden aufgrund der Verteilung des Einsatzes neuer Einstellungen im Bildkanal und des Turnbeginns im verbalen Kanal die in den Daten verwendeten audiovisuellen Muster des Sprecherwechsels ermittelt. Daraufhin wurde, unter Bezug auf den Begriff des audiovisuellen Rhythmus des Fernsehtexts (Renner 2007) – der Text nach den Kriterien (a) geteiltes AV-Muster des Sprecherwechsels sowie (b) des rhythmischen Verhältnisses der Anzahl von Shots per Turn oder von Turns per Shot in audiovisuelle rhythmische Sequenzen segmentiert. Diese Sequenzen bilden nicht nur strukturell textuelle Einheiten (vgl. Renner 2007), sondern auch semantisch-thematische Komplexe (vgl. van Leeuwen 1985; Iedema 2001), sowie Arenen für die wechselseitigen interpersonellen Positionierungen der Interaktanten und die Konstruktion präferierter Lesarten des Textes für die Zuschauer.

In den letztgenannten Konstruktionsstrategien verschiedener footings und nahe gelegter Inferenzen zeigte sich eine effiziente Interaktion verbaler und visueller Muster, in der nicht nur der Auswahl der Bilder, sondern auch dem Muster des Sprecherwechsels und dem rhythmischen Schnitt des Bildmaterials große Bedeutung zukam. Das häufigste Muster des Sprecherwechsels war: IR-Turnbeginn über etabliertem vorherigen Shot, neuer Shot mit Beginn von IE-Turn. In den meisten Fällen gab es also eine Koinzidenz von IE-Antwort und neuer visueller Information, während die IR-Frage zu bereits bekannter visueller Information gestellt wurde. Auch unabhängig von der Beschaffenheit des visuellen Materials wird durch dieses Muster die Aufmerksamkeit der Zuschauer auf den verbalen Inhalt der IR-Frage hin- und vom verbalen Inhalt der IE-Antwort abgelenkt.

In Kombination mit Mustern des Sprecherwechsels erwies sich der audiovisuelle Rhythmus als eine diskursive Ressource von hohem rhetorischem Potenzial. Besonders deutlich wurde dies im Vergleich zweier Sequenzen, die im Rhythmus starke Unterschiede aufwiesen. So werden in AV-Sequenz 1 die IE-Antworten R4 und R5 zum Thema „Krankenhaus", bzw. zu schlechten Nachrichten für IE von insgesamt elf in schneller Folge geschnittenen Videosequenzen begleitet, die dazu geeignet sind, die Aufmerksamkeit des Fernsehpublikums zuungunsten des verbalen Texts zu fesseln. Signifikant langsamer ist der Rhythmus in der einen langen Nahaufnahme von Dick Cheney AV-Sequenz 2. Sie erstreckt sich über IR-Frage, IE-Antwort und Feedback und erlaubt Cheney, ungestört eine Anspielung und einen Witz gegen den politischen Gegner zu machen. Auch die Zuschauer lenkt nichts davon ab, die Inferenzen zu entschlüsseln und den Witz zu begreifen, und die im Studio anwesenden Zuhörern Larry King und Dr. Shaw erhalten die Gelegenheit, laut hörbar darüber zu lachen. In den beiden analysierten audiovisuellen Sequenzen wurden Bilder und Rhythmus sowohl gegen eine ungestörte Rezeption des verbalen Texts als auch zur Beförderung von Verstehen und positiver Aufnahme des Textes eingesetzt.

Das zugrunde liegende Prinzip war, problematisches verbales Material in einer Flut schneller Schnitte bewegter Bilder untergehen zu lassen und „positives" verbales Material durch ruhige Schnitte und langsamen Rhythmus zu betonen. Hinzu kommt die widersprüchliche Beziehung von Text- und Bildinhalten für den ersten Fall und die konnotative Verstärkung des verbalen Textes durch das gezeigte ruhige, fast portraithafte Video von Cheney am Rednerpult für den zweiten. Weiterhin ist im gesamten Interview der epideiktische Charakter der Bilder geeignet, den Protagonisten des Interviews, d. h. den Interviewten zu erhöhen und als Sieger der Vorwahlen glänzen zu lassen.

Die hier beschriebenen Praktiken der Zusammenführung von verbalem und visuellem Kanal in dialogischen Genres sind in der Lage, bestimmte rhetorische Effekte zu erzielen, ohne dass sich die Fernsehzuschauer dessen im Einzelnen bewusst würden. Die Praktiken sind paradoxerweise „unsichtbar" oder „naturalisiert", sie sind werden von einer unauffällig im Hintergrund wirkenden institutionellen Instanz hervorgebracht und können sehr effektiv für die Übermittlung impliziter Bedeutung eingesetzt werden:

> (They are) invisible' elements ..., tokens of an unobtrusive institutional organising presence, which we attend to without noticing that we do so. That is, editing is a highly effective and efficient, motivated way of conveying meaning without having to say it (Scannell 1996: 18).

Die vorliegende Untersuchung war vom Typ **deviant case study**. Daraus folgt die Frage, ob die in den Daten gefundenen rhetorischen Formen und Funktionen audiovisueller rhythmischer Formate im Hinblick auf andere dialogische Genres des Informationsfernsehens verallgemeinerbar sind. Kandidaten für Verallgemeinerung wären Sprecherwechsel-Muster und Schnittrhythmus als Mittel der Fokussierung oder Defokussierung bestimmter verbaler Turns, in Interaktion mit den Konnotationen und Inferenzen, die aufgrund von widersprüchlichen oder konvergenten Beziehungen zwischen verbalem und visuellem Text und natürlich auch aufgrund des weiteren Kontexts evoziert werden. Mögliche Untersuchungsgegenstände für die Klärung dieser Frage sind Außenschaltungen und Interviews mit unsichtbaren Korrespondenten und begleitendem Bildmaterial, aber auch **face-to-face**-Interviews oder Talkshows in größerer Runde um zu sehen, ob audiovisuelle rhythmische Muster in ähnlicher Weise für rhetorische Zwecke eingesetzt werden. Es wäre interessant herauszufinden, wie eine visuelle Bearbeitung mit Hilfe audiovisueller Muster des Sprecherwechsels und der rhythmischen Sequenzierung aussähe, die präferierte Lesarten zu**un**gunsten von Interviewten nahe legte. Unterscheiden sich z. B. kooperative und konfrontative politische Interviews und Talkshows formal in der Art und Weise ihrer visuellen Bearbeitung? Eine weitere Frage ist, ob und in welcher Weise die beschriebenen Praktiken im Unterhaltungsfernsehen, z. B. Talkshows, Gameshows, etc. vorkommen und ob ihre Funktionen mit denen im Informationsfernsehen vergleichbar sind oder auf welche Weise sie abweichen.

Noch eine Frage, die sich anhand dieses **deviant case** stellt, ist die nach der Interpretation der impliziten Bedeutungen und nahegelegten Inferenzen bzw. Lesarten des Gesagten durch die Rezipienten. Das hier untersuchte Interview war ja auch insofern ein Sonderfall, als es sich an ein Publikum richtete, von dem aufgrund des umstrittenen knappen Wahlausgangs mit großer Wahrscheinlichkeit angenommen werden konnte, dass es bezüglich der verhandelten Themen geteilter Meinung war. Aufgrund gegensätzlicher politischer Interessen, Einstellungen und Wertsysteme konnten für die Zuschauer unterschiedliche Dispositionen bezüglich der Interpretation impliziter Bedeutungen angenommen werden, die ich, frei nach Goffman, unterschiedliche **inferentielle Footings** nenne. Goffman betont, dass für die **Teilnehmer** an sozialen Situationen deren unterschiedliche Umstände und Interesselagen dazu führen können, dass sie die Situation unter verschiedenen Rahmensetzungen wahrnehmen:

> When participant roles in an activity are differentiated – a common circumstance – the view that one person has of what is going on is likely to be quite different from that of another. There is a sense in which what is play for the golfer is work for the caddy (Goffman 1974: 8).

Das gilt aber auch für **Zuschauer**, die „parteiisch" sind, z. B. für Fußballfans, die demselben Fußballspiel zuschauen, aber nicht das gleiche Spiel sehen: „...opposing rooters at a football game do not experience the ‚same' game" (Goffman 1974: 9). Analog kann man sagen, dass das amerikanische Fernsehpublikum, das das hier analysierte Interview verfolgte und von denen die einen eher das Bush-Camp unterstützten und die anderen eher das Gore-Camp, mit hoher Wahrscheinlichkeit nicht das gleiche Interview gesehen und gehört haben. Der in dieser Arbeit analysierte Sonderfall ist jedoch nur ein Extremfall der normalen Situation des Fernsehtextes, der sich immer an ein heterogenes Massenpublikum richtet. Diskursive audiovisuelle Praktiken wie die beschriebenen können zwar konstruiert werden, um den Zuschauern bestimmte Lesarten als präferiert nahezulegen, aber sie können diese Lesarten niemals bei allen Zuschauern auch hervorrufen (vgl. Hall 1994). Manche Zuschauer werden der angebotenen Präferenz folgen, andere gegen den Text „lesen" und wieder andere werden eine Reihe interpretativer Kompromisse zwischen diesen beiden Möglichkeiten konstruieren.

Literatur

Barthes, Roland (1977): *Image, Music, Text.* London: Fontana.
Cook, Guy (2001): *The Discourse of Advertising.* London/New York: Routledge.
Edelman, Murray (1964): *The Symbolic Use of Politics.* Chicago: University of Illinois Press.
Forceville, Charles (1996): *Pictorial Metaphor in Advertising.* London/New York: Routledge.
Gerbner, George (1958): „The social anatomy of the confession romance cover girl", in: *Journalism Quarterly* 35, 299–306.
Glasgow University Media Group (1976): *Bad News.* London: Routledge and Kegan Paul.
Goffman, Erving (1974): *Frame Analysis. An Essay on the Organization of Experience.* New York: Harper and Reno.
Goffman, Erving (1981): „Footing", in: Goffman, Erving: *Forms of Talk.* Oxford: Blackwell, 124–157.
Graber, Doris (1990): „Seeing is remembering: How visuals contribute to learning from television", in: *Journal of Communication* 40 (3), 134–155.
Graddol, David (1994): „The visual accomplishment of factuality", in: Graddol, David/Boyd-Barrett, Oliver (eds): *Media Texts: Authors and Readers.* Clevedon: Multilingual Matters, 136–159.
Grice, H. Paul (1975): „Logic and Conversation", in: Cole, Peter/Morgan, Jerry (eds.): *Speech Acts.* New York: Academic Press, 41–58.
Hall, Stuart (1994): „Encoding/Decoding", in: Graddol, David/Boyd-Barrett, Oliver (eds.): *Media Texts: Authors and Readers.* Clevedon: Multilingual Matters, 200–211.

Halliday, Michael (²1994): *Introduction to Functional Grammar*. London: Edward Arnold.
Halliday, Michael/Hasan, Ruqaiya (1976): *Cohesion in English*. London: Longman.
Halliday, Michael/Hasan, Ruqaiya (1985): *Language, Context and Text: Aspects of Language in a Social-semiotic Perspective*. Victoria: Deakin University Press.
Hartley, John/Montgomery, Martin (1985): „Representations and relations. Ideology and power in press and tv news", in: van Dijk, Teun (ed.): *Discourse and Communication. New Approaches to the Analysis of Mass Media Discourse and Communication*. Berlin/New York: de Gruyter, 233–269.
Holly, Werner (2005): „Zum Zusammenspiel von Sprache und Bildern im audiovisuellen Verstehen", in: Busse, Dietrich/Niehr, Thomas/Wengeler, Martin (eds.): *Brisante Semantik. Neuere Konzepte und Forschungsergebnisse einer kulturwissenschaftlichen Linguistik*. Tübingen: Niemeyer, 337–353.
Holly, Werner (2006): „Mit Worten sehen. Audiovisuelle Bedeutungskonstitution und Muster transkriptiver Logik in der Fernsehberichterstattung", in: *Deutsche Sprache* (34), 135–150.
Holly, Werner (2007): „Audiovisuelle Hermeneutik. Am Beispiel des TV-Spots der Kampagne ‚Du bist Deutschland'", in: Hermanns, Fritz/Holly, Werner (eds.): *Linguistische Hermeneutik. Theorie und Praxis des Verstehens und Interpretierens*. Tübingen: Niemeyer, 387–426.
Iedema, Rick (2001): „Analysing film and television: a social-semiotic account of *Hospital: an Unhealthy Business*", in: van Leeuwen, Theo/Jewitt, Carey (eds.): *Handbook of Visual Analysis*. London: Sage, 183–204.
Jewitt, Carey/Oyama, Rumiko (2001): „Visual meaning: a social-semiotic approach", in: van Leeuwen, Theo/Jewitt, Carey (eds.): *Handbook of Visual Analysis*. London: Sage, 134–156.
Kress, Gunther/van Leeuwen, Theo (1996): *Reading Images. The Grammar of Visual Design*. London: Routledge.
Lauerbach, Gerda (2002): „Emphasis", in: Verschueren, Jef et al. (eds.): *Handbook of Pragmatics*. Amsterdam, Philadelphia: John Benjamins, 402–422.
Lauerbach, Gerda (2007): „Argumentation in Political Talk Show Interviews", in: Lauerbach Gerda/Aijmer, Karin (eds.): *Special Issue on Argumentation and Rhetoric in Talk Shows and Other Dialogic Media Genres. Journal of Pragmatics* 39 (8), 1388–1419.
Lauerbach, Gerda/Fetzer, Anita (2007): „Political discourse in the media. Cross-cultural perspectives", in: Fetzer, Anita/Lauerbach, Gerda (eds.): *Political Discourse in the Media*. Amsterdam: John Benjamins, 3–28.
Langer, John (1998): *Tabloid Television*. London: Routledge.
Lipson, Maxine (2006): „The ubiquitous machine: visual texts in the BBC coverage of the Iraqi conflict", in: Flowerdew, John/Gotti, Maurizio (eds.): *Studies in Specialized Discourse*. Berlin et al.: Lang, 507–530.
Meinhof, Ulrike (1994): „Double talk in News broadcasts", in: Graddol, David/Boyd-Barrett, Oliver (eds.): *Media Texts: Authors and Readers*. Clevedon: Multilingual Matters, 212–223.
Oomen, Ursula (1985): „Bildfunktionen und Kommunikationsstrategien in Fernsehnachrichten", in: Bentele, Guenther/Hess-Luettich Ernest W.B. (eds.): *Zeichengebrauch in Massenmedien*. Tübingen: Niemeyer, 155–166.
Renner, Karl N. (2007): *Fernsehjournalismus*. Konstanz: UKV Verlagsgesellschaft.
Rüther, Tobias (2008): „Ein Mann ändert sein Leben", in: *Frankfurter Allgemeine Zeitung*,

Feuilleton, 21.10.2008.
Sacks, Harvey/Schegloff, Emanuel/Jefferson, Gail (1974): „Simplest Systematics for the Organization of Turn-taking for Conversation", in: *Language* 50, 696–735.
Scannel, Paddy (1996): *Television and Modern Life. A Phenomenological Approach.* Oxford: Blackwell.
Selting, Margret (1994): „Emphatic speech style – with special focus on the prosodic signalling of heightened emotive involvement in conversation", in: *Journal of Pragmatics* 22 (3/4), 375–408.
van Leeuwen, Theo (1985): „Rhythmic structure of the film text", in: Van Dijk, Teun (ed): *Discourse and Communication – New Approaches to the Analysis of Mass Media Discourse and Communication.* Berlin/New York: de Gruyter.
van Leeuwen, Theo (2001): „Semiotics and Iconography", in: van Leeuwen, Theo/Jewitt, Carey (eds.): *Handbook of Visual Analysis.* London: Sage, 92–118.
Wember, Bernward ([2]1983): *Wie informiert das Fernsehen?* München: List.

III. MULTIMODALES (RE-)FRAMING

EMO GOTSBACHNER

Framing und Reframing von Positionen in politischen Fernsehdiskussionen

Politik wird in wesentlichem Maße von einem symbolischen Kampf um gesellschaftliche Bedeutungen bestimmt, durch den die öffentliche Wahrnehmung akuter Problemlagen, politischer Rollenverteilungen, Ansprüche und Zielperspektiven geprägt wird. Über die Durchsetzung und Verankerung von spezifischen Deutungsrahmen versuchen politische Akteure Einfluss auf die unterschiedlichen Rezeptionen des Wählerpublikums zu gewinnen und dadurch in weiterer Folge zu bestimmen, was mittelfristig „politisch möglich" ist. In diesem Beitrag wird ein komplexes gesprächsanalytisches Instrumentarium vorgestellt, wie im Zusammenhang mit den Selbst- und Fremddarstellungen politischer Akteure in Fernsehdiskussionen die Wirkungsweise der interaktiven Durchsetzung von politischen Wirklichkeitsdefinitionen methodisch fassbar gemacht werden kann.

Das Konzept der Deutungsrahmen geht von der grundlegenden Einsicht verschiedener Studien zum Textverstehen (Minsky 1975; Fillmore 1982) aus, dass die kognitive Verarbeitung von Sprache weniger induktiv funktioniert – also nicht indem wir puzzleartig Worte zu komplexeren Sinneinheiten zusammensetzen. Vielmehr kann das schnelle und effiziente Verstehen sprachlicher Botschaften nur so erklärt werden, dass Zuhörende relativ rasch größere Sinnstrukturen konkreter Handlungszusammenhänge und Themenpotentiale **wiedererkennen**, um dann mit deren Hilfe den Einzelelementen Bedeutung zuzuordnen. Im Grunde funktioniert das so, dass jemand, der oder die zu sprechen beginnt, durch eine typische Sprechweise, schlüssige Redehandlung oder andere wiedererkennbare Textelemente andeutet, worauf ihre Äußerungen hinauslaufen. In ihren kognitiven Verstehensprozessen greifen Zuhörende diese Kontextualisierungshinweise (Gumperz 1996) auf, um aus ihrem Gedächtnis vorläufig einen passenden Deutungsrahmen auszuwählen, der ein spezifisches soziales Wissen mobilisiert. Dadurch, dass die zu einem bestimmten Deutungsrahmen gehörenden Inhaltsdimensionen allgemein bekannt sind, können Rezipierende jeweils passende

Elemente zuordnen und dabei gezielt im Gehörten nach mehr oder weniger impliziten Hinweisen suchen, oder, wenn solche Hinweise fehlen, auch selbst „Default-Werte" – Standardzuordnungen – aus ihrem Gedächtnis ergänzen. Unausgesprochen Mitschwingendes wird so verstehbar, fehlende Elemente als selbstverständlich ergänzt und Widersprüchliches vereindeutigt. Gerade das implizit Mitschwingende ist aber für gelingende Kommunikation unverzichtbar und – wie uns die klassischen Arbeiten des Politologen Murray Edelman versichern (Edelman 1990) – gerade in politischer Sprache oft das am wirkungsvollsten Kommunizierte.

In der Untersuchung von politischer Kommunikation und der Medienwirkungsforschung ist das Konzept der Deutungsrahmen ein Schlüsselkonzept geworden, um zu erklären, wie über die Massenmedien verbreitete politische Botschaften das öffentliche Verständnis von politischer Realität beeinflussen (Donati 1992; Entman 1993; Gamson 1992; Gotsbachner 2003, 2013 a, b; Kitzinger 2007; Matthes 2007; Pan/Kosicky 2001; Scheufele 2003; Schön/Rein 1994; Snow et.al. 1986). Wenn wir also davon ausgehen können, dass Deutungsrahmen für das Vermitteln und Verstehen von politischen Deutungsangeboten verantwortlich sind, interessiert uns im Zusammenhang mit Fernsehdiskussionen natürlich zuerst einmal, wie das Etablieren eines Deutungsrahmens in einem politischen Streitgespräch – wo eben mehrere Deutungsangebote gegeneinander antreten – tatsächlich funktioniert. Die Stärke des Konzepts würde darin liegen, nicht mehr Einzelphänomene politischer Rhetorik zu betrachten, sondern das **zentrale** Moment in den Blick zu nehmen, wo eine Fülle von rhetorischen Elementen **zusammen** erst eine gemeinsame Wirkung hervorbringen, und das in einer Situation politischer Konkurrenz. Das ist gleichzeitig natürlich auch die große analytische Herausforderung dabei.

Das klassische Verfahren der Gesprächsanalyse beim Herausarbeiten der strukturellen Eigenschaften einer Interaktionsform läuft folgendermaßen, dass man zuerst fallvergleichend erkennbar macht, wie sich die Teilnehmenden fortwirkend auf die für diese Art von Ereignis typischen „Konstitutionsprobleme" ausrichten, um dann systematisch die vielfältigen Behandlungsformen zu untersuchen, wie sie diese bearbeiten (Kallmeyer 1988). Die Konstitutionsprobleme, welche dem sozialen und medialen Ereignis „politische Fernsehdiskussion" inhärent sind, könnte man in einem Satz so zusammenfassen, dass die Diskutierenden versuchen müssen, mittels vielfältiger Inszenierungsformen eine konsistente und glaubwürdige Darstellung aktueller Problemlagen, politischer Konstellationen und Maßnahmen zu konstruieren und zu einer schlüssigen „Storyline" (Schön/Rein 1994) zu arrangieren, während sie gleichzeitig auf unangenehme Fragen der Diskussionsleitung antworten und den ständigen Herausforderungen ihrer Streitgegner begegnen müssen.

Ein komplexes Unterfangen, dessen strukturell wesentliche Bestandteile ich im Weiteren auf zumindest einige jener spezifischeren Konstitutionsprobleme herunterbrechen will, welche von Diskutierenden notwendigerweise auf irgend eine Art bearbeitet werden müssen (für eine umfassendere Darstellung siehe Gotsbachner 2008, 2009).

Ich unterscheide dabei drei Ebenen: die pragmatische Ebene der Sprechhandlungen, die narrative Ebene der kontroversen Deutungsangebote, und die soziokulturelle Ebene von gesellschaftlich verfügbaren Deutungsrahmen. Wie sich gleich an unserem ersten Beispiel zeigen wird, sind diese drei Ebenen sehr eng miteinander verschränkt und Erfolge auf jeder dieser Ebenen auf die zumindest zufriedenstellende Behandlung der jeweils anderen Ebenen angewiesen.

Die erste Ebene, die pragmatische Ebene der Sprechhandlungen, ist insofern grundlegend für jeden Versuch der Etablierung eines Deutungsrahmens, als die Sprechhandlungen im Aufwerfen und Abarbeiten der Gesprächsaufgaben erst einen gemeinsamen Fokus, die Themen und Objekte gemeinsamer Aufmerksamkeit schaffen (Müller 1984). Das geschieht im Wesentlichen in einem interaktiven Aushandlungsprozess, wo die Diskutierenden darauf bedacht sein müssen, sich genügend Spielraum für die eigenständige thematische Entfaltung zu schaffen. Werner Kallmeyer und Reinhold Schmitt (1996) haben das gesprächsanalytische Konzept des „Forcierens" entwickelt, um Redezüge zu systematisieren, welche genau das versuchen, nämlich die eigenen kommunikativen Rechte und die eigene Selbstbestimmung auf Kosten der anderen Gesprächsteilnehmenden zu verstärken. Ein wichtiger Aspekt ist dabei die Verteilung von Redegelegenheiten, oder wie Kallmeyer/Schmitt (1996:47) schreiben: „Der entscheidende Punkt ist nicht, generell möglichst häufig und extensiv Rederecht zu erlangen, sondern an der richtigen Stelle und in ausreichendem Maße für ein gezieltes Engagement in der Interaktion. Voraussetzung dafür ist, die Kontrolle über die Organisation des Rederechts zu gewinnen bzw. zu behalten."

Wie das funktionieren kann, zeige ich am ersten Beispiel „Veto gegen Temelin" (alle Beispiele stammen aus den Abendnachrichten *Zeit im Bild 2* des Österreichischen Rundfunks ORF). Die Freiheitliche Partei Österreichs (FPÖ) hatte damals, 2001, ein Volksbegehren gegen das tschechische Atomkraftwerk Temelin initiiert und darin ein Veto Österreichs gegen den damals anstehenden Beitritt Tschechiens zur EU gefordert. Der Ausschnitt beginnt mit der ersten Frage des Moderators Adrowitzer (A) an den Chef der freiheitlichen Parlamentsfraktion Peter Westenthaler (W):

Beispiel 1: Cap – Westenthaler: „Veto gegen Temelin", *ZiB* 2, 16.11.2001*

1	A:	Stichwort Beweglichkeit, Herr Klubobmann Westenthaler. Wo gibts Beweglich-
2		keit, wenn Sie sagen, mit diesen Kraftwerk ka*nn* .hh Tschechien der EU nicht
3		beitreten, es muss die Vetodrohung im Raum bleiben .hh EU-Kommissionspräsi-
4		dent Prodi warnt morgen in den Salzburger Nachrichten Österreich .hh würde -
5		ein Nein Österreichs zum Beitritt würde Österreich sehr schaden.
6	W:	Zunächst einmal eine ((räuspert sich)) Richtigstellung ahn Kollegen Cap, der
7		gemeint hat in unserem Antrag ist die Nullvariante nicht vorhanden. Da habn Sie
8		den Antrag nicht gelesen, wenn ich das vor der Verhandlung gewusst hätte, hätt
9		ma uns leichter getan, (...)

---

* Die hier verwendete Transkriptionsweise erfasst die lautliche Realisierung mit allen Versprechern, idiomatischen Einschlägen etc., wobei auch die Interpunktation mehr am Sprechrhythmus als an grammatikalischen Regeln orientiert ist. Sonderzeichen (abgewandelt nach Schenkein 1978) sind:

(.)	Mikropause (< 0.3 sec.)
(3)	Pause gemessen in Sekunden
(?) (?...)	unverständliche Passagen, kurz oder länger
(i fang)	unverständliche Äußerung mit angebotener Deutung
.....[...] [.....]....	überlappende Gesprächsteile, wo mehrere Personen gleichzeitig reden
hhh	hörbares Ausatmen
.hhh	hörbares Einatmen
((lacht))	Ereignis (auch akustisches), oder Kommentar
*Aber, A*ber	auffällig betont gesprochene Worte oder Silben
DAS IST JA	Laut gesprochen oder geschrien
ich wi/	abgebrochene Sätze und Worte
...= =...	zusammenhängend gesprochen, unterbrochen durch Zwischenbemerkungen
<>, (...)	Platzhalter für Auslassungen im Transkript

```
10     <8 Zeilen ausgelassen>
11     (...) und daher ist es unser gutes Recht zu sagen: Jawoll, wenn sich Tschechien
12     nicht bewegt, und wenn dieses Atomkraftwerk, so wie es jetzt dasteht .hhh ans
13     Netz geht, dann werden wir ein Veto einlegen=
14 A:  Auch wenn [Österreich damit total isoliert wäre]
15 W:            = [Das ist eine]           Na das ist immer so eine Frage.
16     Wissen Sie, Vetos werden in der EU pausenlos eingelegt und weder Frankreich
17     noch Großbritannien sind isoliert [wenn sie ein Veto]
18 A:                                     [aber nicht gegen nicht], nicht gegen die
19     Erw[eiterung.]
20 W:     [Wenn] es (.) Derf ich mal ausreden? Danke. Herr Adrowitzer. Wenn es um
21     die zentralen Anliegen der Bevölkerung geht, und hier geht es um die zentralen
21     Anliegen, um die Gesundheit und ja sogar um das Lebn (....)
```

Westenthaler nützt eine vorgeschaltete Entgegnung (mit Seitenhieb auf seinen Diskussionsgegner), um der Frage des Moderators auszuweichen und zunächst seine eigene Deutung des Sachverhalts darzulegen. Nachdem er bei ungefähr so viel Redezeit, wie der Vorredner für sein Erststatement hatte, noch immer nicht auf die Frage eingeht, hakt der Moderator nach und bringt die Problematik *„aussenpolitischer Schaden für Österreich"* erneut ein. Westenthaler weist zuerst die Berechtigung des Einwurfs zurück, der Moderator beharrt, und dann passiert etwas sehr interessantes: Westenthaler reklamiert, der Moderator solle ihn doch einmal ausreden lassen, obwohl das in dem beobachtbaren sequenziellen Ablauf aus mehreren Gründen unangemessen ist: Erstens hat er zu diesem Zeitpunkt das Rederecht wieder erlangt, sogar nach einer deutlichen Mikropause (Z. 20), zweitens war der kurze Einwurf des Moderators erkennbar nur auf thematische Steuerung und nicht auf die Übernahme der Redegelegenheit ausgelegt, also ist Westenthalers Reklamation in doppelter Hinsicht disfunktional. Und drittens ist es selbstverständlich das legitime Recht des Moderators bzw. sogar seine Pflicht, zum Thema zurückzurufen, wenn es um die Nutzung und gleichmäßige Verteilung des Rederechts geht.

Westenthaler macht durch das Hineinreklamieren einer angeblich illegitimen Unterbrechung Adrowitzer seine Rolle als Moderator streitig, doch dieser, anstatt auf seinem Kontrollrecht zu beharren, reagiert nur mit einer Geste der Zurückhaltung bzw. des distanzierenden Rückzugs.

Abb. 1: Cap – Westenthaler, *ZiB* 2, 16.11.2001

Die Geste kann als unfreiwillige Ratifizierung der von Westenthaler dargestellten Situationsdeutung gelesen werden, und bringt dadurch unwillkürlich eine Beschädigung der Moderatorenrolle Adrowitzers mit sich. Das hat auf den weiteren Interaktionsverlauf klar nachvollziehbare Konsequenzen: Westenthaler bekommt für sein Erststatement noch einmal so viel Zeit, beansprucht auch im Weiteren fast 40% mehr Redezeit als sein Diskussionsgegner, und lässt sich am Ende der Diskussion vom Moderator kaum einbremsen, ja setzt noch mit einem unverhohlen propagandistischen Aufruf für das Freiheitliche Volksbegehren nach.

An dem Beispiel lässt sich mehreres belegen: Zuerst macht es deutlich, wie in der Interaktionssituation wirksame Bedeutungen einem lokalen Aushandlungsprozess unterliegen, und dazu gehören neben der rhetorischen Bewertung einzelner Sprechhandlungen offensichtlich auch eigentlich so stabil und institutionell vorgegeben scheinende Elemente wie die Rollendefinition des Moderators. Ausserdem sind – wie schon vorher angedeutet – Entfaltungschancen auf der Ebene der performativen Sprechhandlungen und auf Darstellungsebene eng miteinander verknüpft. Beides zusammen, also die Sicherung von Rederechten und die breite, vorbereitende Darstellung des eigenen Standpunkts, geben Diskutierenden die Möglichkeit, zum richtigen Zeitpunkt adäquat reagieren zu können, etwa um Anschuldigungen und Vorwürfe der Kontrahenten durch gezielte Zwischenbemerkungen zu entkräften und somit frühzeitig der Logik des eigenen Deutungsrahmens unterzuordnen.

Kommen wir zur zweiten, der narrativen Ebene meiner analytischen Gliederung, und bleiben wir dabei noch etwas bei den Eingangssequenzen zur Diskussion. Hier müssen die Diskussionsgegner erst ihre Deutungsrahmen auf der inhaltlichen Ebene von politischen Deutungsangeboten eröffnen. Wohl einer der zentralen Bestandteile von Deutungsrahmen auf dieser Ebene ist die Identität der jeweils Sprechenden, weil sie erst deutlich macht, von welchem Standpunkt aus jemand spricht, und implizit in Anspruch genommene Identitäten gehen mit unterschiedlichen Graden von sozialem Prestige und Kompetenz einher. Wie auch andere Standardelemente von Deutungsrahmen, z. B. ebenso wichtig die Definition des zu diskutierenden gesellschaftlichen oder politischen Problems, müssen solche Selbstdarstellungen in den Eröffnungsphasen der ersten Redegelegenheit untergebracht werden, weil sie dort für die Zusehenden provisorische Erwartungen festlegen, worauf die gesamte Argumentation hinauslaufen soll. Ein typisches Konstitutionsproblem von ersten Statements ist daher, dass Diskutierende gleichzeitig **(1)** eine Kurzcharakterisierung des springenden Punkts ihrer Position präsentieren müssen, **(2)** durch implizite Sprechhandlungen ihre Identität bzw. Beteiligungsrolle in der Diskussion einführen, sich aber **(3)** auch diskussionsbereit zeigen müssen, indem sie auf die Fragen des Moderators antworten. Dass dabei **ein** Element zu kurz kommt – häufig, wie auch bei Westenthaler, das dritte – ist daher nicht ungewöhnlich.

Eine einmal eingeführte Identität bietet eine gewisse Basis, die im weiteren Verlauf der Diskussion weiter ausgebaut werden kann, wobei sehr unterschiedliche Formen von Äußerungen eine hintergründige Bedeutung für die mehr oder minder gelungene Selbstdarstellung haben können (Schenkein 1978; Holly 2001). Verabsäumt ein Akteur in einer politischen Fernsehdiskussion eine genügend stabile Selbstdarstellung zu liefern, läuft er in Gefahr, dass andere den sich dadurch eröffnenden Freiraum nützen und ihrerseits eine Fremddarstellung etablieren, welche dann das eigene Deutungsangebot gefährden kann. Denn die mehr oder minder gelungene Imagearbeit hat gewichtige Implikationen für die Glaubwürdigkeit von Darstellungen. Mein Textbeispiel dazu ist aus einer Diskussion zwischen dem Parteiobmann der österreichischen Grünen vdBellen (vdB) und Finanzminister Grasser (KHG) über das Budget.

Beispiel 2: Grasser – van der Bellen: „Budgetrede", *ZiB* 2, 02.03.2005

1 T: .hhh Und über das Budget 2006 diskutieren wir jetzt im Studio. Ich begrüße
2   Finanzminister Karl Heinz Grasser. Guten Abend.
3 KHG: Guten Abend Frau Thurnher.
4 T: .hhh Und den grünen Bundessprecher van der Bellen. Guten Abend.

5 vdB: Guten Abend.
6 T: ((zu vdB)) Ich sprich Sie zunächst bewusst als Professor, als Wirtschaftsprofessor
7 an mit der Frage .hhh kann ein Budget das auf den Zahlen des Vorjahres basiert
8 und fürs nächste Jahr (0,4) gedacht ist .hhh irgendeine Garantie auf Haltbarkeit
9 haben.
10 (2,5)
11 vdB: .hh Garantie nicht. Das ist immer ein Unsicherheitsfaktor die Konjunkturprogno-
12 sen können sich ändern, sie können sich verbessern oder verschlechtern. .hhh Ah
13 aber darüber ist es ja müßig jetzt zu spekulieren. .hhh ahm (.) Meine Kritik ist
14 nicht im Kern, dass es wieder ein Doppelbudget gibt, dafür gibt es auch *gute* Argu-
15 mente längerfristig zu planen das wollen wir auch .hhh sondern meine Kritik ist
16 im Wesentlichen hhh. Finanzminister Grasser hat im Lauf der Jahre es gescha*fft*
17 .hh von einem allseits geschätzten (.) äh Mitglied der Bundesregierung (.) äh zu
18 einem Minister zu werden (0,3) der (1,5) eifrig, kräftig und ene*r*gisch daran arbei-
19 tet seine Glaubwürdigkeit im Laufe der Jahre zu untergraben. Und ich gebe Ihnen
20 zwei Beispiele, ein (0,3) zurückliegendes und ein aktuelles. .hhh (1) ((räuspert
21 sich)) Es ist nicht so lange her, dass Sie uns ernsthaft versucht haben einzureden in
22 der Budgetrede .hhh ah dass das Budget für Bildung und Wissenschaft um 700
23 Millionen Euro pro Jahr steigt. (.) Ich hab ein paar Stunden gebraucht geb ich zu
24 herauszufinden dass es sich um reine Doppelzählungen gehandelt hat (.) .hh im
25 Zuge der Ausgliederung der Universitäten (.) *Jetzt* (.) Budget für zweitausend und-
26 sechs .hh hab ich heute gehört und (0,3) gelesen es gibt s schriftlich die Budget-
27 rede .hhh ähm sagen Sie wörtlich für Landeslehrer gibt der Bund zwölf Millionen
28 Euro (.) *mehr* aus, was unseren Schülerinnen und Schülern zugutekommt. .hh
29 Jeder normale Mensch muss sich jetzt denken *aha* (0,3) für die Landeslehrer das
30 heißt also für die Pflichtschulen Volksschulen Hauptschulen gibt der Bund - zwölf
31 Millionen .hh Euro (.) mehr aus. Das *Gegenteil* ist wahr (.) diese Unterlage werdn
32 Sie ja kennen (.) Budgetberichte ((hält KHG den geöffneten Bericht hin und zeigt
33 hinein)) das sind nicht meine Zahlen, das sind Ihre Zahlen (.) 2000 und 6 Bericht
34 der Bundesregierung (0,9) ah Ausgaben für die allgemeinbildenden Pflichtschulen,
35 das sind die Landeslehrer (.) ah gehen von gehen Zweitausendun/ werden Zweitau-
36 sendundsechs verglichen mit Zweitausendundfünf um dreißig Millionen (0,2)
37 zurückgehen

Die Moderatorin (T) spricht den grünen Parteichef, wie sie sagt „*bewusst als Wirtschaftsprofessor an*" (Z.6) wodurch dieser eine quasi objektive, über den Dingen stehende Expertenstimme zugewiesen bekommt. Ob van der Bellen diese Chance nützt, ist ambivalent zu beurteilen. Z. B. relativiert er mit dem „*geb ich zu*" in seinem Eingangsstatement in Zeile 23 das Autoritative an dieser ihm zugewiesenen Beteiligungsrolle und gibt sich einen „menschlichen" touch, und er verfällt auch nicht in einen Fachjargon. Andererseits wirkt die vergleichsweise Behäbigkeit im Sprechduktus mit den langen Pausen wiederum recht professoral. Van der Bellen beansprucht den Luxus des ostentativen Nachdenkens, bevor er spricht (Z. 10). Was weiters mit der „über-den-Dingen-stehenden-Expertenstimme" erwartungskonform gehen würde, ist das sachliche Zugeständnis an den Diskussionsgegner, ein Doppelbudget sei durchaus sinnvoll (Z. 14/15), mit dem er auch die Frage der Moderatorin erledigt, indem er sie als „*müßig*" herabstuft. Aus dem lobenden Ansatz heraus entwickelt van der Bellen dann sein eigenes Argument indem er mit zunächst positiv anmutenden Charakterisierungen des Finanzministers zu einem gewichtigen Schlag gegen dessen Glaubwürdigkeit ausholt. Wie er seine Kritik mit den Worten „*eifrig, kräftig und energisch*" – genau die Worte, mit denen Grasser selbst gern seine Arbeit charakterisiert – einleitet, ist ziemlich geschickt gemacht. Ich würde sogar sagen, dass so, wie er die bekannte Eitelkeit Karl Heinz Grassers hervorlockt, direkt sichtbar macht – die Kamera zeigt dabei einprägsam dessen strahlendes und gleich darauf einfrierendes Gesicht, könnte ein Moment von zeitloser Schönheit sein, das deutlich macht, warum politische Studio-Live-Diskussionen vom Fernsehpublikum als Informationsquelle besonders geschätzt werden: Eben weil sie scheinbar eine Authentizität vermitteln, oder zumindest das Gefühl davon, wo sich Inszenierungen politischer Akteure unter den vielfältigen Zugzwängen selbst entlarven, und das können redaktionell vorbereitete Berichte und Zusammenschnitte von interaktiv weniger anspruchsvollen Ereignissen wie Pressekonferenzen nicht bieten.

Aber der Finanzminister ist ein medienerprobter politischer Profi, welcher sich offenbar gewissenhaft auf die Diskussion vorbereitet hat, und aus einer tags zuvor abgegebenen Presseerklärung des grünen Parteichefs bereits abschätzen kann, wo dessen Kritik ansetzen wird. Er begegnet dem Vorwurf seiner mangelnden Glaubwürdigkeit – trotz des peinlichen Moments kurz zuvor – völlig selbstsicher mit einem Gegenvorwurf ad personam, der zunächst gezielt die von der Moderatorin eingeführte Rolle van der Bellens als Professor der Wirtschaftsuniversität angreift. Spätestens in dem Moment, wo van der Bellen mit indignierter Miene zugesteht, dass er als Führer einer Oppositionspartei und ergo als Vertreter eines bestimmten parteipolitischen Interesses zu der Diskussion eingeladen wurde, ist sein Objektivitätsbonus gefallen. Und wie Grasser den Grünen danach in übertrieben eindringlichem, ja herablassenden Rededuktus belehrt, lässt an seinem Gegner nichts mehr Professorales.

Beispiel 3: Grasser – van der Bellen: „Budgetrede", *ZiB* 2, 2.3.2005

1 T:	Lass ma jetzt den Finanzminister darauf antworten bitte.
2 KHG:	Kommen wir zur (0,3) Glaubwürdigkeit Herr Professor (.) ahm (.) und ah
3	Sie haben Professor gesagt, ich sag auch natürlich Parteiobmann ah van der
4	Bellen. .hhh ah/
5 vdB:	Ich stell das *auch* vor [ehrlich gesagt.]
6 KHG:	[Erstens/] (.) Glaub auch so sitzen Sie hier.
7 vdB:	Sicher.
8 KHG:	Ahm (.) wenn Sie äh gesagt haben *ich* sage 12 Millionen Euro mehr für Landes-
9	lehrer in meiner Budgetrede .hh dann haben Sie offensichtlich überlesen dass das
10	im Block des Finanzausgleiches vorkommt=
11 vdB:	[Völlig richtig]
12 KHG:	=[Und im] Finanzausgleich ist es Bestandteil der Vereinbarung mit den Ländern
13	dass wir zwölf Millionen Euro mehr den Ländern geben aus dem Titel Fin*a*nzaus-
14	gleich [Landes]lehrer. Ich halte daher fest, es ist (.) *vollkommen* (.) *rich*tig
15 vdB:	[(De sin des?)/]
16	objektiv beweisbar (.) *Tatsache*. .hhh Zweiter Punkt .hhh ich halte es nicht für
17	seriös und nicht glaubwüdig wenn *Sie* sagen, und Sie habn das gestern schon ge-
18	macht (.) bei den Landeslehrern sparen wir sagen Sie und es [gibt weniger Geld.]
19 vdB:	[Kürzen], nicht spa-
20	ren son[dern kürzen.]
21 KHG:	[Kürzen] Gut (.) Sie sagen nicht dazu, und das würde ich von einer (.)
22	seriösen Persönlichkeit erwarten, die sagt ich will selbst glaubwürdig sein. .hh Sie
23	sagen nicht dazu, dass wir im Landeslehrerbereich zwölf bis dreizehntausend
24	*Schüler* (.) gleichzeitig weniger haben (.) Da haben Sie offensichtlich den Bericht
25	hier, Seite dreizehn Sie habn ihn vor sich liegen .hh Seite dreizehn steht das *dane-*
26	*ben* drinnen dreizehntausend Schüler weniger (.) ergibt weniger Geld. (.) Auf der
27	anderen Seite, im Bereich der Bundesschulen, der höheren Schulen .hhh setzen
28	wir Herr van der Bellen (.)setzten wir ungefähr *sechzig* Millionen Euro, genau *sie-*
29	*ben*undfünfzig Millionen Euro *mehr* ein (0,9), weil wir sechstausend Schüler mehr
30	haben. .hh Das heißt ich glaub wir ((kurz in lachendem Ton:)) solltn uns auf einen
31	ganz einfachen Mechanismus verständigen und hoffe dass wir *da* wenigstens Kon-
32	sens hobn. .hhh Das eine ist, wenn man deutlich weniger Schüler hat ((vdB
33	schnieft)) wird man auch weniger Lehrer haben, das wird weniger Geld kosten.
34	Wenn man *mehr* Schüler hat und wir geben deutlich *mehr* Geld dafür aus, dann ist
35	das eine völlig klare Rechnung. [Und der] ((blättert ein Blatt um)) *Hauptpunkt* =
36 T:	[(Wenn Sie?)]
37 KHG:	= auf den man schon kommen muss ist (.) die Qu*a*lität der Bildung für unsere
38	Schüler ist mir das Ollerwichtigste.-

Grasser hebelt ein Detail des Kritikpunktes aus, indem er eine Darstellungs-Ungenauigkeit van der Bellens bemängelt und darauf aufbauend behauptet, dass die Mehrinvestitionen für Bildung, wo er der Lüge bezichtigt wurde, „*vollkommen richtig, objektiv beweisbar und Tatsache*" wären. Er macht das über eine versteckte **Verschiebung des Aussagebereiches** (vom Gesamtbildungsbudget einschränkend auf den Subbereich „Ausgleichszahlungen an die Bundesländer"), welche generell ein zentrales Element von „Reframing", also von **Neurahmungen** ist. Außerdem ist die angebliche Richtigkeit seiner Aussage zum Schein dadurch abgesichert, dass es ihm gelingt, seinem Diskussionsgegner bei einem Zwischenschritt der Argumentation eine Zustimmung herauszulocken. Dass van der Bellen hier (Z. 11) nur zustimmt, dass er weiß, unter welchem Posten Grasser die 12 Millionen Euro angeführt hatte, um dem Vorwurf zu begegnen, er hätte das übersehen, ist für das Fernsehpublikum wohl erst auf den zweiten Blick erkenntlich. Grasser wirft ihm gleich darauf noch einmal vor, etwas anderes „*überlesen*" oder mutwillig ausgelassen (Z. 17ff.) zu haben, setzt also den beiden Vorwürfen zwei Gegenvorwürfe entgegen, wobei er aus dem zweiten heraus geschickt sein Argument mit relativen Zahlen entwickelt (Z. 22–30). Er stellt dieses als allgemein einsichtig und vernünftig dar, verknüpft es zusätzlich mit einem Appell an vdB, ihm hier doch zustimmen zu müssen (Z. 31/32) und unterstreicht damit unterschwellig noch einmal die Rahmung des gesamten Blocks, sein Gegner würde hier parteitaktisch und unseriös agieren, während es ihm nicht um einzelne Zahlen sondern die „*Qualität der Bildung*" (Z. 37) ginge. Was letztlich übrig bleibt, ist der Eindruck, Grasser würde die Vorwürfe argumentativ entkräften: Obwohl der grüne Parteisprecher seine Kritik am besonderen Geschick des Finanzministers, mit Zahlen und Fakten zu jonglieren, in seinem Eingangsstatement stark lanciert und Grassers vergangene „*Budgetlügen*" auch belegt hatte, hält er diese Darstellung an seinem aktuellen Beispiel nicht durch. Die Komplexität der tatsächlichen Zusammenhänge und Kausalitäten bietet auch hier genügend Ansatzpunkte, um strategisch gezielt Elemente auszuwählen und rhetorisch so zu verwerten, dass sie ohne ausufernde Kontra-Gegendarstellung schwer zu widerlegen sind. Ich habe hier nicht genügend Raum, um an den vielschichtigen Fakten und buchhalterischen Subposten des Bildungsbudgets ausführen zu können, dass van der Bellen tatsächlich Recht hatte, aber der springende Punkt ist: das hatte auch van der Bellen in der Diskussion nicht. Das für politische Streitgespräche so typische Spiel mit forcierenden Handlungszügen – persönlichen Angriffen, Beschuldigungen, Behauptungen, Aufforderungen zur Legitimation etc. – läuft darauf hinaus, die Erklärungs- bzw. Handlungsanforderungen an die anderen so weit zu erhöhen, dass diese sie in beschränkter Redezeit nicht mehr abarbeiten können.

Forcieren kann, wie wir hier sehen, aber auch ganz konträr wirken als intendiert, denn andererseits schaffen genau diese forcierenden Handlungszüge auch eine **erhöhte Aufmerksamkeit** für die darauf folgende Entgegnung, und eine gelungene Parade kann die ursprüngliche Bedeutung eines Anwurfs vollständig umkehren. Gegenschläge können sogar noch effektvoller wirken, als wenn Argumente nur frei aus einer eigenen Darstellung heraus entwickelt werden. Daran wird deutlich, wie das interaktive und performative Element essentiell für die Vermittlung und mögliche argumentative Abwägung und Beurteilung von Inhalten wird. Die Neurahmung gegnerischer Deutungsangebote läuft gewöhnlich – wenn man größere Korpora politischer Fernsehdiskussionen betrachtet – zu einem gewichtigen Teil über Angriffe auf die Identität, die Handlungsmotive und Glaubwürdigkeit des Diskussionspartners.

Um im Laufe der Fernsehdiskussion eine „Storyline", eine konsistente Darstellung aktueller gesellschaftlicher Probleme, der politischen Konstellation und diskutierten Maßnahmen aufzubauen (meine zweite, inhaltliche Analyseebene von Deutungsrahmen), ist es – wie wir an Grassers Entgegnung gesehen haben – zunächst wichtig, gezielt „Fakten" auszuwählen, die die eigene Argumentationslinie unterstützen, und sie in ein geeignetes „Wording" zu bringen. *„Einfacher Mechanismus"* (Z. 31) etwa wirkt sachlich und vernünftig, verschleiert aber, dass Schulen bei sinkenden Schülerzahlen nicht ebenso sinkende Kosten haben und Finanzierungslücken prekäre Verhältnisse im Bildungsbereich geschaffen haben. Warum van der Bellen auf der Kategorisierung *„kürzen"* statt *„sparen"* im Bildungsbereich beharrt (Z. 19–21), hat ebenso mit deren jeweiligen Konnotationen zu tun. Ein „Wording" zu entwickeln gehört zum grundlegenden Handwerkszeug politischer Akteure und ihrer Medienberater, denn erst eine geeignete Kategorisierung unterstreicht die ontologische Qualität von Wirklichkeitsdefinitionen und lässt bestimmte Phänomene und Eigenschaften erst besonders hervorstechen, während andere, für die eigene Argumentation störende, stillschweigend in den Hintergrund treten. Und, was das Wirksame daran ist: in eine unschuldig scheinende „Darstellung" verpackt erscheint die implizite Bewertung und Argumentation als innere Logik der Dinge selbst. Ein geschicktes „Wording" bereitet wesentliche Argumente des eigenen Deutungsrahmens vor und erleichtert die Arbeit, zwischen den einzelnen, über die Diskussion verstreuten

Äußerungen ein Netzwerk an sich gegenseitig unterstützenden, pseudologischen Bezügen herzustellen, eine „Storyline", welche ein gesellschaftliches oder politisches Problem definiert. Eine erfolgreich etablierte „Storyline" kann im Idealfall die Eigenschaft entwickeln, dass alles, was zu einem bestimmten Problem gesagt wird, darauf bezogen wird, insofern setzt sie **Relevanzstrukturen**, durch die letztlich auch vorentschieden wird, was als sinnvolles Argument anzusehen ist, was legitime politische Maßnahmen sind, oder wer oder was woran Schuld ist etc. (Schön/Rein 1994: 30). Gelingt es auch über das lokale Streitgespräch hinaus, die eigenen Deutungsangebote bei zumindest einem relevanten Teil der Öffentlichkeit als Deutungsrahmen der konkreten Debatte zu etablieren, können diese Relevanzstrukturen als Wahrnehmungsfilter im öffentlichen Diskurs wirken.

Damit kommen wir zur dritten, der soziokulturellen Ebene von Deutungsrahmen, den gesellschaftlich verbreiteten „Wissensbeständen". Ein sehr eindringliches Beispiel dafür, das ich schon an anderer Stelle ausführlich analysiert habe (Gotsbachner 2008), bietet eine ältere Fernsehkonfrontation zwischen dem grünen Wiener Gemeinderat Peter Pilz (P) und dem ehemaligen SPÖ-Finanzstadtrat Hans Mayr (M). Pilz hatte damals Unregelmäßigkeiten beim Wiener U-Bahn-Bau angeprangert, immer wieder Indizien für ein Kartell gemeindenaher Baubetriebe präsentiert, war dabei aber einen Beweis für das von ihm behauptete Baukartell schuldig geblieben. In der hier analysierten Diskussion setzt er noch eins drauf, indem er politische Interventionen der zuständigen Stadträte behauptet, die er letztlich auch nicht schlüssig belegen kann, doch Pilz kann für sich nutzen, dass sein Gegner Mayr geradezu „ausrastet". Gleich zu Beginn der Diskussion unterbricht Mayr ihn mit den Worten *„Bitte, das ist doch falsch! Sie wissen doch ganz genau, dass Sie jetzt lügen"* und steigert sich, nachdem Pilz darauf nicht reagiert, in einen regelrechten Schreiausbruch hinein (*„WAS SIE HIER AUFFÜHREN, IST DIE HALTUNG EINES DIKTATORS UND NICHT DIE HALTUNG EINES DEMOKRATISCHEN POLITIKERS!", „ICH PERSÖNLICH FÜHLE MICH IN MEINER EHRE GETROFFEN, ICH LASSE MIR DAS VON IHNEN NICHT GEFALLEN! (0.8) DAS SIND METHODEN, DIE BITTE IN DER KP ODER SONSTWO SO- MÖGLICH SIND. (0.5) ICH HABE GENUG VOM NAZISMUS ERLEBT, ICH BRAUCHE SIE NICHT FÜR SOLCHE SA-*

CHEN!"). Als Mayr sich nach mehreren Ordnungsrufen des Moderators (H) wieder beruhigt, kommentiert Pilz, sich zum Moderator wendend: *„Aber- aber Sie können sich jetzt ungefähr vorstellen, wie's zu Zeiten der absoluten Mehrheit der SPÖ im Wiener Rathaus zugegangen is. Des war nur ein kleiner Auszug."* Dieses bonmot wird in den Zeitungskommentaren der nächsten Tage zu einem zentralen Punkt der gesamten Diskussion, mehrere Zeitungen übernehmen Pilz' Deutung (*Die Presse*, 16.10.1998: „In Zeiten der SP-Alleinherrschaft konnte man in Wien eben tun und lassen, was immer man wollte", *Standard* 24.10.1998: „Diese jahrzehntelange Alleinregierung hat auch zu speziellen Politikformen geführt: Zu unterentwickelter Kontrolle etwa"). Daran, dass Zeitungsredakteure selbst begannen, Indizien für ein Baukartell zusammenzutragen, lässt sich ablesen, wie Pilz' Deutungsrahmen zu einer allgemeiner verfügbaren Deutungsressource wurde. Trotz mangelnder Beweise konnte sich der Korruptionsvorwurf über seine gelungene Etablierung einer **Storyline** in Teilen der Öffentlichkeit als plausibel durchsetzen, obwohl er erst viel später im Gerichtsverfahren gegen die verantwortlichen Baumanager erhärtet werden konnte.

Am Bauskandal-Beispiel läßt sich aber noch eine besondere Form von „**Reframing**", der Neurahmung, demonstrieren: Eine vorgreifende Neurahmung eines zentralen gegnerischen Arguments, durch die Pilz sich gegen den Vorwurf seines Gegners immunisiert, er würde durch unbewiesene Behauptungen – auf welche die Stadt Wien reagierte, indem sie Auftragssperren gegen beschuldigte Baufirmen verhängte – Arbeitsplätze gefährden. Die hier wiedergegebene Passage ereignet sich schon gegen Ende der Live-Diskussion.

Beispiel 4: Pilz – Mayr: „Baukartell", *ZiB* 2, 14.10.1998

1 H: Herr Pilz, wo is die Schuld der Wiener Politik an dem Ganzen?
2 P: Das ist die übliche Entwicklung bei solchen Affairen; am Anfang sagen die verant-
3 wortlichen Politiker immer: *das* stimmt alles nicht, Lüge, Verleumdung, das ham
4 wir heute schon gehört. .hh Dann kommt das erste Zugeständnis, wenn die Fakten,
5 die Beweise, die Zeugenaussagen am Tisch liegen, dann kommt: es gibt ganz un-
6 ten ein paar schwarze Schafe, aber sonst sind alle Schafe weiß .hhh In der näch-
7 sten Etappe – und wir stehen mitten in dieser Etappe nach dem ersten Kontroll-
8 amtsbericht – kommt dann plötzlich .hhh najo, eigentlich ist die Grundfarbe der
9 Schafe schwarz. Und der nächste Schritt heißt donn: okay, wir hom's gewußt, oba
10 es woa ollas nur wegen den Arbeitsplätzen. Wir nähern uns dieser letzten Ret-
11 tungsargumentation .hhhh Herr Mayr, (0.6) seit (.) vielen Jahren (0.5) weisen nicht
12 nur wir darauf hin, (1) dass in Wien alles drauf hindeutet, dass es illegale Kartell-
13 verabredungen gibt. *Zum* Schaden der Stadt. Und nicht zu Gunsten eines sauberes

```
14      Vergabewesen. Und wenn immer wieder gesagt und es is immer wieder von ihnen
15      gesagt worden: stimmt nicht, alles Unsinn. [Jetzt hat's der Staatsanwalt bestätigt]
16 H:                                             [Okay]      ((zu M gewendet:)) Is die
17      Reaktion der Stadt Wien mit Vergabesperren die richtige, wenn sie so schnell
18      offenbar auf [dem Rücken] der Bauarbeiter ausgetragen wird?
18 P:                [Der Stadt Wien]          Der Stadt Wien bleibt nichts
19      andres übrig, als die Gesetze zu beachten.
20 M:   .hhh Also ich halte die Reaktion für nicht richtig, ich- ich halte diese Reak-
21      tion der Baudirektion für falsch, denn eine Firma, ganz egal ob sie eine Baufirma
22      oder ob sie ah Zuckerl herstellt, kann, wenn sie keine Abnehmer für ihre Waren
23      hat, ihre Arbeitnehmer nicht beschäftigen. Und Wien ist, gemeinsam mit dem
24      Bund, eben der größte Auftraggeber. Wenn der keine Aufträge mehr gibt, bleibt
25      den Firmen nichts andres über, als den Personalstand zu vermindern.
26 H:   Jetzt frag ich die/
27 M:   Und daran is der Herr Pilz  [schuld.]=
28 P:                               [Das- das stimmt eh-/]
29 M:   =Daran ist der Herr Pilz    [schuld Und er tritt für italienische Baufirmen ein, er] =
30 P:                               [Das ist - ((lächelt)) Das ist die übliche- Das ist nicht]
31 M:   = tritt für deutsche Baufirmen ein, komischerwei[se .hhh] ist er als Wiener Ge-
32      meinderat mehr daran interessiert, dass Aufträge ins Ausland gehen, als dass sie
33      im [Inland erledigt werden.]
34 P:      [Das ist-]
35         [Das ist die übliche] Methode [das (?...)]
36 M:                                    [Das ist- Ihre Methode] ist ja, Ihre Methode,
37      Herr Pilz ist, etwas in den Teich zu werfen und warten, dass Ihnen nach CIA-Me-
38      thoden Unterlagen zugespielt [werden.]
39 P:                                [Fangen' s] fangen's doch bitte ned wieder zum
40      Schreien an.
41 M:   Nein, i fang (ned- i fang)/
42 P:   Herr Mayr (0.8) eines müssen wir doch festhalten (0.6) es würde meine Macht
43      weit überschreiten (0.8) einen Staatsanwalt anzuweisen, bei dem von uns ein-
44      gangs diskutierten U-Bahnlos die Vorerhebungen zu beginnen – dort is nämlich da
45      Staatsanwalt tätig. (...)
```

Von „*Fakten, Beweisen, Zeugenaussagen*" wie Pilz in Z. 4f. behauptet, konnte zum damaligen Zeitpunkt noch kaum eine Rede sein, was Pilz aber hier rhetorisch macht, ist, die Darstellung eines angeblich allgemeinen Musters sozialdemokratischen Skandalmanagements zu etablieren. Die Stärke dieses Deutungsangebots liegt in der narrativen Verknüpfung von unmittelbar Wahrnehmbarem („*Lüge, Verleumdung, das ham wir heute schon gehört*" Z. 3f.) mit Elementen bereits verfügbaren sozialen Wissens (die „sozialdemokratische Sorge um Arbeitsplätze" Z. 10 hat hohen Wiedererkennungswert) zu einer Prognose der „*üblichen Entwicklung bei solchen Affären*" (Z. 2). In dieser geschickt arrangierten, teils prognostizierenden Stufenfolge hat Pilz also auch ein zentrales Element der gegnerischen Argumentation eingebaut, das er bereits aus früheren Stellungnahmen Mayrs in den Medien kennt und erwarten kann. Er nimmt es hier vorweg und rahmt es neu (Z.10 „*letzte Rettungsargumentation*"). Und Mayr, gefangen in einem double-bind, bestätigt unfreiwillig die Plausibilität dieses Deutungsangebots, sobald er absehbarerweise – hier auch vom Moderator danach gefragt – auf die Gefährdung von Arbeitsplätzen zu sprechen kommt. Pilz kann dann lächelnd das anscheinende Eintreffen seiner Prognose quittieren (Z. 30). Dass sie andere Bedeutungen **kippen** können, ist eine wesentliche Eigenschaft von Deutungsrahmen (vgl. Gotsbachner 2001:734), insofern sind Rahmungen, welche die gegnerische Position in die eigene „Storyline" einbeziehen und umdeuten, besonders wirkungsvoll, weil sie die wiederkehrenden Argumentationsfiguren eines Gegners gegen diesen selbst richten, und das passiert im günstigsten Fall sogar in dem Moment, wo dieser sie ausspricht.

Mayr versucht hier noch zu kontern, indem er seinerseits auf der Metaebene das Verhalten Pilz' charakterisiert („*Ihre Methode, Herr Pilz ist, etwas in den Teich zu werfen und warten, dass Ihnen nach CIA-Methoden Unterlagen zugespielt werden.*" Z. 36–37), und sein Vorwurf ist nicht unplausibel, hatte Pilz in einem Zeitungskommentar (*Standard*, 19.05.1998) doch selbst geschrieben, dass er Unterlagen von „Sekretärinnen, Buchhalterinnen, Disponenten, Baukaufleuten, Immobilienmaklern und Beamten" aus der Gemeindeverwaltung und von Baufirmen zugespielt bekomme. Hätte sich Mayr mit dieser Deutung durchgesetzt, wäre die Beurteilung dieser Geschichte wohl ganz anders dagestanden. Doch an dieser kritischen Stelle kann Pilz den Vorfall zu Diskussionsbeginn für sich nutzen, um Mayrs Beschuldigungen mit „*Fangen's doch bitte ned wieder zum Schreien an*" (Z. 39f.) abzuwürgen. Mayr lenkt ein und verstummt (Z. 41), während Pilz zu seinem Schlußwort ausholt, ein weiterer Beleg dafür, wie wichtig es in einer politischen Fernsehdiskussion ist, durch eine interaktiv etablierte Situationsdefinition frühzeitig Kontrolle über die Verteilung der Redegelegenheiten zu gewinnen.

Wir kommen zum Fazit: Was kann ein komplexes analytisches Konzept von Deutungsrahmen wie das hier – nur aufrissartig – entworfene leisten? Zunächst: Man darf nicht gelungene rhetorische Manöver mit ihrer tatsächlichen Wirkung auf heterogene Publikumsschichten von unterschiedlicher politischer und sozialer Ausrichtung verwechseln. Bezüglich ihrer öffentlichen Wirkung kann die rhetorische Kraft einzelner Redezüge so natürlich nicht rekonstruiert werden. Das erfordert ein Forschungsdesign, welches die Rezeptionen von Fernsehzusehenden mit unterschiedlichen politischen und sozialen Hintergründen untersucht (vgl. das aktuelle „Frame Project" http://www.univie.ac.at/frame-project/), um zu erkunden, wie die konkurrierenden Deutungsangebote von Politikern – hier Deutungsrahmen auf der zweiten, narrativen Analyseebene – als interpretative Ressource in bestimmten gesellschaftlichen Kreisen von Interpretinnen übernommen werden, oder eben nicht.

Mittels der im „Frame Project" entwickelten Analyseverfahren und dem entsprechenden Datenmaterial können wir nicht nur sehr genau untersuchen, wie Rezipierende die widerstrebenden Deutungsangebote verarbeiten, oder der politischen Situation, um die es jeweils geht, überhaupt Sinn verleihen, sondern darüber hinaus auch methodisch abgesicherte Aussagen darüber treffen, welches soziale und politische „Wissen" die Rezipierenden zur Anwendung bringen, wie sie es situationsbezogen verwenden und an welchen Aspekten politischer Deutungsangebote sie ansetzen, um diese zu einem für sie konsistenten Bild sozialer und politischer Vorgänge zusammenzufügen (Gotsbachner 2013 a, b, 2014).

Aber für diesen Schritt ist eine interaktionistische Verlaufsanalyse der konkreten politischen Fernsehdiskussionen zunächst unverzichtbar und es hat durchaus einen eigenen Erkenntnisgewinn, diese einmal für sich selbst zu betrachten, in ihren verwobenen Handlungs- und Argumentationsdimensionen und wie sie unter spezifischen Zugzwängen lokal hervorgebracht werden. Hier geht es um ein zentrales Element öffentlicher Diskurse in modernen Mediendemokratien. Denn die Darstellungs- und Aushandlungsleistungen der Diskutierenden sind auch für Zusehende eine Grundlage, auf die sie in der Wahrnehmung und Bewertung von einzelnen rhetorischen Zügen der Diskutierenden zurückgreifen müssen, auch wenn sie dabei ihr je eigenes spezifisches Wissen und ihre speziellen Wahrnehmungsweisen mobilisieren, und oft etwas ganz anderes daraus machen (Gotsbachner 2013 a, b, 2014). Gerade weil durchschnittliche Fernsehzusehende in ihrem notgedrungenerweise flüchtigen Eindruck das Geschehen nicht genügend rekonstruieren können, braucht es eine eigene Untersuchungsmethode, wie die situative Herstellung von Dominanz und „Selbstverständlichkeit" in Fernsehdiskussionen letztlich funktioniert, bevor man in einem anderen Schritt ihre tatsächliche gesellschaftliche Wirkung betrachtet. Wichtig dabei ist, eine sehr genaue, rekonstruktive Analyse der interaktiven und interpretativen Leistungen der beteiligten politischen Akteure an den wiederkehrenden Konstitutionsproblemen zu orientieren, die für eine politische Fernsehdiskussion typisch sind, um angesichts der Fülle von rhetorisch-diskursiven Aspekten den Blick für das Wesentliche nicht zu verlieren: Wie Deutungsrahmen etabliert oder dekonstruiert werden und damit zur Strukturierung öffentlicher Wahrnehmung beitragen.

Literatur

Clayman, Steven E. (1992): „Footing in the achievement of neutrality: the case of news-interview discourse", in: Drew, Paul/Heritage, John (eds.): *Talk at Work*. Cambridge: CUP, 163–198.
Donati, Paolo R. (1992): „Political Discourse Analysis", in: Diari, Mario/Eyerman, Ron (eds.): *Studying Collective Action*. London: Sage, 136–167.
Edelman, Murray (1990): *Politik als Ritual. Die symbolische Funktion staatlicher Institutionen und politischen Handelns*. Frankfurt am Main: Campus.
Entman, Robert M. (1993): „Framing: Toward Clarification of a Fractured Paradigm", in: *Journal of Communication*, 43, 51–58.
Fillmore, Charles J. (1982): „Frame Semantics", in: Linguistic Society of Korea (ed.): *Linguistics in the Morning Calm. Selected Papers from SICOL 1981*. Seoul: Hanshin, 111–137.
Gamson, William A. (1992): *Talking Politics*. Cambridge: CUP.
Goffman, Erving (1974): *Frame Analysis*. Cambridge: HUP.
Gotsbachner, Emo (2001): „Xenophobic Normality: The Discriminatory Impact of Habitualized Discourse Dynamics", in: *Discourse & Society*, 12, 729–759.
Gotsbachner, Emo (2003): „Normalisierungsstrategien in der Rhetorik der FPÖ. Die politische Alchemie, Kritik in Unterstützung zu verwandeln", in: *Österreichische Zeitschrift für Politikwissenschaft*, 32, 457–483.
Gotsbachner, Emo (2008): „Durchsetzung von Deutungsrahmen in politischen Fernsehdiskussionen", in: *Gesprächsanalyse, Online-Zeitschrift zur verbalen Interaktion*, 9.
Gotsbachner, Emo (2009): „Asserting Interpretative Frames of Political Events: Panel Discussions on Television News", in: Housley, William/Fitzgerald, Richard (eds.): *Media, Policy and Interaction*. London: Ashgate, 49–71.
Gotsbachner, Emo (2013a): „Deutungsmacht und symbolische Politik. Wie politische Fernsehdiskussionen wahrgenommen und verstanden werden", in: *Österreichisches Jahrbuch für Politik 2012*. Wien: Böhlau Verlag, 395–408.
Gotsbachner, Emo (2013b): „Politisches Kapital aus der Eurokrise schlagen. Heterogene Wahrnehmungen von politischen Deutungsangeboten in Fernsehdiskussionen", in: Wengeler, Martin/Ziem, Alexander (eds.): *Sprachliche Konstruktionen von Krisen*. Bremen: Hempen Verlag, 127–151.
Gotsbachner, Emo (2014): „Diskursanalytischer Erklärungsanspruch und Kritik. Wahrnehmung und Wirkmächtigkeit politischer Diskurse quer über heterogene Milieus", in: Rei-

sigl, Martin/Nonhoff, Martin/Langer, Antje (eds.): *Diskursanalyse und Kritik*. Wiesbaden: VS.

Holly, Werner (2001): „Beziehungsmanagement und Imagearbeit",in: Brinker, Klaus/Antos, Gerd/Heinemann, Wolfgang/Sager, Sven F. (eds.): *Text- und Gesprächslinguistik*. Berlin/New York: de Gruyter, 1382–1393.

Kallmeyer, Werner/Schütze, Fritz (1977): „Zur Konstitution von Kommunikationsschemata der Sachverhaltsdarstellung", in: Wegner, Dirk (ed.): *Gesprächsanalysen*. Hamburg: Buske, 159–274.

Kallmeyer, Werner (1988): „Konversationsanalytische Beschreibung", in: Ammon, Ulrich/Dittmar, Norbert/Mattheier, Klaus (eds.): *Sociolinguistics*. Berlin/New York: de Gruyter, 1095–1108.

Kallmeyer, Werner/Schmitt, Reinhold (1996): „Forcieren oder: die verschärfte Gangart. Zur Analyse von Kooperationsformen im Gespräch", in: Kallmeyer, Werner (ed.): *Gesprächsrhetorik. Rhetorische Verfahren im Gesprächsprozeß*. Tübingen: Narr, 19–118.

Kitzinger, Jenny (2007): „Framing and Frame Analysis", in: Devereux, Eoin (ed.): *Media Studies. Key Issues and Debates*. London: Sage, 134–161.

Klein, Josef (1999): „,Frame' als semantischer Theoriebegriff und als wissensdiagnostisches Instrumentarium", in: Pohl, Inge (ed.): *Interdisziplinarität und Methodenpluralismus in der Semantikforschung*. Frankfurt am Main et al.: Lang, 157–183.

Matthes, Jörg (2007): *Framing-Effekte. Vom Einfluss der Politikberichterstattung auf die Einstellungen der Rezipienten*. München: Reinhard Fischer.

Minsky, Marvin (1975): „A Framework for Representing Knowledge", in: Winston, Patrick Henry (ed.): *The Psychology of Computer Vision*. New York: Mc Graw-Hill, 211–277.

Müller, Klaus (1984): *Rahmenanalyse des Dialogs. Aspekte des Sprachverstehens in Alltagssituationen*. Tübingen: Narr.

Pan, Zhongdang/Kosicky, Gerald M. (2001): „Framing as Strategic Action in Public Deliberation", in: Reese, Stephen D./Gandy, Oscar H./Grant, August E. (eds.): *Framing Public Life. Perspectives on Media and Our Understanding of the Social World*. Mahwah: Erlbaum, 35–65.

Philo, Greg (2007): „News Content Studies, Media Group Methods and Discourse Analysis: A Comparison of Approaches", in: Devereux, Eoin (ed.): *Media Studies. Key Issues and Debates*. London: Sage, 101–133.

Schenkein, Jim (1978): „Identity Negotiations in Conversation", in: Schenkein, Jim (ed.): *Studies in the Organization of Social Interaction*. New York: Academic Press, 57–78.

Scheufele, Dietram A. (2003): *Frames – Framing – Framing-Effekte. Theoretische und methodische Grundlegung des Framing-Ansatzes sowie empirische Befunde zur Nachrichtenproduktion*. Wiesbaden: WDV

Schön, Donald A./Rein, Martin (1994): *Frame Reflection. Toward the Resolution of Intractable Policy Controversies*. New York: Basic Books.

Snow, David A./Rochford, Burke E./Worden, Steven K./Benford, Robert D. (1986): „Frame Alignment Processes, Micromobilization, and Movement Participation", in: *American Sociological Review*, 51, 464–481.

Tannen, Deborah (1993): „What's in a Frame? Surface Evidence for Underlying Expectations", in: Tannen, Deborah (ed.): *Framing in Discourse*. New York: OUP, 14–56.

Ziem, Alexander (2008): *Frames und sprachliches Wissen. Kognitive Aspekte der semantischen Kompetenz*. Berlin/New York: de Gruyter.

JOSEF KLEIN

AUSWEICHEN und AUSWEICHEN KASCHIEREN. Multimodale Performanz, Framing-Kniffe und Publikumsresonanz

1. Einleitung

Ziel dieses Beitrags ist es zum einen AUSWEICHEN[1] – insbesondere in politischen Talkshows und ähnlichen Formaten – auf Theorieebene zu verorten, zum anderen auf der Basis exemplarischer Analysen die Fragen (1) nach sprachlichen und nicht-sprachlichen Indikatoren für AUSWEICHEN und vor allem für das KASCHIEREN von AUSWEICHEN, (2) nach deren Zusammenspiel sowie (3) nach dem Zusammenhang mit Erfolg und Nicht-Erfolg bei Zuschauern ein Stück weit zu klären. Es geht also um Interaktionsstruktur, Strategien, multimodale Performanz, Publikumsreaktionen und deren Zusammenhang.

2. Theoretische Einordnung

Politische Talkshows, TV-Duelle und ähnliche Formate sind Hybride aus Gespräch (**talk**), Aufführung für Publikum (**show**), massenmedialem Produkt und politischer Werbung. Das hat Folgen auf Theorie- und Methodenebene. Bei der Analyse des Formats sind zentrale Theoriebegriffe der Bereiche einzubeziehen, die an der Konstitution des Hybrids beteiligt sind:

- Macht und Öffentlichkeit (politische Theorie),

- sekundäre (= technisch vermittelte) Audiovisualität[2]; Information, Unterhaltung und Quote unter den Bedingungen von Markt und öffentlichem Auftrag (Medientheorie)

---

[1] Entsprechend der handlungsanalytisch üblichen Konvention werden die Bezeichnungen für näher untersuchte kommunikative Handlungen und Verfahren in Majuskeln geschrieben. Bei nicht näher untersuchten Handlungen wird aus Gründen der leichteren Lesbarkeit, insbesondere für Nicht-Linguisten, darauf verzichtet.

[2] Vgl. Holly (2005) und (2009).

- Strategische Kommunikation unter den Bedingungen von Pro- und Kontra-Rede vor Publikum (Rhetorik, Argumentationstheorie, Kommunikationsethik)
- Gespräch als Austausch zwischen Beteiligten (mikrosoziologische und linguistische Gesprächstheorien).

Daher sind Methoden, die mit Blick auf den wissenschaftlichen Umgang mit lediglich einem Einzelbereich oder im Rahmen einzelbereichsspezifischer Theorien entwickelt worden sind, nicht geeignet, um dem hybriden Gegenstand als Ganzem gerecht zu werden.[3]

Unter gesprächsanalytischem Gesichtspunkt sind bei politischen Talkshows die Freiheitsgrade für die gemeinsame Herstellung des Interaktionsprozesses durch die Teilnehmer teils geringer teils andere als in „normalen" Gesprächen ohne Publikum. Maßgeblich dafür sind die von Medium und Politik gesetzten Rahmenbedingungen. Das beginnt bei physisch-technischen Arrangements (Sitz- bzw. Stehordnung, Kameratechnik, Sendedauer etc.) und führt über die Beachtung des politischen Proporzprinzips bei Teilnehmerauswahl und Redezeit sowie über die primäre Ausrichtung der Beiträge auf das TV-Publikum bis zur Gegenläufigkeit von journalistisch-medialen Zielen (Information, Unterhaltung, hohe Zuschauerquote) und Politiker-Zielen (Werbung für eigenes und gegen konkurrierendes Konzept und Personal, Machterhalt/Machterwerb)[4]. Der Zusammenhang mit Macht ergibt sich für Politiker daraus, dass das Publikum personenidentisch ist mit einem mehr oder weniger großen Teil der Wählerschaft, d. h. mit der für die Verleihung parlamentarischer Macht obersten Instanz. Politiker haben bei Äußerungen im Fernsehen allerdings nicht nur die Zuschauerresonanz, sondern auch mögliche Reaktionen der weiteren Öffentlichkeit, ein-

---

[3] Ohne dafür im Einzelnen eine methodologische Rechtfertigung zu geben, wird in diesem Beitrag versucht, Erkenntnisse und methodische Zugriffe aus den einschlägigen wissenschaftlichen Kontexten integrativ zu verknüpfen, insbesondere empirische linguistische Hermeneutik (vgl. Hermanns/Holly 2007), medienwissenschaftliche empirische Rezeptionsforschung, zeithistorische Politikanalyse, TV-bezogene Audiovisualitäts- und Funktionsanalyse, Körpersprachen-Semiotik, Funkionale Pragmatik, Konversationsanalyse, Frame-Analyse, linguistische und rhetorische Argumentationsanalyse, politolinguistische Sprach- und Kommunikationskritik.

[4] Zur Gegenläufigkeit journalistischer und politischer „Logik" vgl. Bucher (2007).

schließlich der politischen Konkurrenz in Rechnung zu stellen.

Der Hybrid-Charakter der politischen Talkshow und die daraus folgenden Theoriebezüge haben methodische Konsequenzen für die Analyse. Nur wer der auf naive Medienkonsumenten zielenden Werbebotschaft glaubt, die Zuschauer würden hier einem ganz normalen Gespräch zwischen interessanten Teilnehmern über politische Themen zusehen oder hier würde ein Einblick in die interne Kommunikation zwischen Politikern gewährt, kann auf die Idee kommen, es mit einem Analyseverfahren nach dem – insbesondere von manchen Konversationsanalytikern gepflegten – Dogma zu versuchen, das Geschehen und seine Bedeutung möglichst ohne Kontext- und Vorwissen aus den Gesprächsdaten selbst rekonstruieren zu wollen.[5] Schon früh hat Dieckmann darauf hingewiesen, dass der eigentliche Adressat der Teilnehmer-Äußerungen das TV-Publikum ist, dass diese Orientierung aber um so erfolgreicher praktiziert werden kann, je mehr sie kaschiert und der Eindruck eines auf die Binnenkommunikation der Teilnehmer ausgerichteten Gesprächs erzeugt wird.[6] Das TV-Publikum, der „unsichtbare Dritte" und eigentliche Adressat, um dessentwillen diese Inszenierung überhaupt nur stattfindet, liefert selbst keine Daten im Sinne der dogmatischen Spielart der Konversationsanalyse. Struktur und Sinn des Geschehens in einer politischen Talkshow lässt sich nur rekonstruieren, wenn man das – innerhalb des Geschehens vielfach verborgen bleibende – Wissen über Publikums-, Medien- und Machtbezüge als Vor- und Kontextwissen der Akteure voraussetzt und in die Analyse reflektiert einbringt.

Dies gilt insbesondere auch für das hier untersuchte Interaktionsverfahren AUSWEICHEN. Wesentliche Elemente sind ausschließlich aus dem Macht- und/oder dem Publikumsbezug zu erklären. Man WEICHT als Politiker(in) AUS, wenn eine nicht-ausweichende Äußerung zu einem Thema, mit dem man konfrontiert wird, negative Folgen für die Akzeptanz beim Publikum bzw. bei relevanten Publikumssegmenten – und damit direkt oder indirekt für Machtoptionen – befürchten lässt. Auch diejenigen, die politische Akteure in einer Talkshow zum AUSWEICHEN veranlassen, tun das mit Blick auf das TV-Publikum: als Moderator(in), um mit provokativen Fragen Unterhaltungs- und Infor-

---

[5] Vgl. kritisch zu diesem Dogma Deppermann (1999: 85 ff.).
[6] Dieckmann (1985: 67 f.).

mationseffekte zu erzielen, als politischer Gegner, um im Kampf um Akzeptanz und Machtchancen den Kontrahenten in das Dilemma zu treiben, bei einem unangenehmen Thema entweder NICHT AUSZUWEICHEN und damit sich oder der eigenen Partei beim Publikum bzw. bei relevanten Publikumssegmenten zu schaden, oder AUSZUWEICHEN und damit beim Publikum ebenfalls einen negativen Eindruck zu hinterlassen. Dies wiederum ist der Grund, warum Politiker, wenn sie AUSWEICHEN, vorzugsweise versuchen, es so zu tun, dass es vom Publikum möglichst unbemerkt bleibt.[7] In handlungstheoretischer Perspektive haben wir es also mit zwei performativ verschränkten Handlungen zu tun: mit AUSWEICHEN und mit VERSUCHEN AUSWEICHEN ZU KASCHIEREN als einer Art Metahandlung. Ob der Versuch gelingt, ist davon abhängig, dass das Publikum den Ausweich-Charakter einer Äußerung nicht bemerkt.[8] Dann liegt AUSWEICHEN KASCHIEREN vor. Andernfalls bleibt es beim VERSUCH AUSWEICHEN ZU KASCHIEREN. In diesem Beitrag werden beide Varianten an Beispielen analysiert.[9]

So sehr sich eine theoretisch und methodisch reflektierte Analyse vor theorievergessener Datenfixierung hüten sollte, ebenso sehr sollte man die Tendenz zur datenvergessenen Typisierung meiden, wie sie – nicht immer zu Unrecht – der Sprechakttheorie vorgeworfen wird. Wir wollen uns daher bei der Auswahl der Sequenzen zur exemplarischen Analyse von AUSWEICHEN, VERSUCHEN AUSWEICHEN ZU KASCHIEREN und AUSWEICHEN KASCHIEREN nicht allein auf theoretisches und praktisches Vor- und Kontextwissen des Analysierenden verlassen, sondern wählen als Datenbasis nur solche Talkshow-Sequenzen, in denen andere Beteiligte durch ihre Reaktionen den Status einer Politikeräußerung markieren. Das geschieht zum einen per Qualifizierung der Äuße-

---

[7] In einem Gespräch ohne Publikum wäre **beharrliches** AUSWEICHEN, wie es in politischen Talkshows an der Tagesordnung ist, interaktional derart defizitär, dass für den Gesprächspartner, der eine kritische FRAGE gestellt oder einen VORWURF erhoben hat, ein Abbruch der Kommunikation wegen Verstoßes gegen die Maxime, sich relevant zum Thema zu äußern, nahe läge.

[8] Denn KASCHIEREN ist – in sprechakttheoretisch gedeutet – ein perlokutionärer Akt.

[9] In den untersuchten Szenen WEICHEN die Politiker nicht nur aus, sondern VERSUCHEN auch ihr AUSWEICHEN ZU KASCHIEREN. Denn weder vor noch nach dem NACHHAKEN ihres jeweiligen Gegenübers geben sie zu, dass sie es unterlassen themengenau zu reagieren.

rung als AUSWEICHEN, indem der Moderator oder der politische Kontrahent NACHHAKT. Das geschieht zum anderen durch Publikumsreaktionen, die signalisieren, ob ein Kaschierversuch bei den Zuschauern erfolgreich ist oder nicht. Beide Reaktionen zu beachten, ist notwendig, weil die Markierung des AUSWEICHENS durch NACHHAKEN keineswegs immer bedeutet, dass auch das Gros des Publikums das Ausweichmanöver durchschaut, zumal wenn Politiker trotz NACHHAKENS mit ihren Kaschierversuchen fortfahren. Es handelt sich dann – so auch bei den später untersuchten Beispielen – um **beharrliches** AUSWEICHEN nach dem Muster

- Akteur A FORDERT Akteur B mit einem für B unangenehmen Thema t HERAUS.
- Akteur B WEICHT AUS, indem er durch die HANDLUNG X von t ABZULENKEN VERSUCHT.
- Akteur A (oder Akteur N) HAKT NACH, indem er auf t INSISTIERT.
- Akteur B WEICHT erneut aus, indem er durch die HANDLUNG Y von t ABZULENKEN VERSUCHT.
- (Gegebenenfalls erneute Runde(n) INSISTIEREN – AUSWEICHEN)
- Akteur A HAKT NICHT mehr NACH.[10]

Das TV-Publikum ist zwar an der **Veranstaltung** Talkshow beteiligt, nicht aber an der Talkshow als **Gespräch**. Es ist auf eine andere Weise involviert als die Gesprächsteilnehmer, die – innerhalb der formatspezifischen Regeln – das Gespräch im Interaktionsprozess herstellen, (der wiederum per Kamera- und Mikrophontechnik, Bildregie etc. in die Talkshow als **Sendung** transformiert wird). Die Zuschauer sind Beteiligte nicht per Produktion, sondern – im Rahmen ihrer Aufmerksamkeit, ihres Wissenshorizonts, ihrer Erwartungen und Ansprüche – per Rezeption. Aus empirischen Untersuchungen wissen wir, dass das Gros der

---

[10] Der **Muster**charakter dieser Darstellung impliziert selbstverständlich, dass beharrlich AUSWEICHEN im konkreten Vollzug durch weitere Handlungen unterbrochen oder überlagert werden kann. Auch kann – sowohl auf der Teilnehmer- als auch auf der Analyseebene – aus hermeneutischen oder auch anderen, z. B. strategischen Gründen unklar oder strittig sein, ob AUSWEICHEN oder auch NACHHAKEN vorliegt.

Zuschauer – neben mehr oder weniger ausgeprägten Unterhaltungsansprüchen[11] – in der **Informationsdimension** von den Teilnehmern die Beachtung grundlegender Kommunikationsnormen einfordern, die weitgehend den Griceschen Maximen[12] entsprechen. D. h. sie stellen Ansprüche auf Informativität des Gesagten, auf Wahrhaftigkeit der Teilnehmer, auf Wahrheit bzw. Fundiertheit der vertretenen Positionen, auf Relevanz der Themen und Beiträge sowie auf Verständlichkeit der Ausführungen und auf geordneten Ablauf, wie wir aus Echtzeitmessungen von Zuschauerreaktionen auf Politikerauftritte in TV-Gesprächssendungen seit langem wissen.[13] Man darf sich das allerdings nicht als kommunikationsethisch hoch reflektierten Umgang mit den Äußerungen der Teilnehmer vorstellen, sondern als Beurteilungsraster, das Zuschauer aus ihrer jeweiligen Perspektive handhaben – vielfach anfällig für „populistische" und „unkonkrete" politische Botschaften[14] bei gleichzeitig unterhaltungsnahem Interesse an Provokation, Zuspitzung und heftig-deftigem Streit.

Die talkenden Politiker sind demgegenüber in einer Zwickmühle.[15] Einerseits verfolgen sie entsprechend ihrer Rolle im politischen System, unter Wettbewerbsdruck bei den obersten Machtverleihern, den Wählern, um Zustimmung zu werben, strategische Kommunikationsmaximen. Deren wichtigste lauten:

---

[11] Vgl. Dörner (2001: 133 ff.); Holly (2008). Zur Theorie der Unterhaltsamkeit vgl. Klein (1997).

[12] Vgl. Grice (1975: 45 ff.). Grice arbeitet heraus, dass das „Kooperationsprinzip" und als dessen Ausprägungen die Maximen der Informativität, der Wahrheit und der Wahrhaftigkeit, der Relevanz und der verständlichen, eindeutigen und kohärenten Darstellungsweise das normative und zugleich rationale Fundament kommunikativer Interaktion bilden. Er nutzt diese Erkenntnis allerdings nicht zur Entwicklung einer elaborierten Ethik der Kommunikation, was durchaus nahe gelegen hätte, sondern als Instrument zur Erklärung von Differenzen zwischen Logik und natürlicher Sprache (Theorie der konversationellen Implikaturen). Der Griceschen Grundidee dürfte auch die Diskursethik von Jürgen Habermas verpflichtet sein, obwohl Habermas selbst keinen Hinweis darauf gibt, dass seine 1971 erstmals skizzierte Konzeption beeinflusst sei von den Griceschen Ideen, die seit 1968 unter Philosophen und Sprachtheoretikern weltweit als Kopie eines Vorlesungsmanuskripts kursierten und erst 1975 in der Zeitschrift „Syntax and Semantics, Vol. 3" offiziell publiziert wurden.

[13] Vgl. Klein (1988) und (1989).

[14] Vgl. Reinemann/Maurer (2007).

[15] Vgl. Klein (1990: 21 ff.), auch Klein (2009: 2124 ff.).

1. Stelle die eigene Position positiv dar!
2. Stelle die gegnerische Position als ablehnenswert oder weniger zustimmungswürdig als die eigene dar!
3. Mache dir durch deine Rede in relevanten Gruppen möglichst viele geneigt, vor allem aber möglichst wenige zu Gegnern!
4. Demonstriere Leistungsfähigkeit und Durchsetzungskraft!
5. Halte dir Operationsspielräume offen!

Andererseits sind Politiker(innen) gehalten, die universalen, für funktionierende Kommunikation konstitutiven Prinzipien, wie sie in den Griceschen Maximen formuliert sind, zu beachten, zumal das den politisch-moralischen Ansprüchen (wenn auch nicht unbedingt den Erwartungen) der Zuschauer und einer kritischen Öffentlichkeit entspricht.[16] Die Zwickmühle entsteht, falls die Befolgung der einen die Befolgung der anderen Maximen unmöglich macht, z. B. wenn die Wahrheit zu sagen, gleichzeitig bedeutet, über die eigene Partei Negatives zu äußern. In politischenTalkshows liegt diese Situation besonders häufig vor. Denn es gehört geradezu zur Berufsehre freier Journalisten und zur politischen Rolle des politischen Gegners Politiker auf Themen anzusprechen, bei denen sie oder ihre Gruppierung deutliche Schwächen aufweisen oder aufweisen könnten. Aus dem Dilemma, die Schwäche zu offenbaren (und damit gegen die Maxime der Positiv-Darstellung der eigenen Gruppierung zu verstoßen) oder sie einfach zu leugnen (und damit gegen die Wahrheitsmaxime zu verstoßen), bietet AUSWEICHEN einen häufig gewählten Ausweg. Allerdings ist auch der mit dem Risiko behaftet bemerkt zu werden als Verstoß gegen die Gesprächsregel auf eine FRAGE, einen VORWURF o. Ä. themengenau zu antworten.[17] Dieses Risiko ist zwar meist politisch gefahrloser als die beiden zuvor genannten Risiken (= Wahl des kleineren Übels). Dennoch ist die Neigung groß, das Risiko, Zuschau-

---

[16] Das unzählig belegte „Misstrauen" großer Teile der Bevölkerung in „die Politiker" dokumentiert, dass politisch-moralischer Anspruch und faktische Erwartung an die kommunikative Integrität der politischen Repräsentanten weithin auseinander fallen.
[17] In Gricescher Terminologie handelt es sich um einen Verstoß gegen die Maxime, sich relevant zu äußern.

er durch AUSWEICHEN zu verärgern, dadurch zu minimieren, dass man VERSUCHT AUSWEICHEN ZU KASCHIEREN.

Aus gesprächsanalytischer Perspektive ist AUSWEICHEN der Folgezug innerhalb einer zweiteiligen Sequenz, deren initialen Zug der Gesprächspartner mit einer FRAGE, einem VORWURF o. Ä. vollzieht. Die Konversationsanalyse hat herausgearbeitet, dass mit solchen initialen Zügen des einen Gesprächspartners normativ wirksame Erwartungen für den Folgezug des anderen verbunden sind. Dabei wird unterschieden zwischen einem erwarteten und daher „strukturell präferierten" Folgezug und „nicht-präferierten" Folgezügen. Letztere widersprechen der strukturellen Erwartungsnorm, sind aber gesprächsstrukturell zulässig, weil der Sprecher in ihnen zu erkennen gibt, dass er die Erwartungsnorm kennt und **prinzipiell** anerkennt. Nicht-präferierte Folgezüge, z. B. die ABLEHNUNG einer BITTE, werden durchweg sprachlich markiert durch Verzögerungssignale oder auch durch – im Vergleich zu präferierten Folgezügen – höhere Komplexität (z. B. die ERKLÄRUNG für eine ABLEHNUNG).[18]

AUSWEICHEN allerdings ist weder ein präferierter noch ein nicht-präferierter Folgezug, sondern gehört zu den partnerseits vielfach mit negativen Bewertungen markierten, von Deppermann als „ignorierende Folge" bezeichneten Zügen.[19] Sie sind konversationsanalytisch bislang ebenso wenig systematisch untersucht worden wie kaschierendes Gesprächsverhalten. Mit der Untersuchung von AUSWEICHEN in politischen Talkshows betreten wir daher nicht nur durch den systematischen Einbezug von Multimodalität und Audiovisualität Neuland.

Als Konsequenz der theoretischen Verortung von AUSWEICHEN ergeben sich für die exemplarischen Sequenzanalysen folgende leitende Fragen:

- Welcher Zusammenhang zeichnet sich unter den Bedingungen der sekundären Audiovisualität des Fernsehens ab zwischen der multimodalen Performanz von AUSWEICHEN, einschließlich AUSWEICHEN ZU KASCHIEREN VERSUCHEN und den Zuschauerreaktionen?
- In welchem Verhältnis stehen die Modalitäten zueinander?

---

[18] Vgl. Levinson (1990: 306).
[19] Deppermann (1999: 68 f.).

- Gibt es Analogien zum Phänomen der strukturellen Markiertheit nicht-präferierter Folgezüge im Sinne der Konversationsanalyse?
- Wie fügt sich die Antwort auf diese Frage ein in den – im Hybrid-Charakter politischer Talkshows begründeten – Horizont machtbezogener multimodaler rhetorischer Strategie?

3. Audiovisualität, Multimodalität und einige methodische Konsequenzen, insbesondere für Transkriptionen

Politische Talkshows finden nicht statt, um Politikern die Möglichkeit zu geben, miteinander zu sprechen, sondern werden inszeniert, um das Publikum zu interessieren, zu informieren und zu unterhalten und um Politikern Gelegenheit zu geben, sich vor Zuschauern zu präsentieren, zu überzeugen, zu imponieren, gegebenenfalls auch sich zu blamieren. Darum sollte auch bei Produktanalysen – wozu linguistische Analysen von TV-Formaten nach medienwissenschaftlicher Terminologie gehören – nicht gänzlich außer Acht gelassen werden, welche Aspekte und Modi bei der Rezeption von Bedeutung sind. Damit gerät die Dimension der Wahrnehmung und somit die Kategorie „Audiovisualität" in den Blick: Wer ein Gespräch als Zuschauer verfolgt, nimmt es auditiv und visuell wahr – „primär audiovisuell" bei räumlicher und zeitlicher „Kopräsenz" (z. B. Saalpublikum bei einer Podiumsdiskussion), „sekundär audiovisuell", wenn räumliche (und zeitliche) Distanz zwischen Gespräch und Zuschauer durch technische Medien, z. B. Fernsehen überwunden wird.[20]

Zuschauer gehen mit Fernsehen nicht um wie mit einem Sachbuch. Die Aufmerksamkeit für das, was sie hören, tritt vielfach hinter das zurück, was sie sehen. Das Kompositum *Talkshow* mit seinen Bestandteilen *Talk* und *show* ist insofern als Bezeichnung gut gewählt. Selbst wenn Zuschauer politischer Talkshows primär an der inhaltlichen Auseinandersetzung interessiert sind, ist das, was in der antiken Rhetorik „actio" genannt wird – das Integral von Rede und redebegleitender Körperlichkeit[21] – eine wichtige Bedingung für den momentanen Eindruck und/oder die längerfristige Wirkung (vgl. Maurer/Reinemann und

---

[20] Holly (2009: 392).
[21] Vgl Wülfing (1994).

Michel in diesem Band). Darum kann die Gesprächslinguistik, vor allem wenn sie sich auf TV-Gesprächsformate bezieht, sich nicht mehr mit der Reduktion auf die verbale Modalität beschränken.

Multimodale Analysen von Gesprächen umfassen das Spektrum des Verbalen, Paraverbalen und Nonverbalen. Im Einzelnen wird unterschieden[22]:

verbal:

- „alles ..., was dem konventionell etablierten System der Sprache zuzurechnen ist und traditionell von Sprachwissenschaftlern untersucht worden ist"[23]

paraverbal:

- Intonation
- Stimmqualität (Lautstärke, Stimmlage, Timbre, u. ä.)
- Sprechgeschwindigkeit

nonverbal:

- Mimik
- Blickrichtung/-kontakt
- Gestik
- Körperhaltung
- Körperbewegung
- Proxemik
- Position im Raum
- (Outfit)

Mit der Anerkennung der Notwendigkeit multimodaler Analyse stellt sich die Frage, welche Modalität man als Bezugsebene wählen soll. Da wir bei der Rezeption von Gesprächen nur dann, wenn wir die Ebene des Verbalen zugrunde legen, in der Lage sind den Prozessen, die wir sehen, Kohärenz zuzusprechen und der Interaktion Sinn zuzuordnen, wäre es wenig plausibel, eine andere als die verbale Modalität zu wählen. Das gilt für AUSWEICHEN in besonderem Maße. Denn es ist stets durch eine **thematische** PROVOKATION, d. h. durch

---

[22] Vgl. Helfrich/Wallbott (1980: 267); Deppermann/Schmitt (2007: 25).
[23] Helfrich/Wallbott (1980: 275).

einen initialen **verbalen** Akt ausgelöst und hat damit primär einen verbalen Bezug. Darum werden die nonverbalen Daten in diesem Beitrag nicht unselektiert erfasst. Sie werden – entlang einer literalen Verschriftung des Verbalen – nur soweit repräsentiert, wie sie einen nicht-beliebigen Beitrag zur interaktionalen Kohärenz leisten. Eine methodische Folge ist die Entscheidung, zur Konzeptualisierung para- und nonverbaler Daten ein Vokabular zu verwenden, das – etwa im Unterschied zu streng physiologischer Terminologie – an die pragmatischen und semantischen Sinnpotentiale der verbalen Modalität anschlussfähig ist. So entgeht man u. a. der Gefahr, einen Berg physikalistisch konzeptualisierter Daten aufzuhäufen, ohne dass es ein sinnvolles Entscheidungskriterium z. B. bei der Mimik dafür gäbe, welche Bewegungen welcher Gesichtsmuskeln in welcher Genauigkeit repräsentiert werden sollen.

Um das an einem Bespiel zu demonstrieren: Eine Moderatorin stellt die Frage *Geht das?*. Dabei wird das Wort *Geht* stark betont. Während dieses Wortes bewegt sie den Kopf abwärts und hebt ihn sogleich wieder an. Von Lexik und Syntax isoliert könnte man das paraverbale Phänomen der größeren Lautstärke in Dezibel und das nonverbale Geschehnis einer vertikalen Bewegung des Kopfes in Sekunden und Zentimetern angeben. Stattdessen wird es in meiner Transkription heißen: „,*Geht*' stark betont, unterstrichen durch Kopfnicken". In den Begriffen „betont" und „unterstrichen" ist der Zusammenhangs der para- und der nonverbalen Ebene mit dem Sinn des verbalen Geschehens bewusst konzeptualisiert.

In der Literatur zur Körpersprache findet sich wenig Hilfe für die Verschriftung. Sie enthält, soweit sie überhaupt wissenschaftlichen Charakter hat, kaum Überlegungen über den **Zusammenhang** mit sprachlichem Verhalten. Die wenigen Ausnahmen betreffen den Zusammenhang von Gestik und Sprache (z. B. Armstrong et al. 1995; Müller 1998; Fricke in diesem Band). Sie sind für unsere Untersuchung allerdings von geringem Nutzen. Zum einen lassen die Sitz- und Steh-Positionen für Teilnehmer politischer Talkshows nur sehr reduzierten Gestengebrauch zu. Zum anderen sind beim Gros der Kameraeinstellungen (Groß, Nah, Halbnah) vielfach nur Kopf und oberer Teil des Rumpfes im Bild. Im Übrigen wissen erfahrene Talkshow-Teilnehmer, dass ausladende Gesten in der Nähe des Kopfes vor allem bei Groß- und Nah-Aufnahme von TV-Zuschauern als verstörendes Gestikulieren quer über den Bildschirm wahrgenommen werden. Selbst leichte Pendelbewegungen des Oberkörpers, die bei Reden in großen Sälen nicht auffallen würden, wirken in der Nah-Perspektive der TV-Zuschauer als störendes Unruhe-Element. Gemeinhin sind es daher die kleinen Bewegungen, mit denen es multimodale Talkshow-Analyse zu tun hat.

Will man der Spezifik politischer Talkshows und TV-Duelle gerecht werden, so ist nicht zuletzt zu fragen: Was macht Fernsehtechnik aus der Interaktion zwischen den Teilnehmern? Während Zuschauer im Saalpublikum einer Podiumsdiskussion den Blick beliebig schweifen lassen können, bestimmen für die TV-Zuschauer Kamera und Bildregisseur, worauf der Blick gerichtet ist. Dazu gehört Einiges, was Präsenzzuschauern, die an ihren Platz gefesselt sind, niemals in gleicher Weise zugänglich ist. Kamerawechsel, Schnitt und Zoom erlauben, die Teilnehmer aus unterschiedlichen Perspektiven zu sehen und ihnen visuell weit näher zu kommen als es die kulturell übliche proxemische Distanzschwelle in natürlichen Face-to-face-Situationen erlaubt. Nah- und Groß-Einstellung ermöglichen z. B. mimische Details zu sehen, die man andernfalls nicht erkennen könnte. Bildregie kann die Aufmerksamkeit auf Geschehensaspekte lenken, die dem Saalzuschauer meist entgehen. Dazu gehören z. B. körpersprachliche Reaktionen von Teilnehmern während der Ausführungen eines Kontrahenten; denn Zuschauer im Saal blicken meist auf den, der spricht. Für die Möglichkeit multimodaler Analyse von AUSWEICHEN als gängigem Interaktionsverfahren in Polit-Talkshows sind diese Aspekte sekundärer Audiovisualität von erheblicher Bedeutung.

Multimodalität und Audiovisualität kommen beim TV-Publikum als integrales Phänomen an. Dabei bilden Nonverbales und Kameratechnisches ein **visuelles Integral**. Beides muss in einer Transkription repräsentiert sein. Die gängigen gesprächslinguistischen Transkriptionssysteme, z. B. GAT[24], enthalten weder für das Eine noch für das Andere systematische Repräsentationsmöglichkeiten. Für Nonverbales jeweils eine eigene Zeile unterhalb der Verbal-Zeile(n) zu reservieren, wie es meist geschieht, reicht nur für marginale Zugriffe auf Nonverbales aus. Es lässt keinen Raum für ausführliche und systematische Repräsentation von Körpersprache und Kameratechnik.

---

[24] Selting et al. (1998).

Um Beides der verbalen Ebene darstellungstechnisch nicht unterzuordnen, erfolgt die **Transkription** der im Folgenden behandelten Sequenzen in **zwei Parallelspalten**: die eine ausschließlich für Verbales – zur besseren Lesbarkeit, insbesondere für Nicht-Linguisten, in orthographischer Schrift und ohne Repräsentation paraverbaler Phänomene – die andere für Non- und Paraverbales sowie für Bildtechnisches. Gleichzeitiges Reden wird in der Verbalspalte durch Parallelführung der Zeilen und Unterstreichung der Texte der Redenden markiert. Die Angaben zur Kameraeinstellung erfolgen nach den üblichen filmwissenschaftlichen Konventionen: Groß, Nah, Halbnah, Amerikanisch, Halbtotale, Totale, Weit.[25] Aufgrund der Unterschiedlichkeit der im Folgenden analysierten drei Sequenzen hinsichtlich Umfang und multimodaler Struktur folgen die Transkripte unterschiedlichen Gliederungssystemen: Im ersten wird auf Durchnummerierung verzichtet, das zweite ist durch Nummerierung der Kamera-Einstellungen gegliedert, das dritte durch Zeilennummerierung der Verbalspalte.

4. Daten und Datenauswahl: drei Sequenzen

Wenn man Gesprächsdaten mit dem Ziel untersucht, typologische oder anderweitig verallgemeinerbare Erkenntnisse zu gewinnen, genügt es nicht, sich auf einen Einzelfall zu beschränken. Um plausible typologische Aussagen treffen zu können, ist es andererseits nicht notwendig einen Datenbestand aufzuhäufen, der im Sinne quantitativer Forschungsmethoden „repräsentativ" ist. Das gilt vor allem dort, wo man nicht nur auf vorhandene wissenschaftliche Erkenntnis zurückgreifen, sondern auch an Interaktions-, Sprach- und Medienwissen anknüpfen kann, das man lebensweltlich erwirbt und das für hermeneutisch reflektierte Politolinguisten/innen sozusagen Gegenstand alltäglicher teilnehmender Beobachtung ist. Da geht es nicht nur darum vorhandenes Wissen zu überprüfen, sondern auch darum es zu vertiefen, zu präzisieren und gegebenenfalls plausible Hypothesen über Zusammenhänge, die man bisher nicht gesehen hat, zu gewinnen. Der Gegenstand unserer Untersuchung ist von solcher Art. Datengrundlage sind drei Sequenzen aus politischen TV-Gesprächssendungen (= politische Talkshows im weiten Sinne). Sie gehören drei unterschiedlichen Formattypen an:

---

[25] Hickethier (1996: 54).

- Polit-Talkshow im engeren Sinne: *Maybrit Illner* (ZDF, 22.11.2007)
- TV-Duell Merkel – Schröder (ARD, ZDF, RTL, SAT 1, 04.09.2005)
- Interview-Format: *ZDF-hearing* (ZDF, 14.11.1984)

Sie sind aus drei Gründen ausgewählt worden:

1. Sie machen deutlich, dass AUSWEICHEN und die Strategien es zu KASCHIEREN formatübergreifend anzutreffen sind.
2. Für die gewählten Ausschnitte ist Wichtiges über die Resonanz beim Publikum bekannt.
3. Der Vergleich zwischen den Ausschnitten von 2007 und 2005 und dem Ausschnitt von 1984 macht Einiges über den Zusammenhang zwischen der Entwicklung bildbezogener Regie-Praktiken und der Bedeutung nonverbaler Modi im Fernsehen deutlich.

Die Daten werden in einer Form präsentiert, die sie auch für Politik- und MedienwissenschaftlerInnen und nicht nur für GesprächsforscherInnen, die an komplizierte Transkriptionssysteme gewöhnt sind, leicht zugänglich machen (s. o.).

Sequenz 1: aus *Maybrit Illner* (ZDF) 22.11.2007. (Thema: „Wenn die Rente nicht mehr reicht – arbeiten bis zum Umfallen?")

Räumliches Arrangement: Die Talk-Teilnehmer sitzen im Beinahe-Halbkreis mit Moderatorin Illner in der Mitte mit jeweils ca. 70 cm Abstand voneinander auf einem leicht erhöhten Podium ca. 5–7 m entfernt vom Studiopublikum, das lediglich am Anfang der Sendung in einer Totale gezeigt wird. Hintergrund: Stellwände mit Berliner Architektur-Motiven, teils dunkelblau, teils hell (weiß-gelb) beleuchtet.

Teilnehmer: Maybrit Illner (ZDF, Moderatorin), Günther Oettinger (CDU, Ministerpräsident von Baden-Württemberg), Katja Kipping (Die Linke, Stellvertretende Parteivorsitzende), Max Schautzer (Fernseh-Moderator), Werner Moritz (Senioren-Beirat Berlin), Harald Simons (Volkswirt)

Sequenzthema: „Zwangsverrentung"

Sequenzbeteiligte: Illner (I.), Oettinger (O.), Studiopublikum (StP). O. sitzt aus Sicht der TV-Zuschauer unmittelbar links[26] von I.

Dauer: 31 Sekunden

---

[26] Richtungsangaben aus Zuschauerperspektive. Gilt für alle Transkripte dieses Beitrags.

Verbales:	Kamera, Para- und Nonverbales:
Illner (zu Oettinger): *Es geht ja nur darum, ob es tatsächlich rechtens ist, jemanden mit 59 und zu antizipierenden 18 % Abschlägen seiner Rente eben in die Rente zu schicken. Darf man das? Geht das?*	**Groß**: I. frontal. Im linken Bildviertel O.'s rechte Kopfhälfte im Halbprofil von hinten. O. zu I. gewandt. I. blickt zunächst nach rechts, dann Richtung Kamera, ab „*18 %*" zu O. „*Darf*" und „*Geht*" stark betont, unterstrichen durch Kopfnicken
Oettinger: *Ich glaube, wir werden die Menschen, die jünger als 60 sind, in den Arbeitsmarkt zurückbekommen. Der Wahn des Vorruhestands geht zu Ende.*	**Groß**: Zoom frontal auf O, bis nur Gesicht und Haaransatz sichtbar sind. O. mit konzentriertem Gesichtsausdruck Ab „*Der Wahn*" spricht O. etwas langsamer und nachdrücklicher.
Illner: *Da haben Sie sich jetzt aber einen schlanken Fuß gemacht. Also ich fragte nach der gesetzlichen Regelung.* (Während I.'s Intervention will O. weiterreden und setzt zweimal leise an: *Wir haben*)	**Groß**: I. schaut O. mit erhobenem, leicht schräg gestellten Kopf und kritischem Gesichtsausdruck von der Seite an. Ab „*Also*" lacht sie kurz und wendet bei „*gesetzlichen*" den Blick von O. weg nach oben.
Oettinger: *Wir wir haben bei uns in Baden-Württemberg Fachkräftemangel und die lebensälteren Arbeitnehmer werden mehr und mehr geschätzt. Den Prozess müssen wir stärken –*	**Nah**: O. blickt zunächst zu I., unterstreicht mit leicht gehobener linker Hand rhythmisch das Gesagte. Leichte intonatorische Akzentuierung von „*geschätzt*" und „*stärken*".
Illner (leise): <u>Mhm</u>	
Oettinger: <u>durch</u> *Weiterbildung. – Ich glaub, das Thema wird sich erledigen.* **StP**: Beifall	Ab „ *durch Weiterbildung*" blickt O. in Richtung Studiopublikum und lässt während des schneller gesprochenen letzten Satzes die Hand sinken.

In dieser kurzen Sequenz wechselt die Kameraeinstellung mit dem Sprecherwechsel. Auf der verbalen Ebene geschieht folgendes: Klar, eindeutig und nachdrücklich – mit starker prosodischer Akzentuierung auf *Darf* und *Geht* – fragt die Moderatorin nach der ethischen Vertretbarkeit der vorzeitigen sog. Zwangsverrentung älterer Arbeitsloser, die bei 58-jährigen auf einen Rentenabschlag von 18 % hinausläuft. Unter argumentationstheoretischen Aspekten eröffnet sie damit eine Quaestio, zu der der angesprochene Gast Position beziehen und diese mit Argumenten unterfüttern soll. Mit *Ich glaube* wählt Oettinger einen Einstieg in seine Antwort, der das Beziehen einer Position erwarten lässt und in gesprächsstruktureller Hinsicht den Eindruck eines präferierten Folgezuges erwecken kann. Doch die Position, die er dann einnimmt und kohärent durchzieht, gilt – trotz der Klarheit und Nachdrücklichkeit, mit der die Frage gestellt war – einer anderen Quaestio, als sie die Moderatorin vorgegeben hat. Man könnte sie etwa so formulieren: *Haben ältere Arbeitslose unter 60 Jahren eine Chance auf dem Arbeitsmarkt?* Damit bleibt Oettinger zwar im Frame „Ältere Arbeitslose", verschiebt aber den Fokus erstens thematisch (vom deontisch negativen Subframe Zwangsverrentung auf den deontisch positiven Subframe verbesserte Chancen auf dem Arbeitsmarkt) und zweitens – im Sinne der Habermaschen Universalpragmatik[27] – auch pragmatisch, nämlich vom Geltungsanspruch auf **moralische Richtigkeit** der Handlungsnorm „Zwangsverrentung" zum Geltungsanspruch auf **Wahrheit** der Proposition, dass *wir ... die Menschen, die jünger als 60 sind, in den Arbeitsmarkt zurückbekommen.* Diesen Geltungsanspruch stützt er durch zwei Argumente: (1) Ende des *Wahn des Vorruhestandes*, (2) steigende Nachfrage nach älteren Fachkräften in Baden-Württemberg.

Trotz dieses doppelten Abweichens von der Moderatoren-Quaestio und obwohl die Moderatorin mit einer sarkastischen Zwischenbemerkung auf die Ablenkungs-Strategie ihres Gastes aufmerksam macht, ist Oettinger, wie starker Beifall am Ende seines Beitrags zeigt, zumindest beim Studiopublikum erfolgreich. Wie lässt sich das am plausibelsten erklären?

Indem Oettinger bei der Referenzgruppe „ältere Arbeitslose" bleibt und damit eigene thematische Kohärenz generiert, verringert er die Gefahr, dass das Publikum sein AUSWEICHEN bemerkt. Der thematische Ablenkungsgrad bleibt gering. Gleichzeitig setzt Oettinger auf die Suggestion einer positiven Perspektive für die Referenzgruppe, die er, um sie glaubhaft zu machen, durch Rückgriff auf zwei (zur Zeit der Sendung) weithin konsensuelle Bestände stützt – einen normativen und einen faktischen: Zunächst bedient er mit der Negativ-Vokabel *Wahn* die populär gewordene Ablehnung der jahrelang gepflegten Vorruhestandspraxis. Bei der anschließenden Aussage über die Entwicklung in Baden-Württemberg spielt er Autorität und Authentizität als Ministerpräsident dieses Landes aus. Dabei darf er auf einen zusätzlichen Glaubwürdigkeitsbonus hoffen, insofern er mit dem kollektiven Wissen rechnen kann, dass die Arbeitsmarktsituation dort deutlich besser ist als in fast allen anderen Bundesländern. Selbst

---

[27] Vgl. Habermas (1971: 123 ff.).

wenn der Themenwechsel bemerkt würde, kann er hoffen, mit diesen Argumentationsressourcen hinsichtlich der Relevanzeinschätzung durch das Publikum dem Thema der Moderatorin den Rang abzulaufen.

Diesen kleinen Argumentationskomplex (1 Position, 2 Argumente) zur optimistischen, Mut machenden Skizzierung der Situation nutzt Oettinger dann erneut argumentativ, und zwar als Prämisse, um daraus als Konklusion eine normativ-praktische Konsequenz für Politik und Gesellschaft zu ziehen: *Den Prozess müssen wir stärken – durch Weiterbildung.* Das hört das Studiopublikum offenbar gern und spendet Beifall – möglicherweise bestärkt durch Illners leises – als bestätigend interpretierbares – *Mhm* während Oettingers kurzer Sprechpause nach *stärken*.

In den Beifall hinein beendet Oettinger seinen Beitrag mit dem Satz: *Ich glaub, das Thema wird sich erledigen.* Er tut damit zweierlei: (1) Er benutzt den Begriff *das Thema* uneindeutig. Man weiß nicht so recht, ob er damit nun doch indirekt auf die von Illner gestellte Frage nach der Zwangsverrentung referiert und sie auf der Basis seiner Argumentation als irrelevant, weil obsolet, erklärt oder ob er damit in vager Weise den ganzen Komplex Arbeitslosigkeit älterer Arbeitnehmer meint. (2) Indem er *das Thema* – in welcher Lesart auch immer – unter dem Beifall des Studiopublikums für arbeitsmarktpolitisch obsolet erklärt, erledigt er es an dieser für ihn günstigen Stelle de facto auch als aktuellen Gesprächsgegenstand innerhalb der Sendung – erfolgreich, denn obwohl Illner drei Sätze zuvor noch sarkastisch gegen Oettingers AUSWEICH-Strategie vorgegangen war, unternimmt sie nichts dagegen, dass der Gast hier punktuell die Moderatorenrolle übernimmt und ein Thema beendet. Im Gegenteil: Ihr *Mhm* während des vorletzten Satzes von Oettinger deutet an, dass sie nun die Segel streicht. Den Beifall kann man als unverdiente Erfolgsprämie für Oettingers IGNORIEREN von FRAGE und NACHHAKEN der Moderatorin sowie für Durchsetzen seiner Themenpräferenz werten.

Soviel zum Verbalen. Was geschieht paraverbal, nonverbal bzw. visuell? Illners paraverbale Farbigkeit – starke Betonung einzelner Wörter (*Darf, Geht*), spöttisches Lachen beim Nachhaken, syntaktisch und sprechakttypologisch bedingte Varianz der Satzintonation – kontrastiert mit Oettingers eher gleich bleibender Modulation und durchgängiger Aussagesatz-Intonation. Letzteres ist bedingt durch den konstatierenden Charakter der Sätze in Oettingers Argumentationskette (s. o.). Im Performieren dieser Kette überlässt er Illner nur ungern das Rederecht zum NACHHAKEN, wie seine Versuche parallel weiterzureden belegen (zweimaliges Ansetzen „Wir haben"). Allerdings setzt Oettinger kleine intonatorische Akzente auf Wörter mit deontisch-emotionaler Semantik: *Wahn*, *geschätzt* und *stärken*, letztere als er zu seiner beifallbelohnten Schlussfolgerung kommt.

Während Illners Mimik zwischen ernstem, freundlichem, kritischem und spöttischem Ausdruck wechselt und sie auch die Blickrichtung mehrfach ändert, bleibt Oettingers konzentriert wirkender Gesichtsausdruck unverändert. Auch die Blickrichtung wechselt er – soweit man es bei den Kamera-Einstellungen „Groß" und „Nah" erschließen kann – nur unmerklich zwischen Illner und dem Publikum.

Während die Kameraeinstellungen in der Szene keinen Blick auf Illners Gestik ermöglichen, lässt die Nah-Einstellung bei Oettingers letzten drei Sätzen erkennen, dass er seine Ausführungen mit ruhigen akzentuierenden Bewegungen der linken Hand unterstreicht. Am Ende lässt er als körpersprachliches Pendant zur Aussage, dass sich *das Thema ... erledigen* werde, die Hand sinken. Die Erfassung von Oettingers Gestik durch die Kamera verstärkt den Eindruck seriösen ARGUMENTIERENS ebenso, wie zuvor der Zoom auf Oettingers Gesicht den visuellen Eindruck konzentrierter Argumentativität verstärkt.

Führen wir die Beobachtungen auf den verschiedenen modalen Ebenen zusammen, so zeigt sich: Para- und nonverbal strahlt Oettinger Konstanz und Unbeirrbarkeit aus. Zusammen mit dem Sprechhandlungstyp ARGUMENTIEREN und dem Inhalt seines Beitrags (‚wechselnde Chancen älterer Arbeitnehmer auf dem Arbeitsmarkt') begünstigt das den Eindruck, dass hier jemand – anknüpfend an weithin geteiltes Wissen und konsensuelle Einstellungen – glaubwürdig und plausibel zum Thema argumentiert und positive Perspektiven eröffnet. Die Moderatorin setzt sich zumindest bei den applaudierenden Studio-Zuschauern mit dem Versuch, den positiven Eindruck des Oettinger-Beitrags zu verwässern, nicht durch. Wie weit dies auch mit Illners Interaktionsverhalten zu tun hat, muss beim derzeitigen Stand der Rezeptionsforschung spekulativ bleiben. Da mag es für oberflächliche Zuschauer inkonsistent wirken, wenn ihre Mimik beim Nachhaken in Sekundenbruchteilen vom kritisch-strengen Blick auf Oettinger zu einem Lachen übergeht, bei dem ihr Blick in eine unbestimmte Richtung wechselt. Das Lachen ist wohl spöttisch gemeint. Unbedarfte Zuschauer mögen es für unmotivierte Amüsiertheit halten, vor allem wenn sie die wenig bekannte Redensart *sich einen schlanken Fuß machen* nicht verstehen. Als inkonsistent kann man auch finden, dass Illner zunächst scharf NACHHAKT, SICH aber schon zwei Sätze später mit einem bestätigenden *Mhm* auf Oettingers AUSWEICH-ARGUMENTATION EINLÄSST.

Sequenz 2: aus *Das TV-Duell* (ARD, ZDF, RTL, SAT 1) 05.09.2005

Vorbemerkung zur Transkription: Verbaltext und Angaben zum Para- und Nonverbalem sowie zur Kamera-Einstellung sind, wie in Szene 1 (Illner/Oettinger), auf zwei Spalten verteilt. Der Ausschnitt aus dem TV-Duell Schröder-Merkel ist allerdings deutlich länger als die Szene Illner/Oettinger und weist zahlreiche Bildschnitte auf. Man kommt daher an einer numerischen Gliederung des Ausschnitts nicht vorbei. Um die Bedeutung der Bildtechnik darstellungstechnisch zu betonen, wird auf Zeilennummerierung des Verbaltextes verzichtet. Stattdessen dienen die Bildschnitte zwischen den Kamera-Einstellungen (KE) zur Gliederung beider Spalten. Die Bedeutung der Bildtechnik für die multimodale Analyse ergibt sich vor allem aus der Tatsache, dass nonverbales Verhalten je nach Kamera-Einstellung mal bei beiden Duellanten, mal nur bei einem und – bei Groß- und Nah-Einstellung – auch bei diesem nur partiell sichtbar ist. Die Bildschnitte sind innerhalb der Verschriftung des Verbaltextes (linke Spalte) durch das Zeichen „|" und die Nummer der Kameraeinstellung markiert. Die damit eröffnete Kameraeinstellung wird auf derselben Zeile in der rechten Spalte angegeben, gefolgt von Angaben zum para- und/oder nonverbalen Verhalten.

Wenn gleichzeitig geredet wird, ist dies durch Unterstreichung markiert. Parallel gesprochenen Sequenzen sind auf sprecherspezifische Zeilen verteilt, die durch einen Doppelstrich „||" vertikal verbunden werden (Partitur-Schreibweise).

Räumliches Arrangement: Die Duellanten stehen hinter je einem hüfthohen Pult in ca. 2,5 Meter Abstand auf einem Podium vor einem unbestimmten Blue-Screen-Hintergrund. Vor dem Podium sitzen an einem langen Tisch die mehr oder weniger abwechselnd zu Wort kommenden Moderatoren (2 Frauen, 2 Männer) Die Pulte stehen in stumpfem Winkel zueinander, so dass die Duellanten sich in Richtung Duell-Gegner leicht zur Seite wenden müssen.

Teilnehmer: Duellanten: Gerhard Schröder (SPD, Bundeskanzler); Dr. Angela Merkel (CDU, Kanzlerkandidatin der CDU/CSU). Moderatoren: Sabine Christiansen (ARD), Maybrit Illner (ZDF), Peter Kloeppel (RTL), Thomas Kausch (SAT 1)

Sequenzthema: Die Vorschläge des CDU/CSU-Finanzminister-Kandidaten Prof. Dr. Paul Kirchhof zum Rentensystem.

Sequenzbeteiligte: Schröder (S), Merkel (M), Illner (I)

Dauer: 2:55 Minuten

Schröder: ...(1) *Im Übrigen ist es vernünftig – das will ich deutlich sagen – in der Rentenpolitik, dass die großen Parteien möglichst gemeinsame Konzepte entwickeln. Deswegen – und das will ich auch sagen*
| (2) *– glaube ich Frau Merkel, dass Sie Herrn Kirchhof gestoppt hat. Sie sollten das Herrn Oettinger, dem Ministerpräsidenten von Baden-Württemberg, auch sagen.*

| (3) *Ich glaube Ihnen das. Denn ich glaube, dass wir einen Rie*

| (4) *senfehler machten, wenn wir nicht beide Säulen benutzten, sondern das täten, was*

| (5) *dieser Professor aus Heidelberg vorgeschlagen hat, nämlich die Rentenversicherung ähnlich aufzubauen wie die Kfz-Versicherung. Damit sagt der Mann doch, man müsse Menschen genauso behandeln wie Sachen. Das zeigt, dass er die wirkliche Beziehung zur Lebenswirklichkeit verloren*

| (6) *hat. Sie sollten ihn vielleicht doch ernster nehmen mit dem, was er so erzählt und nicht nur auf Visionen verweisen.*

(1) **Nah:** S. blickt beinahe in die Kamera, wechselt in ruhige Sprechweise und tiefere Stimmlage. Leichtes Kopfnicken.

(2) **Halbtotale** von links: M. links, schaut zunächst mit ernster Mine vor sich hin, bei „*Herrn Kirchhof*" wendet sie sich zu S.. S mittig, etwas weiter hinten frontal zur Kamera, wendet sich bei „*Sie sollten*" M. zu, spricht in gönnerhaftem Ton.

(3) **Nah:** S. blickt nach links (Richtung M.), unterstreicht mit leichten Bewegungen der Unterarme in unterer Brusthöhe das Gesagte.

(4) **Amerikanisch**: M. frontal, mit skeptisch u. konzentriert wirkender Miene S. zugewandt, Hände auf dem Pult flach übereinander gelegt. S. wie vorher.

(5) **Nah:** S. blickt bei „*Professor aus Heidelberg*" zu M., sonst geradeaus. Vor „*Professor*" ganz kurzes Absetzen, dadurch Hervorhebung. „*Rentenversicherung*", „*ähnlich*" und „*Kfz-Versicherung*" werden betonter und langsamer artikuliert als die umgebenden Wörter. Ab „*Damit sagt*" zeigt S. einen besorgt wirkenden Gesichtsausdruck Bei „*Lebenswirklichkeit*" wendet er sich M. zu.

(6) **Amerikanisch**: S. ganz rechts von hinten im Bild. Bei „*Sie sollten*" bewegt er die rechte Hand in Taillenhöhe leicht in Richtung M.. Bei „*Das ist ... verunsichernd*" bewegt er in einer Art Klopfbewegung die rechte Hand (Handrücken oben, Zeigefinger ausgestreckt) akzentuierend nach unten.
M. frontal links im Bild, Hände rechts und links am Pult, Kopf schräg, skeptischer Blick zu S., setzt an etwas zu sagen, bricht ab, wendet sich kurz von S. ab, wendet Kopf wieder S. zu, lächelt für einen Mo-

| **(7)** *Das ist jedenfalls sehr stark verunsichernd. Das verunsichert doch Menschen.*
Merkel: *Ich finde, man darf so nicht sprechen, Herr Bundeskanzler.*
Schröder: *Nee?*
Merkel: *Ja. Ich muss das*
| **(8)** *ganz ehrlich sagen. Denn die kapitalgedeckte zweite Säule, die wir beide gemeinsam aufbauen wollen, die funktioniert nach dem gleichen Prinzip und – äh – nach <u>all</u> – äh –*
||
Schröder: <u>*Aber er will doch nur noch Kapitaldeckung!*</u> |
Merkel: | **(9)** <u>*Es ist doch vollkommener Unsinn!*</u>
||
Schröder: | <u>*Sie können doch sehen, wo das hin --*</u>
Merkel: *Es ist doch vollkommener Unsinn!*
||
Schröder: - *Entschuldigung.* | **(10)** *Das hat er erzählt.*
Merkel: *Es gibt zwei Säulen: es gibt die umlagefinanzierte und die kapitalgedeckte. Und die kapitalgedeckte wird für jeden Einzelnen – und da finde ich, sollten Sie an der Stelle mit der*
| **(11)** *Verunsicherung aufhören. Sie betreiben nämlich in den letzten Wochen unentwegt Verunsicherung über die Frage des sozialen* |**(12)** *Friedens.*
Schröder: *Ich zitiere Herrn Kirchhof. Das muss doch möglich sein.*
Merkel: *Sie betreiben eine Kampagne, in der Sie dauernd sagen, wenn irgendetwas in Deutschland geändert wird, was noch nicht* | **(13)** *auf Ihrer Agenda steht, dann gefährdet das den sozialen Frieden. Alles, was Sie ändern möchten, natürlich nicht. Das*

ment in Richtung S., bevor sie bei „*ernster nehmen*" die Hände von den Pulträndern zur Mitte nimmt, den Körper strafft, eine ernst-konzentrierte Miene aufsetzt und dabei Kopf und Kinn auffällig hoch reckt
(7) Nah von halblinks: S. fast frontal, schaut in Richtung Merkel

(8) Amerikanisch: S. rechts in Rückenansicht. M. links, frontal, zu S. gewandt, ‚dozierende' Bewegungen mit linkem Unterarm (Daumen- und Zeigefingerspitze zusammengeführt).

(9) Nah bis Groß: S. fällt M. mit ärgerlicher Miene ins Wort, unterstreicht das mit deutlicher Bewegung des rechten Arms und dreht bei „*Entschuldigung*" Kopf und Blick von M. weg nach oben (vom Zuschauer aus: obere rechte Bildschirmecke)

(10) Amerikanisch: S. rechts in Rückenansicht. M. links frontal, übertönt S. in sehr ärgerlichem Tonfall, unterstreicht das gestisch. Ab „*Es gibt*" ist M. zunächst S. zugewandt, dann senkt sie vorübergehend den Blick, bevor sie wieder in Richtung S. schaut.

(11) Nah: S. schaut ruhig nach links (in Richtung Merkel)

(12) Nah: M. mit ärgerlicher Miene und agressiver werdendem Tonfall. S. in ruhigem, aber Verständnislosigkeit für M.s Angriff signalisierendem Ton.

(13) Amerikanisch: M. links halb von hinten, ärgerlicher Tonfall. S. rechts frontal, Hände seitlich am Pult, schaut M. mit skeptisch wirkender Miene an.

| **(14)** *ist eine Argumentation, die kann nicht dazu führen, dass Deutschland den besten Weg findet. Und ich finde, wir haben wirklich allen Grund, noch ein Stück zu überlegen, wie es weitergeht.*
Schröder: *Frau Merkel, ich zitiere Herrn Kirchhof. Der* | **(15)** *vergleicht die Rentenversicherung mit der Kfz-Versicherung. Das kann ich doch wohl als das bezeichnen, was es ist, nämlich absurd. Und ich konzediere Ihnen doch ausdrücklich, dass das nicht Ihre* | **(16)** *Position ist, bitte Sie aber, ihm zu sagen, er soll das* | **(17)** *nachlassen, weil das ja verunsichert.*
Illner: *Kann man das noch mal klären. Frau Merkel, gibt es tatsächlich die Vorstellung von Paul* | **(18)** *Kirchhof einer kompletten Privatisierung?*
Schröder: *Ja sicher! Ist doch veröffentlicht: Lesen Sie den TAGESSPIEGEL!*
Merkel: *Ich brauche nicht den TAGESSPIEGEL zu lesen, sondern ich habe die „Süddeutsche Zeitung" gelesen.*
| **(19)** *Es gibt zwei Säulen: es gibt das umlagefinanzierte* | **(20)** *System mit dem damals von uns eingeführten demographischen Faktor – den Sie abgelehnt haben* | **(21)** *wider besseres Wissen. Aber das macht nichts,*
Schröder: *Soll ich Ihnen sagen, warum?*
Merkel: *Sie haben ihn inzwischen ja auch wieder eingeführt –* | **(22)** *und eine kapitalgedeckte Säule. Und dann hat Paul Kirchhof über die nachgelagerte Besteuerung gesprochen, das heißt, dass Altersaufwendungen erst im Alter besteuert werden sollen. Ansonsten gilt unser Programm. Und es gibt jetzt hier überhaupt gar keine Diskussion.*

(14) Nah: M. zunächst mit energischer Miene und in nachdrücklichem Ton S. zugewandt. Ab „*Und ich finde* ..." wendet sie sich von S. ab und senkt mit beleidigt wirkender Miene – u. a. Herabziehen der Mundwinkel – den Blick nach links unten (vom Zuschauer aus betrachtet in die linke untere Bildschirmecke) und verharrt so bis zum Bildschnitt.

(15) Nah: S. spricht mit Blick zu M. ruhig, entschieden und in versöhnlichem Ton, unterstreicht es mit leichten Bewegungen des rechten Unterarms.

(16) Amerikanisch: M. links frontal, S. rechts von halb hinten

(17) Nah: S.'s Blick wie in (15), leichte Betonung auf „*nachlassen*" und „*verunsichert*".

(18) Halbnah: Moderatorin Illner und Moderator Köppel

(19) Halbtotale: vorn Köppel, hinten M. und S.

(20) Nah: M.unterstreicht mit parallelen Auf- und Ab-Bewegungen der Unterarme (Handkanten nach unten) das Gesagte.

(21) Halbnah: M. links von hinten, S. rechts frontal, schaut M. mit aufmerksam und skeptisch wirkender Miene an, bewegt bei seinem Einwurf den rechten Unterarm in Richtung M.

22) Nah: M. frontal. Ab „*und dann*" wechselt beim Unterstreichen des Gesagten mit beiden Unterarmen zu Bewegungen ausschließlich des rechten Armes.

Es handelt sich um eine der Sequenzen, in denen nach den (zwischen Fernsehsendern und Vertretern der Duellanten ausgehandelten) Regeln die Moderatoren von ihrem Privileg der Rederechtsvergabe zurücktreten und die Duellanten kurzzeitig frei dialogisieren können. Die Kanzlerkandidatin der CDU/CSU, Merkel, WEICHT hier einer als EMPFEHLUNG getarnten Attacke des Bundeskanzlers besonders hartnäckig AUS – mit der Folge überwiegend negativer Reaktionen des Publikums für Merkel und überwiegend positiver für Schröder, insbesondere bei politisch ungebundenen Zuschauern, wie die Echtzeitmessung von Zuschauerreaktionen ergeben hat.[28]

Zum Verständnis der Szene muss man folgendes wissen: Im Laufe des Bundestagswahlkampfs 2005 hatte Bundeskanzler Schröder (SPD) den von Merkel kurzfristig als Kandidat der CDU/CSU für das Amt des Finanzministers benannten Prof. Dr. Paul Kirchhof, einen parteilosen Steuerexperten und ehemaligen Verfassungsrichter, der über keinerlei Wahlkampferfahrung verfügte und der mehrfach eigene, vom Wahlprogramm der CDU/CSU abweichende Vorstellungen vortrug, zur Hauptzielscheibe seiner Kampagne gemacht. Regelmäßig und abschätzig bezeichnete er ihn als *dieser Professor aus Heidelberg*.

Unser Ausschnitt ist Teil eines Themenblocks „Rente". Der war einige Minuten zuvor durch eine Moderatorenfrage an Merkel eröffnet worden. Darin wurde die Differenz zwischen Kirchhofs Vorstellung (*Herr Kirchhof schlägt vor, die Umlagerente durch eine Privatvorsorge zu ersetzen*) und dem *CDU-Wahlprogramm* thematisiert. Nachdem Merkel darauf einigermaßen geschickt AUSGEWICHEN war, ohne dass moderatorenseitig NACHGEHAKT wurde, greift Schröder das schon verlassene Thema in einem längeren Beitrag wieder auf (KE 1–KE 7). Er tut das im Modus konsensueller Sprechakte (ÜBEREINSTIMMUNG VERSICHERN, BESORGNIS ÄUSSERN, EMPFEHLEN) in ruhiger Tonlage und souverän wirkender Körpersprache. Was versöhnlich gegenüber Merkel und besorgt um das Allgemeinwohl klingt, birgt für die Kontrahentin dreierlei Gefahren:

- Mit dem Hinweis auf die Differenz zwischen der Position der Kanzlerkandidatin („Zwei-Säulen-Modell der Rentenversicherung") und der ihres Ministerkandidaten („Rentenversicherung ausschließlich per Kapitaldeckung")

---

[28] Reinemann/Maurer (2007: 58 ff.) und Maurer/Reinemann (in diesem Band).

macht Schröder auf eine für Merkel und die Union schädliche Uneinigkeit aufmerksam. Indirekt heißt das: Merkel ist führungsschwach.

- Im Vertrauen auf die suggestive Wirkung der Prägnanz einer dreigliedrigen Schlusskette (Kirchhof will die *Rentenversicherung ähnlich aufbauen wie die Kfz-Versicherung.* Also will Kirchhof *Menschen genauso behandeln* wie Autos. Also hat Kirchhof die *Beziehung zur Lebenswirklichkeit verloren.*) verschiebt Schröder den Deutungsrahmen des Kirchhof-Vorschlags von der Ebene des rentenpolitischen Fachdiskurses auf die Ebene populärer Alltagsmoral. Mit der Pseudo-Logik dieses kaltschnäuzigen Framing-Tricks auf politisch unbedarfte Zuschauer zielend, konzeptualisiert er Merkels Kandidat als moralische Unperson und stereotypisiert ihn obendrein als realitätsfernen Professor. Die indirekte Botschaft: Merkel hat für das wichtige Finanzressort einen inhumanen, weltfremden und daher politisch gefährlichen Theoretiker nominiert, der keinesfalls in politische Verantwortung kommen darf.

- Indem Schröder – in beinahe gönnerhaftem Gestus – vorgibt, Frau Merkel vor ihrem Ministerkandidaten sozusagen in Schutz zu nehmen, stilisiert er sie als schwach und sich selbst als zugleich fair und stark.

Wie wird Merkel mit dieser Herausforderung fertig? Sich für Solidaritätsbekundungen und Ratschläge zu bedanken – dieses Verhältnis konditionaler Relevanz, wie es für private Alltagsgespräche gilt, hat hier keinen Platz. Denn Schröders kooperative Sprechakte sind maskierte PROVOKATIONEN. Dementsprechend kompetitiv reagiert Merkel.

Multimodale Analysen machen deutlich, dass die Reaktion auf Gesagtes nicht erst mit der verbalen Erwiderung beginnen muss. In unserer Szene reagiert Merkel schon bei Schröders vorgeblich freundlich-besorgten Ausführungen zunehmend nervös. Diese Interpretation drängt sich auf, wenn man Merkels nonverbale Daten aus KE 2, KE 4 und KE 6[29] nach den (zumindest) in unserer Kultur üblichen Rastern für nonverbales Verhalten deutet: Während Schröders verbaler Umarmung kommt mit KE 2, einer Halbtotale, Merkel als explizit genannte Adressatin ins Bild. Mit missmutig wirkender Miene (heruntergezogene Mundwinkel) blickt sie vor sich. Bei den Worten *Herrn Kirchhof* wendet sie sich Schrö-

---

[29] In KE 1, KE 3, KE 5 und KE 7 ist Merkel nicht im Bild.

der zu – ein Zeichen für erhöhtes Gefahrenbewusstsein[30]. Als er sie in KE 6 erneut direkt anspricht und sich als gut meinender Ratgeber geriert (*Sie sollten ihn vielleicht doch ernster nehmen mit dem, was er so erzählt und nicht nur auf Visionen verweisen.*) reagiert sie nonverbal außergewöhnlich inkohärent. Innerhalb von knapp drei Sekunden geschieht Folgendes: Sie schaut Schröder mit leicht schräg gestelltem Kopf und skeptisch wirkendem Blick an, setzt an etwas zu sagen, unterlässt es, wendet Kopf und Blick kurz von Schröder ab, wendet sich ihm wieder zu, lächelt für einen Moment freundlich in seine Richtung, bewegt bei den Worten *ernster nehmen* die Hände von den Pulträndern zur Pultmitte, strafft den Körper, wechselt erneut den Gesichtsausdruck – nun von lächelnd zu ernst-konzentriert – und reckt dabei den schräg gestellten Kopf auffällig hoch, als ob sie „von oben" auf ihren Kontrahenten blicken wolle.

Ab da entwickelt sich, beginnend mit Merkels Erwiderung und getrieben von Schröders INSISTIEREN, eine AUSWEICH-Tour in fünf Etappen. Zunächst versucht sie, den Gefahren durch Metakommunikation im Beschwerde-Ton zu entgehen: *Man darf so nicht sprechen, Herr Bundeskanzler* (KE 7). Auf Schröders zweifelnden Einwurf (*Nee?*) fügt sie bestärkend hinzu: *Ja. Ich muss das ganz ehrlich sagen* (KE 7/8). Bei der Begründung für diese kommunikationsethische Rüge betritt sie – auch sprachlich – die fachliche Ebene: *Denn die kapitalgedeckte zweite Säule, die wir beide gemeinsam aufbauen wollen, die funktioniert nach dem gleichen Prinzip und – äh – nach all – äh –*. Sie begleitet diesen Satz, dessen Fortführung durch Schröders Intervention abgebrochen wird, mit unterstreichend und/oder dozierend wirkender Unterarm- und Handbewegung. Der Satz bietet dem Analysten ein hermeneutisches Problem. Denn zum eindeutigen Verständnis fehlt die Angabe des Vergleichsobjekts für *nach dem gleichen Prinzip*. Wahrscheinlich ist gemeint: *nach dem gleichen Prinzip wie die Kfz-Versicherung*. Damit würde Merkel auf einen der beiden Schröderschen Vorwürfe gegen Kirchhof eingehen, indem sie ihn mit der Bemerkung *die wir beide* (also auch Schröder) *wollen* an Schröder zurückspielt. Allerdings ist diese Lesart weder grammatisch noch rezeptionspsychologisch zwingend. Denn um *die Kfz-Versicherung* als Vergleichsobjekt für die *kapitalgedeckte zweite Säule* zu iden-

---

[30] Ohne das Wissen um den Kampagnen-Status des Namens *Kirchhof* wäre es lediglich ein Zeichen für erhöhte Aufmerksamkeit.

tifizieren, muss man zehn Sätze zurückspringen – eine textgrammatisch ungewöhnlich große Entfernung. Für TV-Zuschauer, die in der Flüchtigkeit der Audio-Rezeption nicht die Möglichkeit des analysierenden Linguisten haben, die Schriftfassung des Textes auf Fernbeziehungen zwischen Satzelementen zu durchforsten, ist es kaum möglich den Bezug herzustellen. Für sie muss Schröders VORWURF der Verwerflichkeit des Vergleichs von Renten- und Kfz-Versicherung unwiderlegt im Raum stehen – ein Beispiel dafür, wie sprachlich missglückte Formulierungen als AUSWEICHEN verstanden werden können.

Allerdings: Selbst wenn man Merkel zugute hält, dass sie mit ihrer unklaren Formulierung auf den Vorwurf des Kfz-Vergleichs eingehen wollte – auf den zweiten Vorwurf, dass Kirchhof gar keine „erste Säule", die sog. Umlagerente, wolle, geht Merkel überhaupt nicht ein. (AUSWEICHEN 1)

Doch Schröder lässt nicht locker, unterbricht sie und fokussiert genau diesen wunden Punkt: *Aber er will doch nur noch Kapitaldeckung* (KE 8). Merkel verliert die Contenance und reagiert mit erregter, ärgerlicher Stimme: *Es ist doch vollkommener Unsinn... Es ist doch vollkommener Unsinn* (KE 9)[31]. Das klingt zunächst, als weiche sie nun in der Erregung nicht mehr aus, sondern nehme endlich zum Thema Stellung, indem sie Schröders Behauptung über Kirchhofs Position rundweg bestreitet. Doch Schröder besteht in leicht ärgerlichem Tonfall, aber ruhig und nachdrücklich auf seiner Behauptung: *Entschuldigung. Das hat er erzählt.* (KE 9/10). Statt nun zu untermauern, warum Schröders Behauptungen über Kirchhof und dessen Konzept *Unsinn* seien, beginnt sie, das Zweisäulenmodell (der Union) zu ERKLÄREN: *Es gibt zwei Säulen: es gibt die umlagefinanzierte und die kapitalgedeckte. Und die kapitalgedeckte wird für jeden Einzelnen* – (KE 10). Für das Gros des Publikums muss diese Erläuterung im luftleeren Raum bleiben; denn wessen Modell sie hier meint – das Kirchhofsche, das der Union oder eine Art Schnittmenge aus beiden – lässt sie offen. (AUSWEICHEN 2)

Unvermittelt wechselt sie wieder auf die Ebene der Metakommunikation und weicht erneut aus, indem sie sich echauffiert: *– und da finde ich, sollten Sie an der Stelle mit der Verunsicherung aufhören. Sie betreiben nämlich in den letzten*

---

[31] Da Schröder in KE 9 allein im Bild ist, sehen wir Merkels non-verbales Verhalten während der erregten Worte nicht.

Wochen unentwegt Verunsicherung über die Frage des sozialen Friedens. (KE 10–12). Ab dem ersten Vorkommen des Wortes *Verunsicherung* ist Schröder allein im Bild (KE 11). Aufmerksam und gelassen blickt er in Richtung seiner nicht sichtbaren Kontrahentin. Merkels Tonfall wird aggressiver. Als sie bei KE 12 ins Bild kommt, wirkt ihre Miene ärgerlich. Auch in dieser Sequenz hat man nicht erfahren, wie es mit Kirchhofs Rentenmodell und dessen Verhältnis zum Programm der Union steht. (AUSWEICHEN 3)

Schröder insistiert erneut, diesmal indem er in ruhigem Ton, aber mit Nachdruck die Normalität und Seriosität seines Vorgehens thematisiert: *Ich zitiere Herrn Kirchhof. Das muss doch möglich sein.* (KE 12) Merkel bleibt jedoch beim metakommunikativen Beschwerde-Führen und wird noch allgemeiner: *Sie betreiben eine Kampagne, in der Sie dauernd sagen, wenn irgendetwas in Deutschland geändert wird, was noch nicht auf Ihrer Agenda steht, dann gefährdet das den sozialen Frieden. Alles, was Sie ändern möchten, natürlich nicht. Das ist eine Argumentation, die kann nicht dazu führen, dass Deutschland den besten Weg findet. Und ich finde, wir haben wirklich allen Grund, noch ein Stück zu überlegen, wie es weitergeht.* (KE 12–14). Merkel trägt die ganze Passage in nachdrücklichem Ton und mit energischer Miene vor. Bis *Deutschland den besten Weg findet* blickt sie Schröder vorwurfsvoll an. Mit dem anschließenden Satz (*Und ich finde, wir haben wirklich allen Grund, noch ein Stück zu überlegen, wie es weitergeht*) beendet sie ihren Beitrag und beginnt sich von Schröder wegzudrehen. Während Schröder schon redet, bleibt die Kamera in Naheinstellung bei Merkel (KE 14) und zeigt sie mit heruntergezogenen Mundwinkeln, von Schröder weg gedrehtem Kopf und Blick (vom Zuschauer aus betrachtet) nach links unten – ein Bild, das geradezu modellhaft das mimische Stereotyp „beleidigte Schönheit" erfüllt. (AUSWEICHEN 4)

Schröder lässt sich von der ins Allgemeine führenden Beschwerde über seinen Wahlkampfstil nicht beirren und nimmt die Gelegenheit wahr, seine Position knapp zu wiederholen – und damit indirekt deutlich zu machen, dass Merkel keiner der drei eingangs skizzierten Gefahren entgangen ist: *Frau Merkel, ich zitiere Herrn Kirchhof. Der vergleicht die Rentenversicherung mit der Kfz-Versicherung. Das kann ich doch wohl als das bezeichnen, was es ist, nämlich absurd. Und ich konzediere Ihnen doch ausdrücklich, dass das nicht Ihre Position ist, bitte Sie aber, ihm zu sagen, er soll das nachlassen, weil das ja verunsichert.* (KE 14-17). Da greift die Moderatorin Illner ein: *Kann man das noch mal klären. Frau Merkel, gibt es tatsächlich die Vorstellung von Paul Kirchhof einer kompletten Privatisierung?* (KE 17/18) Nach einem kurzen Scharmützel zwischen Schröder und Merkel über Zeitungen, auf die sie sich berufen, hebt Merkel zur Antwort auf die Moderatorenfrage an – und weicht erneut aus, indem sie fachlexikalisch gespickt und mit einhämmernd wirkenden Vertikalbewegungen der Unterarme das Zweisäulen-Modell beschreibt – ohne zu sagen, dass es das Modell der Union und nicht das Kirchhof-Modell ist: *Es gibt zwei Säulen: es gibt das umlagefinanzierte System mit dem damals von uns eingeführten demographischen Faktor – den Sie abgelehnt haben wider besseres Wissen. Aber das macht nichts ... Sie haben ihn inzwischen ja auch wieder eingeführt – und eine kapitalgedeckte Säule. Und dann hat Paul Kirchhof über die nachgelagerte Besteuerung gesprochen, das heißt, dass Altersaufwendungen erst im Alter besteuert werden sollen. Ansonsten gilt unser Programm. Und es gibt jetzt hier überhaupt gar keine Diskussion.* (KE 19–22) Der Name „Kirchhof" taucht hier zwar noch einmal auf, aber nicht mit Bezug auf den von Schröder und Illner thematisierten Punkt. (AUSWEICHEN 5)

Danach lassen Schröder und die Moderatoren das Thema fallen.

Es wundert nicht, dass Merkel in diesem Ausschnitt beim Publikum schlecht abschneidet. Anders als Oettinger in Szene 1 gelingt es ihr nicht, die AUSWEICHmanöver zu KASCHIEREN. Denn:

1. In ihrer Reaktion werden keine thematischen Elemente und keine rhetorischen Kniffe sichtbar, deren suggestives Potential geeignet wäre bei der Hauptzielgruppe solcher TV-Duelle, dem Segment des parteipolitisch ungebundenem Laienpublikums, von der Themensetzung des Kontrahenten ABZULENKEN und Konsens mit der Kandidatin zu evozieren. Dazu sind weder ihre fachsprachlichen Erklärungen zur Rentensystematik geeignet noch ihre unspezifischen BESCHWERDEN über Schröders Wahlkampfstil. Anders als in Schröders dreigliedriger Schlusskette, mit der er Kirchhof diskriminiert, enthält Merkels Gemisch aus BESCHWERDE, Modell-BESCHREIBUNG und ECHAUFFIEREN keine – auch nur den Anschein von logischem Aufbau erweckende – Argumentations- oder Schluss-Struktur. So bleiben

Schröders wiederholt und in verständlicher Sprache vorgetragene Angriffspunkte – Kirchhofs angebliche Gleichsetzung von Mensch und Auto und die Differenz zwischen CDU-Programm und Kirchhof-Modell – unbeschädigt.

2. Während Schröder sein Thema kohärent durchhält – insbesondere auch mit seinen insistierenden Einwürfen –, wirkt Merkels teilweise mehrfacher Wechsel zwischen Beschwerden über Schröders Wahlkampfstil, rentensystematischen Erklärungsversuchen, Schimpfen (2x *Es ist doch vollkommener Unsinn*) und einem Hinweis auf alte Auseinandersetzungen über den *demographischen Faktor* fahrig und inkohärent. Noch bevor die Inkohärenz auf der verbalen Ebene einsetzt, zeigt Merkel schon am Ende von Schröders Einstieg in das Thema „Rentenmodell Kirchhof" Momente inkohärenter Körpersprache (KE 6).

3. Merkels para- und nonverbales Verhalten in dieser Szene signalisiert deutlich Unsicherheit, während Schröder sich körpersprachlich und parasprachlich als souverän präsentiert. Parasprachliche und nonverbale Verhaltensweisen signalisieren in nicht unerheblichem Maße den momentanen Interaktionsstatus von Teilnehmern in den Dimensionen Solidarität/Kompetitivität und Überlegenheit/Unterlegenheit. Im TV-Duell ist das Inszenieren von Solidarität mit dem politischen Kontrahenten die Ausnahme und, wenn sie vorkommt, meist ein Danaergeschenk. So auch hier. Schröder nimmt Merkel gegen Kirchhof in Schutz. Mit Hilfe paraverbaler Indikatoren wie sonore Stimme, ruhiges Sprechtempo und Tonlagen, in denen Ernst, Versöhnlichkeit und Sorge (wegen des Kirchhofschen Übels) sowie Ärger (über Merkels Ausweichmanöver) hörbar werden, inszeniert er sich als fair, sachlich, aufmerksam und souverän – und seine Kontrahentin als schutzbedürftig und schwach. Merkel kann diese hinterhältige Solidarität nicht annehmen und verhält sich formatgerecht kompetitiv. Auf Zuschauer, die Schröders Spiel nicht durchschauen, kann das allerdings unangemessen aggressiv wirken, zumal sie dabei keine Souveränität ausstrahlt. Denn sie reagiert verbal inkohärent, parasprachlich teils in energischem, teils in gereiztem Ton und nonverbal mit deutlichen Indikatoren für Nervosität und Unterlegenheit. Zwar ist Merkels Gesichtsausdruck beim Sprechen überwiegend ernst und konzentriert und ihre Gestik ähnlich wie die Schrödersche sparsam und entschieden, doch wird die Diffe-

renz zwischen den Duellanten erheblich, sobald sie gezeigt werden, während der/die andere redet. Bei Merkel sehen wir da eine Mimik, die Missmut (KE 2), nervöse Inkohärenz (KE 6), und Beleidigt-Sein (Ende KE 14) signalisiert. Demgegenüber wirkt Schröder durchweg gelassen-aufmerksam, wenn er bei Merkels Beiträgen als Zuhörer gezeigt wird. Am deutlichsten kommt der körpersprachliche Kontrast in zwei Momenten zum Ausdruck, in denen die Distanzierung vom Gegenüber besonders stark ist. Als Schröder auf Merkels Angriff in KE 9 (*Es ist doch vollkommener Unsinn*) mit dem Einwurf *Entschuldigung. Das hat er erzählt* reagiert, hebt er bei dem Wort *Entschuldigung* den Kopf und blickt von Merkel weg nach rechts oben (aus Zuschauerperspektive) – eine Distanzierungsgeste mit der Konnotation der Überlegenheit. Demgegenüber senkt Merkel am Ende ihrer Tirade gegen Schröders Wahlkampfstil in KE 14 den Kopf, dreht ihn von Schröder weg nach links unten und verharrt so mit heruntergezogenen Mundwinkeln und beleidigt wirkendem Gesichtsausdruck – eine Distanzierungsgeste mit der Konnotation von Schwäche und Unterlegenheit.

Schröder ist hier eindeutig der Sieger im Kampf um die Selbstdarstellungshoheit. In der oben erwähnten Echtzeitmessung der Reaktionen von (nach dem Quotenverfahren zusammengesetzten) TV-Zuschauergruppen überwiegen in dieser Passage die Negativbewertungen für Merkel und die Positivbewertungen für Schröder vor allem bei parteipolitisch Ungebundenen deutlich,[32] vor allem als Merkel auch nach wiederholtem INSISTIEREN Schröders immer noch AUSWEICHT.[33] Merkel gelingt es lediglich mit ihrer Vorhaltung, Schröder betreibe eine Angst-Kampagne gegen die Union (KE 11–13), eine Polarisierung der Reaktionen zu ereichen, insofern insbesondere Anhänger der Union dies stark positiv und Anhänger von Rot-Grün stark negativ bewerten.[34]

---

[32] Reinemann/Maurer (2007: 58, 60, 62 und 74).
[33] Reinemann/Maurer (2007: 62). Es heißt hier dazu, „dass Schröder sein Argument weiter entfaltet". Das ist insofern ein wenig ungenau, als Schröder hier gegenüber der AUSWEICHENDEN Kontrahentin nachdrücklich INSISTIERT, allerdings ohne seine Position weiter zu entfalten. Vgl. Transkript, KE 14–17.
[34] Reinemann/Maurer (2007: 78).

Sequenz 3: aus *ZDF-hearing* (14.11.1984). (Thema: „Ist die Republik käuflich?")

Mit der Sequenz aus einer Sendung des Formats *ZDF-hearing*, einer Mischung aus TV-Interview und politischer Talkshow, gehen wir ein Vierteljahrhundert zurück in den Herbst 1984, das Jahr, in dem RTL als erster privater TV-Sender der Bundesrepublik Deutschland startet, die öffentlich rechtliche „TV-Kultur" aber noch ungebrochen dominiert. Politisch ist es das Jahr der Flick-Spenden-Affäre. Sie ist Thema der Sendung und befindet sich gerade auf dem Höhepunkt der öffentlichen Aufmerksamkeit. In den Skandal um verdeckte Großspenden des Flick-Konzerns und die Rechtwidrigkeit ihrer Steuerbegünstigung waren bis auf Die Grünen alle im Bundestag vertretenen Parteien verwickelt – allerdings in unterschiedlichem Ausmaß: CDU/CSU und FDP mehr als die SPD.

Gast in der Sendung ist der Generalsekretär der CDU Dr. Heiner Geißler. Kurz nach Beginn der Sendung stellt sich Geißler den Fragen der ZDF-Journalisten Trutz Beckert und Friedhelm Ost. Die Sequenz ist der Einstieg in diesen Teil der Sendung.

Anders als im Transkript von Sequenz 2 erfolgt die Gliederung nicht nach Bildschnitten, sondern – konventionell – durch Zeilen-Nummerierung der Verbal-Spalte. Die Einteilung nach Kamera-Einstellungen wäre zu grob. Denn es gibt nur sehr wenige Schnitte.

Räumliches Arrangement: Die beiden Journalisten stehen nebeneinander hinter einem Pult, ihnen gegenüber der Gast ebenfalls hinter einem Pult. Hintergrund: Blue Screen. Die Kameras sind so postiert, dass die Akteure bei Blickrichtung auf ihr jeweiliges Gegenüber beinahe in die Kamera schauen: Geißler – aus Zuschauerperspektive – leicht rechts neben die Kamera, die Journalisten leicht links neben die Kamera. Diese weit überwiegende Blickrichtung wird im Transkript nicht jeweils eigens vermerkt.

Teilnehmer: ZDF-Journalisten: Trutz Beckert (B), Friedhelm Ost (O); Gast: Heiner Geißler, Generalsekretär der CDU (G). Im Off: ZDF-Chefredakteur Klaus Bresser.

Sequenzthema: Großspenden-Aufkommen bei der CDU/Bestechlichkeit von Politikern und Parteien

Dauer: 2:37 min.

1 **Bresser**(off): *Heiner Geißler wird gefragt von meinen Kollegen Trutz Beckert und Friedhelm Ost. Die erste Frage von Trutz Beckert.*	**Halbnah** von halb links: G. steht, sich leicht straffend, danach kurz lächelnd, hinter seinem Pult, die Hände darauf gefaltet.
Beckert: *Herr Geißler, von Flick hat die* 5 *CDU in den Jahren von 70 bis 80 ungefähr 10 Millionen bekommen, seit 1969, als sie in die Opposition geraten ist, hat sie circa 500 Millionen an Spenden gesammelt und erhalten. Können Sie sagen,* 10 *wie viel von dieser halben Milliarde von Großunternehmen wie etwa von Flick kommt?*	**Halbnah** frontal: B. und O. stehen nebeneinander hinter ihrem Pult, auf dem ihre Hände und ihre Notizen liegen. Einblendung vor dem Pult: „ZDF-hearing"
Geißler: *Nein, das kann ich Ihnen nicht sagen. Aber ich kann Ihnen was was Grundsätzliches sagen: Die* 15 *politischen Parteien haben eine Antwort äh zu geben auf die berechtigte Frage, ob die Bürger auf die Integrität, die Unbestechlichkeit der politischen Institutionen vertrauen können. Und auf* 20 *diese Frage möchte ich uneingeschränkt ja sagen. Ich bin jetzt sieben Jahre Generalsekretär der CDU, war zehn Jahre Landesminister. Und ich habe in dieser Zeit kein einziges Mal erlebt, ich persönlich,* 25 *dass irgendjemand an mich herangetreten ist mit einer Spende, verbunden mit dem Wunsch, eine politische Entscheidung herbeizuführen. Wenn er das getan hätte, wäre er zur Tür hinausgeflogen.*	**Halbnah**: G. bewegt beim ersten Satz den Körper nach links und wieder zurück. Ab „*Aber*" (Z. 13) steht er ruhig und aufrecht mit auf dem Pult gefalteten Händen, spricht mit ruhiger Stimme, das Gesagte mit leichter Kopfbewegung hin und wieder unterstreichend. Von „*Aber*" (Z. 13) bis „*auf*" (Z.16) Einblendung „Heiner Geißler". „*ja sagen*" (Z. 21) betont. Bei „*ich persönlich*" (Z. 24) bewegt G. Kopf und Blick kurz nach rechts. Der Satz „*Wenn er..*" (Z. 25/26) wird etwas schneller und nachdrücklicher gesprochen als das Vorherige, unterstrichen durch Kopfbewegung. **Nah**: O., hin und wieder am unteren Bildrand O.´s unterstreichende Handbewegungen zu sehen.
30 **Ost**: *Aber Herr Geißler, zeigt nicht gerade der Fall Flick ganz deutlich und, wie man sieht, auch der Fall Barzel, dass doch ganz konkrete Wünsche mit der Hergabe von Spenden, mit der Hergabe von Geld* 35 *verbunden sind. Ist wirklich der Fall Geld gegen politische Entscheidung ganz ungewöhnlich?*	
Geißler: *Es hat möglicherweise Versuche gegeben. Aber das passt ja* 40 *in das Weltbild, nicht wahr, von*	**Groß**: G. in ruhiger Körperhaltung und Mimik mit weiterhin (bis zum Ende seines Beitrags) auf dem

Klein-Moritz, anzunehmen, dass durch eine Spende die Willensbildung oder der Willensbildungsprozess einer politischen Partei beeinflusst werden könnte. Das 45 *ist bei einer großen Volkspartei absolut unmöglich. - 800 Delegierte auf einem Parteitag lassen sich nicht beeinflussen durch Spenden gegenüber einzelnen Delegierten, und 250 Bundestagsabge-* 50 *ordnete einer Fraktion auch nicht. – Aber - es ist nicht zu bestreiten: Äh, wir sind alle in einen Verdacht geraten, ich behaupte: in einen falschen Verdacht, durch - - die Verfahren, die jetzt laufen,* 55 *auch durch den Rücktritt des früheren Bundestagspräsidenten - und das kommt hinzu – durch äh den Untersuchungsausschuss, der geführt wird gegen die die Frage der Steuerbefreiung nach § 6b* 60 *Einkommensteuergesetz, wegen der Steuerbefreiung der alten Bundesregierung gegenüber dem Flickkonzern. Aus diesem Verdracht müssen wir äh heraus, auch im Interesse des Volkes, im Interesse unserer* 65 *Parteimitglieder. Und dies ist möglich.*	Pult gefalteten Händen, spricht mit sicherer, temperierter Stimme „*Das ist ... unmöglich*" (Z. 44-46) schneller gesprochen als das Vorherige. „*unmöglich*" betont. In Z.45/46 leichte Kopf- und Blickdrehung nach rechts. **Nah**: G. pendelt bei „*Aber ... bestreiten*" (Z. 51) mit dem Körper nach links, bei „*wir ... geraten*" (Z. 51/52) erneut, allerdings leichter. Ab Z. 51 spricht G. etwas leiser, weniger moduliert, mit Temposchwankungen (Verzögerungen durch Pausen und gefüllte Staupausen). Während Z. 56-58 bewegt er den Oberkörper erst nach links, dann nach rechts. Ab Z. 59 beugt er sich ein wenig vor und schaut die Interviewer mit leicht gesenktem Kopf und tiefen Stirnfalten an.

Wir befinden uns in einer anderen Epoche des Mediums als bisher: Es gibt lediglich sechs Kameraeinstellungen innerhalb von 2:37 Minuten, Bildschnitte (mit Ausnahme von Z. 51) nur bei Sprecherwechsel und keine Einstellung, die den Politiker und seine nonverbale Reaktion während einer Journalistenfrage zeigt. Noch ist das Schnitt-Tempo von Videoclips keine Orientierungsmarke für TV-Formate mit Seriositätsanspruch. Noch ist man geizig mit der Zahl der Kameras. Noch tritt in der Inszenierung von Politik-Talk lockere Interaktivität hinter Frage-Antwort-Schematismus zurück. In unserem Ausschnitt schlägt sich das im räumlichen Arrangement nieder. In einem Raum ohne Studiopublikum stehen zwei Pulte für die Akteure einander frontal gegenüber. Die Kamera zeigt die drei Akteure nie gleichzeitig. Die Bilder alternieren zwischen Interviewer und Interviewtem. Es soll alles auf das gesprochene Wort ankommen. Doch auch hier wird die Analyse die Relevanz von Multimodalität zeigen.

Über eine Zeitstrecke von 1:59 min. (Zeile 1–50) performiert Geißler ein gesprächsrhetorisches Paradestück virtuosen AUSWEICHENS – konzentriert und gleichzeitig gelassen wirkend, mit ruhig auf dem Pult liegenden Händen, aufmerksamem Blick und fester, je nach Gesprächswendung leicht veränderter Stimmmodulation. Gesprächsstrukturell beginnen seine Entgegnungen auf die Journalisten-FRAGEN im Modus präferierter Folgezüge jeweils als kurze formal korrekte ANTWORTEN, um dann zweimal mittels *Aber* – eines konzessiven (Z. 13) und eines adversativen (Z. 39) – den entstandenen Freiraum zur eigenen Themengestaltung zu nutzen. Inhaltlich handelt es sich um eklatante Verstöße gegen die grundlegenden kommunikationsethischen Gebote der Relevanz, der Fundiertheit (im Sinne seriösen Begründens), vielleicht auch der Wahrhaftigkeit, die er mit Hilfe einer dichten Folge kommunikationsstrategischer Kniffe zu KASCHIEREN VERSUCHT:

Er beginnt mit einer Umdeutung: Hatte der Journalist Beckert *können* als Fragen-spezifisches Höflichkeits-*können* – fast synonym mit *bitte* – geäußert (Z. 9), so greift Geißler es mit *kann ich Ihnen nicht sagen* (Z. 12 f.) in der „wörtlichen" Bedeutung auf: im Sinne von ‚vermögen', ‚in der Lage sein'. Ob er tatsächlich nicht in der Lage war die erfragten Angaben zum Anteil der Großindustrie an den Spenden für die CDU zu machen oder ob er hier lügt, kann dahingestellt bleiben.[35]

Betrachtet man Geißlers Antwortsatz unter grammatischen und konversationsanalytischen Aspekten, so hat er auf eine Entscheidungsfrage mit *Nein*... eine regelgerechte Antwort gegeben. Man könnte denken: Nun wechselt das Rederecht wieder. Doch unter der Bedingung des mehr als einstündigen TV-Formats ist das anders. Da gilt die Regel, dass – insbesondere mit brisanten Eröffnungsfragen – das Thema für mehr als eine Kurzsatz-Reaktion des Politikers festgelegt ist. Da bleiben, auch nachdem Geißler die Kenntnis der Spendenhöhe in denkbar knappster Form verneint hat, die Großspenden an die CDU nach wie vor das Thema, zu dem Geißler Stellung zu nehmen hat. Er hat zwar die Ein-

---

[35] Unter dem oben erörterten Aspekt des Konflikts zwischen kommunikationsethischen und kommunikationsstrategischen Maximen muss man Geißler wohl einräumen: Wäre er die erfragte Auskunft nicht schuldig geblieben, hätte er wohl damit rechnen müssen, dass – gleichgültig welche 7-, 8- oder 9-stellige Zahl er genannt hätte – das Gros der Zuschauer, die es in ihrem Privatleben überwiegend mit 3- bis 5-stelligen Beträgen zu tun haben, empört gewesen wäre – zumal in der damaligen Situation öffentlicher Erregung über das gerade ans Licht gekommene Parteispendenwesen.

gangsfrage formell beantwortet, aber deren Thema steht noch unerledigt im Raum. Das ist für einen CDU-Generalsekretär höchst unangenehm. Darum WEICHT er sogleich AUS, indem er drei Dinge gleichzeitig tut (Z. 13–21): (1) Er verschiebt das Thema vom Unangenehm-Konkreten, den Spendenmillionen für die CDU, auf das unverfänglichere, auch die politische Konkurrenz betreffende Allgemeine: die Vertrauenswürdigkeit der *politischen Institutionen* insgesamt. (2) Er tut das in Form einer Frage, die er dann selbst beantwortet – Geißler interviewt sich quasi selbst. (3) Damit diese Usurpation der Moderatorenrolle nicht auffällt, versucht er, seine Adressaten dadurch ABZULENKEN, dass er sich als ihr Anwalt inszeniert, indem er seine *berechtigte Frage* im Namen der *Bürger* zu stellen vorgibt.

Geißler weiß natürlich, dass seine „Antwort" (*uneingeschränkt ja sagen*) gewagt und darum begründungsbedürftig ist. Da greift er zu zwei klassischen Typen der Irreführung: Zunächst zieht er einen Induktionsschluss vom Einzelfall der eigenen Unbestechlichkeit auf *die Integrität, die Unbestechlichkeit der politischen Institutionen* insgesamt (Z. 21–29). Als der Interviewer Ost daraufhin NACHHAKT, indem er zwei Gegenbeispiele anführt (Z. 30–37), bestreitet Geißler, dass ein Einzelfall relevant für die Beurteilung des Ganzen sei (Z. 39–50)[36]: Selbst wenn es einzelne schwarze Schafe gebe, habe das wegen der großen Zahl der Mitglieder in den Entscheidungsgremien keine Bedeutung. Damit kaschiert er Qualität durch Quantität – der zweite klassische Typ der Irreführung: Denn Geißler verschweigt die Tatsache, dass es bei der Vorbereitung von Entscheidungen nicht bloß auf die Zahl der Abstimmenden ankommt, sondern vor allem auf das politische Gewicht derer, die auf die Entscheidung Einfluss nehmen – wie etwa der von Ost genannte CDU-Spitzenpolitiker Barzel, der gerade als Bundestagspräsident hatte zurücktreten müssen, weil er von Flick jahrelang Beraterhonorare ohne adäquate Gegenleistung erhalten hatte.

Unvermittelt und ohne erkennbare Einwirkung der Interviewer gibt es nach Z. 50 einen Bruch in Geißlers Beitrag. Doch bevor wir uns dem zuwenden, zunächst die Frage: Wie konnte Geißler es schaffen, die Häufung von Verstößen gegen Logik, Plausibilität, Relevanz und Fairness so zu realisieren, dass sie von

---

[36] Welche Chuzpe! Wo Geißler doch gerade sich selbst, also einen Einzelfall, als Beleg für die *Integrität, die Unbestechlichkeit der politischen Institutionen* insgesamt angeführt hat.

TV-Zuschauern kaum als solche durchschaut werden? Die Überzeugung vom Erfolg der Geißlerschen KASCHIERVERSUCHE habe ich durch die Konfrontation zahlreicher Gruppen innerhalb und außerhalb der Universität mit der Video-Aufzeichnung der Passage im Rahmen zahlreicher Lehr- und Demonstrationsveranstaltungen in den 80er und 90er Jahren mit insgesamt etlichen hundert Teilnehmern gewonnen. Das Gros der Rezipienten bemerkte bei der Erstrezeption regelmäßig so gut wie nichts von Geißlers Kniffen. Manche bekundeten lediglich einen vagen Eindruck, dass Geißler hier „rhetorisch geschickt" agiere. Diese Erfahrung teile ich hier mit, obwohl es sich nicht um ein etabliertes Messverfahren handelt. Die Plausibilität des Schlusses von dieser Erfahrung auf die Einschätzung, dass Geißler hier „erfolgreich" war, mögen die Leser beurteilen.

Es ist der gehäufte Einsatz suggestiv wirkender KASCHIERtechniken, der Geißler diesen „Erfolg" ermöglicht: Darauf, dass das Ansprechen der Identität der Zuschauer als *Bürger* und Geißlers Sprechen in ihrem Namen suggestiv davon ABZULENKEN vermag, dass er regelwidrig die Interviewerrolle usurpiert, wurde bereits hingewiesen.

Um die Unsäglichkeit des induktiven Schlusses von der Unbestechlichkeit eines einzigen Politikers auf die Integrität und Unbestechlichkeit der politischen Institutionen insgesamt zu überspielen, setzt er auf die suggestive Wirkung einer Kombination von Authentizität (*ich bin jetzt...; ich habe in dieser Zeit kein einziges Mal erlebt, ich persönlich, dass*), Expertenautorität (*sieben Jahre Generalsekretär der CDU, ... zehn Jahre Landesminister*) und moralisierender Deftigkeit (*wäre er zur Tür hinausgeflogen*).

Beim Argumentieren mit den quantitativen Verhältnissen in politischen Gremien bei gleichzeitiger Unterschlagung der Ungleichheit von Einflusschancen setzt Geißler auf die Suggestivität von Zahlen, gepaart mit weitgehender Unkenntnis der Machtmechanik bei den Zuschauern. Zur Immunisierung gegen potentielle Zweifel werden diese obendrein dem *Weltbild von Klein-Moritz* zugeordnet – in der Hoffnung, dass dies die Zuschauer abschreckt, eine solch selbstbild-schädliche Position einzunehmen.

Das alles geschieht, indem Geißler paraverbal ohne Zeichen von Unsicherheit in engagiertem, aber ruhig-seriösem Ton spricht. Dem entspricht die Körpersprache. Nachdem er sich „in Positur" gestellt hat (Z. 1/2) und er beim knappen

Abblocken der brisante Frage nach Großspenden für seine Partei (Z. 12/13) sich noch leicht hin und her bewegt hat, steht er mit Beginn seiner AUSWEICH-Operation (ab Z. 13) ruhig und aufrecht da, die Hände auf dem Pult gefaltet, mit ernster, von Zeichen der Nervosität freier Miene und mit Blick auf die Interviewer (vom Zuschauer aus gesehen ein Blick knapp neben die Kamera). Das sind sämtlich nonverbale Indikatoren für Konzentriertheit und Sicherheit.

Dazu kommt, dass die – abgesehen von minimalen Zooms – unbewegte, bis Z. 50 von keinem Schnitt unterbrochene Kamera-Einstellung auf Geißler jeder Bewegung entbehrt, die so etwas wie eine distanzierende technisch-visuelle Kommentierung indizieren und Geißlers Text „anders lesbar" machen könnte[37].

Dann aber (Z. 51 ff.) geschieht Überraschendes: nicht durch NACHHAKEN eines Interviewers, nicht durch Kamera oder Bildregie, sondern durch Geißler selbst: Nach einer – im Vergleich zum bisher kontinuierlichen Redefluss – kleinen Pause bleibt er zwar innerhalb des vorgegebenen Frame „Parteispendenaffäre", wechselt dort aber vom vehementen Verneinen der Frage, ob Käuflichkeit Charakteristikum des Frame sei, unvermittelt zur Frage nach den – für die Politik unliebsamen – Folgen. Wohl in der Absicht, Realismus zu demonstrieren, räumt er ein: *Aber es ist nicht zu bestreiten: Wir sind alle in einen Verdacht geraten.* Aber auch jetzt weist er, wie anfangs schon (Z. 19 ff.), den Verdacht als *falsch* zurück (Z. 53). Doch anders als Z. 14–29 gelingt es ihm nun nicht mehr, das AUSWEICHEN mit suggestiven KASCHIERtechniken im Souveränitätsgestus perfekt zu performieren. In sämtlichen Modalitäten werden Indikatoren der Unsicherheit erkennbar. Fanden sich bisher weder grammatische Unkorrektheiten noch – bis auf ein „äh" (Z. 16) – „Verzögerungsphänomene"[38] noch für das Publikum schwer verständliche Formulierungen, so unterlaufen nun mehrerlei verbale Ungeschicklichkeiten. In Z. 56–62 überlagern und bedingen einander wechselseitig misslingender Satzbau, misslingende Selbstkorrektur, falsche Präpositionswahl (*gegen die Frage der Steuerbefreiung*), falsche Genitiv-Verwendung (*Steuerbefreiung der alten Bundesregierung*) und – infolgedessen – Misslingen einer verständlichen Formulierung für Anlass und Gegenstand

---

[37] Zum tv-typischen Potential durch Bild und Bildtechnik den Verbaltext „anders lesbar" zu machen vgl. Holly (2009: 397 ff.).
[38] Schwitalla (1997: 55 f.).

des Unterausschusses. Dabei stellt die fachsprachliche Bezeichnung *Frage der Steuerbefreiung nach § 6 Einkommensteuergesetz* eo ipso eine Verstehenshürde für manche Zuschauer dar.

Paraverbal kumulieren Verzögerungssignale (Pause in Z. 54, gefüllte Staupausen (*äh*) in Z. 51, 57 und 63), Wortwiederholung (*die die*, Z. 58) und Versprecher (*Verdracht*, Z. 63). Auch prosodisch wechseln Lautstärke, Geschwindigkeit und Intonationsfarbe – zwar nur leicht, aber im Verhältnis zur vorangegangenen Konstanz der Merkmale unverkennbar: Geißler wird ein wenig leiser, ein wenig langsamer und ein wenig eintöniger in der Modulation.

Nonverbale Indikatoren weisen in die gleiche Richtung: Nachdem er zuvor aufrecht und fast statuarisch da steht, bewegt er mit Beginn der neuen Sequenzphase den Oberkörper mehrfach unruhig hin und her. Ab Z. 58 beugt er den Kopf leicht vor und legt die Stirn in scharfe Falten. Das alles signalisiert Spannung und eine Unsicherheit, die auch im rhetorisch ungeschickten Aufbau der beiden letzten Sätze des Beitrags (Z. 62–65) deutlich wird: Da wird das *Interesse des Volkes* dem dringenden Wunsch der verdächtigten Parteieliten (*Aus diesem Verdacht müssen wir äh heraus*) syntaktisch und – dadurch nahe gelegt – in der Wertigkeit nachgestellt. Damit nicht genug. Die nachklappend wirkende Formulierung *auch im Interesse des Volkes, im Interesse unserer Parteimitglieder* (Z. 63–65) ist wie eine Synonymisierung von *Volk* und *Parteimitglieder* gebaut. Mit der Erwähnung *unserer Parteimitglieder* ist Geißler indirekt dort wieder angekommen, wovon er sich eingangs entfernt hatte: dem Verdacht gegen die CDU. Der Schlusssatz *Und das ist möglich* (Z. 65) wird nicht mit gehobener Stimme als überzeugt und überzeugend klingende Versicherung artikuliert, sondern in abnehmender Lautstärke, so dass der Satz eher wie ein weiterer Nachklapp ohne Überzeugungskraft wirkt, zumal Geißler im ganzen zweiten Teil seines Beitrags keinerlei Argumente oder Pseudo-Argumente mehr vorgebracht hat.

Dass der Bruch in Geißlers Beitrag für Zuschauer bewertungsrelevant ist und dass hier ein direkter Zusammenhang zwischen Erfolg und Misserfolg des VERSUCHS AUSWEICHEN ZU KASCHIEREN besteht, schließe ich daraus, dass Gruppen, denen die gesamte Sequenz, also einschließlich Z. 51–65, gezeigt wurde, Geißlers Auftritt deutlich kritischer sahen als die Gruppen, die lediglich die

Sequenz Z. 1–50 gesehen hatten. Bei denen, die mit der gesamten Sequenz konfrontiert wurden, war häufig von „nicht überzeugend", „nicht glaubwürdig" u. ä. die Rede.

5. Ergebnisse

Für die im Folgenden zusammengefassten, aus exemplarischen Daten gewonnenen Analyseergebnisse werden unter dem Aspekte der Verallgemeinerbarkeit zweierlei Ansprüche gestellt: (1) für typologisch interessierte qualitative Forschung Prototypen herausgearbeitet zu haben, (2) für deduktiv-nomologisch orientierte quantitative Forschung als überprüfbare Hypothesen fungieren zu können.

Die Ergebnisse der Analysen sind entlang den am Ende des Theoriekapitels formulierten Fragen zusammengefasst:

Frage 1: **Welcher Zusammenhang zeichnet sich unter den Bedingungen der sekundären Audiovisualität des Fernsehens ab zwischen der multimodalen Performanz von AUSWEICHEN, einschließlich AUSWEICHEN ZU KASCHIEREN VERSUCHEN und den Zuschauerreaktionen?**

Es gibt in unseren Daten sowohl positive als auch negative Reaktionen der Zuschauer bzw. des überwiegenden Teils der Zuschauer. Positive Reaktionen (Oettinger-Beitrag; erster Teil des Geißler-Beitrags) sind ein starkes Indiz dafür, dass es gelungen ist AUSWEICHEN ZU KASCHIEREN, negative Reaktionen (Merkel-Beiträge, Geißlers Gesamtbeitrag) dafür, dass der KASCHIER-VERSUCH misslungen ist. Bei Zuschauern erfolgreiches KASCHIEREN DES AUSWEICHENS ergibt sich

- **verbal** bei einer Fokusverschiebung, die innerhalb des thematischen Rahmens bleibt, darin aber das vorgegebene Subthema durch ein verwandtes scheinbar relevanteres Subthema ersetzt und/oder es innerhalb eines anderen, insbesondere einen populären und/oder moralgesättigten Deutungsrahmens (Frame) perspektiviert und dabei auf adressatenangepasste Wissenselemente, Stereotypen und Maximen Bezug nimmt. Deren Aufmerksamkeit erregende Suggestion lenkt ab und begünstigt ein Unbemerkt-Bleiben des AUSWEI-

CHENS. Erleichtert wird der Erfolg der Operation dadurch, dass der Akteur beim Einstieg in die Replik auf die thematische Provokation durch sein Gegenüber – scheinbar regelgerecht – die formale Struktur eines strukturell präferierten oder nicht-präferierten Folgezugs wahrt. Eine wichtige Rolle spielt auch die Vermittlung des Eindrucks von Argumentativität – entsprechend der kulturell etablierten Hochschätzung von ARGUMENTATION als rationalem Verfahren der Konfliktbehandlung. Die Flüchtigkeit des Mediums Fernsehens begünstigt die Akzeptanz auch für unseriöse PSEUDO-ARGUMENTATION.[39]

- **paraverbal** durch zügiges Formulieren mit fester Stimme und mit einer Involvement signalisierenden „lebendigen" Intonation, durch Vermeidung unterbrechungsrelevanter Stellen und durch möglichst geringe Produktion von Verzögerungsphänomenen[40].

- **nonverbal** durch konzentriert wirkende, wenig bewegte Mimik, durch Konstanz in Blick und Blickrichtung (kein Niederschlagen der Augen, keine Seitenblicke u. ä.), dabei eine aufrechte, nur leicht bewegte Kopf- und Körperhaltung sowie sparsame, gegebenenfalls das Gesagte unterstreichende Unterarm- und Handbewegungen – sofern diese im Bild sind.

Wenn man dies zusammennimmt, ergibt sich im interaktionalen Verhältnis des Akteurs zum Gegenüber der Habitus gesprächsstruktureller Kohärenz, in personaler Hinsicht die Ausstrahlung unbeirrbarer Selbstsicherheit und in sachlicher Hinsicht der Eindruck thematischer Relevanz und plausiblen ARGUMENTIERENS – zumindest für Zuschauer, die die Sequenz nicht sehr

---

[39] Dass die verbalen Kaschierstrategien Erfolgschancen haben, ist in hohem Maße der Schwierigkeit geschuldet, als Rezipient unter den Bedingungen von Mündlichkeit, verbunden mit schnellem Sprecherwechsel und optischer Präsenz der Kommunizierenden – also unter den Bedingungen (sekundärer) Audiovisualität – das Geäußerte präziser kognitiver Kontrolle zu unterwerfen. Selbst wenn man als Zuschauer stutzt – die nächste Äußerung, das nächste Bild beanspruchen schon die Aufmerksamkeit. Was stutzig gemacht hat, ist schon verflogen, bevor man es sicher speichern konnte. Beim Lesen ist das bekanntlich anders: Speicher und Gespeichertes sind präsent. Man stutzt – und liest noch einmal, gegebenenfalls mehrmals. Da laufen die Kniffe, die die Akteure in den untersuchten Szenen verwenden, Gefahr, durchschaut zu werden. Darum finden wir sie in Schrifttexten von Politikern in dieser Unverfrorenheit nur selten und wenn, dann in raffinierterer Ausführung.

[40] Vgl. Schwitalla (1997: 55).

genau verfolgen, die keine Experten und keine voreingenommenen Gegner des Politikers sind.

Bei Zuschauern überwiegend erfolglose VERSUCHE AUSWEICHEN ZU KASCHIEREN weisen folgenden Befund auf:

- **verbal**: Verletzung der thematischen und/oder pragmatischen Kohärenz: deutliches Heraustreten aus dem thematischen Rahmen, der durch die initiale Äußerung des Gegenüber gesetzt ist (Merkel), partielles Infrage-Stellen des eigenen Ausweichmanövers (Beginn des zweiten Teils des Geißler-Beitrags), Wechsel in einen schwer verständlichen fachsprachlichen Deutungsrahmen (Merkel, Geißler in zweiten Beitragsteil), echauffierte oder beleidigte Reaktion auf einen formal korrekten Stimulus (Merkel), abrupte Themenwechsel innerhalb des eigenen Beitrags (Merkel). Darüber hinaus: Fehlen von Argumentation (Merkel, Geißler im zweiten Beitragsteil), syntaktische Brüche (Geißler im zweiten Beitragsteil).

- **paraverbal**: Verzögerungssignale, vor allem, wenn sie zuvor nicht aufgetreten sind (Pausen, gefüllte Staupausen (*äh*), Versprecher, Wortwiederholung), Stocken, leisere und flachere Intonation (Geißler im zweiten Beitragsteil) oder auch – quasi gegenteilig – echauffiertes Sprechen in forcierter Intonation, Lautstärke und Geschwindigkeit (Merkel).

- **nonverbal**: Verhaltensweisen, die in Kontrast zu Normalerwartungen stehen oder die – im Vergleich zur vorherigen körpersprachlichen Ausstrahlung der Person – als Signale von Nervosität, Unsicherheit, gegebenenfalls von Unterlegenheit wahrgenommen werden, insbesondere wenn sie, wie mehrfach im Falle Merkel, durch die Bildregie fokussiert werden. Dazu zählen Inkonstanz in Blick, Blickrichtung und/oder Mimik (Merkel), plötzliche oder unruhige Kopf- oder Körperbewegungen nach vorheriger Ruhephase bei Thematisierung von Unangenehmem (Merkel, Geißler zu Beginn des zweiten Teils seines Beitrags); Abwendung vom Gegenüber mit gesenktem Kopf, niedergeschlagenem Blick und heruntergezogenen Mundwinkeln (Merkel), tiefe Stirnfalten (Geißler im zweiten Beitragsteil).

Frage 2: **In welchem Verhältnis stehen die Modalitäten zueinander?**

Wie die Übersichten zu Frage 1 deutlich machen, kommen die Verhaltenszüge in den verschiedenen Modalitäten nicht unabhängig voneinander vor. Wir beobachten multimodale Verhaltens**cluster** (oder besser: multimodale Verhaltens**integrale**), die sich als ganze – also nicht nur in einer Modalität – entlang der Grenze zwischen erfolgreichen und nicht erfolgreichen KASCHIERVERSUCHEN sortieren.

Dieser Befund multimodaler Entsprechung kommunikationsrelevanter Verhaltensindikatoren nährt Zweifel an der vielfach vertretenen Auffassung, dass medienerfahrene und verhaltenstrategisch geschulte Personen sich zwar verbal gut verstellen könnten, nicht aber nonverbal. Bei unseren Akteuren, die ja zu diesem Personenkreis gehören, geht das Kaschiermanöver allerdings entweder in allen Modalitäten gut oder es geht in allen Modalitäten schief.

Fragen 3 und 4: **Gibt es Analogien zum Phänomen der strukturellen Markiertheit nicht-präferierter Folgezüge im Sinne der Konversationsanalyse? Wie fügt sich die Antwort auf diese Frage ein in den – im Hybrid-Charakter politischer Talkshows begründeten – Horizont machtbezogener multimodaler rhetorischer Strategie?**

Einige paraverbale Indikatoren bei misslingenden KASCHIERVERSUCHEN, insbesondere Verzögerungssignale, stimmen mit typischen Indikatoren nicht-präferierter Folgezüge überein. Ihre Zugehörigkeit zu multimodalen Verhaltensintegralen spricht allerdings dafür, dass eine lediglich sprachstrukturelle Einordnung dieses Befundes zu eng wäre. Nimmt man die beschriebenen Verhaltenszüge in ihrer multimodalen Gesamtheit, so handelt es sich – die in unserer Kultur üblichen Stereotype der Personenwahrnehmung vorausgesetzt – um Signalkomplexe der Ausstrahlung zum einen von Überzeugungskraft, Selbstsicherheit und/oder Überlegenheit, zum anderen von kognitiver oder emotionaler Unsicherheit und/oder Unterlegenheit. Wenn man die Zuschauer als rezeptiv beteiligte Persuasionsadressaten einbezieht, so bieten die multimodalen Verhaltensintegrale dem Publikum jeweils ein so breites Spektrum an Signalen, dass selbst Zuschauern, deren Aufmerksamkeit primär einer Modalität gilt, genügend Verhaltensindikatoren audiovisuell zur Verfügung stehen, um entweder der Suggestion von Kohärenz, argumentativer Plausibilität und ausgestrahlter Selbstsicherheit zu erliegen oder durch Indikatoren der Unsicherheit zu Wachsamkeit und Skepsis gegenüber dem Akteur und seinen Ausführungen veranlasst zu werden – beides gegebenenfalls relevant für die Bildung von Einstellungen gegenüber dem Akteur und/oder der von ihm vertretenen Politik.

Literatur

Aristoteles (2002): *Rhetorik*. (Übersetzt und erläutert von Christoph Rapp), 1. Halbbd. Berlin: Akademie Verlag.

Armstrong, David F./Stokoe, William C./Wilcox, Sherman E. (1995): *Gesture and the Nature of Language*. Cambridge: CUP.

Bucher, Hans-Jürgen (2007): „Logik der Politik – Logik der Medien. Zur interaktionalen Rhetorik der politischen Kommunikation in den TV-Duellen der Bundestagswahlkämpfe 2002 und 2005", in: Habscheid, Stephan/Klemm, Michael (eds.): *Sprachhandeln und Medienstrukturen in der politischen Kommunikation*. Tübingen: Niemeyer, 13–43.

Deppermann, Arnulf (1999): *Gespräche analysieren*. Opladen: Leske + Budrich.

Deppermann, Arnulf/Schmitt, Reinhold (2007): „Koordination. Zur Begründung eines neuen Forschungsgegenstandes", in: Schmitt, Reinhold (ed.): *Koordination. Analysen zur multimodalen Interaktion*. Tübingen: Narr, 15–54.

Dieball, Werner (2005): *Körpersprache und Kommunikation im Bundestagswahlkampf. Gerhard Schröder versus Edmund Stoiber*. Berlin/München: poli-c books.

Dieckmann, Walther (1985): „Wie redet man ‚zum Fenster hinaus'? Zur Realisierung des Adressatenbezugs in öffentlich-dialogischer Kommunikation am Beispiel eines Redebeitrags Brandts", in Sucharowski, Wolfgang (ed.): *Gesprächsforschung im Vergleich*. Tübingen: Niemeyer, 54–76.

Dörner, Andreas (2001): *Politainment. Politik in der medialen Erlebnisgesellschaft*. Frankfurt am Main: Suhrkamp.

Entman, Robert M. (1993): „Framing: Toward Clarification of a Fractured Paradigm", in: *Journal of Communication* 43, 4/1993, 51–58.

Gerhards, Jürgen (1994): „Politische Öffentlichkeit. Ein system- und akteurstheoretischer Bestimmungsversuch", in: Neidhardt, Friedhelm (ed.): *Öffentlichkeit, öffentliche Meinung, soziale Bewegungen.*, 77–105 (= Kölner Zeitschrift für Soziologie und Sozialpsychologie. Sonderheft 34).

Girnth, Heiko/Michel, Sascha (2007): „Von diskursiven Sprechhandlungen bis Studiodekoration. Polit-Talkshows als multimodale Kommunikationsräume", in: *Der Sprachdienst* 3/07, 85–99.

Goffman, Erving (1971): *Relations in Public. Microstudies of the Public Order*. New York: Basic Books.

Gotsbachner, Emo (2008): „Durchsetzung von Deutungsrahmen in politischen Fernsehdiskussionen", in: *Gesprächsanalyse. Online-Zeitschrift zur verbalen Interaktion*, 9.

Grice, Herbert Paul (1975): „Logic and Conversation", in: Cole, Peter/Morgan, Jerry L. (ed.): *Syntax and Semantics*. Vol. 3: *Speech Acts*. New York/San Francisco/London: Academic

Press, 41–58.

Habermas, Jürgen (1971): „Vorbereitende Bemerkungen zu einer Theorie der kommunikativen Kompetenz", in: Habermas, Jürgen/Luhmann, Niklas: *Theorie der Gesellschaft oder Sozialtechnologie*. Frankfurt am Main: Suhrkamp, 101–141.

Habermas, Jürgen (1981): *Theorie des kommunikativen Handelns.* Bd. 1. Frankfurt am Main: Suhrkamp.

Helfrich, Hede/Wallbott, Harald G. (²1980): „Theorie der nonverbalen Kommunikation", in: Althaus, Hans Peter/Henne, Helmut/Wiegand, Herbert Ernst (eds.): *Lexikon der Germanistischen Linguistik*. Bd. 2. Tübingen, 267–275.

Hermanns, Fritz/Holly Werner (eds.) (2007): *Linguistische Hermeneutik. Theorie und Praxis des Verstehens und Interpretierens.* Tübingen: Niemeyer.

Hickethier, Knut: (1996): *Film- und Fernsehanalyse.* Stuttgart/Weimar: Metzler.

Holly, Werner (1979): *Imagearbeit in Gesprächen. Zur linguistischen Beschreibung des Beziehungsaspekts.* Tübingen: Niemeyer.

Holly, Werner (2005): „Audiovisualität und Politikvermittlung in der Demokratie", in: Kilian, Jörg (ed.): *Sprache und Politik.* Mannheim: Dudenverlag, 278–293.

Holly, Werner (2008): „Tabloidisation of political communication in the public sphere", in: Wodak, Ruth/Koller, Veronika (ed.): *Handbook of Communication in the Public Sphere*. Berlin/New York: de Gruyter, 317–341.

Holly, Werner (2009): „Der Wort-Bild-Reissverschluss. Über die performative Dynamik audiovisueller Transkriptivität", in: Linke, Angelika/Feilke, Helmut (eds.): *Oberfläche und Performanz. Untersuchungen zur Sprache als dynamischer Gestalt.* Tübingen: Niemeyer, 389–406.

Holly, Werner/Kühn, Peter/Püschel, Ulrich (1986): *Politische Fernsehdiskussionen. Zur medienspezifischen Inszenierung von Propaganda als Diskussion.* Tübingen: Niemeyer.

Kallmeyer, Werner (ed.) (1996): *Gesprächsrhetorik. Rhetorische Verfahren im Gesprächsprozess.* Tübingen: Narr.

Klein, Josef (1988): „Bewertungen des Diskussionsverhaltens von Spitzenpolitikern in Fernseh-Streitgesprächen durch Jung- und Erstwähler. Eine empirische Studie zur Ermittlung kommunikationsethischer Einstellungen", in: *SuL (= Sprache und Literatur in Wissenschaft und Unterricht)*, H. 61, 79–87.

Klein, Josef (1989): „Gesprächsregeln in fernsehtypischen Formen politischer Selbstdarstellung", in: Holly, Werner/Kühn, Peter/Püschel, Ulrich (eds.): *Redeshows. Fernsehdiskussionen in der Diskussion,* Tübingen: Niemeyer, 64–91.

Klein, Josef (1990): *Elefantenrunden „Drei Tage vor der Wahl". Die ARD-ZDF-Gemeinschaftssendung 1972–1987. Einführung und Texttranskription.* Baden-Baden: Nomos Verlagsgesellschaft.

Klein, Josef (1997): „Kategorien der Unterhaltsamkeit", in: *Linguistische Berichte. Sonderheft 8 (Pragmatik),* ed. Rolf, Eckard, 176–188.

Klein, Josef (1999): „'Frame' als semantischer Theoriebegriff und als wissensdiagnostisches Instrumentarium", in: Pohl, Inge (ed.): *Interdisziplinarität und Methodenpluralismus in der Semantikforschung.* Frankfurt am Main et al.: Lang, 157–183.

Klein, Josef (2009): „Rhetorisch-stilistische Eigenschaften der Sprache der Politik", in: Fix, Ulla/Gardt, Andreas/Knape, Joachim (eds.): *Rhetorik und Stilistik – Rhetoric and Stylistics. Ein internationales Handbuch historischer und systematischer Forschung.* 2. Halbband. Berlin/New York: de Gruyter, 2112–2131.

Levinson, Stephen C. (1990): *Pragmatik*. Tübingen: Niemeyer (engl. 1983).
Luhmann, Niklas (1975): *Macht*. Stuttgart: Ferdinand Enke.
Merten, Klaus (1991): „Django und Jesus. Verbal-nonverbales Verhalten der Kanzlerkandidaten Kohl und Rau im Bundestagswahlkampf 1987", in: Opp de Hipt, Manfred/Latniak, Erich (eds.): *Sprache statt Politik?* Opladen: Westdeutscher Verlag, 188–210.
Morris, Desmond (1993): *Körpersignale*. München: Heyne.
Müller, Cornelia (1998): *Redebegleitende Gesten. Kulturgeschichte, Theorie, Sprachvergleich*. Berlin: Arno Spitz Verlag.
Nye, Joseph S: (2004): *Soft Power*. New York: Public Affairs.
Reinemann, Carsten/Maurer, Marcus (2007): „Populistisch und unkonkret. Die unmittelbare Wahrnehmung des TV-Duells", in: Maurer, Marcus/Reinemann, Carsten/Maier, Jürgen/ Maier, Michaela (eds.): *Schröder gegen Stoiber. Wahrnehmung und Wirkung des TV-Duells 2005 im Ost-West-Vergleich*. Wiesbaden: VS Verlag für Sozialwissenschaften, 53–89.
Sacks, Harvey (1992): *Lectures on Conversation*, ed. Gail Jefferson. Oxford: Blackwell.
Schwitalla, Johannes (1997): *Gesprochenes Deutsch*. Berlin: Erich Schmidt Verlag.
Selting, Margret/Auer, Peter et al. (1998): „Gesprächsanalytisches Transkriptionssystem (GAT)", in: *Linguistische Berichte* 173, 1998, 91–122.
Sieber, Irmgard (2005): *Selbstdarstellung von politischen Akteuren in medialen Walkampfauftritten*. Regensburg: Roderer.
Tenscher, Jens (2002): „Talkshowisierung als Element moderner Politikvermittlng", in: Tenscher, Jens/Schicha, Christian (eds.): *Talk auf allen Kanälen*. Wiesbaden: Westdeutscher Verlag, 55–71.
Wülfing, Peter (1994): „Antike und moderne Redegestik. Quintilians Theorie der Körpersprache", in: *Der altsprachliche Unterricht*. Jg. XXXVI, H.1, 45–63.
Ziem, Alexander (2008): *Frames und sprachliches Wissen. Kognitive Aspekte der semantischen Kompetenz*. Berlin/New York: de Gruyter.

IV. REZEPTIONS- UND ANEIGNUNGSASPEKTE

SASCHA MICHEL

„herr niebel hat hochwasserhosen...". Aneignungsprozesse multimodaler Aspekte von Polit-Talkshows im Social TV am Beispiel von Twitter

1. Einleitung

Im Zentrum medienlinguistischer Untersuchungen von Polit-Talkshows standen bislang überwiegend Kommunikatforschungen, die sich primär – mittels gesprächslinguistischer Theorien und Methoden – der sprachlichen Interaktion der Partizipanten solcher Sendungen widmeten (vgl. Girnth/Michel in diesem Band). Während Fragen nach der Inszeniertheit und der doppelten Adressiertheit der Gespräche immer schon das „recipient design" – die Orientierung am Zuschauer – öffentlichen Sprachgebrauchs umfassten, wurde weitgehend vernachlässigt, wie sich die Zuschauer die Inhalte von Polit-Talkshows tatsächlich aneignen. Obwohl einzelne Untersuchungen durchaus auf Rezipientenreaktionen und -bewertungen von Sendungen abzielen, handelt es sich hier mehr oder weniger um „Laborstudien", d. h. eigens für die Untersuchung arrangierte Settings, die zudem kaum über die verbale Ebene hinausgehen.

Daraus ergeben sich folgende Forschungslücken bzw. -perspektiven in Bezug auf die Rezipienten- und Aneignungsforschung bei Polit-Talkshows:

1. Die Theorie der Multimodalität geht davon aus, dass das Zusammenspiel der drei Zeichensysteme Sprache, Bild und Ton kommunikativ relevant ist. Dementsprechend muss auch eine Rezipienten- und Aneignungsforschung das Primat der Sprache überwinden und die Aneignung multimodaler Aspekte erfassen.
2. Die Aneignung von Fernsehinhalten – und damit Multimodalität – geschieht in authentischen Rezeptionssituationen und lässt sich beispielsweise in der fernsehbegleitenden und -anschließenden Kommunikation erfassen. Für Polit-Talkshows fehlen jedoch bislang entsprechende Untersuchungen von Anschlusskommunikation in möglichst authentischen Kontexten ebenso wie individuelle und gruppenbezogene Aneignungsprozesse.

Während Punkt 1 sich in erster Linie auf die bisherige theoretische Schwerpunktsetzung der Sprache als Modalität bezieht, umfasst Punkt 2 auch ein methodisches Problem: Die authentische individuelle Aneignung von Fernsehinhalten lässt sich nur schwerlich empirisch erheben.

Die Etablierung des sogenannten Social TV bzw. Second Screen scheint diesem Problem abhelfen zu können: Tweets oder Facebook-Postings, die während der Rezeption abgesetzt werden, liefern Indizien darüber, wie sich der einzelne Zuschauer Elemente der Sendung aneignet und verarbeitet, wie er mit anderen interagiert etc.

Dieser Beitrag greift die beiden genannten Aspekte auf, indem er mittels einer Analyse zweier Teilkorpora, die Tweets zu unterschiedlichen Sendungen umfassen, die Aneignung multimodaler Aspekte sowohl individuell als auch sprachlich-interaktiv (dialogisch) untersucht. Dabei wird der Frage nachzugehen sein, auf welche Modalitätsebenen vorzugsweise Bezug genommen wird (quantitativ), welche Themenbereiche davon betroffen sind und welche Aneignungshandlungen dabei vollzogen werden (qualitativ).

Zunächst werden unterschiedliche Ansätze zur Erforschung der Rezeption und Aneignung audiovisueller Politik diskutiert (2.), bevor auf die Rezeption und Aneignung von Multimodalität eingegangen wird (Forschungsüberblick und Methodendiskussion) (3.). Der empirische Teil (4.) wird anschließend das Korpus, die Vorgehensweise und die Ergebnisse der Auswertung präsentieren. Es folgen ein Fazit und ein Ausblick mit offenen Forschungsfragen (5.).

2. Ansätze zur Erforschung der Rezeption und Aneignung audiovisueller Politik

Generell lassen sich drei Gruppen unterscheiden, die im Folgenden kurz erläutert werden:

1. **quantitativ**: Quantitative Ansätze untersuchen die Wirkungen einzelner – meist isolierter – Variablen auf Rezipienten, indem diese zunächst inhaltsanalytisch gewonnen und anschließend als Stimuli für physiologische Reize herangezogen werden, um so Rückschlüsse auf kognitive Prozesse zu ermöglichen. Mit Bezug auf politische TV-Duelle können Maurer/Reinemann

(2003) und Reinemann et al. (2007) zeigen, wie Rezipienten auf unterschiedliche inhaltlichen Aspekte (Argumente, Themen etc.) reagieren, wie Reaktionen im Verlauf des Rezeptionsprozesses konvergieren und divergieren und wie sich affektive Einstellungen den Diskutanten gegenüber entwickeln. Der Nachteil quantitativer Ansätze liegt jedoch darin, dass die Analyse top-down erfolgt, also Themen bereits durch die Forscher vorgegeben werden, was die Rezeption in gewisser Weise prägen und steuern kann. Zudem lässt sich die Rezeptionssituation als künstlich beschreiben, da die – an Laborsituationen angelehnte – Rezeptionsumgebung als auch die Rezeptionsweise nicht der alltäglichen Fernsehrezeption entsprechen. Schließlich bleibt bei diesem Ansatz offen, ob messbare physiologische Reaktionen tatsächlich Aussagen über nicht messbare kognitive Prozesse ermöglichen, ob also die Kognition komplett in der äußerlichen Reaktion aufgehen kann.

2. **qualitativ**: Qualitative Ansätze knüpfen genau an diesem Defizit quantitativer Ansätze an, indem sie davon ausgehen, dass sich Zuschauer Fernsehinhalte aktiv aneignen, also z. B. (um-)deuten, interpretieren, in die eigene Lebenswelt transferieren, was sich sprachlich-kommunikativ und somit interaktiv ermitteln lässt. Durch die Analyse fernsehbegleitenden Sprechens in Kleingruppen weisen Holly/Püschel/Bergmann (2001) und Klemm (2001) nach, dass Zuschauer im Gespräch über Fernsehinhalte zum einen auf sämtliche Themen Bezug nehmen, zum anderen dabei ganz unterschiedliche Aneignungshandlungen vollziehen. Am Beispiel der Nachrichten lässt sich demonstrieren, dass sämtliche thematischen Aspekte fernsehvermittelter Politik, von sprachlich-intertextuell sachbezogenen Verweisen bis hin zum Aussehen und Verhalten abgebildeter Politiker (vgl. 3.1), in den Äußerungen der Zuschauer eine Rolle spielen, welche sowohl seriös (deutend, interpretierend, aushandelnd) als auch spielerisch-fiktiv und scherzhaft angeeignet werden können. Daraus folgt, dass Fernsehaneignung keineswegs vollständig steuer- und antizipierbar ist, dass seriöse politische Themen scherzhaft aufgegriffen werden können, wie umgekehrt satirische und komische Elemente Anlässe für ernsthafte Auseinandersetzungen bieten können (vgl. Klemm 2007).

Indem kommunikative Interaktionen zugrunde gelegt werden und somit Sprache als Schlüssel zur Kognition aufgefasst wird, geht dieser Ansatz deutlich über den physiologisch erhobenen Stimulus-Reaktions-Indiz quantitativer Ansätze hinaus. Zudem erfolgt die Ermittlung der Themen bottom-up, so dass diese aus den sprachlichen Äußerungen in authentischer Rezeptionssituation (Wohnzimmer) gewonnen werden und die Aneignung durch den Forscher nicht oder nur minimal beeinflusst wird.

Die Stärke des qualitativen Ansatzes, nämlich Fernsehaneignung sprachlich-kommunikativ zu erfassen, ist auch gleichzeitig seine Schwäche, da so lediglich gruppenbezogene Aneignung fokussiert wird. Ausgeblendet bleiben dabei weitgehend Prozesse der individuellen kognitiven Aneignung, also die „intrapsychische Verarbeitung des Medienangebots" (Klemm 2000: 76), was sich etwa mit innerer Rede oder unmittelbarem Erleben fassen ließe.

3. **kombinatorisch**: Eine Brücke zwischen quantitativen und qualitativen Ansätzen versuchen kombinatorische Ansätze zu schlagen, indem sie ihre methodischen Vorteile vereinen. In verschiedenen Untersuchungen kommt etwa ein speziell für die Fernsehrezeption entwickeltes Verfahren zum Einsatz, das auf der quantitativen Ebene mittels sog. Voteboats positive oder negative Spontanbewertungen während der Rezeption registriert und verarbeitet und auf der qualitativen Ebene schließlich durch verschiedene Methoden wie Fragebogen und Interview retrospektiv die verbale Kommentierung und Begründung für die erfolgten einzelnen Bewertungen erfasst (vgl. Diekmannshenke 2002 a, b, c).

Dieser Ansatz wurde nicht nur für die Schlagwortforschung, sondern auch für politische Diskussionssendungen bzw. Polit-Talkshows erprobt. Hier ist – neben der Tatsache, dass negative Urteile gegenüber positiven dominieren und verstärkt personenbezogene Urteile vorgenommen werden – insbesondere aufschlussreich, dass Rezipienten gerade im Zusammenhang mit Polit-Talkshows der Unterhaltung als rezipientenorientierte Kategorie einen hohen Stellenwert einräumen. So kommt Diekmannshenke (2002b: 398–399) zu dem Schluss, dass Rezipienten von Polit-Talkshows stärker als bei anderen politischen Diskussionssendungen dazu neigen, Information und gesprächsethische Maximen zugunsten der Unterhaltung zu suspendieren.

Indem der kombinatorische Ansatz die Vorteile beider Ansätze vereint, erkauft er sich gleichsam ihre Nachteile. Zum einen erfolgt auch in den angeführten Studien die Rezeption nicht in authentischen Settings, sondern eigens arrangierten Räumen und Situationen, so dass beispielsweise die Voteboats als technische Begleitinstrumente die für die Rezeption notwendige Aufmerksamkeit zumindest teilweise absorbieren bzw. als Element eines komplexen Forschungsdesigns ständig ein Teil des Wahrnehmungsfeldes blockieren. Zum anderen werden mit Fragebogen und Interview zwei qualitative Methoden eingesetzt, die ex post und zudem in Gegenwart und/oder Interaktion mit dem Forscher zu Ergebnissen führen, die wiederum die Gefahr in sich bergen, dass sie „keinen ungebrochenen Zugang zum Erleben des Zuschauers" (Klemm 2000: 77) ermöglichen, also eher Einstellungen erforschen, die zudem durch Erwartungsantizipationen seitens des Rezipienten geprägt sein können.

Die folgende Tabelle fasst die Vor- und Nachteile der diskutierten Ansätze zusammen:

	Vorteile	Nachteile
Quantitativ	- individuelle Rezeption - Rezeption kontrollier- und steuerbar - Erhebung großer Datenmengen und automatisierte Auswertung	- artifizielle Rezeptionssituation sowie artifizieller Rezeptionsprozess - top-down: Themen weitgehend vorgegeben - oft dekontextualisierte Variablenanalysen; Kognition auf einfache physiologische Reaktionen reduziert
Qualitativ	- authentische Aneignungssituation - gruppenbezogene Aneignung - bottom-up (emergent) - Sprache als Schlüssel zur Kognition	- keine individuelle Aneignung - größere Datenmengen nur aufwändig generierbar (Ethnographie)
Kombinatorisch	- individuelle Rezeption/Aneignung - bottom-up - Erhebung großer Datenmengen und automatisierte Auswertung - Kombination physiologischer Reizreaktionen mit sprachlichen Kommentierungen	- keine gruppenbezogene Aneignung - artifizielle Rezeptionssituation sowie artifizieller Rezeptionsprozess - Ex-Post-Methoden qualitativer Erhebung: Einstellungen und Erwartungsantizipation

Tabelle 1: Ansätze der Rezeptions- und Aneignungsforschung audiovisuell vermittelter Politik

Aus der Tabelle geht hervor, dass die bisherigen Ansätze keine (überzeugende) Kombination qualitativer und quantitativer Erforschung individueller sowie gruppenbezogener sprachlich-kommunikativer Aneignung von audiovisuell vermittelter Politik in authentischen Rezeptionssituationen ermöglichen. Was bislang für die Rezeption und Aneignung TV-vermittelter Politik allgemein gilt, soll nachfolgend spezifischer für den Bereich der Multimodalität präzisiert werden. Nach einer kurzen Erläuterung des Konzepts ‚Multimodalität' und der Skizzierung des Forschungsstands zur Rezeption und Aneignung von Multimodalität in politischen Fernsehsendungen, werden zwei theoretisch-methodische Ansätze diskutiert.

3. Rezeption und Aneignung von Multimodalität

3.1 Zum Konzept ‚Multimodalität'

Ähnlich wie man heute der Auffassung ist, dass die Grenze von Sprache nicht bei Sätzen und Texten zu ziehen ist, sondern der Diskurs als übergeordnete Ebene fungiert, hat in den letzten Jahren eine Entgrenzung des Kommunikationsbegriffs dahingehend stattgefunden, dass Kommunikation als Interaktion mehr als nur Sprache umfasst. Kommunikative Prozesse beruhen demnach auf dem komplexen Zusammenspiel unterschiedlicher Modalitäten bzw. Zeichensystemen, die sich kommunikatbezogen, also materiell, als Codes und leser-/hörerbezogen als Modes klassifizieren lassen (vgl. Holly 2009). Zu den zentralen Codes gehören, neben Sprache, Bild und Ton, die in je spezifischer Korrelation als auditive, visuelle oder audiovisuelle Wahrnehmungskategorien (Modes) in Erscheinung treten. Zentrale Prämisse des Multimodalitätskonzepts ist neben der erwähnten Tatsache, dass „Kommunikation nie in nur einem Zeichensystem verläuft" (Klemm/Stöckl 2011: 10), zudem, dass die Zeichensysteme eine besondere Form symbiotischer Verschränkung bzw. Zusammenwirkung eingehen können. Prozesse intra- und intercodaler[1] Um- und Überschreibungen führen dazu, dass sich Zeichensysteme entweder lesbar oder anders lesbar machen, sich also

---

[1] Multimodalität ist somit der Oberbegriff, der Codes und Modes umfasst. Konsequenterweise müsste man, da vielfach nur die Codeebene betroffen ist, in Einzelfällen von **Multicodalität** sprechen. Die Begriffsdiskussion kann an dieser Stelle nicht vertiefend geführt werden.

gegenseitig transkribieren, wodurch die ursprüngliche Bedeutung modifiziert oder durch neue Sinnelemente ergänzt wird: „Transkription wird also verstanden als elementares Verfahren der Bedeutungsgenerierung, bei der ein Präskript durch Transkription in ein Skript überführt und insofern neu konstituiert wird. Man könnte auch davon sprechen, dass das Präskript durch seine Transkription als Skript (in einer neuen Weise) lesbar gemacht wird." (Holly/Jäger 2011: 153).

Transkriptivitätsprozesse sind als rezipientenorientierte pragmatische Inferenzprozesse Teil eines sozialsemiotischen Multimodalitätsansatzes, der handlungstheoretisch davon ausgeht, dass (multimodale) Kommunikation den soziokulturellen, also interaktiven (und somit intentionalen) sowie kontextabhängigen Gebrauch sämtlicher semiotischer Ressourcen zur Herstellung sozialen Sinns umfasst (vgl. Kress/van Leeuwen 1996). Dieser kann sich etwa in der multimodalen Darstellung sozialer Beziehungskategorien wie z. B. Macht, Ohnmacht und Unterdrückung, sozialer Nähe und Distanz etc. äußern.

Solche Prozesse vollziehen sich innerhalb sowie zwischen Codes und deren Subcodes – die für Polit-Talkshows wesentlichen werden in der folgenden Tabelle[2] aufgelistet:

Codes		Subcodes
Sprache	geschrieben	(Ortho-)Graphie, Grammatik (Morphologie, Syntax), Lexik, Semantik, Pragmatik, Text, Diskurs
	gesprochen monologisch	Phonologie, Grammatik (Morphologie, Syntax), Lexik, Semantik, Pragmatik, Text, Diskurs
	gesprochen dialogisch	Phonologie, Grammatik (Morphologie, Syntax), Lexik, Semantik, Pragmatik, Gesprächseinheiten, -strukturen, -sequenzen und -phasen, Diskurs
Bild	statisch	Farben, Grammatik (Größen, Aufbau, Komposition), Semantik, Pragmatik, Diskurs
	dynamisch	Farben, Grammatik (Aufbau, Komposition, Kamerafahrt, -perspektive, -schwenk), Semantik, Pragmatik, Diskurs
Ton		Melodie, Grammatik (Rhythmus, Komposition), Semantik, Pragmatik, Diskurs

Tabelle 2: Für Polit-Talkshows relevante (Sub-)Modalitäten

---

[2] Auf die weiteren inhaltlichen Ausdifferenzierungen der einzelnen komplexen Subcodes muss hier aus Platzgründen verzichtet werden, allenfalls dort, wo signifikante Abweichungen bestehen, etwa bei der Grammatik, werden diese miterwähnt.

Alle Codes bis auf den Ton können mit Blick auf Polit-Talkshows nach medialen Varianten unterschieden werden. Die Subcodes gliedern sich – entsprechend des Zeichensystemcharakters – in formale, inhaltliche und funktionale Kategorien: Für die geschriebene Sprache spielen (ortho-)graphische (z. B. Rechtschreibung, Zeichensetzung, Schriftgröße, -art), grammatische (Flexion und Wortbildung), lexikalische, semantische (z. B. Denotation, Konnotation und Referenz), pragmatische (z. B. Sprachhandlungen), aber auch text- (z. B. Themenentfaltung, Isotopie, Texthandlung) und diskurslinguistische Aspekte eine Rolle. Der Diskurs als oberste thematische Abstraktionsebene wird bei allen Codes[3] relevant, da sich Polit-Talkshows in der Regel an aktuellen politischen Themen und Debatten orientieren (vgl. Michel/Girnth 2009).

Alle für die geschriebene Sprache angeführten Subcodes treten auch bei der monologisch sowie dialogisch gesprochenen Sprache auf, allerdings wird die (Ortho-)Graphie durch die Phonologie (z. B. Lautstärke, Intonation, Pausen, Betonung) ersetzt. Dialogisch, d. h. im Gespräch, fällt indes die Textorientierung weg, ihren Platz nehmen die strukturellen Ebenen Gesprächseinheiten, -strukturen, -sequenzen und -phasen ein.

Das Zeichensystem Bild gliedert sich in die medialen Varianten statisch und dynamisch, wobei statische Bilder innerhalb des audiovisuellen Mediums Fernsehen äußerst selten, meist lediglich als Standbilder, erscheinen. Zu ihren Subcodes gehören: Farben, Grammatik (z. B. Größen, Aufbau, Komposition), Semantik, Pragmatik und Diskurs[4].
Diese finden sich auch bei audiovisuellen Bildern wieder, jedoch wird hier die Größenverteilung durch Kameraprozesse wie Fahrten, Perspektive und Schwenks konstituiert.

Der (musizierte) Ton besteht aus der Formebene Melodie und Grammatik (Rhythmus, Komposition), ähnlich wie bei Sprache und Bild treten auch hier ei-

---

[3] Somit können Diskurse als übergeordnete Klammer aller Modalitäten fungieren, wobei letztere Diskurse gleichsam erst konstituieren (vgl. Meier 2011).
[4] Die stark metaphorische Übertragung linguistischer Beschreibungsebenen auf andere Zeichensysteme bietet eine nützliche Möglichkeit, Vergleiche anzustellen (vgl. Klemm/Stöckl 2011: 12–13). Es soll aber hier ausdrücklich betont werden, dass dieses Vorgehen keineswegs unproblematisch ist oder auf uneingeschränkte Zustimmung stößt (vgl. Schmitz 2011: 31–32).

ne Inhalts- (Semantik) (vgl. Koelsch et al. 2004) und Funktionsebene (Pragmatik) sowie der Diskurs hinzu. Tonale Aspekte spielen – auf Kommunikatseite – in Polit-Talkshows eine eher untergeordnete Rolle, da sie spärlich eingesetzt werden und als Titelmelodie insofern ritualisiert und „institutionalisiert" sind als sie vornehmlich auf der Makrostruktur von Polit-Talkshows (vgl. Girnth/Michel in diesem Band) auftreten und so die Sendung oder Komprimate (vgl. Klemm/ Michel 2014a) – als Format innerhalb eines Formats (z. B. Einspieler, vgl. Klemm in diesem Band) – auditiv rahmen. Relevant wird der Ton insbesondere dann, wenn er etwa in Form von Publikumsapplaus/-klatschen nicht-ritualisiert an unvorhersehbaren Stellen den Fokus auf sich richtet oder durch geringe Intensität gerade nicht Zustimmung, sondern mehrheitliche Ablehnung zum Ausdruck bringt.

Geht man von dieser Einteilung aus, können mit Bezug auf Polit-Talkshows drei Komplexitätsebenen der Multimodalität unterschieden werden:

1. **Mikroebene**: Die Mikroebene umfasst den Bezug auf einzelne Codes und Subcodes und beleuchtet so die unterschiedlichen semiotischen und kommunikativen Potentiale und Ressourcen, die jedes Zeichensystem in den komplexen Kommunikationsprozess einbringt (vgl. Klemm/Stöckl 2011: 12).

2. **Mesoebene**: Die spezifischen intra- und intercodalen Transkriptivitätsprozesse, also das konkrete Zusammenspiel der Elemente der Mikroebene, finden auf der Mesoebene statt. Hier ist der Frage nachzugehen, welche zusätzlichen Bedeutungspotentiale daraus entstehen und wie diese den Gesamtsinn der Kommunikation ergänzen oder modifizieren (vgl. Holly 2010, 2012, in diesem Band).

3. **Makroebene**: Während sich die Mikro- und Mesoebene auf die Kommunikationsprozesse innerhalb einzelner Ausgaben beziehen, fokussiert die Makroebene die Sendung (Thema und/oder Konzept der Sendung, Moderator und Redaktion), das Format (Talkshow bzw. Polit-Talkshow und politische Diskussionssendungen) sowie den Sender (z. B. Programm).

Diese Ebenen sind nicht isoliert voneinander zu verstehen, sondern inkorporierend in dem Sinne, dass jede höhere Ebene die jeweils niedrigere(n) Ebene(n) beinhaltet, so dass die Makroebene sowohl die einzelcodalen Potentiale als auch die gegenseitigen Potenzierungen (Transkriptivität) auf abstraktem Niveau umfasst.

Ausgehend von diesem Verständnis von Multimodalität soll nun untersucht werden, welche Aspekte in der bisherigen Forschung zu Rezeption und Aneignung audiovisuell vermittelter Politik im Zentrum stehen.

3.2 Forschungsüberblick

Explizite Untersuchungen zur Rezeption und Aneignung von Multimodalität in politischen Fernsehformaten liegen bislang nicht vor. In allen Rezeptions- und Aneignungsstudien liegt der Fokus auf sprachlichen Phänomenen, allenfalls vereinzelt kommt es zur Thematisierung nonverbaler Auffälligkeiten, die jedoch isoliert und parallel, also kaum aufeinander bezugnehmend diskutiert werden. So zeigt Klemm (2001) in qualitativen Studien, dass Politik im Fernsehen auch sehr stark personenzentriert-visuell kommentiert wird, was in erster Linie die spöttisch-lästernde und somit scherzhaft-komische Aneignung des Auftretens und der Äußerlichkeiten von Politikern betrifft. Äußerungen wie „schön bráun is er" (Klemm 2001: 164) mit Bezug auf Oskar Lafontaine oder „der kohl is fetter" (Klemm 2001: 156) mit Bezug auf Boris Jelzin beweisen, dass Lästerkommunikation und thematische Abschweifungen hier eine katalysierende Funktion haben, indem „die da oben" entmystifiziert in die mit Stärken und Schwächen versehene reale Welt der Zuschauer transferiert werden.

Personalisierte, politikerbezogene Urteile finden sich auch in kombinatorischen Ansätzen, wobei neben der Beurteilung inhaltlicher, also sprachlicher, Aspekte gleichsam visuelle Aspekte von den Rezipienten aufgegriffen werden: „So werden überraschende Einwände ebenso wie auffallende Kleidung und unkonventionelles Auftreten von Politikern durch Rezipienten als Unterhaltungsmomente positiv oder negativ bewertet" (Diekmannshenke 2002b: 391).

Aus diesen knappen Beobachtungen lässt sich folgendes schließen:

1. Neben Sprache als zentralem Code scheinen Bilder bei der Rezeption und Aneignung eine gewisse Rolle zu spielen und zwar dann, wenn semantische Aspekte (z. B. Auftreten von Politikern) relevant werden. Das Zeichensystem Ton wird in keinen der angeführten Studien erwähnt, weshalb hier eine Korrelation mit den quantitativen Erhebungen von Maurer/Reinemann (in diesem

Band: 331) vorliegt: „Alles in allem spricht hier nichts für eine überlegene Wirkung nonverbaler Kommunikation. Vielmehr kommen wirkungsstarke Elemente nonverbaler Kommunikation in TV-Duellen nicht nur seltener vor als wirkungsstarke Elemente verbaler Kommunikation, sie haben auch deutlich geringere, bestenfalls unterstützende Wirkungen."

2. Obwohl nicht unter dem Konzept der Multimodalität – was forschungsgeschichtlich erklärbar ist – gefasst, beziehen sich die Erkenntnisse zur Visualität auf die Mikroebene der Multimodalität (vgl. 3.1), da intracodale Aspekte der Modalität Bild beschrieben werden. Transkriptive Prozesse der Mesoebene fehlen dabei ebenso wie multimodale Prozesse auf der Makroebene.

Neben fehlender Bezugnahme auf das Konzept ‚Multimodalität' lassen sich aus bisherigen Untersuchungen auch keine Rückschlüsse auf das spezifische methodische Vorgehen schließen. Von daher soll im folgenden Abschnitt ein theoretisch-methodischer Ansatz diskutiert werden, der sich mit der interaktiven Rezeption von Multimodalität beschäftigt.

3.3 Rezeption von Multimodalität als Interaktion

Bucher (2011a, b) plädiert dafür, die Rezeption von Multimodalität handlungstheoretisch als Interaktionsprozess[5] des Rezipienten mit dem Kommunikat zu begreifen. Danach erfolgt Verstehen dynamisch, indem der Rezipient in einer Art hermeneutischem Zirkel sein Wissen durch die Bezugnahme auf bereits vorhandenes Wissen schrittweise erweitert, um so zu einem holistischen Gesamtverständnis zu gelangen: „Multimodales Verstehen ist *reziprok*, insofern die einzelnen Elemente nicht isoliert, sondern im Zusammenhang anderer Elemente gedeutet werden; und es ist *rekursiv*, insofern die Deutungen permanent weiterverarbeitet und modifiziert werden, bis ein befriedigendes Verständnis erzielt

---

[5] Bucher (2011a: 145–151) grenzt sich mit der Interaktionstheorie explizit von dem Transkriptivitätskonzept Hollys ab, indem er durch die Fokussierung der Sprachbenutzer einen anderen Blickwinkel wählt. Letztlich stellt die von ihm postulierte pragmatische Implikatur aber nichts anderes dar als die kommunikatorientierte durch Transkriptivität hervorgebrachte neue oder modifizierte Bedeutung. Schließlich beruht der Prozess der Transkriptivität ebenfalls darauf, dass der Rezipient die im Kommunikat angelegten Modalitätsverschränkungen kognitiv sinnvoll vollzieht, also mit dem Kommunikat interagiert.

ist." (Bucher 2011b: 145, Hervorhebung im Original). Zum Befund interaktionstheoretischer Rezeption von Multimodalität gehört zudem, dass diese sowohl top-down als auch bottom-up erfolgen kann, indem Rezipienten einerseits interessen- und zielgeleitet bestimmte Aspekte des Kommunikats selektieren, andererseits aber auch durch saliente visuelle Elemente innerhalb des Kommunikats in ihrer Wahrnehmung und ihrem Verstehen gesteuert werden. Der Nachweis gelingt über ein mehrmethodisches Verfahren, das Blickaufzeichnungsdaten als quantitativer Ansatz mit qualitativen Methoden des Lauten Denkens, der Nacherzählung sowie des Behaltenstests kombiniert mit dem Ziel, in arrangierten Laborsettings verschiedene „Rezeptionsszenarien" (Bucher 2011b: 118) durchzuspielen.

Die verschiedenen Methoden zeigen, dass sich dieser Ansatz zur Analyse der Rezeption von Multimodalität nahtlos in die Reihe der unter 2. diskutierten kombinatorischen Verfahren einfügt. Zwar lässt sich durch die unterschiedlichen Rezeptionsszenarien die Rezeption kontrollieren und es können relativ umfangreiche individuumsbezogene Daten erhoben werden, allerdings auf Kosten der Authentizität und Gruppendynamik:

Mit Blickaufzeichnungsverfahren erhält man freilich ein Indiz über den Rezeptionsverlauf und den Prozess der Fokussierung bestimmter Elemente im Kommunikat, aber keine direkten Hinweise auf deren Verstehen: „Zu wissen, wohin jemand schaut, bedeutet nicht, auch zu wissen, was er sieht." (Bucher 2011b: 127).

Das Laute Denken ist geeignet, um introspektive Denkprozesse zu verbalisieren, jedoch ist zu berücksichtigen, dass sich die Probanden an den „Interviewererwartungen" (Bilandzic 2005: 365) orientieren und so durch die Beeinflussung der Interviewsituation zur Selektion tendieren können.

Diesem Dilemma sehen sich auch Nacherzählungen und Behaltenstests ausgesetzt, hinzu kommt, dass diese Ex-post-Verfahren zu einer „Idealisierung der eigenen Rezeptionspraxis, zu mehr oder minder bewussten (Selbst-)Täuschung über das eigene Fernsehverhalten" (Klemm 2000: 122) führen können.

Zusammenfassend bleibt festzuhalten, dass dieser speziell die Rezeption von Multimodalität fokussierende Ansatz die Vor- und Nachteile allgemeiner kombinatorischer Ansätze weitgehend reproduziert. Eine umfassende quantitative und qualitative auf sprachlich-kommunikative Prozesse bezogene Untersuchung der Aneignung von Multimodalität in authentischen Rezeptionssituationen ermöglicht er indes nicht bzw. nur äußerst eingeschränkt. Im nächsten Abschnitt soll diskutiert werden, inwiefern die Etablierung des sog. Social TV einen solchen theoretisch-methodischen Rahmen bereitstellt.

3.4 Aneignung von Multimodalität im Social TV

In den letzten zehn Jahren haben sich die Fernsehgewohnheiten der Menschen spürbar verändert. Dies hängt zum einen mit der zunehmenden Differenzierung und Individualisierung des Fernsehangebots zusammen, andererseits aber auch mit der rasant vorangeschrittenen technologischen Entwicklung, die neue Möglichkeiten des Fernsehens bereitgestellt hat. Die Situation, dass das Medium Fernsehen (und einzelne Sendungen) als Lagerfeuer die durative und lokale gemeinschaftliche Rezeption im heimischen Wohnzimmer ermöglichte, wurde weitgehend abgelöst durch die individuelle (und individualisierte), oft sehr temporäre und dislokale Rezeption. Indem heute die portablen Medien wie z. B. Notebooks, I-Pads, Smartphones etc. auch als TV genutzt werden können, entstand crossmedial mit dem sog. Second Screen auch ein Potential zur portablen Fernsehrezeption. Welche Konsequenzen bringt das nun für die Erforschung der Fernsehrezeption und -aneignung mit sich? Die naheliegende Vermutung, dass gruppenbezogene fernsehbegleitende Kommunikation dadurch methodisch schwerer oder gar nicht mehr fassbar wäre, darf nicht zu dem Umkehrschluss führen, dass sie nicht mehr relevant sei. Sie findet heute nur weniger im Wohnzimmer als über andere Kanäle statt, wie z. B. über die sozialen Netzwerke Twitter und Facebook.

Diese zeichnen sich vor allem dadurch aus, dass die User über die Bindung von Followern „eigene persönliche Öffentlichkeiten schaffen" (Schmidt 2013: 26). Handlungstheoretisch wird diese persönliche Öffentlichkeit zum einen durch die Selbstpräsentation der User konstituiert, was sich etwa in der individuellen Relevanzsetzung dessen äußert, was Interesse und Erwartung der eigenen Follower anbelangt. Zum anderen ist der interaktive Charakter sozialer Netzwerke zu nennen, der Usern die Möglichkeit des interaktiven Austauschs mit Followern und anderen Nutzern eröffnet.

Für die Nutzung sozialer Netzwerke ergibt sich daraus die Konsequenz, dass nahezu sämtliche Themen und Anlässe aus dem Alltag der User zu jeder Zeit und an jedem Ort relevant gesetzt und interaktiv verhandelt werden können. Geradezu symptomatisch zeigt sich dies in Tweets und Postings, die während der Fernsehrezeption abgesetzt werden und auf einzelne Sendungen bezogen sind, so dass sich quasi-synchron, also fast zeitgleich zum Verlauf der Sendung, die individuelle als auch gruppenbezogene Fernsehaneignung im Social TV verfolgen lässt.

Social TV umfasst dabei Theorie, Methode und eine sich gerade herausbildende Forschungsrichtung zur crossmedialen Fernsehaneignung, für die charakteristisch ist, dass sie von den Nutzern selbst ausgehend, also bottom-up, entsteht und damit authentisches öffentliches Sprachmaterial und authentische öffentliche Kommunikation bereitstellt (vgl. Buschow et al. 2013a, b; Busemann 2013; Klemm/Michel 2014b).

Damit ergeben sich auch unterschiedliche Ausprägungen des Social TV und analytische Herangehensweisen (vgl. Klemm/Michel 2014b: 5–6):

1. Sie können nach **Anlässen** differenziert werden und reichen von spontanen vereinzelten Kommentierungen von Sendungen, über fest ritualisierte, zeitliche Vergemeinschaftungen bis hin zu – meist von Fernsehsendern – arrangierten „Events".

2. Sie können nach **Themen**, **Sendungen** und **Formaten** voneinander abgegrenzt werden: Serien, *Tatort*, Fernsehfilm, Spiel- und Quizshow, Sport, Nachrichten, *Tagesschau*, Polit-Talkshow, Dokumentation, *Hart aber fair*, Lifestyle, Politik, Werbung etc.

Zwischen diesen beiden Kategorien kommt es zu zahlreichen Überschneidungen und es lassen sich alle möglichen Kombinationen denken: So ist für das Social TV rund um den *Tatort* als Serie charakteristisch, dass sich einerseits eine fest ritualisierte Vergemeinschaftung, etwa bei Twitter, herausgebildet hat, diese aber zudem von der ARD und anderen Medien durch Aufrufe zum begleitenden Twittern forciert wird.

Die wissenschaftliche Beschäftigung mit der Fernsehaneignung im Social TV befindet sich gerade erst am Anfang. Hier zeichnet sich schon jetzt ein fruchtbares und gewinnbringendes Forschungsgebiet ab, das gerade im Handlungsfeld Politik[6] zu wichtigen Erkenntnissen führen kann, da sich riesige Datenmengen („Big Data")[7] quantitativ, z. B. mithilfe sogenannter Analysetools, auswerten und mit qualitativen medienlinguistischen Methoden korrelieren lassen (vgl. Klemm/Michel 2013, 2014c).

Für die Erforschung der Aneignung von Multimodalität eröffnen sich dadurch neue Perspektiven[8], da – im Vergleich zu rezeptionsorientierten Interaktionsansätzen (vgl. 3.3) – die Möglichkeit gegeben ist, die individuelle und gruppenbezogene sprachlich-kommunikative Aneignung von Multimodalität quantitativ und qualitativ in authentischen Rezeptionssituationen zu untersuchen. Dies soll im Folgenden am Beispiel zweier Teilkorpora, die sich auf unterschiedliche Polit-Talkshows beziehen, veranschaulicht werden.

4. Fallanalysen zur Aneignung multimodaler Aspekte von Polit-Talkshows im Social TV

4.1 Beschreibung der Korpora

Im Zentrum der Untersuchung stehen Tweets, die sich auf einzelne Sendungen unterschiedlicher Polit-Talkshows beziehen. Die Eigenschaft von Twitter, stärker noch als Facebook eine quasi-synchrone, empraktische Kommunikation[9] zu ermöglichen, machen Tweets zu geeigneten Kommunikationsformen, um Aneignungsprozesse zu erfassen (vgl. Klemm/Michel 2014b: 12–14).

Das Gesamtkorpus lässt sich in zwei Teilkorpora unterteilen: 1. „Niebel-Korpus" und 2. „Bahr-Korpus". Das „Niebel-Korpus" besteht aus insgesamt 881 Tweets (inklusive Retweets), die vor, während und nach der Sendung *Anne Will*

---

[6] Zu kommunikatbezogenen Analysen von Twitter als politischer Onlinekommunikation vgl. den Forschungsüberblick in Klemm/Michel (2014b: 8).
[7] Beispielsweise hat das TV-Duell zwischen Angela Merkel und Peer Steinbrück im Bundestagswahlkampf 2013 mehr als 170.000 Tweets mit dem Hashtag #Tvduell hervorgebracht – eine Datenmenge, die bei weitem das übersteigt, was traditionelle quantitative Erhebungen bisher leisten konnten.
[8] Zu den Grenzen dieses Ansatzes vgl. Klemm/Michel (2014b: 30).
[9] Hier zeigt sich sehr deutlich, dass nicht nur die fernsehbegleitende Kommunikation empraktisch verläuft sondern auch bestimmte Mediendispositive wie z. B. Twitter (und damit auch Medien wie Handy, Notebook in Bezug auf das Fernsehen) eine empraktische Funktion haben können.

am 28.11.2010 mit dem Thema „Wirbel um Wikileaks-Enthüllung – peinliches Zeugnis für Schwarz-Gelb?" zu dem Stichwort *Niebel* abgesetzt wurden. Wie an anderer Stelle gezeigt wird, bietet sich der ehemalige Politiker Dirk Niebel, der in der Sendung als FDP-Entwicklungshilfeminister und Betroffener der Wikileaks-Enthüllungen die Bundesregierung vertrat, aus verschiedenen Gründen für eine solche Aneignungsstudie an (vgl. Klemm/Michel 2013: 116–118).

Das „Bahr-Korpus" umfasst dagegen lediglich 44 Tweets, die am 20.01.2013 während der Sendung *Günther Jauch* mit dem Thema „Nach der Wahl – was wird aus Steinbrück und Rösler" zu dem Suchbegriff *Bahr* getwittert wurden. Interessant und für die Untersuchung relevant ist das Auftreten des damaligen Gesundheitsminister der FDP, Daniel Bahr, weil er in der Sendung durch das Tragen von lila Socken auffiel, die nicht nur deutlich optisch hervorstachen, sondern auch vom Moderator Günther Jauch sowie ihm selbst gegen Ende der Sendung thematisiert wurden.[10] Damit ergibt sich die Frage, ob saliente (Sub-) Codes im Kommunikat (in diesem Fall die Semantik des Bilds) auch Auswirkungen auf die Aneignung haben.

Somit lassen sich die Teilkorpora auf zwei Ebenen charakterisieren:

1. Erfasst wird mit den vorliegenden Korpora also nicht die Aneignung der gesamten Sendungen, sondern symptomatisch ein Teilausschnitt der formatdefinierenden Komponenten, nämlich die Aneignung eines Protagonisten, in diesem Fall eines Politikers.[11]

2. Rezeptionstheoretisch legen beide Sendungen zwei unterschiedliche Selektionsoptionen nahe: Während die Sendung *Anne Will* („Niebel-Korpus") den „unmarkierten" Fall repräsentiert, kann die Sendung *Günther Jauch* („Bahr-Korpus") dagegen als markierter Fall gelten, so dass auch hier Indizien so-

---

[10] Dies führte zu zahlreichen medialen Berichterstattungen, z. B.: „Lila Socken im Dschungelcamp" (*Der Tagesspiegel*, 20.01.2013), „Über lustige Kleidungsstücke" (*Zeit*, 31.01. 2013), „Nichts als lila Socken" (*Frankfurter Rundschau*, 21.01.2013), „Daniel Bahr und das Geheimnis seiner lila Socken" (*BILD*, 21.01.2013).
[11] Dies knüpft somit an der Erkenntnis bisheriger Untersuchungen zur Rezeption und Aneignung audiovisueller multimodaler Politik an, da diese – wie bereits herausgestellt (vgl. 3.2) – (audio-)visuelle Politik hauptsächlich mit (audio-)visuellen Politikern in Verbindung bringen. Eine holistische Analyse müsste indes alle Teilkomponenten der unterschiedlichen Ebenen von Polit-Talkshows (vgl. Girnth/Michel in diesem Band) berücksichtigen.

wohl für die Schema- als auch für die Salienztheorie vorliegen (vgl. Bucher 2011a: 142–143).

Methodisch erfolgt eine Korrelation qualitativer Methoden mit quantitativen Beobachtungen dahingehend, dass die Gesamtzahl der Tweets je Politiker herangezogen und als Tokenfrequenz bezüglich der multimodalen Kommunikation klassifiziert wird.[12] Die qualitative Analyse knüpft an der Forschung fernsehbegleitenden Sprechens an und analysiert Tweets strukturell, hinsichtlich der Bezugnahme auf die verschiedenen (Sub-)Modalitäten, also die Themen, sowie die spezifischen Aneignungshandlungen (vgl. Klemm 2000).

4.2 Ergebnisse

4.2.1 Korpus 1 („Niebel-Korpus"):

1. Strukturelle Analyse

Die Kommunikationsform Tweet eignet sich aufgrund ihrer Beschränkung auf 140 Zeichen insbesondere für kurze Kommentierungen, Mitteilungen und Reaktionen. Gleichzeitig verlangt dieser Zwang zur Kürze den Nutzern ein sprachlich-stilistisches kreatives Potential im Dienste der Aufmerksamkeitsgenerierung ab. Jedoch gibt es – aus linguistischer Sicht – nicht **den** einen Tweet. Es lässt sich – ähnlich wie bei Sprache generell – das gesamte Spektrum zwischen konzeptioneller Mündlichkeit und Schriftlichkeit ausmachen, je nach Intention der Produzenten und je nach Adressierung. Tweets, die an die eigenen Follower, das eigene „Diskursuniversum" gerichtet sind, unterscheiden sich demnach von solchen, die an einzelne Person adressiert werden. Damit bildet Twitter das ganze Kontinuum zwischen privater (etwa durch @-Operator realisierbar), semi-öffentlicher (Follower), aber auch öffentlicher Kommunikation (z. B. Verschlagwortung und dadurch öffentliche Auffindbarkeit von Wörtern und Begriffen

---

[12] Um den Umfang (brutto) der Datenmengen zu demonstrieren, wird die Tokenfrequenz der Typenfrequenz hier vorgezogen. Das heißt, dass alle Retweets mitgezählt und nicht als Realisierung eines Types separat (aus-)gewertet werden. Gleichwohl stellt diese Kombination und Gegenüberstellung eine interessante Aufgabe künftiger Forschungen dar, ebenso wie Korrelationen statistischer „Peaks" mit qualitativen Ergebnissen, was hier aufgrund des überschaubaren, einzelne Parameter fokussierenden Korpus nicht geleistet werden kann.

durch Hashtags) bei grundsätzlich veröffentlichter Kommunikation ab.[13]

Strukturelle Parallelen sowie Unterschiede zwischen der Fernsehaneignung im Wohnzimmer und im Social TV liegen bei folgenden Phänomenen vor (vgl. auch Klemm/Michel 2014a: 18–21):

– Freistehende Äußerungen / Häppchenkommunikation

Typisch für fernsehbegleitende Kommunikation sind einzelne, knappe Äußerungen, die oft flüchtig, abgegrenzt und isoliert einen (thematischen) Sachverhalt umfassen:

> @Sozial49: Einen Niebel braucht es wirklich nicht und Westerwelle wird nie erwachsen. Peinlich peinlich!!![14]

Dieses Beispiel zeigt, dass Äußerungen als „Kommunikationshäppchen" (vgl. Baldauf/Klemm 1997) weder auf andere Äußerungen Bezug nehmen, noch Folgeäußerungen implizieren müssen.

– Blurtings

Blurtings umfassen spontane, expressive, meist sehr kurze Äußerungen (Interjektionen), die Rückschlüsse auf Emotionen und die Gefühlswelt der Zuschauer erlauben:

> @ChrMll: Boah, dieser Niebel!!! #annewill
>
> @Beichstaedt: @ufomedia pff, der Niebel…

Im Unterschied zum analogen fernsehbegleitenden Sprechen erfordern Blurtings in diesen Fällen fehlender visueller und räumlicher Kopräsenz der Interaktanten eine stärkere kontextuelle Einbettung und Markierung, um verständlich zu sein (vgl. Klemm/Michel 2014a: 19–29). Im ersten Beispiel dient der Hashtag *#annewill* der Spezifizierung des Referenzbezugs, d. h. die Interjektion wird situationell gerahmt.

---

[13] Somit ist auch die private Kommunikation über Twitter (Direct Messages ausgenommen) veröffentlicht, also potentiell von allen lesbar. Dieser Veröffentlichungscharakter der Kommunikation ist ein wesentlicher Unterschied zur Kommunikation im Wohnzimmer.

[14] Alle Tweets werden in ihrer ursprünglichen Form, also auch mit etwaigen sprachlichen Fehlern, wiedergegeben.

- Pseudokommunikative Sprachhandlungen (soziale Parainteraktion)

@Codeispoetry: Lieber Dirk Niebel: Nicht die Regierung erlässt Gesetze, sondern das Parlament. #kopfschüttel #annewill

torschtl: Ja Niebel, ich hoff dann auch ma, dass sie gegen VDS sind?! #annewill

In beiden Beispielen adressieren die User ihren Tweet an Dirk Niebel persönlich, jedoch in unterschiedlichem Höflichkeitsmodus: Im ersten Beispiel höflich, was durch die Anredeformel deutlich wird, im zweiten Fall eher respektlos, nur durch Nennung des Nachnamens. Im Unterschied zur sozialen Parainteraktion im Wohnzimmer besteht bei Twitter jedoch die potentielle Möglichkeit der nachträglichen Auffindbarkeit durch den Adressaten: Obwohl Dirk Niebel keinen eigenen Twitteraccount besaß, bestand die Möglichkeit, dass Mitarbeiter oder er selbst die sozialen Netzwerke nach solchen Tweets durchsuchten (vgl. Klemm/Michel 2014b: 20). Funktional gilt indes auch in den sozialen Netzwerken: Wenn nicht explizit operationell adressiert, bleibt der angesprochene Politiker der sekundäre Adressat, d. h. die Interaktion ist prinzipiell einseitig und monodirektional, eher für die eigenen Follower als primäre Adressaten gedacht.

2. Thematische und funktionale Analyse – Multimodale Bezugnahmen

Betrachtet man alleine die quantitative Verteilung auf die verschiedenen Modalitäten, fällt auf, dass die überwiegende Mehrheit aller Tweets das Zeichensystem Sprache betreffen. Dabei sind es nur wenige Tweets, die die Ebene der Phonologie und Lexik fokussieren:

@neapel: Dirk Niebel klingt, als müsste er dringend mal rülpsen #annewill

@danieltubies: Der Niebel hat „nach-recherchieren" gesagt. Haha! #annewill

@FlowFXx: Niebel nennt virale Verbreitung „metastasieren". Ist das reverse newspeak? #annewill

Im ersten Beispiel nimmt der User Bezug auf die Stimmlage, in den anderen beiden Fällen auf eine bestimmte lexikalische Wortwahl Niebels, jeweils auf ironisch-spöttische Weise.

Neben diesen Randerscheinungen sind es insbesondere semantische, also inhaltliche Aspekte, die in den Tweets auftauchen. Dabei wird das gesamte Spektrum an politisch-relevanten Themen, insbesondere hinsichtlich des Themas der

Sendung, abgedeckt (vgl. hierzu ausführlich Klemm/Michel 2013: 118–129):

> @Glamypunk: Dirk Niebel hält den Iran für ein freies Land, bei Anne Will meinte er, Wikileaks-Enthüllungen seien nur in freien Ländern möglich. #FDP
>
> @aerow_arts: Bleibt mal cool, man kann vom Niebel doch nicht erwarten, dass er weiß, wie Demokratie wirklich funktioniert. #annewill

Im ersten Beispiel greift der User Glamypunk Niebels Äußerungen zu den Wikileaks-Enthüllungen auf und deutet die Proposition der Äußerung um. Hier, wie im zweiten Beispiel, lässt sich die inszenierte intellektuelle Überlegenheit der User durch semantische Inkongruenzen erklären: *Iran – freies Land, Niebel – Demokratie*. Gerade letzteres ist intertextuell nur zu verstehen, wenn man den Umstand, dass Niebel das Entwicklungshilfeministerium wegrationalisieren wollte, als undemokratischen Akt auffasst[15].

Intertextualität spielt insbesondere auch auf pragmatischer, text- und diskurslinguistischer Ebene eine bedeutende Rolle:

> @Janjo: @KingJay Meiner Meinung nach waren nur US-Typ und der vom Tagesspiegel hörenswert. Kocks labert nur und Niebel widerspricht sich.
>
> @dingler_g4: Versucht Niebel gerade zu schleimen…? #annewill
>
> @gibro: Jetzt weiß ich auch, warum Niebel als schräge Wahl von US Diplomanten gelabelt wurde #annewill

Das erste Beispiel mit Direktadressierung an einen User kann ebenso wie das zweite Beispiel als metasprachlicher Versuch gewertet werden, zwei unterschiedliche Sprachhandlungen (SICH WIDERSPRECHEN, SICH EINSCHMEICHELN) zu identifizieren, je auf deutende und bewertende Art und Wiese. Das erste Beispiel demonstriert zudem, dass Fernsehzuschauer auch Bewertungen von Argumentations- und Rhetorikmuster als Grundlage für ihre eigenen Überzeugungen kommunizieren.

Das dritte Beispiel schließlich verweist auf die ausgeprägte Intertextualität, die einzelne Tweets als Diskurssplitter bzw. Diskursfragmente eines übergeordneten politischen Diskurses erscheinen lassen. Dass die Bezeichnung „*schräge Wahl*" eine aus den Wikileaks-Enthüllungen hervorgegangene Aussage von US-

---

[15] Dies wurde in sämtlichen Tweets und Retweets in der Regel spöttisch-ironisch aufgegriffen und auf unterschiedliche Weise präsentiert.

Diplomanten über die Berufung Niebels als Minister darstellt, wird – da nicht als Zitat gekennzeichnet – nur unter Rekurs auf Diskurswissen zu Wikileaks und das aktuelle Thema der Sendung (*#annewill*)[16] deutlich. Gleichzeitig wird dadurch („*Jetzt weiß ich auch...*") eine Bewertung des Auftritts Niebels in eben dieser Sendung vorgenommen.

Merklich seltener wird in Tweets auf das Zeichensystem Bild Bezug genommen. Insgesamt 28 Tweets beschäftigen sich mit visuellen Aspekten, die semantische Eigenschaften des Bildes, also den Bildinhalt, betreffen. Fast ausnahmslos (27 von 28) wird dabei das äußere Erscheinungsbild des Politikers fokussiert, was sich wiederum in zwei Gruppen unterteilen lässt: 1. Kleidung und 2. Physiognomie:

> @Rincewind251964: oh hat der Niebel sich dei Krawtte bekleckert?
>
> @mainwasser: Ohne Mütze wirkt der Niebel irgendwie nackt. #annewill
>
> @Runkenstein: Hätte den Niebel fast nicht erkannt, so ohne Uniform. #annewill
>
> @oecommunity: herr niebel hat hochwasserhosen... #annewill

Während mit dem Bezug auf die Krawatte und die Hochwasserhosen zwei lokal-temporäre äußerlich-visuelle Aspekte thematisiert werden, liegen bei den anderen beiden Beispielen komplexere Fälle vor, die ebenfalls spezielles Diskurswissen erfordern: Man muss wissen, dass sich Niebel als Reserveoffizier auf Auslandsreisen gerne mit Reservistenuniform und/oder mit Reservistenmütze ablichten ließ, was oft zu medialen Berichterstattungen[17] führte. Alleine die Anwesenheit Niebels und seine „neutrale" Kleidung führen hier dazu, dass ein anderer Frame[18], nämlich der Niebels als Reservist, aktiviert und bei der Rezeption präsent ist.

---

[16] Und damit auch die Isotopieebene betrifft, da ein Zitat aufgegriffen wird, das vorher schon im Gespräch eingeführt wurde.

[17] So etwa auch, dass Niebel seine Mütze schließlich dem Haus der Geschichte in Bonn übergab.

[18] Ein ähnliches Phänomen liegt bei dem bereits erwähnten Beispiel vor, wenn bestimmte Aussagen Niebels den Frame ‚Abschaffung des Entwicklungshilfeministeriums' aktivieren, der so als kommunikative Ressource zur Verfügung steht.

Die physiognomischen Bezugnahmen lassen sich nochmals in 1. Mimik und 2. Körperumfang/-fülle unterscheiden:

> @drk815: Dem Niebel würd ich gerne ins Gesicht springen ... alleine schon für den überheblichen Blick den er permanent drauf hat
>
> @FriederK: Herr Niebel wirkt doch recht verkniffen. Besonders im linken Mundwinkel...

Mimik gehört zu den fundamentalen emotionsgesteuerten nonverbalen Verhaltensweisen, gerade in der Politik, die über Sympathie und Antipathie entscheiden (können). Nichts kann einem Politiker im Fernsehen mehr Antipathiepunkte verschaffen als eine entlarvende Nonverbalität, was das erste Beispiel auch drastisch zum Ausdruck bringt.

Während die Mimik prinzipiell kontrollierbar ist, also bewusst eingesetzt werden kann – was sich Politiker im Dienste der Inszenierung häufig zu Nutze machen – (vgl. Girnth/Michel 2007), lassen sich Reaktionen auf den Körperumfang bzw. die Körperfülle nicht unmittelbar steuern:

> @MoritzAdler: Irgendwie erinnert mich Dirk Niebel mehr und mehr an Mao Tse Tung. Also optisch: http://goo.gl/tg5tC
>
> @dwh1611: Dirk Niebel: „Ich bin zufrieden mit mir und meinem Körper, egal was die anderen sagen!"

In diesen und vielen anderen Beispielen, die sich nicht mehr mit der Sach- und Argumentationsebene beschäftigen, erfolgt ein gnadenloses Politiker-Bashing, welches in dem Korpus gerade für Dirk Niebel besonders deutlich und auf unterschiedlichen Ebenen vollzogen wird (vgl. Klemm/Michel 2013: 122–123). Dies geschieht in einem Lästermodus, der generell typisch für die vergnügliche Aneignung nonverbaler Eigenschaften von Personen ist (vgl. Klemm 2000: 209).

Der Ton, als dritter relevanter Code, spielt in dem Aneignungskorpus eine vergleichsweise bedeutungslose Rolle. Lediglich sechs Tweets befassen sich mit tonalen Aspekten, die fast alle den Applaus des Publikums, also den inhaltlich und funktionalen Subcode des Tons, betreffen:

> @Kraeuterzucker: #Niebel hat Jubelperser im Publikum. DAS ist „schräg".

Zwei Punkte lassen sich an dieser Stelle festhalten:

1. Die hierarchische Staffelung der drei Codes, die in der Forschung implizit immer wieder anklingt und von Maurer/Reinemann (in diesem Band) für quantitative Untersuchungen festgestellt wurde, lässt sich auch in diesem Korpus für die Mikroebene bestätigen. Demnach stehen sprachliche Aspekte im Zentrum der fernsehbegleitenden Twitterkommunikation, gefolgt von bildlichen und tonalen Aspekten am Ende.

2. Das letzte Beispiel auf Tonebene zeigt, dass manche Fälle im Grenzbereich zwischen Mikro- und Mesoebene angesiedelt sind, also die Transkriptivität von Zeichensystemen betreffen. Obgleich in dem konkreten Beispiel mit den „Jubelpersern" auf der tonalen Ebene der Fokus liegt, wird dadurch die sprachliche Ebene, die Äußerungen Niebels, doppelt transkribiert: einerseits als Zustimmung des Publikums, andererseits als „schräg" wahrgenommene Ablehnung des Users.

Solche Transkriptionsprozesse auf der Mesoebene finden sich – mal mehr, mal weniger explizit – vereinzelt in dem Korpus:

> @WaterkantRoyal: „Die deutsche sind ganz tolle Diplomaten" Dirk Niebel guckt als würde das auch für ihn gelten. #AnneWill

In diesem Beispiel transkribiert eine als Zitat gekennzeichnete Äußerung die Mimik als visuellen Subcode und liefert das Ergebnis dieses Prozesses, die neue Bedeutung, gleich mit, indem die Verbindung zwischen Sprache und Bild expliziert wird („...*als würde das auch für ihn gelten.*").

> @Zico1899: Der Zivilversager #Niebel , blamiert sich bis auf die Knochen. Wieviel hat der zugeleg, seitdem er „Minister" ist? 30-35 kg ? #FDP

Hier lässt sich der umgekehrte Fall beobachten, da ein visuelles Element, nämlich der Körperumfang, nachgeschoben wird, um die sprachliche Blamage zu transkribieren, also bildlich zu untermauern und zu verstärken.

> @felix_schmitt: Ex-US-Botschafter: deutsche Politiker sind klug und gut. Neben ihm sitzt Dirk Niebel.

Ein interessanter Fall von Bild-Sprach-Transkription liegt in diesem Beispiel vor, da die prozessual generierte neue Bedeutung implizit bleibt, also dadurch inferiert werden muss, indem die Sitzverteilung als inhaltliches Bildelement auf die Aussage des Botschafters bezogen wird. Visuelles und sprachliches bilden somit zwei semantische Gegensätze, wobei der Bildinhalt die Äußerung suspendieren soll, was letztlich wiederum nur durch Weltwissen über den Politiker Niebel möglich ist. Derartig komplexe Tweets, die einen gewissen kognitiven Aufwand für die Follower bedeuten, zeigen Parallelen zu Pointen in Witzen, die ebenfalls nur pragmatisch verständlich sind (vgl. Diekmannshenke/Reif 2010).

> @fraudiebels: Niebel wiederholt sich noch und noch – und das Publikum applaudiert – tzzz. #annewill # wikileaks

In diesem Fall transkribiert der inhaltlich-funktionale Subcode des Tons, nämlich zustimmender Applaus, die pragmatische Submodalität der Sprache. Die semantische Inkongruenz zwischen der Sprachhandlung des iterativen SICH WIEDERHOLENS und des zustimmenden Applaus muss hier allerdings nicht vollständig inferiert werden, da der User durch die Interjektion *tzzz* dies gleichsam als negativ und ablehnenswert markiert.

Die Makroebene, also multimodale Aspekte der ganzen Sendung, des Formats oder mit Bezug auf den Sender, wird dagegen ungleich seltener thematisiert[19]:

> @maecz: Das dachten sich wahrs. viele! RT @hubertus_heil: Was will Dirk Niebel uns eigentlich bei #Anne Will sagen? Schräge Wahl, schräge Sendung...

> @erdbeerbabys: Dieses #annewill ist wirklich lustig, erstaunlich, wie lebensnah die Parodisten mittlerweile Politiker wie den Niebel nachmachen können.

> @Lenny255: Geschäftsidee für die ARD: Während Niebel redet spontan Werbung einblenden. #annewill

Im ersten Beispiel transferiert SPD-Politiker Hubertus Heil die negative Bewertung der sprachlichen Performanz Niebels auf die ganze Sendung und übt somit Kritik („*schräge Wahl*") am Sender bzw. zumindest der zuständigen Redaktion von *Anne Will*. Hier wird also das Zeichensystem Sprache absolut gesetzt und zum Maßstab für Erfolg oder Misserfolg einer Sendung gemacht. Die affirmative Reaktion des Users maecz verdeutlicht, dass dies von anderen geteilt wird.

---

[19] Generell wird nicht selten auf die komplette Sendung Bezug genommen, allerdings meist metaphorisch-evaluativ im Sinne eines Wettkampes oder Wettstreits zwischen den Diskutanten.

Das zweite Beispiel greift einen Aspekt auf, der gelegentlich für einzelne Teilnehmer herausgestellt wird, nämlich die künstlerisch-satirische Parodie. Parodien, die auf eine überzogene Darstellung von als typisch geltenden verbalen und nonverbalen Eigenschaften beruhen, werden hier – freilich ironisch – als real aufgefasst, wodurch gleichzeitig Kritik an der audiovisuellen Inszenierung von Politikern geäußert wird.

Im dritten Beispiel unterbreitet der User Lenny255 dem Sender den lukrativen Vorschlag, die sprachliche Ebene des einen Formats durch ein audiovisuelles multimodales anderes Format (Werbung) zu ersetzen, zu transkribieren. Durch die Tatsache, dass ein von Zuschauern generell als negativ bewertetes Format (Werbung) die sprachliche Ebene („*während Niebel redet*") spontan ersetzt, würde diese gleichsam noch negativer konnotiert, was als neue Bedeutung das Ergebnis dieses Transkriptionsprozesses darstellt.

4.2.2 Korpus 2 („Bahr-Korpus")

Wie bereits erwähnt, unterscheidet sich das „Bahr-" von dem „Niebel-Korpus" dadurch, dass ein visuelles Element – die lila Farbe der Socken von Ex-Gesundheitsminister Bahr – als Focal Point gelten kann, das unterschiedlich – auch von Bahr selbst – sprachlich und visuell inszeniert wurde. Die Frage, die sich nun stellt, ist, ob dieser bewusst eingesetzte Aufmerksamkeitsmarker auch von den Rezipienten wahrgenommen und wie dadurch die Aneignung gesteuert wird.

Der erste Teilaspekt der Frage lässt sich rein quantitativ dadurch bejahen, dass von insgesamt 44 Tweets zu *Bahr* 18 auf Sprache und 19 auf das Zeichensystem Bild bezogen sind. Während also der Ton hier überhaupt keine Rolle spielt, dominiert – anders als beim „Niebel-Korpus" – der visuelle Aspekt gegenüber dem sprachlichen.

Tweets, die sich mit Sprache befassen, setzen meist auf der inhaltlichen Ebene an, indem sie inhaltlich brisante Äußerungen Bahrs zitieren oder paraphrasieren und kommentieren bzw. weiter- und umdeuten:

@greenclaudiam: Daniel Bahr bei #Jauch „der erfolgreiche Außenminister Westerwelle" hust #FDP

@tbenkel: Daniel Bahr: „FDP ist wie McDonalds und #Dschungelcamp." LOL – ich nehm alles zurück: der Mann kennt sich aus!

@funksoulbr: Daniel Bahr sieht FDP Wähler wie RTL Dschungelcamp Zuschauer. Braucht man eigentlich nicht mehr kommentieren :D

Das erste Beispiel versieht das Zitat Bahrs mit einer Interjektion, die Zweifel oder Skepsis an der Aussage signalisieren soll.[20] Ähnlich sieht es im zweiten Beispiel aus, der User nimmt jedoch mit *„ich nehm alles zurück"* offenbar intertextuell Bezug auf einen seiner vorherigen Tweets. Sein nachgeschobenes *„der Mann kennt sich aus"* lässt sich nur als ironische Kommentierung des zur Erfüllung dieser Ironie verkürzten Zitats „FDP ist wie McDonalds oder Dschungelcamp: Keiner gibt zu, dass er hingeht oder es guckt" verstehen. Hier wird deutlich: Inhaltliche Exaktheit geht zu Lasten einer satirischen, spöttischen und ironischen Aneignung, also einer gelungenen Pointe.

Auch im dritten Beispiel wird dieses auf Twitter viel kommentierte Zitat aufgegriffen, verkürzt und zudem inhaltlich umgedeutet: Die Verkürzung und Spezifizierung auf FDP-Wähler und Dschungelcamp-Zuschauer findet bei Bahr nicht statt, sie wird nachträglich vorgenommen. Obwohl der User funksoulbr eine Kommentierung dieses Zitats offenbar für überflüssig hält, vollzieht er sie letztlich schon qua Umdeutung. An diesen Beispielen zeigt sich sehr deutlich, wie kreativ, eigenwillig, gestalterisch und subversiv-widerständig Rezipienten mit dem Fernsehtext umgehen.

Die pragmatische Ebene der Sprache wird dagegen nur sehr vereinzelt thematisiert:

@yannicwilberg: Schon traurig, dass @danielbahr den Wahlerfolg noch verteidigen muss bei #Jauch (...) #FDP ist Wahlgewinner! #ltwnds

Die Sprachhandlung SICH/ETWAS VERTEIDIGEN wird in diesem Tweet kommentierend, zunächst bedauernd und anschließend exklamativ-verdeutlichend aufgegriffen.

Das Zeichensystem Bild lässt – das beweisen die Tweets – kaum Variation und Alternativen hinsichtlich des zu fokussierenden subcodalen Bereichs zu.

---

[20] Auch hier wird das Blurting – wie bereits zuvor erläutert – durch Hashtag und Zitat stark kontextualisiert, um die fehlende physische Kopräsenz zu kompensieren. Da sich die strukturellen Aspekte nicht von dem „Niebel-Korpus" unterscheiden, erfolgt in dieser Hinsicht keine separate Analyse.

Vielmehr greifen alle die lila Socken als den auf Kleidung bezogenen salienten inhaltlichen Aspekt auf:

@fraeulein_tessa: Oh. Daniel Bahr mit modischen Akzenten an den Knöcheln bei #Jauch.

@ViriVernon: Find ja die Socken von Daniel Bahr ziemlich mutig ... #Jauch

@sgerst: Daniel Bahr will sich wohl den liberalen Sockenliebhabern anschließen. Ein hervorragender Club. #Jauch

@de_mako: Sorry, aber die Socken von Daniel Bahr gehen gar nicht.

Die Tweets reichen von verwundert-erstaunter Kenntnisnahme in den ersten beiden Beispielen, über Spott und Frotzelei im dritten Fall, bis schließlich hin zu kompletter Ablehnung im letzten Beispiel.

Die negativen Bewertungen dominieren auch die Mesoebene:

@frikasch: .@larsik78: wenn die Socken von @DanielBahr doch nur das Schlimmste wären...#jauch

@dmhuebsch: Unglaublich: FDP-Daniel Bahr in lila Socke bei Jauch „Wir haben für soziale Ausgewogenheit gesorgt..."

Im ersten Tweet, der – vermutlich als Antwort – an einen anderen User gerichtet ist, verweist der User larsik78 implikativ darauf, dass die Socken von Daniel Bahr nicht das Schlimmste seien. Durch diese Implikatur, die gegen die Grice'sche Maxime der Quantität verstößt (vgl. Grice 1989), wird eine zweite Implikatur ausgelöst: Da nicht explizit gemacht wird, was offenbar noch schlimmer ist, muss der Adressat entweder intracodal (im Zeichensystem Ton) oder intercodal (in den anderen Zeichensystemen) danach suchen, indem er alle anderen Aspekte vor dem vergleichenden Hintergrund dieses visuellen Aspekts (Socken) bewertet.

Im zweiten Fall transkribiert der Bildcode den Sprachcode: Das Zitat Bahrs wird durch das Attribut „*in lila Socken*" zwar nicht inhaltlich-argumentativ, aber durch die visuelle Ebene in seiner Glaubwürdigkeit angezweifelt. Die neue Bedeutung könnte etwa lauten: ‚Wer lila Socken trägt, kann nicht glaubwürdig sein', was zuvor bereits durch das sprachlich eingeführte „*Unglaublich*" nahegelegt wird.

Die Makroebene wird in den folgenden Beispielen thematisiert:

@music_composer: und Gebärmutter's Bluse! RT @FlorianWeidmann: Die Socken von Daniel Bahr passen perfekt zu Jauchs Krawatte #jauch

@Aciro: Nein, denn er trägt ne lila Strumpfhose RT @Bashsalon: Erfahren Sie morgen im Fakten-Check, ob Daniel Bahr auch einen lila Schlüpfer trägt.

Im ersten Fall erfolgt eine intracodale Transkription auf der Sendungsebene, indem visuelle Aspekte der Teilnehmer zueinander in Bezug gesetzt werden: Die Kleidung soll ein optisch harmonisches Bild, das gleichsam ironisch von einem anderen User (von der Leyen als „Gebärmutter") aufgegriffen wird, signalisieren.

Im zweiten Beispiel werden Ironie und Witz dadurch erzeugt, dass der „Faktencheck" als konstitutives Element der Überprüfung sprachlicher Inhalte der Polit-Talkshow *Hart aber fair* hier gerade nicht auf die sprachliche, sondern auf die visuelle Ebene bezogen wird. Diese, die Spaßmodalität auslösende Inkongruenz wird vom User Aciro aufgegriffen und entsprechend weitergesponnen, was schließlich die komplette visuelle Inszenierung als belanglos einstuft und für gescheitert erklärt.

5. Fazit und Ausblick

Der Beitrag hat gezeigt, dass Social TV, also die fernsehbegleitende Kommunikation über soziale Netzwerke wie Twitter, aufschlussreiche Daten für die Erforschung der Aneignung von Multimodalität in Polit-Talkshows liefert. Durch die Kombination individueller mit gruppenbezogener Kommunikation in authentischen Rezeptionssituationen lassen sich so theoretisch-methodische Probleme und Defizite anderer Ansätze beheben.

Im empirischen Teil konnte schließlich folgendes veranschaulicht werden:

1. Im „unmarkierten" Fall rangiert die Sprachebene vor der Bild- und Tonebene. Zuschauer äußern sich deutlich häufiger über sprachliche Inhalte als über andere sprachliche Subcodes, ebenso deutlich häufiger über visuelle inhaltliche Aspekte, die auf das äußere Erscheinungsbild bezogen sind (Kleidung und Physiognomie), als über andere visuelle Subcodes. Der Ton findet nur in der Realisierung des Applauses Beachtung.

2. Im „markierten" Fall dominiert die Codeebene des aufmerksamkeitssteuernden salienten Elements die anderen Ebenen (in dem Beispiel die visuelle über die sprachliche Ebene). Die suggerierte Kontrollierbarkeit durch bewusste Inszenierung wird jedoch durch wider- und eigensinnige, eher spöttisch-witzelnde Aneignungshandlungen konterkariert (vgl. Fiske 1989).

3. Mehrheitlich fokussieren Tweets die Mikroebene der Multimodalität. Bezugnahmen auf die Meso- und Makroebene finden eher sporadisch statt, wobei diese in ihrer Komplexität und der erforderlichen kognitiven Dekodierleistung variieren können von expliziter Deutung von Transkriptionsprozessen bis hin zu impliziten Andeutungen.

4. Es lässt sich ein breites Spektrum an Aneignungshandlungen ausmachen, die sich tendenziell für die verschiedenen Codes unterscheiden: Sprachliche Aspekte werden eher deutend/interpretierend, visuelle Aspekte eher vergnüglich, ironisch und witzig angeeignet.

Zuschauer eignen sich Polit-Talkshows also nicht einheitlich und schon gar nicht vorhersagbar an. Genau hier aber kann angesetzt werden, um das gewaltige Datenpotenzial, das soziale Netzwerke bereitstellen, auszuwerten. So ließe sich in Echtzeit verfolgen, welche Themen oder Hashtags im Verlauf der Sendung quantitativ dominieren, bevor eine qualitative Auswertung erfolgt.

Neben weiteren Feinanalysen besonders im Hinblick auf die diskursive Funktion von Tweets und die pragmatischen Folgen, die sich aus dem Spannungsverhältnis zwischen semantischer Implizität und Explizität ergeben, sollten dabei zunehmend auch unterschiedliche Elemente der Interaktionsebene berücksichtigt werden. So können etwa häufig favorisierte und weitergeleitete Tweets als Kristallisationspunkte der Aneignung Rückschlüsse auf geteilte Einstellungen, Emotionen, Präferenzen oder Wertungen zulassen, die wiederum ein besseres Verständnis vom rezipierenden Zuschauer von Polit-Talkshows ermöglichen.

Literatur

Baldauf, Heike/Klemm, Michael (1997): „Häppchenkommunikation. Zur zeitlichen und thematischen Diskontinuität beim fernsehbegleitenden Sprechen", in: *Zeitschrift für Angewandte Linguistik* (ZfAL)/GAL-Bulletin 2/1997, 41–69.

Bilandzic, Helena (2005): „Lautes Denken", in: Mikos, Lothar/Wegener, Claudia (eds.): *Qualitative Medienforschung. Ein Handbuch*. Konstanz: UVK, 362–370.

Bucher, Hans-Jürgen (2011a): „Multimodales Verstehen oder Rezeption als Interaktion. Theoretische und empirische Grundlagen einer systematischen Analyse der Multimodalität", in: Diekmannshenke, Hajo/Klemm, Michael/Stöckl, Hartmut (eds.): *Bildlinguistik. Theorien – Methoden – Fallbeispiele*. Berlin: Erich Schmidt Verlag, 121–156 (= Philologische Studien und Quellen 228).

Bucher, Hans-Jürgen (2011b): „‚Man sieht, was man hört' oder: Multimodales Verstehen als interaktionale Aneignung. Eine Blickaufzeichnungsstudie zur audiovisuellen Rezeption", in: Schneider, Jan Georg/Stöckl, Hartmut (eds.): *Medientheorien und Multimodalität. Ein TV-Werbespot – Sieben methodische Beschreibungsansätze*. Köln: Herbert von Halem, 109–150.

Buschow, Christopher et al. (2013a): „Social TV in Deutschland – Rettet soziale Interaktion das lineare Fernsehen?". Online verfügbar: http://url9.de/RWW (letzter Zugriff: 25.01.2014).

Buschow, Christopher et al. (2013b): „Wer nutzt Social TV? – Die Nutzer als Treiber sozialer Interaktion mit Fernsehinhalten", in: *MedienWirtschaft* 10 (4), 48–57.

Busemann, Karin (2013): „Wer nutzt was im Social Web?", in: *Media Perspektiven* 7-8/2013, 391–399.

Diekmannshenke, Hajo (2002a): „Sprechen über Politik in den Medien. Linguistische Aspekte der Rezeption von politischer Kommunikation", in: Pohl, Inge (ed.): *Semantische Aspekte öffentlicher Kommunikation*. Frankfurt am Main et al.: Lang, 305–328.

Diekmannshenke, Hajo (2002b): „Unterhaltung contra Information? Zur Nutzung politischer Fernsehdiskussionen", in: Tenscher, Jens/Schicha, Christian (eds.): *Talk auf allen Kanälen. Angebote, Akteure und Nutzer von Fernsehgesprächssendungen*. Wiesbaden: Westdeutscher Verlag, 387–402.

Diekmannshenke, Hajo (2002c): „EDV-gestützte Verstehens- und Akzeptanzanalysen zum politischen Sprachgebrauch", in: Panagl, Oswald/Stürmer, Horst (eds.): *Politische Konzepte und verbale Strategien. Brisante Wörter- Begriffsfelder – Sprachbilder*. Frankfurt am Main et al.: Lang (= Sprache im Kontext 12), 129–148.

Diekmannshenke, Hajo/Reif, Monika (2010): „Humor: Semantik oder Pragmatik", in: Pohl, Inge (ed.): *Semantische Unbestimmtheit im Lexikon*. Frankfurt am Main et al.: Lang, 131–150 (= Sprache. System und Tätigkeit, 61).

Fiske, John (1989): *Understanding Popular Culture*. London: Unwin Hyman.

Girnth, Heiko/Michel Sascha (2007): „Von diskursiven Sprechhandlungen bis Studiodekorationen. Polit-Talkshows als multimodale Kommunikationsräume", in: *Der Sprachdienst* 3/2007, 85–99.

Grice, Paul (1989): „Logic and Conversation", in: Grice, Paul: *Studies in the Way of Words*. Cambridge: Harvard University Press, 22–40.

Holly, Werner (2009): „Der Wort-Bild-Reißverschluss. Über die performative Dynamik der audiovisuellen Transkriptivität", in: Feilke, Helmut/Linke, Angelika (eds.): *Oberfläche und Performanz*. Tübingen: Niemeyer, 389–406.

Holly, Werner (2010): „Besprochene Bilder – bebildertes Sprechen. Audiovisuelle Transkriptivität in Nachrichtenfilmen und Polit-Talkshows", in: Deppermann, Arnulf/Linke, Angelika (eds.): *Sprache intermedial: Stimme und Schrift, Bild und Ton*. Berlin/New York: de Gruyter, 359–382.

Holly, Werner (2012): „Transkriptiv kontrollgemindert: Automatismen und Sprach-Bild-Überschreibungen in Polit-Talkshows", in: Conradi, Tobias/Ecker, Gisela/Eke, Norbert Otto/Muhle, Florian (eds.): *Schemata und Praktiken*. München: Fink, 161–189.

Holly, Werner/Jäger, Ludwig (2011): „Transkriptionstheoretische Medienanalyse. Vom Anders-lesbar-Machen durch intermediale Bezugnahmepraktiken", in: Schneider, Jan Georg/Stöckl, Hartmut (eds.): *Medientheorien und Multimodalität*. Köln: Halem, 151–168.

Holly, Werner/Püschel, Ulrich/Bergmann, Jörg (eds.) (2001): *Der sprechende Zuschauer. Wie wir uns Fernsehen kommunikativ aneignen*. Wiesbaden: VS Verlag für Sozialwissenschaften.

Klemm, Michael (2000): *Zuschauerkommunikation. Formen und Funktionen der alltäglichen kommunikativen Fernsehaneignung*. Frankfurt am Main et al.: Lang.

Klemm, Michael (2001): „Nachrichten", in: Holly, Werner/Püschel, Ulrich/Bergmann, Jörg (eds.): *Der sprechende Zuschauer. Wie wir uns Fernsehen kommunikativ aneignen*. Opladen: Westdeutscher Verlag, 153-172.

Klemm, Michael (2007): „Die feinen Nadelstiche des Vergnügens. Fallstudien zur ‚widerständigen' Medienaneignung", in: Klemm, Michael/Jakobs, Eva Maria (eds.): *Das Vergnügen in und an den Medien. Interdisziplinäre Perspektiven*. Frankfurt am Main et al.: Lang, 249–270.

Klemm, Michael/Michel, Sascha (2013): „Der Bürger hat das Wort. Politiker im Spiegel von Userkommentaren in Twitter und Facebook", in: Diekmannshenke, Hajo/Niehr, Thomas (eds.): *Öffentliche Wörter. Analysen zum öffentlich-medialen Sprachgebrauch*. Stuttgart: ibidem, 113–136 (= Perspektiven Germanistischer Linguistik 9).

Klemm, Michael/Michel, Sascha (2014a): „Medienkulturlinguistik. Plädoyer für eine holistische Analyse von (multimodaler) Medienkommunikation", in: Benitt, Nora et al. (eds.): *Korpus – Kommunikation – Kultur: Ansätze und Konzepte einer kulturwissenschaftlichen Linguistik*. Trier: Wissenschaftlicher Verlag (WVT), 183–215 (= Giessen Contributions to the Study of Culture).

Klemm, Michael/Michel, Sascha (2014b): „Social TV und Politikaneignung. Wie Zuschauer die Inhalte politischer Diskussionssendungen via Twitter kommentieren", in: *Zeitschrift für Angewandte Linguistik* (ZfAL) 60, 1/2014, 3–35.

Klemm, Michael/Michel, Sascha (2014c): „Big Data – Big Problems? Zur Kombination qualitativer und quantitativer Methoden bei der Erforschung politischer Social-Media-Kommunikation", in: Ortner, Heike/Pfurtscheller, Daniel/Rizzolli, Michaela/Wiesinger, Andreas (eds.): *Datenflut und Informationskanäle*. Innsbruck: innsbruck university press, 83–98.

Klemm, Michael/Stöckl, Hartmut (2011): „‚Bildlinguistik' – Standortbestimmung, Überblick, Forschungsdesiderate", in: Diekmannshenke, Hajo/Klemm, Michael/Stöckl, Hartmut (eds.): *Bildlinguistik. Theorien – Methoden – Fallbeispiele*. Berlin: Erich Schmidt Verlag, 7–18 (= Philologische Studien und Quellen 228).

Koelsch, Stefan et al. (2004): „Music, language and meaning: brain signatures of semantic processing", in: *nature neuroscience*, volume 7, number 3, 302–307 [online unter: http://www-cogsci.ucsd.edu/~coulson/cogs179/koelsch-needle.pdf. Zuletzt aufgerufen am 25.09.2014].

Kress, Gunther/van Leeuwen, Theo (1996): *Reading images. The grammar of visual design*. London: Routledge.

Maurer, Marcus/Reinemann, Carsten (2003): *Schröder gegen Stoiber. Nutzung, Wahrnehmung und Wirkung der TV-Duelle*. Wiesbaden: Westdeutscher Verlag.

Maurer, Marcus/Reinemann, Carsten/Maier, Jürgen/Maier, Michaela (2007): *Schröder gegen Merkel. Wahrnehmung und Wirkung des TV-Duells 2005 im Ost-West-Vergleich.* Wiesbaden: VS.

Meier, Stefan (2011): „Multimodalität im Diskurs: Konzept und Methode einer multimodalen Diskursanalyse (multimodal discourse analysis)", in: Keller, Reiner/Hirseland, Andreas/ Schneider, Werner (eds.): *Handbuch Sozialwissenschaftliche Diskursanalyse 1, Theorien und Methoden*: Band 1, 3. Auflage, Wiesbaden: VS, 499–532.

Michel, Sascha/Girnth, Heiko (2009) (eds.): *Polit-Talkshows – Bühnen der Macht. Ein Blick hinter die Kulissen.* Bonn: Bouvier.

Schmidt, Jan-Hinrik (2013): *Social Media.* Wiesbaden: Springer VS (= Medienwissen kompakt).

Schmitz, Ulrich (2011): „Sehflächenforschung. Eine Einführung", in: Diekmannshenke, Hajo/Klemm, Michael/Stöckl, Hartmut (eds.): *Bildlinguistik. Theorien – Methoden – Fallbeispiele.* Berlin: Erich Schmidt Verlag, 23–42 (= Philologische Studien und Quellen 228).

MARCUS MAURER / CARSTEN REINEMANN

Verbale und nonverbale Kommunikation in TV-Duellen

1. Einleitung

Die Frage, ob verbale oder nonverbale Signale die Urteilsbildung über andere Menschen stärker prägen, gehört zu den ältesten Fragen der Wissenschaft. Sie wurde bereits in der antiken Rhetorik gestellt und beschäftigt bis heute so unterschiedliche Disziplinen wie die Philosophie, die Psychologie, die Hirnforschung oder die Kommunikationswissenschaft. Die praktische Kommunikationsberatung hat ihre Antwort auf diese Frage bereits gefunden: Demnach basiert die Urteilsbildung über andere Menschen zu 55 Prozent auf ihrer Körpersprache, zu 38 Prozent auf ihrer Stimme und nur zu 7 Prozent auf dem verbalen Kommunikationsinhalt – also dem, was eine Person sagt und wie sie es sagt. Diese Formel findet man nicht nur in unzähligen Rhetorik-Ratgebern (vgl. z. B. Gelb 1989), sondern beispielsweise auch in der praktischen Politikberatung (vgl. Kolbe 2000) und in Lehrbüchern zum Fernsehjournalismus (vgl. Prosser/Blaes 1997: 327). Immer dann, wenn es um persuasive Kommunikation geht, also darum, jemanden von etwas zu überzeugen oder zu etwas zu überreden, scheinen folglich nonverbale Signale eine deutlich größere Rolle für die Urteilsbildung zu spielen als verbale.

Die griffige Formel basiert auf zwei Experimenten, die der amerikanische Psychologe Albert Mehrabian in den 1960er Jahren durchgeführt und in renommierten wissenschaftlichen Fachzeitschriften veröffentlicht hat. Im ersten Experiment (Mehrabian/Wiener 1967) ging es darum, dass die Versuchspersonen anhand einzelner positiver und negativer Wörter (z. B. „thanks" oder „terrible"), die in unterschiedlichen Stimmlagen (freundlich, neutral, unfreundlich) auf ein Tonband gesprochen waren, die Stimmungen der Sprecher einschätzen sollten. Hierbei war der Tonfall für die Urteilsbildung der Probanden weit wichtiger als das gesagte Wort. Im zweiten Experiment (Mehrabian/Ferris 1967) ging es darum, die Wirkungen des Tonfalls mit denen der Körperhaltung der Sprecher zu vergleichen. Dazu wurden den Probanden Tonbandaufnahmen vorgespielt, auf denen Sprecher ein neutrales Wort („maybe") in unterschiedlichen Tonlagen sagten. Zugleich wurden ihnen Fotos der Sprecher in unterschiedlichen Körperhaltungen gezeigt. Hier wurde ihre Urteilsbildung vor allem von den auf dem Foto erkennbaren Körperhaltungen geprägt. In zwei zu Beginn der 1970er Jahre einflussreichen Lehrbüchern über nonverbale Kommunikation (Mehrabian 1971; 1972) verrechnete Mehrabian die Befunde beider Experimente so miteinander, dass die besagte Formel entstand. Zwar lassen sich die Experimente selbst, ihre Verrechnung und der Anspruch der Formel auf Allgemeingültigkeit aus vielerlei Gründen kritisieren (vgl. z. B. Oestreich 1999). Der Verbreitung der Formel in der Kommunikationspraxis hat dies jedoch bislang nicht geschadet.

Tatsächlich muss man davon ausgehen, dass die Wirkung verbaler und nonverbaler Informationen von einer Reihe von Randbedingungen abhängt. Eine der wichtigsten Randbedingungen dürfte die Menge und Qualität der verbal und nonverbal vermittelten Informationen sein. Es kommt mit anderen Worten darauf an, anhand welcher verbal oder nonverbal vermittelten Kriterien sich die Rezipienten Urteile bilden und wie häufig sie dazu Gelegenheit haben. Wir wollen diese Frage am Beispiel des Fernsehduells im Bundestagswahlkampf 2005 zwischen Gerhard Schröder und Angela Merkel beantworten. Dabei geht es uns sowohl um die verbal und nonverbal vermittelten Inhalte des Duells, als auch um deren Wirkungen.

2. Verbale und nonverbale Kommunikation als Quellen der Urteilsbildung über Personen

Unter „verbaler Kommunikation" versteht man die geschriebene und die gesprochene Sprache. Unter „nonverbaler Kommunikation" subsumiert man so verschiedene Phänomene wie die visuelle Kommunikation, die man wiederum in Körpersprache (Gestik, Mimik, Blickkontakt) und die äußere Erscheinung bzw. physische Attraktivität unterscheiden kann, sowie die Parasprache (Tonfrequenz, Sprechgeschwindigkeit, Akzent usw.), die Proxemik (Abstand zum Gesprächspartner), die Haptik (Berührungen) und die olfaktorische Wahrnehmung (Riechen) (vgl. z. B. Knapp/Hall 2001). Während für die Personenwahrnehmung anhand interpersonaler Kommunikation mehr oder weniger alle genannten Merkmale relevant sein können, spielen für die Urteilsbildung über Personen im Fernsehen vermutlich vor allem die gesprochene Sprache, die Körpersprache und die Parasprache eine Rolle – also genau jene Merkmale, die in Mehrabians Formel berücksichtigt sind.

Rezipienten verwenden die Körpersprache der Protagonisten als Indikator für deren momentane emotionale Verfassung und neigen dazu, diese spontanen Eindrücke zu generalisieren (implizite Persönlichkeitstheorie). So hält man beispielsweise Menschen, die während eines Gesprächs häufig lächeln, für grundsätzlich fröhlich und Menschen, die häufig mit den Augen blinzeln, für grundsätzlich unsicher (vgl. zusammenfassend Burgoon et al. 2002). Ähnlich verhält es sich mit der Parasprache: Personen, die etwas schneller sprechen als der Durchschnitt, werden eher für kompetent gehalten (vgl. z. B. Miller et al. 1976). Auch aus der Stimmfrequenz und der Betonung eines Sprechers schließen die Rezipienten intuitiv auf dessen Persönlichkeit. Welche Sprechweise den positivsten Eindruck hinterlässt, ist hier allerdings stark kontextabhängig (vgl. zusammenfassend Hosman 2002). Der Schluss von der Körper- und Parasprache auf die Persönlichkeit des Redners verlangt zwar eine gewisse Interpretationsleistung. Allerdings fallen die Interpretationen unterschiedlicher Rezipienten in einer gegebenen Situation und innerhalb einer bestimmten Gesellschaft relativ ähnlich aus (vgl. z. B. Scherer et al. 2001).

Die Urteilsbildung anhand verbaler Informationen erfolgt dagegen weniger intuitiv. Die Rezipienten schließen vielmehr anhand der vom Redner vertretenen Positionen oder verwendeten rhetorischen Stilmittel auf dessen Persönlichkeit. So hält man beispielsweise Redner für besonders sympathisch und kompetent, wenn sie eine ähnliche Position vertreten wie man selbst (vgl. zusammenfassend Byrne 1971). Zugleich werden sie für besonders glaubwürdig gehalten, wenn sie rhetorische Stilmittel wie z. B. Metaphern, Evidenzen oder emotionale Appelle verwenden (vgl. zusammenfassend Sopory/Dillard 2002; Reinard 1988). Die Urteilsbildung anhand verbaler Informationen verlangt folglich eine deutlich höhere kognitive Aktivität. Um beispielsweise einschätzen zu können, ob ein Redner dieselbe Position vertritt wie sie selbst, müssen sich die Rezipienten ihrer eigenen Einstellungen bewusst werden. Ihre Voreinstellungen werden folglich stärker aktiviert als bei der Verarbeitung nonverbaler Informationen.

Theoretisch begründen kann man dies mit verschiedenen Zwei-Prozess-Modellen der Informationsverarbeitung, beispielsweise dem Elaboration Likelihood Model (ELM, vgl. Petty/Cacioppo 1986). Das Modell unterscheidet zwei Wege der Informationsverarbeitung, die zentrale und die periphere Route. Welcher Weg gewählt wird, hängt unter anderem vom Involvement der Rezipienten ab: Hoch involvierte Rezipienten, also Personen mit großem Interesse, hoher Motivation und großer Aufmerksamkeit bei der Rezeption, verarbeiten Informationen auf der zentralen Route. Dabei achten sie vor allem auf die Stärke der präsentierten Argumente, also verbale Informationen. Gering involvierte Rezipienten achten dagegen vor allem auf periphere Reize, insbesondere visuelle Informationen. Deshalb sind Menschen bei geringem Involvement beispielsweise eher in der Lage, Lügner anhand ihres nonverbalen Verhaltens zu identifizieren (vgl. Miniard et al. 1991; Forrest/Feldman 2000).

Diese Unterschiede in der Wahrnehmung verschiedener Stimuli beeinflussen wiederum die längerfristige Urteilsbildung der Rezipienten: Bei der Informationsverarbeitung auf der peripheren Route spielen die bestehenden Voreinstellungen eine wesentlich geringere Rolle als bei der auf der zentralen Route. Zumindest kurzfristige Urteilsänderungen sind deutlich wahrscheinlicher. Nimmt man diese Erkenntnisse zusammen, kann man relativ gut erklären, unter welchen Kommunikationsbedingungen verbale oder nonverbale Signale eher wahrgenommen und verarbeitet werden. Dies sagt aber noch wenig über die tatsächlichen Ursachen der Urteilsbildung aus, solange unklar ist, ob die verbale und nonverbale Kommunikation jeweils überhaupt urteilsrelevante Informationen enthalten.

3. Der Informationsgehalt verbaler und visueller Kommunikation

Wir haben bereits eingangs deutlich gemacht, dass die Wirkung verbaler und visueller Kommunikation vermutlich in erheblichem Maße von ihrem jeweiligen Informationsgehalt abhängt. Sowohl rhetorische Strategien, als auch Gestik und Mimik können nur dann wirken, wenn sie angewendet werden. Gegen den Vergleich der Wirkungen verbaler und visueller Informationen ist deshalb bereits früh eingewendet worden, dass beide nicht vergleichbar sind, weil sie einen unterschiedlichen Informationsgehalt aufweisen (vgl. Lasswell 1942). So besteht ein häufig geäußertes Argument für die Überlegenheit visueller Kommunikation bei der Urteilsbildung über andere Personen darin, dass man visuell ununterbrochen kommuniziere, während man dies verbal nicht tue (vgl. z. B. Molcho 1983). Dies setzt jedoch voraus, dass jedes Element nonverbaler Kommunikation einen messbaren Einfluss auf die Urteilsbildung der Rezipienten hat. Dem stehen allerdings Erkenntnisse entgegen, die dafür sprechen, dass zumindest im Fernsehen die für die Urteilsbildung relevanten Informationen überwiegend verbal vermittelt werden. So zeigt Staab (1998), dass die Masse der Informationen in Fernsehnachrichtenbeiträgen im Text vermittelt werden. Den Bildern kommt dabei allenfalls eine unterstützende Funktion zu. Andere Studien zeigen, dass dies auch für die Darstellung von Politikern gilt: Die Eindrücke von Persönlichkeitseigenschaften und vor allem von Sachkompetenzen der Politiker werden im Fernsehen überwiegend verbal vermittelt (vgl. Maurer/Kepplinger 2003). Die genannten Untersuchungen sagen allerdings nichts über die Verwendung und Wahrnehmung einzelner verbaler oder nonverbaler Kommunikationsmittel aus. Der Informationsgehalt verbaler und nonverbaler Kommunikation ist im Detail bislang kaum untersucht worden. Wir wollen dies im vorliegenden Beitrag anhand des Auftretens der Kandidaten in TV-Duellen nachholen.

4. TV-Duelle als persuasive Kommunikation: Bedeutung und Wirkung

Die TV-Duelle zwischen den Kanzlerkandidaten sind seit dem Bundestagswahlkampf 2002 fraglos eines der zentralen Wahlkampfereignisse. Das Duell zwischen Gerhard Schröder und Angela Merkel 2005 haben mehr als 20 Millionen Menschen am Fernseher verfolgt. Keine andere Informationssendung im Wahlkampf hatte auch nur annähernd eine vergleichbare Reichweite. TV-Duelle erreichen folglich auch politisch weniger Interessierte, die Informationssendungen sonst meiden. Aus der Sicht der Kandidaten besteht der große Vorteil solcher Duelle darin, dass sie ihre bisherigen Leistungen und zukünftigen Pläne direkt und ungefiltert an eine große Zahl von eigenen Anhängern, aber auch Gegnern und Unentschiedenen kommunizieren können. Dabei steht ihnen deutlich mehr Zeit zur Verfügung als sonst im Fernsehen üblich (vgl. Maurer et al. 2007: 7ff.).

Diese Besonderheiten haben dazu geführt, dass TV-Duellen eine ungewöhnlich große Bedeutung für den Meinungsbildungsprozess in Wahlkämpfen zugeschrieben wird. In vielen empirischen Studien hat sich beispielsweise gezeigt, dass TV-Duelle das Wissen über wahlrelevante Fakten und die Vorstellungen von der Wichtigkeit politischer Probleme beeinflussen, die Meinungen über die Kandidaten und Parteien sowie die Urteilskriterien der Wähler verändern (Personalisierung und Priming) und die Wahlabsichten der Zuschauer prägen (vgl. zusammenfassend McKinney/Carlin 2004; Maurer et al. 2007). TV-Duelle sind folglich aus Sicht der Politiker ein ideales Instrument der politischen Persuasion und aus Sicht der Wissenschaft ein idealer Untersuchungsgegenstand, wenn es um die Bedeutung verbaler und nonverbaler Kommunikation im Persuasionsprozess geht.

Die meisten dieser Untersuchungen gehen zumindest implizit davon aus, dass die Wirkungen von TV-Duellen im Wesentlichen von verbalen Informationen ausgelöst werden. Demnach beeinflussen die im Duell angesprochenen Fakten das Wissen, die angesprochenen Sachthemen die Themenprioritäten und die Aussagen über die Sachpositionen der Kandidaten die Meinungen und das Wahlverhalten der Zuschauer. Allerdings untersuchen nur relativ wenige Studien direkt den Einfluss einzelner Argumentationsstrategien oder rhetorischer Techniken. Sie zeigen beispielsweise, dass Kandidaten, die häufig Fakten und andere Arten von Evidenzen verwenden, das Duell in der Regel verlieren (vgl. Levasseur/Dean 1996). Dasselbe gilt für Kandidaten, die überwiegend den Gegner kritisieren, statt eigene Positionen vorzutragen. Sie polarisieren das Publikum eher, als es zu überzeugen. Eine erfolgreiche Kommunikationsstrategie ist dagegen, die eigenen Positionen so vage vorzutragen, dass ihnen ein Großteil der Wähler nahezu zwangsläufig zustimmt (vgl. Reinemann/Maurer 2005). Auch emotionale Appelle haben in der Regel positive Wirkungen (vgl. Maurer/Reinemann 2003: 101f.).

Der Einfluss visueller Informationen auf die Wahrnehmung und Wirkung von TV-Duellen wurde bislang vergleichsweise selten untersucht. Glaubt man der Legende, wurde schon die erste Fernsehdebatte in amerikanischen Präsidentschaftswahlkämpfen, das Duell zwischen John F. Kennedy und Richard Nixon 1960, durch visuelle Informationen entschieden. Demnach hat Kennedy das Duell bei den Fernsehzuschauern gewonnen, weil er frischer aussah und häufiger in die Kamera schaute. Nixons bessere Argumente hätten dagegen nur die Radiohörer überzeugt. Empirische Untersuchungen finden hierfür allerdings keine überzeugenden Belege (vgl. Vancil/Pendell 1987). Einige neuere Studien zeigen jedoch, dass Radiohörer die Kandidaten in TV-Duellen tatsächlich etwas anders wahrnehmen als Fernsehzuschauer (Faas/Maier 2004; Holtz-Bacha et al. 2005). Dies deutet zwar darauf hin, dass nonverbale Informationen für die Urteilsbildung eine Rolle spielen. Welche nonverbalen Informationen dies sind, bleibt jedoch unklar.

Fasst man die Befunde zusammen, lässt sich festhalten, dass trotz der Bedeutung der TV-Duelle für die Urteilsbildung in Wahlkämpfen noch immer mindestens zwei relevante Fragen weitgehend offen geblieben sind: Zum einen ist relativ wenig darüber bekannt, welche verbalen und nonverbalen Kommunikationsmittel in TV-Duellen eingesetzt werden. Es ist folglich unklar, welche Stimuli von den Rezipienten zur Urteilsbildung herangezogen werden können. Zum anderen ist wenig darüber bekannt, wie stark die Rezipienten verbale und nonverbale Stimuli bei der Urteilsbildung gewichten. Wir wollen uns in diesem Beitrag vor allem der ersten Frage zuwenden. Dazu präsentieren wir die Ergebnisse einer Inhaltsanalyse des Fernsehduells zwischen Gerhard Schröder und Angela Merkel im Bundestagswahlkampf 2005, in der wir die verbalen und nonverbalen Stimuli sekundengenau erfasst haben. Die Wirkungen verbaler und nonverbaler Stimuli wollen wir im Anschluss ebenfalls kurz skizzieren.

5. Untersuchungsanlage

Die Inhalte des Duells wurden mit einer quantitativen Inhaltsanalyse auf Sekundenebene erfasst. Auf der Ebene der verbalen Kommunikationsstimuli wurde für jede der 5568 Sekunden des Duells erfasst, welcher der Kandidaten bzw. Moderatoren gerade sprach und über welche Themen oder Personen mit welcher Tendenz gesprochen wurde. Im Detail wurde zudem erhoben, welche rhetorischen Figuren (Ironie, Metapher usw.) oder Persuasionsstrategien (Evidenzen, emotionale Appelle usw.) die Teilnehmer verwendeten. Die Codierung erfolgte dabei ab der Sekunde, in der ein bestimmtes Merkmal erkennbar wurde, bis zum Ende der jeweiligen Sinneinheit. Auf der Ebene der nonverbalen Kommunikationsstimuli wurde in jeder Sekunde erfasst, wer im Bild zu sehen war, ob derjenige in die Kamera blickte, lächelte oder gestikulierte. Zudem haben wir erhoben, ob der jeweils nicht sprechende Kandidat im Hintergrund zu sehen war und mit welcher Gestik oder Mimik er die Ausführungen seines Kontrahenten kommentierte. Die Codierungen wurden von drei geschulten Codierern wenige Wochen nach dem Duell durchgeführt.

Die unmittelbaren Wahrnehmungen des Duells haben wir mit einer Real-Time-Response-Messung (RTR) erfasst. Dazu haben wir 72 Mainzer Wahlberechtigte aller Alter- und Bildungsgruppen am Abend des Duells in einen Hörsaal eingeladen. Die Probanden sahen das Duell dort auf einer Großbildleinwand. Dies entspricht zwar nicht der normalen Rezeptionssituation, war aus technischen Gründen aber nicht vermeidbar. Die Probanden wurden deshalb mehrfach darauf hingewiesen, von Unterhaltungen oder lauten Reaktionen auf die Kandidaten abzusehen. Um die kurzfristigen Wahrnehmungen während des Duells zu messen, erhielt jeder der Teilnehmer einen 7-stufigen Drehregler. Die Probanden wurden gebeten, ihren spontanen Eindruck von der Debatte mithilfe der Geräte wiederzugeben. Den Probanden wurde die Funktionsweise der Geräte zunächst anhand eines neutralen Talkshow-Auftritts (*Zwei bei Kallwass*) ausführlich erläutert. Der Skalenmittelpunkt vier wurde als neutraler Punkt definiert, den die Teilnehmer dann wählen sollten, wenn sie keinen besonders guten oder schlechten Eindruck von den Kandidaten hatten. Werte unter vier sollten dann gewählt werden, wenn die Teilnehmer einen guten Eindruck von Schröder oder einen schlechten Eindruck von Merkel hatten. Werte über vier bedeuten dementsprechend einen guten Eindruck von Merkel oder schlechten Eindruck von Schröder. Die Extrempositionen (1 und 7) waren für einen äußerst guten oder schlechten Eindruck reserviert. Auf präzisere Anweisungen wurde bewusst verzichtet, um das Untersuchungsziel – die Messung **subjektiver** Wahrnehmungen – nicht zu gefährden. Die Messungen erfolgten wie bei der Inhaltsanalyse kontinuierlich etwa jede Sekunde – also auch dann, wenn die Befragten nicht schalteten. Für jeden Befragten liegen folglich ebenfalls 5568 Messwerte vor. Auf diese Weise können die Eindrücke unserer Zuschauer direkt auf einzelne verbale und nonverbale Kommunikationsstimuli zurückgeführt werden.

6. Ergebnisse

6.1 Verbale und nonverbale Stimuli im Duell

Wir wollen unsere Befunde zum Auftreten verbaler und nonverbaler Stimuli in drei Schritten präsentieren, die sich darin unterscheiden, welche Vorstellungen von der Urteilsbildung der Zuschauer ihnen zugrunde liegen. Erstens kann man annehmen, dass das Gewicht verbaler und nonverbaler Stimuli bei der Urteilsbildung der Zuschauer davon abhängt, wie lange die Duellteilnehmer alles in allem zu Wort kommen bzw. zu sehen sind. Demnach tragen grundsätzlich alle verbalen und nonverbalen Eindrücke zur Urteilsbildung bei. Angela Merkel kam im Duell mit 2302 Sekunden etwas länger zu Wort als Gerhard Schröder (2281 Sekunden). Betrachtet man die Kameraeinstellungen während des Duells, zeigt sich, dass beide Kandidaten etwas länger im Bild waren als sie redeten. Schröder war dabei etwas länger (2057 Sekunden) alleine zu sehen als Merkel (1982 Sekunden). Zudem wurden beide Kandidaten häufig gemeinsam gezeigt. In der Regel geschah dies durch Einstellungen, in denen einer der beiden im Vordergrund von (schräg) hinten zu sehen war, während der andere im Hintergrund frontal und dominierend erkennbar war. Diese Einstellungen machten 737 Sekunden des Duells aus, wobei jeweils fast genau in der Hälfte der Fälle Schröder bzw. Merkel im Vorder- bzw. Hintergrund zu sehen waren. Hinzu kamen wenige Sekunden, in denen entweder alle sechs Beteiligten (175 Sekunden), nur die beiden Kandidaten gleichberechtigt von vorne (17 Sekunden) oder Schröder und einer der Moderatoren (8 Sekunden) zu sehen waren. In der Regel war im Verlauf des Duells nur derjenige zu sehen, der sprach. Schröder war zu 81 Prozent seiner Redezeit alleine im Bild, Merkel zu 79 Prozent. Waren beide gemeinsam im Bild, wurde allerdings fast immer der Sprecher mit dem Rücken zur Kamera gezeigt, während Gestik und Mimik des Zuhörenden für die Zuschauer gut erkennbar waren. Diese Einstellung wurde etwas häufiger gewählt, wenn Merkel sprach, als wenn Schröder sprach (286 vs. 259 Sekunden). Einstellungen, in denen der sprechende Kandidat überhaupt nicht zu sehen war, kamen praktisch nicht vor. Diese Befunde sprechen zunächst dafür, dass die Zuschauer anhand visueller Informationen etwas ausführlicher Gelegenheit zur Urteilsbildung hatten als anhand von verbalen Informationen.

Zweitens kann man annehmen, dass die Urteilsbildung über die Kandidaten davon abhängt, wie diese ihre Redezeit bzw. Zeit im Bild nutzen. Demnach müssen die Kandidaten die Zuschauer mit besonderen verbalen oder nonverbalen Persuasionstechniken überzeugen, um einen Eindruck zu hinterlassen. Auf der verbalen Ebene werden die Urteile der Zuschauer, wie eingangs erläutert, einerseits auf den Inhalten der Kommunikation basieren (Übereinstimmung mit der eigenen Position), andererseits auf rhetorischen Techniken und Strategien, die die Wirkung der Botschaft vermutlich erhöhen. Auf der nonverbalen Ebene beeinflussen vermutlich vor allem Gestik und Mimik die Urteilsbildung. Die Frage ist folglich, wie häufig die Kandidaten den Zuschauern im Duell die Gelegenheit gegeben haben, sich anhand dieser verbalen und nonverbalen Kriterien Urteile zu bilden. Dabei konzentrieren wir uns jeweils auf die vermutlich einflussreichsten Persuasionstechniken.

Schröder und Merkel thematisierten ihre eigenen Sachpositionen, Kompetenzen oder Persönlichkeitsmerkmale in insgesamt 1334 Duell-Sekunden. Dies entspricht 24 Prozent der Sendezeit. Dabei standen ihre politischen Positionen eindeutig im Mittelpunkt. In der Regel handelte es sich aber nicht um konkrete Handlungsankündigungen, sondern um vage Umschreibungen zukünftiger Ziele. In lediglich 126 der über 5500 Duell-Sekunden erhielten die Wähler konkret formulierte Informationen über die Pläne der Kandidaten nach der Wahl. In 641 Sekunden verwendeten die Kandidaten Evidenzen, um ihre Aussagen zu unterstreichen (12 %). Hierbei handelte es sich in der Regel um Zahlenbelege. Noch häufiger waren im Duell emotionale Appelle (898 Sekunden; 16 %). Hierbei handelte es sich überwiegend um Furchtappelle und Appelle an andere negative Emotionen. In 633 Sekunden (11 %) verwendeten die Kandidaten Gemeinplätze, also Aussagen, die so selbstverständlich sind, dass sie zwangsläufig von den meisten Wählern geteilt werden. Neben diesen allgemeinen Persuasionsmitteln benutzten die Schröder und Merkel gelegentlich auch rhetorische Stilmittel im engeren Sinn. Das am längsten verwendete Stilmittel war der Parallelismus, also die Aneinanderreihung syntaktisch gleichartiger Sätze oder Wortgruppen (293 Sekunden). Relativ häufig wurden auch rhetorische Fragen und Metaphern eingesetzt. Alle von uns untersuchten rhetorischen Stilmittel nahmen zusammengenommen 480 Duellsekunden ein (9 %).

Auf der visuellen Ebene zeigt sich, dass die Kandidaten nur sehr selten von der Möglichkeit Gebrauch machten, so in die Kamera zu schauen, dass die Fernsehzuschauer den Eindruck haben mussten, der Redner wende sich direkt an sie. Schröder und Merkel taten dies lediglich in 229 Sekunden (5 %), meist in ihren Schlussstatements. In der Regel sahen sie an der Kamera vorbei oder schauten ihr Gegenüber an. Leichtes Lächeln war in 263 Sekunden erkennbar, Lachen in 35 Sekunden. In mehr als der Hälfte des Duells war keine Gestik der Kandidaten zu sehen. In 1216 Sekunden war die Gestik offen, das heißt, die Handflächen des Redners waren zu sehen, in 882 Sekunden geschlossen (22 vs. 16 %).

Auch wenn wir in unserer Studie nur die für die Urteilsbildung relevantesten verbalen und visuellen Kommunikationsstimuli erfasst haben, relativiert sich das potenzielle Gewicht verbaler und visueller Stimuli für die Urteilsbildung doch erheblich, wenn man davon ausgeht, dass die Kandidaten Akzente in Form von persuasiven Techniken setzen müssen, um einen Eindruck bei den Zuschauern zu hinterlassen. Auch wenn die Kandidaten länger im Bild waren als sie zu Wort kamen, verwendeten sie häufiger und länger für die Urteilsbildung besonders relevante verbale Stimuli als relevante Elemente von Gestik und Mimik. Dies kann man zum Teil auch damit erklären, dass die visuellen Elemente aufgrund der Kameraperspektiven nicht erkennbar waren.

Drittens kann man schließlich annehmen, dass die Urteilsbildung über den Redner auch davon abhängt, wie andere Duellteilnehmer – also der jeweilige Gegner und die Moderatoren – die Sachpositionen und das Auftreten des Redners kommentieren. Solche Kommentare können sowohl verbal, als auch visuell erfolgen. Im Verlauf des Duells drehte sich die Diskussion insgesamt 766 Sekunden um Merkel und 678 Sekunden um Schröder (14 vs. 12 %). Dabei thematisierten sich die Kandidaten allerdings meist selbst. Schröder sprach 247 Sekunden über Merkel, umgekehrt waren es 191 Sekunden. In beiden Fällen waren die Bewertungen überwiegend negativ. Diese Werte kann man nun wiederum mit der Länge der optischen Kommentierung vergleichen: Wenn Merkel sprach und Schröder im Hintergrund erkennbar war, waren in 118 Sekunden visuelle Kommentierungen Schröders erkennbar. Umgekehrt waren es 94 Sekunden. Auch hier dominierten eindeutig ablehnende Reaktionen (Kopfschütteln, Verdrehen der Augen etc.). Auch die gegenseitigen Bewertungen der Kandidaten erfolgten folglich überwiegend verbal.

Fasst man diese Befunde zusammen, wird erstens deutlich, dass die Kandidaten länger im Bild waren als sie zu Wort kamen. Wenn man davon ausgeht, dass alle verbalen und nonverbalen Eindrücke gleichermaßen zur Urteilsbildung beitragen, müsste man aus diesen Befunden schließen, dass die Zuschauer in TV-Duellen eher aufgrund von nonverbalen als auf Grundlage von verbalen Stimuli urteilen (können). Zweitens wird aber deutlich, dass die Kandidaten ihre verbale Präsenz deutlich besser genutzt haben, um persuasive Akzente zu setzen, als ihre visuelle Präsenz. Schröder und Merkel sprachen häufig über ihre eigenen Positionen, kritisierten ihr Gegenüber und verwendeten dabei unterschiedliche rhetorische Techniken, sahen aber kaum in die Kamera und sparten an Gestik und Mimik. Die Kameraperspektiven trugen ebenfalls dazu bei, dass visuelle Stimuli oft nicht erkennbar waren. Geht man also davon aus, dass die Kandidaten Akzente setzen müssen, um die Zuschauer zu beeindrucken, muss man konstatieren, das sie dies verbal deutlich häufiger und länger getan haben als visuell.

6.2 Die Wirkungen verbaler und nonverbaler Stimuli

In diesem Kapitel wollen wir uns anhand einiger Beispiele mit der Wirkung verbaler und nonverbaler Stimuli beschäftigen. Dabei kommt es – wie wir bereits deutlich gemacht haben – einerseits darauf an, wie präsent die jeweiligen Informationen im Duell sind. Zum anderen kommt es aber auch darauf an, inwieweit die Zuschauer die Informationen wahrnehmen und bei der Urteilsbildung gewichten. Wir können hierbei freilich nicht wie in kontrollierten Experimenten die Wirkungen aller verbalen und nonverbalen Stimuli einzeln untersuchen und betrachten das Problem deshalb von der anderen Seite: Wir gehen von denjenigen Passagen im Duell aus, in denen die Kandidaten die Zuschauer besonders überzeugt haben und fragen, durch welche verbalen und nonverbalen Kommunikationsmittel diese Stellen gekennzeichnet waren. Sollten sich dabei immer wieder auftretende Muster zeigen, kann man davon ausgehen, dass die jeweiligen Persuasionsmittel grundsätzlich erfolgreich sind.

	Verbal			Nonverbal	
	Schröder Sec.	Merkel Sec.		Schröder Sec.	Merkel Sec.
Gesamtpräsenz					
Redezeit	2281	2302	Zeit im Bild	2994	2911
Einsatz von Persuasionstechniken					
Präsentation eigener Positionen/ Kompetenzen/Persönlichkeitsmerkmale	548	770	Blickkontakt zum Zuschauer	76	153
Argumentationstechniken (Evidenzen, emotionale Appelle, Gemeinplätze)	1083	1089	Gestik (offen, geschlossen)	1207	891
Rhetorische Stilmittel (Metapher, rhetorische Frage usw.)	301	179	Mimik: Lächeln	141	157
Kommentierung des Gegners					
Verbale Kommentierung	247	191	Nonverbale Kommentierung	118	94

Basis: Sekundengenaue Inhaltsanalyse des Duells (n=5568)
Tabelle 1: Verbale und visuelle Informationen im TV-Duell 2005

Definiert man als erfolgreiche Stellen alle diejenigen, bei denen die durchschnittlichen Eindrücke der Duell-Zuschauer in der RTR-Messung mindestens einen kompletten Skalenpunkt vom neutralen Mittelpunkt „4" abwichen (Werte von „5" und höher für Merkel bzw. „3" und tiefer für Schröder), ergeben sich 21 Passagen, in denen 15mal Merkel und 6mal Schröder das Publikum kollektiv überzeugen konnte. Die meisten von ihnen waren durch das Zusammenwirken dreier verbaler Kommunikationsmerkmale gekennzeichnet: Die Kandidaten sprachen über ihre eigenen Positionen, sie taten dies anhand emotionaler Themen und präsentierten ihre Positionen so vage, dass ihr die Zuschauer quasi zwangsläufig zustimmen mussten. Ein typisches Beispiel hierfür ist Schröders erfolgreichste Passage im ganzen Duell: Ausgehend von der Hurrikan-Katastrophe in New Orleans forderte Schröder einen starken Staat, der Menschen in Not hilft. Wer konnte da widersprechen? Die Analysen bestätigen folglich die Befunde bisheriger Untersuchungen. Visuelle Informationen, aber auch rhetorische Stilmittel spielten dagegen praktisch keine Rolle.

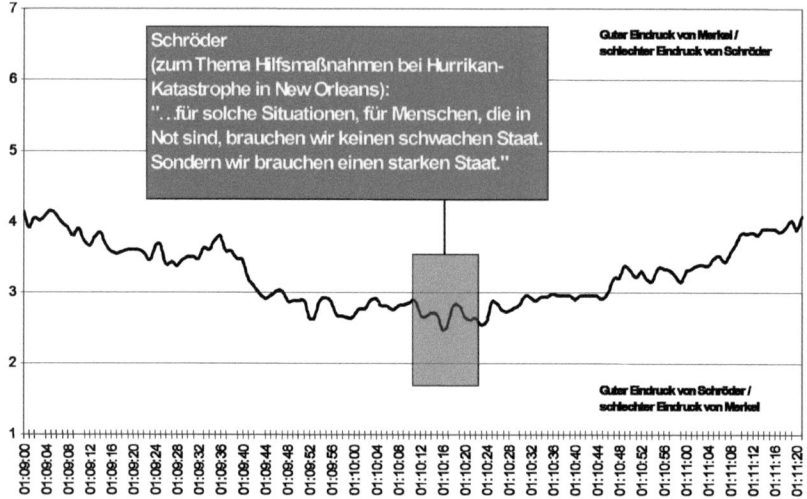

Schaubild 1: Persuasion durch verbale Argumentationstechniken

Anhand der bislang präsentierten Befunde kann man allerdings noch nicht ausschließen, dass nicht nur die besonders erfolgreichen Stellen, sondern möglicherweise das gesamte Duell durch diese Argumentationstechniken geprägt war. Wir wollen deshalb den besonders erfolgreichen Stellen solche Stellen gegenüberstellen, in denen die Kandidaten das Publikum polarisiert haben, also zwar die eigenen Anhänger überzeugt, die Anhänger des Gegners aber umso stärker verärgert haben. Auch hier soll es wiederum um die Frage gehen, ob diese Polarisierung eher von verbalen oder nonverbalen Stimuli ausgelöst wurde. Dabei wollen wir eine Passage als polarisierend betrachten, wenn die Anhänger Schröders und die Anhänger Merkels sich in ihren Eindrücken mindestens 2,5 Skalenpunkte unterschieden haben. Dies war 13mal der Fall, wenn Merkel sprach, und 6mal, wenn Schröder sprach. Die Stellen waren durch vollkommen andere Merkmale gekennzeichnet als die erfolgreichen Stellen. Allerdings wurden die Polarisierungen ebenfalls eher durch verbale Stimuli ausgelöst. Die Kandidaten polarisierten das Publikum immer dann, wenn sie den jeweiligen Gegner kritisierten und dabei Evidenzen verwendeten, um ihrer Kritik Nachdruck zu verleihen. Die Anhänger des kritisierten Kandidaten akzeptierten die Vorwürfe folglich auch dann nicht, wenn sie sich durch Fakten belegt als richtig herausstellten. Sie hielten vielmehr zu „ihrem" Kandidaten und lehnten den Kritisierenden umso stärker ab. Ein Beispiel hierfür ist eine Aussage Merkels, die auf Schröders Behauptung, er habe die Zahl der Arbeitslosen im Laufe des Jahres 2005 erheblich reduziert, antwortet, dies sei jahreszeitlichen Schwankungen zu verdanken. Während die Aussage bei Anhängern von Union und FDP positive Reaktionen auslöste, reagierten Anhänger von SPD und Grünen ausgesprochen negativ. Auch die in TV-Duellen besonders umworbenen politisch Ungebundenen lehnten Merkels Aussage eher ab.

Wie wir bereits im vorangegangenen Abschnitt deutlich gemacht haben, kann die Kritik am Gegner auch durch nonverbales Verhalten zum Ausdruck gebracht werden. Von den 19 Passagen, die besonders starke Polarisierungen auslösten, war allerdings nur eine einzige durch nonverbale Reaktionen zu erklären. Während Schröder sprach, war kurzzeitig Merkels mimische Ablehnung des Gesagten erkennbar. Die SPD-Anhänger reagierten hierauf mit deutlicher Ablehnung Merkels. Insgesamt spielten nonverbale Signale aber nicht nur für den Erfolg der Kandidaten beim Publikum, sondern auch für die Polarisierung eine deutlich untergeordnete Rolle.

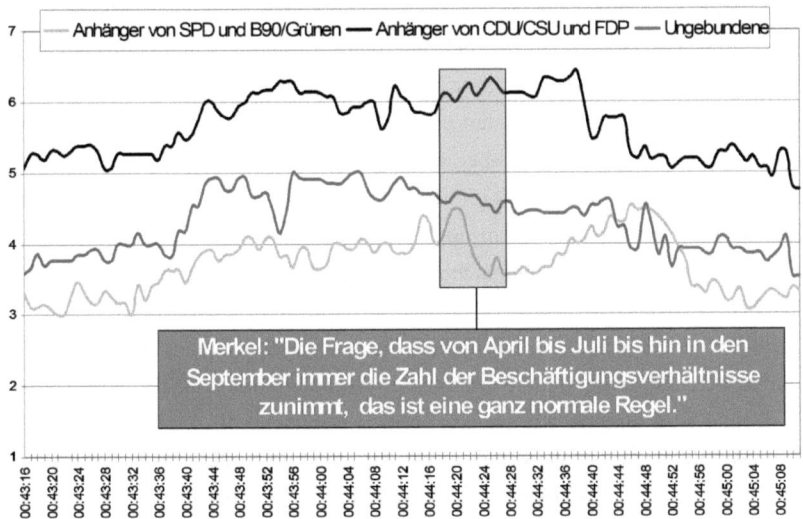

Schaubild 2: Polarisierung durch verbale Argumentationstechniken

7. Diskussion

Die Ergebnisse unserer Inhaltsanalysen haben gezeigt, dass Schröder und Merkel im TV-Duell 2005 deutlich länger im Bild waren als sie zu Wort kamen. Allerdings waren im Verlauf des Duells verbale Persuasionsstrategien wie die Evidenzen, emotionale Appellen und rhetorische Stilmittel häufiger erkennbar als visuelle Persuasionsstrategien wie Gestik und Mimik. Dies war nur zum Teil auf die Besonderheit der Duell-Übertragung zurückzuführen, die mit ihren Kameraeinstellungen nonverbales Verhalten oft nicht erkennbar werden ließ. Trotz dieser Unterschiede überrascht der Befund, dass sich die Personenwahrnehmung während des Duells fast ausschließlich durch verbale Stimuli erklären ließ. Dieser deutliche Befund ist vermutlich darauf zurückzuführen, dass die Zuschauer die nonverbalen Informationen entweder nicht wahrgenommen oder kaum zur Urteilsbildung herangezogen haben. Dies kann man beispielsweise damit erklären, dass sie das Duell mit einem so hohen Involvement verfolgt haben, dass sich ihre Wahrnehmung auf die verbale Ebene konzentriert hat. Alles in allem spricht hier nichts für eine überlegene Wirkung nonverbaler Kommunikation. Vielmehr kommen wirkungsstarke Elemente nonverbaler Kommunikation in TV-Duellen nicht nur seltener vor als wirkungsstarke Elemente verbaler Kommunikation, sie haben auch deutlich geringere, bestenfalls unterstützende Wirkungen. Hiergegen kann man zwar einwenden, dass wir nicht das Vorkommen und die Wirkungen aller verbalen und visuellen Kommunikationselemente untersucht haben. Wir haben uns aber auf diejenigen konzentriert, die in der Literatur als besonders wirkungsstark eingeschätzt werden. Zudem bestätigen sich unsere Befunde in ähnlicher Form auch anhand komplexerer Untersuchungsdesigns, die wir in späteren Untersuchungen angewandt haben (vgl. Maurer 2009; Nagel et al. 2012).

Die Befunde können freilich nicht ohne weiteres auf alle Arten von medial vermittelter und nicht medial vermittelter Kommunikation übertragen werden. TV-Duelle sind ähnlich wie andere Formen politischer Talk-Shows eine Ausnahmesituation politischer Kommunikation. Normalerweise sind Politiker deutlich kürzer im Bild, kommen deutlich weniger zu Wort und haben deutlich seltener die Chance, ihre Positionen ausführlich zu erläutern. Je geringer die inhaltliche Substanz politischer Kommunikation, desto größer dürfte die Rolle nonverbaler Kommunikation für die Urteilsbildung sein. Ob dies zutrifft, ist eine Frage, der sich die Forschung zu den unterschiedlichen Kommunikationsmodalitäten in Zukunft ausführlicher widmen sollte. In jedem Fall ist jedoch deutlich geworden, dass die unter Kommunikationstrainern weithin akzeptierte Regel, nach der die Urteilsbildung über Personen grundsätzlich fast ausschließlich von nonverbalen Stimuli abhängt, nicht zutrifft.

Literatur

Burgoon, Judee K./Dunbar, Norah E./Segrin, Chris (2002): „Nonverbal Influence", in: Dillard, James. P./Pfau, Michael (eds.): *The persuasion handbook. Developments in theory and practice.* Thousand Oaks: Sage, 445–473.

Byrne, Donn (1971): *The attraction paradigm.* New York: Academic Press.

Faas, Thorsten/Maier, Jürgen (2004): „Schröders Stimme, Stoibers Lächeln: Wahrnehmungen von Gerhard Schröder und Edmund Stoiber bei Sehern und Hörern der Fernsehdebatten im Vorfeld der Bundestagswahl 2002", in: Knieper, Thomas/Müller, Marion G. (eds.): *Visuelle Wahlkampfkommunikation.* Köln: Halem, 186–209.

Forrest, James A./Feldman, Robert S. (2000): „Detecting deception and judge's involvement: Lower task involvement leads to better lie detection.", in: *Personality and Social Psychology Bulletin* 26, 118–125.

Gelb, Michael (1989): *Überzeugend reden, sicher auftreten. Mit Mind-Mapping und Alexandertechnik.* Frankfurt am Main: Ullstein.

Holtz-Bacha, Christina/Rössler, Patrick/Lessinger, Eva-Maria (2005): „Do pictures make a difference? The myth of the two debate audiences", in: Rössler, Patrick/Krotz, Friedrich (eds.): *Mythen der Mediengesellschaft – The media society and its myths.* Konstanz: UVK, 303–319.

Hosman, Lawrence A. (2002): „Language and persuasion", in: Dillard, James. P./Pfau, Michael (eds.): *The persuasion handbook. Developments in theory and practice.* Thousand Oaks: Sage, 371–406.

Knapp, Mark L./Hall, Judith A. (2001): *Nonverbal communication in human interaction.* 4th edition. Fort Worth: Harcourt Brace College Publishers.

Kolbe, Arthur (2000): „Der Aufbau von Reden. Bedeutung, Wirkung und Aufbau von Wahlkampfreden", in: Altendorfer, Otto/Wiedemann, Heinrich/Mayer, Hermann (eds.): *Handbuch. Der moderne Medienwahlkampf.* Eichstätt: Mediaplus Verlag, 472–481.

Lasswell, Harold D. (1942): „The politically significant content of the press: Coding procedures", in: *Journalism Quarterly* 19, 12–23.

Levasseur, David/Dean, Kevin W. (1996): „The use of evidence in presidential debates: A study of evidence levels and types from 1960 to 1988", in: *Argumentation and Advocacy* 32, 129–142.

Maurer, Marcus (2009): „Sagen Bilder mehr als tausend Worte? Die Relevanz verbaler und visueller Informationen für die Urteilsbildung über Personen im Fernsehen", in: *Medien &*

Kommunikationswissenschaft 57, 198–216.

Maurer, Marcus/Kepplinger, Hans Mathias (2003): „Warum die Macht der Fernsehbilder wächst. Verbale und visuelle Informationen in den Fernsehnachrichten vor den Bundestagswahlen 1998 und 2002", in: Holtz-Bacha, Christina (ed.): *Die Massenmedien im Wahlkampf. Die Bundestagswahl 2002*. Wiesbaden: Westdeutscher Verlag, 82–97.

Maurer, Marcus/Reinemann, Carsten (2003): *Schröder gegen Stoiber. Nutzung, Wahrnehmung und Wirkung der TV-Duelle*. Wiesbaden: Westdeutscher Verlag.

Maurer, Marcus/Reinemann, Carsten/Maier, Jürgen/Maier, Michaela (2007): *Schröder gegen Merkel. Wahrnehmung und Wirkung des TV-Duells 2005 im Ost-West-Vergleich*. Wiesbaden: Verlag für Sozialwissenschaften.

McKinney, Mitchell S./Carlin, Diana B. (2004): „Political campaign debates", in: Kaid, Lynda. L. (ed.): *Handbook of political communication research*. Mahwah: Erlbaum, 203–234.

Mehrabian, Albert (1971): *Silent messages*. Belmont: Wadsworth.

Mehrabian, Albert (1972): *Nonverbal communication*. Chicago: Aldine-Atherton.

Mehrabian, Albert/Ferris, Susan R. (1967): „Inference of attitudes from nonverbal communication in two channels", in: *Journal of Consulting Psychology* 31, 248–252.

Mehrabian, Albert/Wiener, Morton (1967): „Decoding of inconsistent communications", in: *Journal of Personality and Social Psychology* 6, 109–114.

Miller, Norman/Maruyama, Geoffrey/Geaber, Rex J./Valone, Keith (1976): „Speed of Speech and Persuasion", in: *Journal of Personality and Social Psychology* 34, 615–625.

Miniard, Paul W./Bhatla, Sunil/Lord, Kenneth, R./Dickson, Peter R./Unnava, H. Rao (1991): „Picture-based persuasion processes and the moderating role of involvement", in: *Journal of Consumer Research* 18, 91–107.

Molcho, Samy (1983): *Körpersprache*. München: Mosaik-Verlag.

Nagel, Friederike/Maurer, Marcus/Reinemann, Carsten (2012): „Is there a visual dominance in political communication? How verbal, visual, and vocal communication shape viewers' impressions of political candidates", in: *Journal of Communication* 62, 833–850.

Oestreich, Herb (1999): „Let's dump the 55%, 38%, 7% rule", in: *Transitions* (2) 7, 11–14.

Petty, Richard E./Cacioppo, John T. (1986): *Communication and persuasion: Central and peripheral routes to attitude change*. New York: Springer.

Prosser, Sigrid/Blaes, Ruth (1997): „Präsentation und Ansage. In öffentlicher Einsamkeit", in: Blaes, Ruth/Heussen, Gregor (eds.): *ABC des Fernsehens*. Konstanz: UVK, 325–329.

Reinard, John C. (1988): „The empirical study of persuasive effects of evidence: The status after fifty years of research", in: *Human Communication Research* 15, 3–59.

Reinemann, Carsten/Maurer, Marcus (2005): „Unifying or polarizing. Short-term effects and post-debate consequences of different rhetorical strategies in televised debates", in: *Journal of Communication* 55, 775–794.

Scherer, Klaus R./Banse, Rainer/Wallbott, Harald G. (2001): „Emotion inferences from vocal expression correlate across languages and cultures", in: *Journal of Cross-Cultural Psychology* 32, 76–92.

Sopory, Pradeep/Dillard, James P. (2002): „The persuasive effects of metaphor. A meta-analysis", in: *Human Communication Research* 28, 382–419.

Staab, Joachim Friedrich (1998): „Informationsleistung von Wort und Bild in Fernsehnachrichten. Eine vergleichende Analyse der CBS Evening News, der Tagesschau und der Aktuellen Kamera seit ihrer Erstausstrahlung", in: *Publizistik* 43, 411–426.

Vancil, David L./Pendell, Sue D. (1987): „The myth of viewer-listener disagreement in the first Kennedy-Nixon debate", in: *Central States Speech Journal* 38, 16–27.

Sachregister

A

Aggregation 53–54

Akteur 10, 16–17, 30–31, 32–34, 37–39, 43, 50, 56, 74, 83, 91, 125, 127–128, 142, 169, 178, 219, 225, 227, 230, 236, 241, 243, 269, 271, 278, 280–281

Aneignung 12–14, 17–18, 285–286, 288–290, 294, 297, 299–300, 309–310, 312–313

Anti-Miranda 78

Argumentation 15, 97, 101, 103, 107, 174, 204, 225, 229–230, 233, 255, 257, 260, 265, 278

Audiovisualität 123–124, 239–240, 246–247, 250, 277–278

Auktorialität 128

Ausweichen 17, 59, 239, 241–243, 246, 248, 250, 252, 254, 264–266, 271, 275–277, 279

B

Bedeutung 10, 13, 25–26, 30, 39, 50, 68, 75, 89, 112, 126, 145, 175, 192–194, 196–197, 202, 205, 211–213, 219, 224–225, 230, 234, 241, 247, 250, 252, 257, 272–273, 291, 295, 307, 309, 321–322

Bedeutungskonstitution 124, 127, 166, 194, 196

Beobachtung, teilnehmende 1, 27, 56–57, 61, 75, 127, 129, 256, 294, 301

Beteiligungsrollen 138, 142

Betroffener 98, 115, 300

Beziehung, Text-Bild/Bild-Text 25–26, 54–55, 64, 126, 142, 148, 175–177, 179, 185, 191–194, 196, 205, 212–213, 258, 262

Bild 3, 5–6, 8, 11, 14–17, 43, 71, 81, 98–99, 102, 105–107, 110, 113, 123–125, 127–128, 131–133, 135–136, 138–140, 149–152, 158, 160, 169–170, 173–177, 180, 182–183, 185, 190–196, 199, 201–205, 208, 211–212, 222, 235, 249, 258, 262, 264–265, 271, 275, 278, 285, 290, 321, 324–329, 332

Bildrhetorik, vgl. Rhetorik

Bildüberschreibung

Bildwahl 16, 145, 149, 162, 166

Blick 4, 8, 35, 39, 41, 73, 78, 89, 91, 102, 129, 131, 133, 135, 137, 147, 162, 164, 178, 181–183, 185, 209, 220, 229, 236, 240–241, 247, 250, 253, 256–260, 263, 265, 270, 272, 275, 278–279, 292, 306

Blickverhalten 132

Bundestagswahl 29

C

Code 6, 9–10, 12–13, 192, 290–294, 300, 306–307, 313

Confrontainment 4, 35, 86, 98, 100

D

Daten, vgl. Korpus

Debatte 2, 15, 27–28, 64, 71, 74, 78, 83–85, 92, 111–113, 116–117, 130, 231, 292, 324

Deutung 39, 126, 175, 185, 192, 222–223, 232, 234, 295, 313

Deutungsrahmen 17, 219–221, 224–225, 230–232, 234–236, 262, 277, 279

Deviant case analysis 197

Dialog 80, 158, 178, 183, 204

Dialogsorte 71, 92

Diskurs 29–32, 42, 49–50, 57, 59, 62, 68, 73, 84, 87, 113, 142, 231, 235, 290–291, 304

Diskussion 1–2, 4, 6, 14, 30–31, 36, 41, 56, 59–62, 65–68, 71, 74–76, 79, 97–100, 103, 105–106, 108–109, 111–112, 115–118, 171, 186, 210, 224–225, 227, 229–232, 266, 327, 332

Diskussionsrunde 17, 37, 41, 54, 97–100, 107

Diskussionssendung 2–5, 14, 49, 97–98, 100, 112, 288, 293

Dispositiv 128

Distribution 52, 55–56

Dramatisierung 16, 139, 163, 165

Duell 12, 18, 239, 250, 252, 257, 266–267, 286, 295–299, 317–318, 321–332

E

Einspieler 6, 74, 97–98, 100–102, 105–118, 131, 170, 293

Einstellung 6, 10, 16, 101, 104, 123–124, 127, 132–140, 162–163, 170, 173, 175, 177–178, 182–183, 186–187, 191, 196–197, 201, 204–211, 213, 250, 256, 271, 281, 287, 289, 313, 319, 325, 332

Emotion 162–163, 165, 302, 326

Emotionalisierung 16, 40, 165–166

Experte 15, 38–39, 59, 72, 75–77, 83, 91, 98, 102, 198–199, 279

F

Face 133, 136, 138, 166

Facebook 2, 5, 13, 286, 197, 199

Facework, vgl. Face

Face-to-Face 56, 123, 132, 193, 199–200, 213, 250

Fahnenwort 78, 80, 82–83

Fernsehen 2, 4, 14–15, 25–26, 28–29, 31, 35, 43, 49–52, 54, 56, 62–64, 71, 73–75, 78, 84–85, 98, 100–101, 112, 124, 142, 150, 153, 171, 185, 189–190, 193–194, 204, 212–213, 240, 246–247, 252, 277, 294, 297, 299, 306, 319, 321

Fernsehpublikum, vgl. Publikum

Fernsehtext, vgl. Text

Figuration 52–58, 61–64, 66, 68

Figurationsanalyse 55, 61

Folgezug 246–247, 253, 272, 278, 280

Footing 189, 208, 210–211, 213

Form 1, 15, 26, 28, 31–32, 34, 38, 40, 42, 51–52, 65, 123, 137, 156–157, 160, 163, 169, 171, 184–185, 190, 212, 225, 232, 252, 272, 290, 292–293, 302, 332

Format 1–5, 8, 15, 26, 29–38, 43, 52, 71–74, 76, 98, 105, 117, 128–129, 132, 145, 150, 173, 185, 193, 199–200, 212, 239, 247–248, 251–252, 269, 271, 293–294, 298, 308–309

Frame 9, 11, 126, 138–140, 235, 240, 254, 275, 277, 305

Framing 17, 218–219, 239, 262

Funktion 4, 6, 16, 36, 65, 74, 84, 101, 118, 125, 128–129, 131–132, 135, 138, 146, 150, 152, 158–163, 165, 185, 191–192, 194–195, 197, 204, 212–213, 293–294, 321, 324

Fußball 14, 27, 32, 35–41, 43, 54–55, 81, 214

G

Gast 1–2, 5, 31, 38, 52, 60, 67, 72, 97–100, 102–103, 105–106, 108–109, 111–113, 116–118, 129–130, 151–153, 171, 177, 179, 198–199, 253–255, 269

Genre 12, 35, 56, 61, 71, 73, 76, 97, 171, 193–194, 197, 212

Gesichtsausdruck, vgl. Gestik

Gespräch 2, 4, 9, 11–12, 15, 28, 35, 40–41, 59, 71–74, 76–78, 80, 98, 100, 105–106, 109, 117, 138, 149, 151, 169, 182, 184, 186, 193, 220, 229, 231, 240–243, 247–248, 262, 285, 287, 292, 305, 319

Gesprächsanalyse, gesprächsanalytisch 11, 17, 76, 78, 187, 204, 219–220, 240, 246

Gesprächsphase 76, 79

Gesprächspartner 40, 42, 75–77, 101, 139, 145, 151, 160–161, 193, 200, 221, 243, 246, 318

Gesprächsrunde 28, 97, 183

Gesprächsteilnehmer, vgl. Gesprächspartner

Gesprächsverhalten 74, 246

Gesprächsverlauf 151, 171, 184–185

Geste, vgl. Gestik

Gestik, gestisch 6, 16, 99, 123, 133, 145–166, 170–174, 176, 178–184, 186, 193, 200, 223–224, 248–250, 256, 262, 267–268, 318, 320, 324–329, 332

Grammatik 191, 291–292

H

Handeln 8–9, 49, 56, 73–74, 87, 91, 100, 103, 106, 140, 203

Handlung 7–10, 17, 49, 53–54, 116, 219, 229–230, 235, 239, 242–243, 254, 286–287, 298–299, 301, 313, 326

Hermeneutik, hermeneutisch 7, 240, 243, 251, 163, 295

Hochwertwort 92

Hörer 62, 138–140, 142, 323

Horseraceberichterstattung 25, 36, 43

I

Implikatur 295, 311

Inferenz 192, 210–213

Information 14, 25–26, 29–30, 35, 37, 39, 51, 56–57, 59, 64, 68, 76, 79, 97, 102–103, 105, 116, 118, 149–150, 163, 165, 170, 188–190, 193, 195–197, 202, 209–213, 227, 239–240, 244, 288, 318–323, 325–326, 328–329, 332

Inhalt, inhaltlich 1–3, 5, 11–15, 28–29, 50–52, 59, 64–66, 76–77, 91, 102, 105, 115, 117, 131, 178, 187, 194–196, 211–212, 219, 230, 247, 256, 272, 285, 287, 291–294, 305–306, 308–312, 317–318, 323, 326, 332–333

Inhaltsanalyse 28, 40, 42–43, 50–51, 286, 323–324, 329, 332

Inszenierung 1, 3–6, 9, 11–12, 15–16, 27, 30, 34, 43, 52, 57, 62, 64–65, 67–68, 71, 73–75, 78, 92, 98–102, 107, 112, 115, 123–129, 142, 151, 170–171, 173, 184, 191, 221, 227, 241, 271, 306, 309, 312–313

Interaktion 9, 11, 27, 54, 56, 59, 71, 105, 125, 140, 151, 158, 166, 169, 189, 193–195, 200, 203, 207, 211–212, 220, 222, 224, 235, 239–244, 248–251, 256, 267, 278, 285, 287, 290, 295–296, 299, 303, 313

Intermedial 9, 72, 123, 126–127

Interpenetration 26–27

Interpretation 27, 39–40, 83, 102, 128–129, 159, 184, 189, 192–195, 199, 213, 262, 319

Interview 8–9, 16, 29, 35, 38, 40–41, 74, 99–100, 105, 110–111, 113–114, 116, 189, 193, 198–201, 203–205, 209–210, 212–214, 252, 274, 288–289, 296

J

Journalismus 8, 25, 36, 68, 97, 118, 317

Journalist 8–9, 27–29, 36, 40–42, 107, 113, 130, 245, 269, 271–272

K

Kamera 6, 9, 54, 64, 109, 125–128, 130–134, 136–138, 141, 149, 151–152, 158, 160, 165–166, 172–173, 175–176, 178, 181–184, 186, 193, 201–202, 209–210, 227, 240, 243, 250, 253, 256, 258, 265, 269, 271, 275, 292, 323–325, 327–328

Kameraeinstellung 10, 11, 124, 127, 131, 133–134, 136–137, 141, 173, 249, 251, 253, 256–257, 269, 271, 275, 325, 332

Kamerafahrt 99, 114, 131, 172, 177

Kameraführung 15, 125, 127, 131–132, 138–140, 142, 170, 178

Kamerainszenierung, vgl. Inszenierung

Kameraoption 99, 116, 186

Kanal 26, 100, 170, 190, 196, 204–205, 211–212, 297

Kaschieren 17, 75, 142, 239, 242, 246, 266, 272, 276–277, 279

Kohärenz 140, 192, 248–249, 254, 267–268, 278–279

Körperhaltung 6, 170, 200, 248, 270, 317–318

Körpersprache 6, 123, 134, 193, 195, 240, 249–250, 261, 317–319

Kombination, Bild-Text/Text-Bild, vgl. Beziehung

Kommunikat 3, 8, 10, 13–14, 76, 128, 285, 293, 295–296, 300

Kommunikation 1, 3–4, 6–7, 10, 12, 14, 17–18, 25–28, 30, 32, 42, 49–50, 54, 56, 62–63, 72, 76, 117, 123, 127, 134, 145, 160, 170, 178, 181, 185, 190–191, 220, 240–242, 244–245, 263–264, 285, 290–291, 293, 295, 297–299, 301–302, 307, 312, 317–318, 320–324, 326–327, 329, 332–333

Kommunikationsform 2, 5, 299, 301

Kommunikationsmaxime 178, 242, 244–245, 272, 277, 288, 311

Kommunikator 8–9, 13–14, 63

Komprimat 5, 107, 293

Konkordanz 84–92

Konnotation 78, 192, 213, 268, 292

Kontext 27, 50–52, 54–56, 64, 66, 82, 108, 126, 134, 162, 179, 191, 195–196, 198, 201, 203–204, 208, 213, 240–241, 242, 285

Kontextualisierung 138–139, 142, 219

Konversationsanalyse 124, 240, 241, 246–247, 280

Korpus 102, 299–301, 306–307, 309–310

Kultur, kulturell 5, 7–10, 28, 39, 71, 77, 80, 97, 110, 112, 115, 127–128, 150, 198, 202, 221, 231, 250, 262, 269, 278, 291

L

Lautsprache 16, 146–148, 150

Lesart 10, 13, 16–17, 189, 194, 210–211, 213–214, 255, 263

Sachregister

Live 16, 38–39, 97, 99, 128–129, 149, 151, 153–155, 158, 161, 166, 198–200, 227, 232

M

Macht 44, 49, 55, 59, 62, 73, 91, 117, 185, 202, 233, 239–244, 247, 274, 280, 291

Makroebene 4, 8, 10–11, 18, 293–295, 308, 312–313

Maxime, vgl. Kommunikationsmaxime

Medialität 128, 145

Mediatisierung 1, 56

Medium, Medien 2–5, 11, 14, 17, 25–27, 29, 31, 35, 37–40, 43, 50–56, 71–74, 92, 123, 129, 142, 145–153, 166, 184, 190, 198–201, 207, 220, 227, 234, 240–241, 271, 278, 292, 297

Medienkultur 3

Medienkulturlinguistik 3

Medienlinguistik, medienlinguistisch 3, 7–8, 15, 123, 285, 299

Mediensystem 27–28

Medientextsorte 71–73

Mesoebene 4, 10–11, 293–295, 307, 311

Metapher 157–158, 193, 319, 323, 326, 329

Methode 3–4, 7–13, 49–50, 197, 231, 233, 239–240, 251, 285–286, 288–289, 296, 298–299, 301

Mikroebene 4, 11, 293, 295, 307, 313

Mimik, mimisch 6, 99, 123, 163–165, 173, 178, 193, 248–249, 256–257, 268, 270, 278–279, 306, 318, 320, 324–329, 332

Miranda 78, 82–83

Modalität 105, 163–165, 190, 246, 248–249, 275, 280, 286, 290–291, 295, 301, 308, 312

Mode 6, 12, 290

Moderator 5, 8–9, 15, 31, 37–38, 52, 56, 58–60, 67, 76–86, 89, 97–101, 108, 117, 130, 134–136, 140–141, 151–153, 171, 176–177, 179, 182, 193, 195, 222–227, 232, 234, 241, 243, 249, 252–257, 260–261, 266, 273, 293, 300, 325, 327

Modus 126–127, 173, 261, 272, 303, 306

Multikodal 123–124

Multimedialität, multimedial 2–3, 98

Multimodalität, multimodal 3–11, 13, 15–18, 72–76, 97, 99, 101–102, 107, 115–116, 123, 150, 189–214, 239–248, 250–257, 262, 271–272, 277, 280, 285–286, 290–299, 301, 303, 308–309, 312–313

Musik 11, 34, 101–102, 109, 113–115, 139, 190–191, 196

Muster 4–9, 12, 14, 43–44, 53–55, 62, 86, 101, 128, 135, 140, 145, 150, 152, 166, 189, 195, 199–213, 233, 243, 304, 328

N

Nachrichtenbild 195, 201

nonverbal 6, 18, 125, 149, 170, 184, 248–250, 252–253, 255–257, 262–263, 267, 271, 275–276, 278–280, 294–295, 306, 309, 317–333

Nutzung 5, 35, 51–53, 55, 65, 223, 298

O

Öffentlichkeit, öffentlich 25, 27, 37, 61, 73–74, 231, 239–241, 245, 297

P

Paraverbal 248–249, 251, 255, 267, 274, 276, 278–280

Partei 27–29, 57, 79, 84–85, 87–91, 97, 106, 111, 131–132, 152, 177–178, 198, 202–203, 210, 214, 222, 225–229, 242–245, 252, 258, 261, 266, 268–276, 322

Performanz 17, 123, 125–127, 134, 142, 239–240, 277, 308

Personalisierung 73–75

Personality-Talk 36

Persuasion, persuasiv 18, 280, 317, 321–330, 332

Polit-Talk 1–18, 36, 42, 73–75, 84–85, 92, 97–98, 101, 118, 285–293, 298–313

Polit-Talkshow 1–17, 73–75, 84–85, 92, 127–129, 142, 250–252, 285–298, 299–313

Politainment 1, 30, 39, 71

Politik, politisch 1–18, 25–44, 49–68, 71–78, 81–92, 97–99, 104–111, 115–118, 123, 129, 132, 137, 151–152, 163–166, 169–191, 195–198, 202, 210–213, 219–236, 239–281, 286–304, 321–333

Politikberichterstattung 26

Politiker 1, 5, 13–16, 26–31, 35, 37, 40, 51, 73, 75–78, 81–84, 91–92, 98, 104

Politolinguistik 78

Pragmatik, pragmatisch 4, 83, 91, 189, 206–208, 221, 249, 254, 279, 291–292, 304, 308, 310, 313

Praktik 7, 9, 73, 126–127, 169, 189, 212–214, 252

Privatheit, privat 2, 26, 28, 32, 112, 201, 208, 262, 269, 301

Produkt 3, 6–10, 32, 34, 38, 52, 54–55, 63, 71–72, 101, 123–125, 128, 170, 192, 196, 202, 204, 239, 243, 247, 278

Produzent 1–3, 8–9, 39, 56, 97, 124, 301

Profilierung 5, 75, 77–78, 83, 125–126, 131–132, 138–139, 142

Propaganda 4, 30, 57, 74

Prosodie 102, 204

Prozess 6, 10–13, 17, 26–27, 37, 53–59, 64, 74, 89, 123–128, 149, 192, 194, 219, 222–224, 240, 243, 248, 253, 271, 285–313, 319, 322

Publikum 5, 11, 17, 29, 36, 56, 58–65, 72, 77, 92, 98–99, 106, 124, 127, 169, 171–173, 177, 179–182, 201, 204, 210–214, 219, 227, 229, 234, 239–243, 247, 250–256, 261, 264, 266, 271, 275, 280, 293, 306, 308, 329–331

Q

Qualitativ 7–8, 12–13, 17, 50, 72, 83, 277, 286–290, 294, 296–297, 299, 301, 313

Quantitativ 7, 12–13, 17, 50, 82–83, 88, 251, 274, 277, 286–290, 294–296, 299, 301, 303, 307, 309, 313, 323–324

R

Redaktion 9–10, 99–100, 105–107, 112–115, 117, 293, 308

Rede 71, 77, 131, 136–137, 146, 148–149, 164, 166, 169, 202, 209, 221, 227, 233, 240, 245, 247, 250–251, 275, 277, 288

Redebeitrag 77, 79, 82–83, 86, 91, 179, 183

Rederecht 133, 136, 182, 221–226, 261

Reframing 17, 219–236

Regie 10, 38, 83, 98–99, 116, 125, 127, 132–133, 139, 150–151, 171, 173, 176, 179, 182–185, 243, 250, 252, 275, 279

Rezeption 6–8, 12–14, 17, 49, 51–52, 71, 133, 149, 188, 195, 212, 219, 235, 243–244, 247, 256–257, 263–264, 284–300, 305, 320

Rezeptionssituation 18, 285, 287, 289–290, 297, 299, 312–313, 324

Rezipient 2–3, 17–18, 128, 192–195, 213, 274, 285–289, 291, 294–296, 309–310, 318–321, 323

Rhetorik 73, 145, 159–160, 163–166, 220, 240, 247–248, 304–305

Rhythmus 16–17, 189, 196–200, 203–206, 209, 211–213, 222, 291–293

Ritual 30–31, 51, 62, 71, 101, 118, 132, 136, 293, 298

Rolle 5, 10–11, 36, 50, 62, 75, 79, 82, 126, 138–139, 142, 219, 224–226, 255, 273–274, 292–293

S

Schnitt 11, 16, 32, 123–129, 131–132, 145, 149–155, 158–166, 170–173, 178, 182–183, 186–187, 197, 200–213, 227, 250, 252, 257, 260, 264, 269, 271, 275, 300

Schwenk 11, 114, 131–132, 170, 182–183, 186, 291–292

Second Screen 17, 286, 297

Selbstdarstellung 29–30, 118, 225, 268

Semantik, semantisch 85, 138–140, 162, 165, 189, 192, 197–198, 206, 208, 211, 249, 256, 291–294, 300, 303–304, 308, 313

Semiotik, semiotisch 3, 7, 50, 72, 76, 133–134, 138, 148, 190–191, 196, 199, 291–293

Sender 2, 8–11, 30, 32–34, 38, 51–52, 62–66, 75, 111, 191, 193, 195–196, 198, 204, 261, 269, 293, 298, 308–309

Sendung 2–5, 8–9, 11–17, 28–37, 39–43, 49, 51–53, 56–57, 59–60, 63–68, 76, 78–79, 81, 83–89, 97–102, 105–109, 111–113, 115–117, 123–124, 129, 131–132, 134, 138, 145, 151, 155, 166, 169–171, 176, 179, 182, 184–185, 198, 209, 243–244, 251–252, 254–255, 269, 285–286, 288–290, 293, 297–300, 304–305, 308, 312, 321

Sequenz 16–17, 169–170, 173, 183–184, 189, 195, 197, 201, 203–213, 223–225, 242, 246, 251–253, 257, 261, 265, 269, 276–279, 292

Social TV 17–18, 285–286, 297–299, 302, 312–313

Sozialsemiotik, vgl. Semiotik

Sport 14, 25–26, 31–42, 67, 85, 111, 190, 198

Sportberichterstattung 14, 26, 36, 39

Sprache, sprachlich 4–6, 10–13, 15–17, 40–41, 71–73, 76, 83, 98, 101, 105, 107, 113, 123–124, 126–128, 332–334, 141–142, 145–150, 153, 158–159, 162, 165, 169, 173, 175, 184–187, 190–197, 200, 203–204, 219–220, 229, 239–240, 246–250, 261–268, 274, 279, 285–297, 290–313, 317–319, 328

Sprachhandlung 3, 5, 11–13, 105, 292, 303–304, 308, 310–311

Sprechakt 11, 242, 255, 261–262

Sprechhandlung 221, 224–225, 256

Sprechen 12, 59, 65, 68, 103, 106, 145–146, 149–150, 153, 166, 187–188, 193–194, 199–200, 225, 267–268, 274, 279, 287, 301–302

Sprecher 4, 16–17, 38, 72, 77, 110, 126, 128, 130, 132–139, 142, 146–150, 152–153, 156, 160–162, 165, 187, 189–191, 193, 200, 204–205, 210, 246, 317–319, 325

Sprechertext, vgl. Text

Sprecherwechsel 4, 16–17, 72, 189, 198, 200, 203–206, 209, 211–213, 271

Stigmawort 78, 80, 84–85

Stimulus 279, 288

Storyline 221, 230–234

Studio 3, 38, 52, 56–57, 60–65, 72, 97–98, 102–106, 111, 113, 118, 169, 171, 173, 177–181, 193, 199–201, 209, 212, 227, 252–256, 271

T

Talk 2, 14, 25–26, 28–29, 31–32, 36, 42, 54, 59, 71–72, 97–101, 132, 239–240, 244, 247, 252, 271

Talkrunde 30–32, 179

Talkshow 1–18, 25–36, 41–42, 52–53, 57–62, 64–68, 71–75, 78, 80, 83, 85, 123–124, 127–128, 145–166, 169–185, 189, 198–214, 239–252, 269, 293, 324

Talkshow, politische 1–18, 25–42, 49–68, 71–92, 97, 116–118, 123, 129, 142, 150–152, 169–185, 189–214, 239–251, 269, 280–281, 285–313, 332

Talkshowisierung 14, 26–29, 35–36, 40

Teilnehmer 15, 30, 43, 52–68, 73, 75–76, 79–82, 98, 128, 131–132, 139–141, 145, 151, 160–161, 165–166, 176–177, 189, 203–204, 213, 240–244, 249–250, 252, 257, 267, 269, 274, 309, 312, 323–325, 327

Text 4, 8–9, 12, 17, 50, 134–136, 139–142, 185, 188–197, 199, 203–214, 219, 225, 251, 257, 264, 275, 290–292, 304, 310, 321

Textsorte 6, 71–72, 92, 189, 198

Thema 12, 15, 30, 36, 41, 52, 56, 60–62, 64–68, 72–76, 79, 85–89, 99, 102–108, 111–115, 129, 131, 137, 139, 142, 145, 151–152, 160, 171–174, 176, 179, 183, 198–199, 201, 211, 223, 241–243, 252–261, 264, 266–267, 269, 272–273, 277, 293–294, 300, 303–305

Ton 3, 6, 8, 10–11, 13–14, 56, 101–102, 107, 125, 127, 137, 146, 166, 170–171, 178, 187–188, 190–191, 196, 212–213, 222, 228, 248–249, 253, 255–267, 270–271, 274–279, 285, 290–294, 306–309, 311–312, 317–319

Transkription 16, 123–139, 186–187, 222, 247, 250–252, 257, 291, 307–309, 312–313

Transkriptivität, transkriptiv 10, 13, 122–127, 132, 134, 138, 142, 291, 293–295, 307

Turn 11, 72, 82–83, 200, 205–213

TV, vgl. Fernsehen

TV–Duell, vgl. Duell

Tweet 286, 298–311, 313

Twitter 2, 5, 13, 17–18, 285, 297–303, 307, 310, 312

U

Umschnitt 16, 123–124, 127, 131–332

Unterhaltung 14–15, 25, 29–37, 65, 99, 115, 145, 185, 213, 240–242, 244, 288–289, 294–295, 324

Unterhaltungsformat 32–33

V

verbal 3, 5–6, 9, 16–18, 98, 101–102, 118, 127, 134, 154–155, 162–163, 169–175, 181–184, 189–199, 203–213, 248–256, 262, 267, 274–280, 285, 288, 295–296, 309, 317–333

Visuelles, visuell 4–10, 12, 14, 16–18, 102, 113, 123–124, 127, 132–133, 138–142, 145, 150, 153, 162–166, 170, 179, 186, 189–214, 247, 250, 255–256, 275, 280–281, 286, 289–296, 302, 305, 307–313, 318–332

W

Wahl 25, 39–42, 51, 79, 84–87, 89–91, 105–106, 113, 139, 145, 149–151, 161–162, 165–166, 170, 191–192, 198, 209, 212, 245, 251, 261, 300, 303–304, 308, 310, 322, 324, 326

Wahlkampf 18, 26, 29–31, 37, 51, 106, 108, 113–115, 124, 202, 261, 265–268, 318, 321–323

Wahrnehmung 6–7, 171, 196–197, 219, 231, 235–236, 247, 280, 289–290, 296, 320–324, 332

Wirkung 10–12, 17, 30, 66–68, 83, 86, 105, 124, 131, 137, 195, 219–220, 234–235, 247–248, 262, 273–274, 286, 295, 317–328, 332

Z

Zeichen 9, 12, 50, 126, 134, 146, 188, 190–192, 196, 202, 222, 257, 263, 274–275, 301

Zeichenkombination 101

Zeichensystem 6, 10–11, 126, 149, 191, 196, 285, 290–295, 303, 305, 307–311

Zeigegeste, vgl. Gestik

Zeigen 150, 165–166

Zeigobjekt 153, 161–162

Zivilgesellschaft 14, 49–68

Zoom 131–132, 137–139, 158, 170, 175, 182–183, 186, 202, 207, 250, 253, 256, 275

Zuschauer 2–3, 8, 12–16, 29–32, 37–38, 41, 49, 51, 56–68, 72, 75, 79–86, 98–99, 104, 108–111, 116–117, 127–142, 149–155, 159–162, 166, 171, 175, 185, 189–196, 200–204, 208, 211–214, 239–257, 261–280, 285–287, 294, 302, 304, 309–313, 322

Autorenverzeichnis

Christoph Bertling

Deutsche Sporthochschule Köln
Institut für Kommunikations- und
Medenforschung
Am Sportpark Müngersdorf 6
50933 Köln
bertling@dshs-koeln.de

Ellen Fricke

Technische Universität Chemnitz
Philosophische Fakultät – Germanistische
Sprachwissenschaft
09107 Chemnitz
ellen.fricke@phil.tu-chemnitz.de

Heiko Girnth

Philipps Universität Marburg
Forschungszentrum Deutscher Sprachatlas,
Hermann-Jacobsohn-Weg 3
35032 Marburg
girnth@staff.uni-marburg.de

Emo Gotsbachner

Burggasse 73
A-1070 Wien
emo.gotsbachner@univie.ac.at

Ernest W.B. Hess-Lüttich

Universität Bern
Institut für Germanistik
Unitobler, Länggassstrasse 49
CH-3000 Bern 9
hess@germ.unibe.ch

Werner Holly

Technische Universität Chemnitz
Philosophische Fakultät
09107 Chemnitz
werner.holly@phil.tu-chemnitz.de

Angela Keppler

Universität Mannheim
Institut für Medien- und
Kommunikationswissenschaft
Haus Oberrhein (607),
Rheinvorlandstr. 5,
68159 Mannheim
keppler@uni-mannheim.de

Josef Klein

FU Berlin
Arbeitsstelle „Politik und Technik"
Koserstr. 21
14195 Berlin
josefklein59@outlook.de

Michael Klemm

Universität Koblenz-Landau
Institut für Kulturwissenschaft
Seminar Medienwissenschaft
56070 Koblenz
klemm@uni-koblenz.de

Friedrich Krotz

Universität Bremen
Zentrum für Medien-, Kommunikations-
und Informationsforschung
Linzer Straße 4
28359 Bremen
krotz@uni-bremen.de

Gerda Eva Lauerbach

Goethe-Universität Frankfurt/Main
Institut für England- und Amerikastudien
Grüneburgplatz 1
60323 Frankfurt am Main
lauerbach@em.uni-frankfurt.de

Marcus Maurer

Johannes Gutenberg-Universität Mainz
Institut für Publizistik
Jakob Welder-Weg 12
55099 Mainz
mmaurer@uni-mainz.de

Sascha Michel

Universität Koblenz-Landau
Institut für Kulturwissenschaft
Seminar Medienwissenschaft
56070 Koblenz
michel@uni-koblenz.de

Jörg-Uwe Nieland

Deutsche Sporthochschule Köln
Institut für Kommunikations- und
Medenforschung
Am Sportpark Müngersdorf 6
50933 Köln
j.nieland@dshs-koeln.de

Carsten Reinemann

Ludwig-Maximilians-Universität München
Institut für Kommunikationswissenschaft
und Medienforschung
Oettingenstr. 67
80538 München
reinemann@ifkw.lmu.de

PERSPEKTIVEN GERMANISTISCHER LINGUISTIK (PGL)

Herausgegeben von Heiko Girnth und Sascha Michel

ISSN 1863-1428

1   *Karin Schlipphak*
    Erwerbsprinzipien der deutschen Nominalphrase
    Erwerbsreihenfolge und Schemata – die Interaktion sprachlicher Aufgabenbereiche
    ISBN 978-3-89821-911-2

2   *Alexander Görlach*
    Der Karikaturen-Streit in deutschen Printmedien
    Eine Diskursanalyse
    ISBN 978-3-8382-0005-7

3   *Tanja Giessler*
    Raum – Konzept – Sprache
    Sprachliche Lokalisationen in Minimalkonstellationen
    ISBN 978-3-8382-0000-2

4   *Anna Wolańska-Köller*
    Funktionaler Textaufbau und sprachliche Mittel in Kochrezepten des 19. und frühen 20. Jahrhunderts
    ISBN 978-3-8382-0022-4

5   *Hilke Elsen / Sascha Michel (Hrsg.)*
    Wortbildung im Deutschen zwischen Sprachsystem und Sprachgebrauch
    Perspektiven – Analysen – Anwendungen
    ISBN 978-3-8382-0134-4

6   *Dagna Zinkhahn Rhobodes*
    Sprachwechsel bei Sprachminderheiten: Motive und Bedingungen
    Eine soziolinguistische Studie zur deutschen Sprachinselminderheit in Blumenau, Brasilien
    ISBN 978-3-8382-0344-7

7   *Katrin Huck*
    Stacheldrahtsprache
    Sprachliche Grenzziehungen der extremen Rechten im Internet
    ISBN 978-3-8382-0276-1

8   *Edith Münch*
    Wissen und raumbezogene Identitäten: Wie Kommunen und Gemeinden durch gemeinsames Wissensmanagement voneinander lernen können
    Individuelles Wissen in Neujahrsreden niederrheinischer Bürgermeister für ein modernes Selbstbild der Stadt
    ISBN 978-3-8382-0317-1

9   *Hajo Diekmannshenke / Thomas Niehr (Hrsg.)*
    Öffentliche Wörter
    Analysen zum öffentlich-medialen Sprachgebrauch
    ISBN 978-3-8382-0466-6

10 *Sascha Michel / József Tóth (Hrsg.)*
    Wortbildungssemantik zwischen Langue und Parole
    Semantische Produktions- und Verarbeitungsprozesse komplexer Wörter
    ISBN 978-3-89821-922-8

11 *Sabine Heyne / Bastian Vollmer*
    Innovation und Persuasion in der Presse
    Eine komparative Korpusanalyse zur Form und Funktion von Neologismen in den Zeitungen *Bild* und *Süddeutsche Zeitung* anhand der Thematik Libyenkrieg
    ISBN 978-3-8382-0572-4

12 *Heiko Girnth / Sascha Michel (Hrsg.)*
    Polit-Talkshow
    Interdisziplinäre Perspektiven auf ein multimodales Format
    ISBN 978-3-89821-923-5

Sie haben die Wahl:
Bestellen Sie die Schriftenreihe
Perspektiven Germanistischer Linguistik
einzeln oder im Abonnement

per E-Mail: vertrieb@ibidem-verlag.de | per Fax (0511/262 2201)
als Brief (***ibidem***-Verlag | Leuschnerstr. 40 | 30457 Hannover)

Bestellformular

☐ Ich abonniere die Schriftenreihe *Perspektiven Germanistischer Linguistik* ab Band # ____

☐ Ich bestelle die folgenden Bände der Schriftenreihe *Perspektiven Germanistischer Linguistik*
____; ____; ____; ____; ____; ____; ____; ____; ____; ____

Lieferanschrift:

Vorname, Name ....

Anschrift ....

E-Mail... | Tel.: ....

Datum .... | Unterschrift ....

Ihre Abonnement-Vorteile im Überblick:
- Sie erhalten jedes Buch der Schriftenreihe pünktlich zum Erscheinungstermin – immer aktuell, ohne weitere Bestellung durch Sie.
- Das Abonnement ist jederzeit kündbar.
- Die Lieferung ist innerhalb Deutschlands versandkostenfrei.
- Bei Nichtgefallen können Sie jedes Buch innerhalb von 14 Tagen an uns zurücksenden.

ibidem-Verlag

Melchiorstr. 15

D-70439 Stuttgart

info@ibidem-verlag.de

www.ibidem-verlag.de
www.ibidem.eu
www.edition-noema.de
www.autorenbetreuung.de